国家社会科学基金一般项目（批准号：15BGJ057）

"一带一路"背景下阿拉伯智库研究

Arab Think Tanks under the Background of "the Belt and Road Initiatives"

李 意 ◎著

时事出版社
北京

图书在版编目（CIP）数据

"一带一路"背景下阿拉伯智库研究/李意著．—北京：时事出版社，2020.7
　ISBN 978-7-5195-0302-4

　Ⅰ.①一… Ⅱ.①李… Ⅲ.①方针政策—研究—阿拉伯国家 Ⅳ.①D737.22

中国版本图书馆 CIP 数据核字（2020）第 039977 号

出版发行：	时事出版社
地　　址：	北京市海淀区万寿寺甲 2 号
邮　　编：	100081
发行热线：	（010）88547590　88547591
读者服务部：	（010）88547595
传　　真：	（010）88547592
电子邮箱：	shishichubanshe@sina.com
网　　址：	www.shishishe.com
印　　刷：	北京旺都印务有限公司

开本：787×1092　1/16　印张：30.25　字数：432 千字
2020 年 7 月第 1 版　2020 年 7 月第 1 次印刷
定价：180.00 元

（如有印装质量问题，请与本社发行部联系调换）

目录
Contents

导　论　(1)

第一章　"一带一路"倡议的多维度分析　(22)

第一节　"一带一路"倡议的主要内涵　(23)
第二节　"一带一路"倡议与人文外交　(32)
第三节　"一带一路"倡议与经济合作　(42)
第四节　"一带一路"倡议与阿拉伯利益相关国　(53)
本章小结　(66)

第二章　"一带一路"建设中的智库交流　(67)

第一节　智库交流在"一带一路"建设中的作用　(68)
第二节　智库交流在"一带一路"建设中的功能　(80)
第三节　智库交流在"一带一路"建设中的形式　(97)
本章小结　(104)

第三章　阿拉伯国家智库概述　(106)

第一节　经济实力较强的海湾地区国家智库　(109)
第二节　文化底蕴深厚的沙姆地区国家智库　(122)
第三节　注重区域研究的马格里布地区国家智库　(129)
第四节　其他非洲国家的智库　(135)
本章小结　(139)

第四章　海湾地区国家主要智库　　(141)

- 第一节　沙特阿拉伯智库及其特点　　(141)
- 第二节　阿联酋智库及其特点　　(150)
- 第三节　卡塔尔智库及其特点　　(173)
- 第四节　科威特智库及其特点　　(185)
- 第五节　巴林智库及其特点　　(195)
- 第六节　伊拉克智库及其特点　　(200)
- 本章小结　　(205)

第五章　沙姆地区国家主要智库　　(207)

- 第一节　约旦智库及其特点　　(207)
- 第二节　叙利亚智库及其特点　　(215)
- 第三节　黎巴嫩智库及其特点　　(222)
- 第四节　巴勒斯坦智库及其特点　　(236)
- 本章小结　　(249)

第六章　北非国家主要智库　　(251)

- 第一节　摩洛哥智库及其特点　　(252)
- 第二节　突尼斯智库及其特点　　(258)
- 第三节　利比亚智库及其特点　　(261)
- 第四节　毛里塔尼亚智库及其特点　　(266)
- 第五节　埃及智库及其特点　　(269)
- 第六节　苏丹智库及其特点　　(282)
- 本章小结　　(290)

第七章　"一带一路"倡议与中阿智库合作　　(292)

- 第一节　"一带一路"倡议对中阿智库合作的要求　　(293)

第二节　中阿智库合作在"一带一路"中的成果　　(306)

　　第三节　中阿智库合作在"一带一路"中的挑战　　(319)

　　本章小结　　(328)

第八章　中阿智库合作的未来前景　　(330)

　　第一节　加强政府引领，组建智库联盟　　(331)

　　第二节　开展公共外交，提升合作水平　　(341)

　　第三节　利用多个平台，扩大合作范围　　(353)

　　本章小结　　(361)

结　论　　(363)

附　录：《阿拉伯智库目录》一览　　(378)

参考文献　　(457)

导 论

2013年9月以来,党中央陆续提出"一带一路"倡议,成为中国主动应对全球形势深刻变化、统筹国际国内两个大局的重大战略决策。它塑造了一种地区合作的新模式,为沿线国家区域合作注入了新活力,为世界发展和经济繁荣提供了新路径。作为丝路沿线国家的重要组成部分,阿拉伯国家涵盖了西亚和北非地区,是中国周边的战略延伸,从经贸合作、人文交流和安全协作等方面都体现出一定的重要性。近年来,阿拉伯国家正处于剧烈的政治变革和社会转型阶段,不确定因素时有发生,无疑对中国准确研判中东形势、制定中东政策提出了严峻挑战。在这一关键时期,智库在咨政辅政、启迪民智、平衡分歧等方面起到重要作用。可以说,阿拉伯国家智库是新时期中国开展对中东国家公共外交的宝贵财富和资源,对它们进行深入研究并与之开展合作,将有助于中国迎接挑战,从而深化"全面合作、共同发展"的中国与阿拉伯国家的战略合作关系。

与此同时,中国迎来了公共外交时代,也迎来了中国特色的新型智库时代。2015年,中共中央办公厅、国务院办公厅印发了《关于加强中国特色新型智库建设的意见》指出,中国特色新型智库的第五项功能是公共外交,这意味着智库建设工作已经被提升到国家战略的高度。同年7月,"'一带一路'国家公共外交论坛"在京举行,与会的专家、学者围绕"鼓励和利用非政府组织参与'一带一路'公共外交活动"和"公共外交在推进'一带一路'建设中的地位和作用"等主题展开讨论,共同探讨公共外交如何适应迅速发展的形势,迎接挑战,做好全面、切实的服务。同年9月,"一带一路"与中阿关系研讨会在上海召开,专设"中阿智库合作"单元,引导学者们围绕中阿智库的合作与交流进行了深入探讨。毫无疑问,在围绕"一带一路"建设的战略视角下,对"阿拉伯国家智库与中阿智库合作"这一领域展开研究已成为迫切需要。导论将分别围绕选题意义与价值、国内外研究综述、研究思路与方法、章节安排与框架等四个方面来阐述。

一、选题意义与价值

根据美国宾夕法尼亚大学詹姆斯·G.迈克甘(James G. McGann)教授主持的"智库与公民社会研究"(Think Tanks and Civil Societies Program)项目组2016年发布的《全球智库发展报告》[①]显示,全球共有智库6846家,其中22个阿拉伯国家中除了吉布提和索马里因资料缺失而未做统计外,其他20个国家都拥有数量不一、规模不等的智库,总计有400多家。这些智库中,较有影响力的顶级智库有近50家。到目前为止,国内外学界对这些智库的系统性研究尚未启动,本课题将对这些阿拉伯国家的主要智库进行系统介绍,分析中阿智库交流的意义、现状和问题,展望丝路人文外交背景下中阿智库合作的前景,具有一定的学术价值与现实意义。

从学术价值来看。关于智库研究的三大理论,如多元理论(pluralist theory)、精英理论(elite theory)、国家理论(state theory),在欧美智库的研究中已经过多次检验和证实,但对阿拉伯国家智库的理论验证尚未展开。国内外对智库的研究多是关于欧美国家的,亚洲国家如日本、韩国的也有不少,但对阿拉伯国家智库的研究还十分薄弱,有的学者虽有接触,但分析阐述得不够充分。由于智库的发展受政治结构、经济体制和历史文化影响较深,各国智库都具有独特性。阿拉伯国家智库也是如此,对它们的研究不但可以验证现有理论,而且有助于完善或充实现有理论。本课题将尽力弥补这方面研究的不足,揭示阿拉伯国家智库的现状、对政府决策的影响及其对中国丝路人文外交的意义等规律性特点。

[①] Global "Go To Think Tank" Report, the Think Tank and Civil Societies Program, University of Pennsylvania, 2016, p.6.

从现实意义来看。首先，对阿拉伯国家智库的研究有助于加强丝路人文外交中的中阿战略合作关系，为中国对阿拉伯国家的外交提供政策建言。构建伙伴关系是中国外交的一个特色，共建"一带一路"已成为中阿进一步深化"全面合作，共同发展"的重要内涵。然而，随着阿拉伯地区局势越来越复杂多变，各种突发事件时有发生，令中国相关部门和学术界感到措手不及，甚至无法准确研判中东局势。而阿拉伯国家智库熟悉当地情况，与当地政府、政党、媒体建立了广泛的人脉关系，对阿拉伯国家政治和社会思潮的认识更加直观和深刻，对阿拉伯国家形势走向、外交政策选择的分析更加具体，提出的对策建议也更具可操作性。在与这些智库的交流中，借用对方的"眼"观察地区形势、借用对方的"口"帮助我们宣传、借用对方的"手"推动双边关系，从而帮助我们有针对性地选择相应的外交策略，有助于获得未雨绸缪之效果。其次，对中阿智库合作的研究为中国中东问题研究提供新视角，丰富学界对中东国家智库的案例数据库建设。中国学界对阿拉伯国家智库的关注度较低，这一现状与日益提升的双方战略合作关系极不相称。阿拉伯国家智库大多参与国家社会重大问题的决策，分析这些智库对本国决策的影响路径及其程度，在为中国智库咨政辅政提供启示的同时，也为我中东国家智库的案例数据库建设提供素材与思路，同时还有助于完善中国特色的"中东学"与"阿拉伯学"的学科建设与发展。最后，对这一课题的研究有助于构建具有中国特色的中东研究话语体系，防止西方学界及其媒体对中东问题"一边倒"的倾向。一直以来，由于信息不对称，造成阿拉伯民众往往只能通过美欧媒体了解中国，国际社会包括阿拉伯国家对于中国的有些看法十分片面，我国家形象和中东政策动机经常被歪曲。反之，中国也需要客观、理智地认识对方，妥善处理中国崛起进程中在对阿关系方面出现的各种问题。这些除了需要中阿高层增加友好会见和战略协商外，还需要开拓参与人文外交的社会主体和多种力量，扩大民间的广泛交流与沟通，而智库则起到了促进协商与合作的纽带作用。通过智库这一窗口，深入了解对象国的政治诉求、文化认同和战略决策，有助于达到祛除"西方中心论"之目的。

二、国内外研究综述

本课题的关键词是丝路人文外交、中阿公共外交、阿拉伯国家智库、中阿智库交流等,本课题根据这些关键词罗列重要的国内外文献,具体如下:

(一)"一带一路"倡议的提出

十八大以来,党中央高度重视弘扬传统文化和开展公共外交工作。习主席强调,要着力加强对周边国家的宣传工作、公共外交、民间外交、人文交流,巩固和扩大中国同周边国家关系长远发展的社会和民意基础。随着"新丝绸之路经济带"和"21世纪海上丝绸之路"倡议的提出,中国加快打造与相关各国的"利益共同体"和"命运共同体",丝路倡议的构建初显成效。这一战略虽然以经济为主要内涵,但同时也包含着极为深刻的文化意味,它开辟了人文外交的新空间,成为人文交流的思想领航者。

人文外交实际上是一种精英外交,它是在发展对外关系中,与政治和经济以外的两大支柱平行的第三种力量,它以价值沟通为基本任务,最能代表一个国家的民族精神。中国关于丝路人文外交的专著与论文主要有《习近平谈治国理政》[①],该书分为第一卷和第二卷,分别在2014年和2017年出版。它由习近平总书记发表的一系列重要论述组成,集中展示了中央领导集体的治国理念和执政方略,对丝路人文外交有专门的阐释。赵可金在《人文外交:全球化时代的新外交形态》[②]一文中指出,为使一国文明永葆生机和活力,各国积极推出思想外交、文化外交、公民外交等多种形式的人文外交,促进本国文明体系的革故鼎新,努力占领全球先进文明的战略制高点。复旦大学国际问题研究院2015年1月7日发表在《光明日

---

① 习近平:《习近平谈治国理政》,北京:外文出版社有限责任公司,2014年版、2017年版。
② 赵可金:《人文外交:全球化时代的新外交形态》,《外交评论》,2011年第6期,第21页。

报》上的《人文外交战略、制度与实践》[①]一文指出，人文外交是一种制度化的沟通活动，沟通交流的主要内容是思想产品和文化产品。马丽蓉的《丝路学研究：基于中国人文外交的阐释框架》[②]一书认为，"丝绸之路"是一个"公共产品"，也是一个"文化线路"，更是一个最具中国特色的治理模式。人文外交实为人民外交的继续、文化外交的拓展，且与公共外交关系极为紧密，是丝路外交与人民外交的影响产物，三者形成同构关系。闵捷、马云蔚在《中国对阿拉伯世界人文外交的历史回顾及现实挑战》[③]一文中认为，在对阿关系中，人文外交在各个时期都促进了中国国家利益的拓展。目前而言，只有将人文外交继续作为中国对阿外交政策的重点，才能在政治动荡的阿拉伯世界始终维护中国的国家利益。

"一带一路"的相关阐释是丝路人文外交的理论基础，"一带一路"不仅以经济合作为基础和主轴，而且以人文交流为重要支撑，以开放包容的合作理念为主要内容。

在政治分析方面，王义桅教授在《"一带一路"：机遇与挑战》[④]一书中详细论述了"一带一路"给世界人民带来的机遇，同时深入分析了"一带一路"可能面临的风险和挑战，其研究为我们建设"一带一路"提供了借鉴意义；邹磊在其著作《中国"一带一路"战略的政治经济学》[⑤]中，借用历史和比较的分析视角，系统阐述了"一带一路"倡议下中国的背景因素、现实状况和未来前景；李向阳在《"一带一路"——定位内涵及需要优先处理的关系》[⑥]一书中，以中国和平崛起的国际背景为出发点，准确剖析"一带一路"的内涵，深入分析了建设"一带一路"过程中需要优

[①] 复旦大学国际问题研究院：《人文外交战略、制度与实践》，《光明日报》，2015年1月7日。

[②] 马丽蓉等：《丝路学研究：基于中国人文外交的阐释框架》，北京：时事出版社，2014年版，第16页。

[③] 闵捷、马云蔚：《中国对阿拉伯世界人文外交的历史回顾及现实挑战》，《阿拉伯世界研究》，2011年第6期，第56页。

[④] 王义桅：《"一带一路"：机遇与挑战》，北京：人民出版社，2015年版，第78页。

[⑤] 邹磊：《中国"一带一路"战略的政治经济学》，上海：上海人民出版社，2015年版，第99页。

[⑥] 李向阳：《"一带一路"——定位内涵及需要优先处理的关系》，北京：社会科学文献出版社，2015年版，第87页。

先处理的关系；冯并在《"一带一路"：全球发展的中国逻辑》① 一书中，从发展的角度论证了中国施行"一带一路"倡议的可能性和必然性，具体阐释了"一带一路"倡议对世界各国经济合作发展方向的影响，详细论述了古代丝绸之路的历史因素和当今丝绸之路的现实表现；翟崑在《"一带一路"建设的战略思考》② 中评估了其初步的战略效应，并提出推进"一带一路"建设的优化模式；吴贤军在《国际话语权视域下的"一带一路"战略实现路径研究》③ 一文中，从中国扩大国际话语影响的现实问题入手，探讨了推行"一带一路"倡议的过程中需要牢牢抓住的关键性环节。作者指出，实现中国和平崛起的根本途径是尽量满足各界的利益并获得丝路沿线国家民众的认同和支持。因此，只有掌握"丝绸之路话语权"，才有可能赢得未来的可持续发展。

在人文交流方面，吴云贵在《"一带一路"战略构想中的宗教文化因素》④ 中指出，同伊斯兰国家开展经贸合作，应当把深入了解伊斯兰文化作为一项重要的研究内容，这对于建立互信和深入开展中外国际经济合作具有重要的现实意义；丁工在《"一带一路"上中等强国的独特作用》⑤ 一文中指出，应该把新兴的中等强国作为"一带一路"建设的主要着力点，此举不但有助于提升"一带一路"建设的投入产出比，而且为"一带一路"倡议的实施营造良好的区域环境和完备的外部条件；苏娟在《"一带一路"倡议与中国文化安全刍议》⑥ 一文中指出，"一带一路"倡议的核心兼顾经济贸易和文化发展，它对"一带一路"沿线国家和地区民族文化的交流融合具有重要的指导意义，但同时也给中国文化安全带来了不可

---

① 冯并：《"一带一路"：全球发展的中国逻辑》，北京：中国民主法制出版社，2015年版，第165页。
② 翟崑：《"一带一路"建设的战略思考》，《国际观察》，2015年第4期，第49—60页。
③ 吴贤军：《国际话语权视域下的"一带一路"战略实现路径研究》，《中国报道》，2015年第8期，第97—103页。
④ 吴云贵：《"一带一路"战略构想中的宗教文化因素》，《世界宗教文化》，2017年第1期，第1—6页。
⑤ 丁工：《"一带一路"上中等强国的独特作用》，《理论视野》，2017年第10期，第76—79页。
⑥ 苏娟：《"一带一路"倡议与中国文化安全刍议》，《当代世界》，2017年第9期，第66—67页。

小觑的挑战;孙靓莹、邱昌情在《"一带一路"建设背景下的南南合作:路径与前景》① 一文中指出,"一带一路"倡议与南南合作有诸多契合之处,其内容不仅涵盖了周边外交、经济发展、金融投资、能源合作和人文交流等广泛议题,而且反映了"平等互利、注重实效、长期合作、共同发展"的南南合作原则。

在经贸合作方面,2015年3月27日,在海南博鳌亚洲论坛上,中国国家发改委、外交部和商务部联合发布了《推动共建丝绸之路经济带和21世纪海上丝绸之路的愿景与行动》②,文件指出,"一带一路"是一种全新的区域经济合作模式,它的目的是促进经济要素有序地自由流动,完成资源高效配置和市场深度融合,推进更大范围、更高水平、更深层次的区域合作,从而共同打造开放、包容、均衡、普惠的区域经济合作环境;中国区域经济学会副理事长陈耀在《"一带一路"战略的核心内涵与推进思想》③ 一文中指出,实施"一带一路"战略首先要做到科学规划和布局重点,从而积极有序地稳步推进其进程;巴殿君、朱振恺在《论"一带一路"战略内涵、风险及前景——以国际关系为视角》④ 中指出,"一带一路"建设以开放的"经济联盟"策略,通过互利共赢的经济合作,实现欧亚大陆与世界大洋的互联互通,具有重大意义,标志着新时期中国新的外交构想已经具备雏形,它预示着中国的地区与全球战略已经出现新的变革;薛力在《中国"一带一路"战略面对的外交风险》⑤ 中分析了"一带一路"规划在实施过程中面临的主要困难,主要包括判断美国外交新决策的性质、获取周边国家的支持与合作以及规避潜在的政治和经济风险等;

---

① 孙靓莹、邱昌情:《"一带一路"建设背景下的南南合作:路径与前景》,《广西社会科学》,2016年第2期,第135—139页。
② 国家发展改革委等:《推动共建丝绸之路经济带和21世纪海上丝绸之路的愿景与行动》,北京:人民出版社,2015年版,第116页。
③ 陈耀:《"一带一路"战略的核心内涵与推进思想》,人民网-理论频道,http://theory.people.com.cn/n/2015/0128/c83853-26465206.html.(访问时间:2018年5月23日)
④ 巴殿君、朱振恺:《论"一带一路"战略内涵、风险及前景——以国际关系为视角》,《湖北社会科学》,2015年第10期,第38—42页。
⑤ 薛力:《中国"一带一路"战略面对的外交风险》,《国际经济评论》,2015年第2期,第68—79页。

申现杰、肖金成在《国际区域经济合作新形势与我国"一带一路"合作战略》[1] 一文中描述了在当前"一带一路"的构想下，区域化经济合作所面临的具体形势；公丕萍等学者在《中国与"一带一路"沿线国家贸易的商品格局》[2] 一文中探讨了中国与"一带一路"沿线国家在经贸合作上的特点和格局，它对于促进沿线各国经济繁荣与区域经济合作，实现"互联互通"等都具有重要意义。

（二）中阿公共外交

中国与"一带一路"沿线国家的公共外交是丝路人文外交的具体实践，本课题着重讨论中国对阿拉伯国家的公共外交。刘欣路在《中阿关系发展中的中国软实力研究》[3] 指出，阿拉伯国家对中国实现和平发展具有重要作用，而软实力是发展中阿关系、维护中国在阿拉伯国家利益的必然选择。国家间的交流包括物质、制度、技术和精神四个层次，中国和阿拉伯国家应加强在技术和精神上的深层次交流；吴思科在《西亚北非变局为中国公共外交带来新机遇》[4] 一文中指出，在新形势下深化中阿公共外交的必要性，强调通过强化中阿公共外交传播中国的发展理念和治国理政的经验，意义重大而深远；余泳在《中国对阿拉伯国家的公共外交：实践与评估》[5] 一文中描述了中国对阿公共外交的历程，梳理了2009年以来中国对阿公共外交实践的主要方式，并对中阿公共外交的成果进行了评估、指出了不足、并提出了相应的对策建议；熊亮在《公共外交：发展中阿关系

---

[1] 申现杰、肖金成：《国际区域经济合作新形势与我国"一带一路"合作战略》，《宏观经济研究》，2014第11期，第30—38页。

[2] 公丕萍等：《中国与"一带一路"沿线国家贸易的商品格局》，《地理科学进展》，2015年第5期，第571—580页。

[3] 刘欣路：《中阿关系发展中的中国软实力研究》，北京：光明日报出版社，2014年版，第67页。

[4] 吴思科：《西亚北非变局为中国公共外交带来新机遇》，《公共外交季刊》2012年夏季号，第1—7页。

[5] 余泳：《中国对阿拉伯国家的公共外交：实践与评估》，《辽宁大学学报》（哲学社会科学版），2014年第3期，第173—181页。

的战略选择》①一文中指出,面对当前中东不断演绎的复杂局面,传统的外交手段和军事介入方式已经很难甚至无法有效发挥作用,而公共外交的方式无疑是中国参与中东地区事务的恰当选择;张弛在《"一带一路"战略视角下构建中阿公共外交体系初探》②一文中,对中阿公共外交体系构建提出了战略构想,其中在"鼓励中阿公共外交非政府组织的成长"方面,作者强调应充分发挥具有中国特色的新型智库在对阿公共外交的决策咨询方面的重要作用,搭建中阿间智库交流的专门渠道,以推动中国对阿公共外交的深化,从而推进"一带一路"建设的进程。

智库间的交流与合作是国家公共外交的主要渠道之一。自 2009 年以来,随着中国政府对智库建设与公共外交拓展的高度重视,"智库公共外交"这个词迅速进入了中国精英群体和普通公众的视野,关于探讨智库与公共外交的学术论文和评论文章也频繁刊登在学术期刊和报刊杂志上。王莉丽撰写的《从"智库公共外交"看智库多元功能》③一文,对"智库公共外交"做了清晰的概念界定,阐明了"智库"在"多轨公共外交"体系中的角色,对"智库公共外交"作为一种新的外交形态在国际关系和国家整体外交中发挥的主要功能进行了深入而清晰的分析;张良强、童正容的《海峡两岸科技智库交流与合作现状及对策研究》④虽然探讨的是海峡两岸的智库交流,但其研究思路和角度为本课题提供了借鉴,特别是它关于两岸智库交流的问题与现状分析,与本课题的研究对象有不少相通之处;中国著名公共外交刊物《公共外交季刊》2013 年冬季号设置了"智库与公共外交"专题,其中,王莉丽在《中国智库建设与公共外交拓展》⑤

---

① 熊亮:《公共外交:发展中阿关系的战略选择》,《世界知识》,2014 年第 11 期,第 48—49 页。
② 张弛:《"一带一路"战略视角下构建中阿公共外交体系初探》,《回族研究》,2015 年第 3 期,第 112—116 页。
③ 王莉丽:《从"智库公共外交"看智库多元功能》,《中国社会科学报》,2014 年 4 月 11 日,第 A4 版。
④ 张良强、童正容:《海峡两岸科技智库交流与合作现状及对策研究》,《科学管理研究》,2016 年第 1 期,第 101—104 页。
⑤ 王莉丽:《中国智库建设与公共外交拓展》,《公共外交季刊》2013 年冬季号,第 125—126 页。

中指出，中国智库应拓展国际影响力及其话语权，通过与世界各国智库建立密切的合作关系和交流机制，为国家大外交战略建立一条重要通道，有利于全球化背景下全球性问题的战略应对；王文在《公共外交上策：影响他国智库——以20国智库会议为例》[①]中指出，为了推进中国的实践创新、理论创新和制度创新，中国需要建设一批高水平智库来提供强有力的智力支撑。与此同时，还需要把这些智库塑造成国际公共外交的交流平台，吸纳各国智慧并有效传播中国理念；张春在《中国智库开展公共外交的四策》[②]中指出，中国智库切实开展公共外交，需要建立一个能够使自身在其中有重要影响力的国际性网络、需要大力提升中国的国际话语设定能力和道德权威地位、必须高度重视民间交往、有效使用各种技术手段升级"虚拟智库"。

具体到中阿智库的交流与合作，现有的文献并不多，当然这也是本课题的研究重点和要解决的主要问题。李意在《丝路人文外交中的阿拉伯国家智库研究》[③]一文中认为，中国与阿拉伯国家可以考虑通过加强双方智库之间的交流来加强战略协调与思想沟通，借用对方智库来观察地区形势，在帮助我们宣传"中国梦"的同时，进一步推动双边关系。2015年8月29日，首届"中国—阿拉伯国家智库论坛"召开。此次论坛以"一带一路"与中阿关系研究的国内智库建设和合作为议题，旨在推动中阿研究从宏观研究向实证研究推进。来自中国权威智库机构的数十位专家学者围绕中阿关系与中阿智库建设、"一带一路"与中阿利益共同体等问题进行了研讨并在《宁夏社会科学》上刊登了一组文章。吴思科在《智库在中阿产能合作中发挥引领作用》[④]中指出，中国智库要具备全局性的战略思考，不但要重视人才培养和储备，而且需要顶层设计和长远规划。在重视研究

---

① 王文：《公共外交上策：影响他国智库——以20国智库会议为例》，《公共外交季刊》2013年冬季号，第127页。
② 张春：《中国智库开展公共外交的四策》，《公共外交季刊》2013年冬季号，第33—38页。
③ 李意：《丝路人文外交中的阿拉伯国家智库研究》，《宗教与美国社会》，2015年第12期，第79—97页。
④ 吴思科：《智库在中阿产能合作中发挥引领作用》，《宁夏社会科学》，2015年第6期，第101—102页。

成果向实践转化的同时,也不能忽略国际间的交流;杨光在《中阿关系与中阿智库建设》①中指出,要加强中阿智库的合作与交流,必须要处理好三个关系,即基础研究与应用研究的关系、己学和彼学的关系、智库建设中的国际交流问题;王林聪在《智库建设与中阿"一带一路"共建》②中指出,在中阿"一带一路"共建中,如果说基础设施建设是"硬支撑",教育、文化交流、智库合作就是"软支撑",它既能为"一带一路"共建创造条件,营造氛围,又能消除疑惑,形成共识;王健在《中国智库发展与中阿智库合作》③中认为,中阿智库应该加强政策沟通、发挥二轨功能、促进文明对话、推进公共外交,这一系列措施有助于政策沟通和民心相通,不但可以推进中国同阿拉伯国家或其他地区国家的交流合作,而且能够深化各国友谊、提高合作水平,传承和弘扬伟大的丝路精神。

(三) 阿拉伯国家智库

不论是在西方学界、中国学界还是阿拉伯学界,"智库"都是一个相对新颖的话题。西方学界自20世纪70年代开始对智库进行研究,至今已经形成一套较为成熟的智库理论。中国学界对智库的研究起步于20世纪80年代,此后逐渐出现了一批基于翻译与资料分析的研究智库的著作和文章。自建设中国特色新型智库上升为国家战略以来,基于中国学界视角的深度研究越来越多,智库研究成为社会各界广泛关注的话题。阿拉伯国家智库是本课题研究的重点对象。相较于欧美国家的智库,中国学界对阿拉伯国家智库的研究刚刚起步。有关阿拉伯国家智库的研究多以阿拉伯国家或欧美地区的智库研究报告为主,多数用阿拉伯文或英文撰写,鲜有中文文献。此外,阿拉伯国家智库的各大官网也是本课题研究的主要文献来源。通过对这些阿拉伯智库官网内容的详尽介绍,使读者对阿拉伯国家智库有较全面的了解,一定程度上弥补相关资料的不足。

---

① 杨光:《中阿关系与中阿智库建设》,《宁夏社会科学》,2015年第6期,第103—105页。
② 王林聪:《智库建设与中阿"一带一路"共建》,《宁夏社会科学》,2015年第6期,第105—106页。
③ 王健:《中国智库发展与中阿智库合作》,《宁夏社会科学》,2015年第6期,第106—107页。

1. 阿文文献

阿拉伯国家关于智库的研究目前处于初步阶段，有相当一部份资料是其他著述中附载的，较少有专门论述智库的文章或书籍，以下罗列一些相关度较大的文献。

一是关于智库影响力或作用的研究。2013年12月11日，海湾研究中心阿卜杜勒·阿齐兹·塞格博士和海湾研究中心基金会董事克里斯蒂安·科赫博士在土耳其伊斯坦布尔出席了中东和北非领导人峰会，会议主题为"提高思想库在中东和北非的有效性：制度发展的关键机会"。专家们各抒己见，形成了一定的共识和一些政策性文件。提高智库有效性的方法主要有两个：一个是多学科集成（Multidisciplinary Integration）法，即把问题结构、监测、评估、预测及推荐法综合以提高他们工作的价值，称为集成政策分析；另一个是多次倡导（Multiple Advocacy）法，即为了寻求创造性的、实质的、非直觉的答案，思想库可应用一种"多次倡导"战略。[①] 哈立德·瓦利德·马哈茂德的《智库在阿拉伯世界的角色——当下之现实与实现更大影响力之条件》[②] 是一份针对阿拉伯国家智库的研究报告。作者避免了对阿拉伯国家的智库研究大多停留在概况描述与案例介绍等较浅层次的现象，而是从阿拉伯国家智库发展的历史与现状、阿国智库的功能、使命、所面临的挑战及如何推动阿国智库发挥影响等方面入手，在西方智库理论概念框架的基础上，对阿拉伯智库的总体发展做了全景式的介绍与分析，并对其未来发展做出了建设性的展望；伊曼·拉贾布教授的《智库：中东政策制定过程中影响力上升的行为体》[③] 一文指出，智库是一种具有"软权力"的国际行为主体，伊曼教授将智库分为"混合型智库"（没有学生的大学）、"能力建设型智库"和"政策导向型智库"三类，并提出了智库影响力实现的若干模式，分析了智库工作在中东地区面临的挑战，指出智库的角色应从"发挥影响的行为体"向"参与的一方"转变。

---

① 参阅海湾研究中心网站 http://www.grc.ae/。
② ［埃及］哈立德·瓦利德·马哈茂德：《智库在阿拉伯世界的角色——当下之现实与实现更大影响力之条件》（阿拉伯文），多哈：阿拉伯政策研究中心，2013年版。
③ ［埃及］伊曼·拉贾布：《智库：中东政策制定过程中影响力上升的行为体》（阿拉伯文），开罗：金字塔政治和战略研究中心，2015年版。

相关研究虽然不多，但无疑为本课题的研究提供思考方向与指导。

二是关于中阿关系的研究。黎巴嫩阿拉伯统一研究中心的专家们联合撰写的《阿中关系》[1]详细梳理了60年来取得的成果，特别是随着中国"一带一路"倡议的推进，中阿关系迎来了宝贵的发展机遇期。截至目前，包括埃及在内的8个阿拉伯国家已经同中国建立了双边战略合作（伙伴）关系。近年来，双方经贸关系发展势头良好，中国已成为阿拉伯国家的第二大贸易伙伴。易安·泰勒（Ian Taylor）在《中国在非洲的石油外交》[2]中指出，中国与非洲的贸易联系日益紧密，是继美国与法国之后在非洲的第三大贸易伙伴，中国与非洲的贸易往来日益密切。作者认为，中国在非洲至少包括政治、经济、安全和意识形态等四大国家利益。政治上主要体现在可观的投票规模上，经济上主要指非洲的自然资源和未开发的市场潜力。尽管中国在非洲投资面临不少挑战，但由于中国推行"国际关系民主化""中国模式"，因此与大多数非洲国家的关系比较融洽。约旦著名学者萨米尔·艾哈迈德在其专著《文明的追随——中国的崛起与阿拉伯人的未来》[3]中指出，中国国家实力和国际地位的显著提升带来诸多"中国经验"，阿拉伯人应主动学习和借鉴中国的发展经验，努力实现"文明的追随"。作者通过详细分析中阿加强合作的历史基础和现实条件得出结论，即中阿两大文明应当相互扶持，努力将"中国梦"和"阿拉伯梦"变为现实。这本书荣获约旦费城大学图书奖和人文社科类最佳图书奖，现已译成中文，在中阿学术界均引起较大的反响。

三是关于地区合作或地区安全的研究。海湾研究中心出版的《阿拉伯半岛和海湾国家的地区安全和防御（1973—2004年）》[4]一书指出，海湾地区争端和多边关系的研究是该地区安全应涉及的主要问题。本书最大范

---

[1] ［黎巴嫩］阿拉伯统一研究中心课题组：《阿中关系》（阿拉伯文），贝鲁特：阿拉伯统一研究中心，2017年版。
[2] ［阿联酋］易安·泰勒：《中国在非洲的石油外交》（阿拉伯文），迪拜：阿联酋战略研究中心，2007年版。
[3] ［约旦］萨米尔·艾哈迈德：《文明的追随——中国的崛起与阿拉伯人的未来》，刘欣路、吴晓琴译，北京：北京师范大学出版社，2014年版。
[4] ［阿联酋］哈利德·纳吉布：《阿拉伯半岛和海湾国家的地区安全和防御（1973—2004年）》（阿拉伯文），迪拜：海湾研究中心，2006年版。

围地涵盖了海湾安全问题的方方面面，囊括2200多份石油安全问题的资料。这些资料涉及两伊战争、伊拉克入侵科威特后的科威特战争、1991年以后的美国对伊拉克政策和2002年伊拉克战争后的石油安全问题。此外，本书还讨论了海湾国家与美国、俄罗斯（前苏联）、欧洲和中国的关系等。半岛研究中心出版的《卡塔尔的对外政策1995—2013：杠杆策略》[①]一书以卡塔尔的外交政策为研究对象指出，国家经济外交的行为大多是为了建构有效的"政治杠杆"（Political Leverage），以便使其他国家按照自己的战略重心或政策意图行事。卡塔尔经济实力雄厚，通过采取积极的外交政策，参与调解地区冲突。卡塔尔特别注重以实施经济援助为手段，同对象国建构起一定程度的政治与安全利益上的一致性。在对这些国家的外交政策构成某种制衡和影响的同时，真正实现本国的政治和安全目标。卡塔尔的这一做法在阿拉伯海湾国家十分具有代表性，从阿拉伯海湾援助国近年来在国际发展援助领域已占有一席之地便可充分证明。

2. 英文文献

2006年以来，美国宾夕法尼亚大学的"智库与公民社会研究"项目组连续发布年度报告《全球智库发展报告》，这些报告运用国际比较视野，关注到全球智库发展模式和影响力实现机理存在的差异，其中包括一定数量的中东北非智库。该报告对全球6000多家智库进行了各个层面的比较、分析与排名，共形成40多张不同维度的表格（包括中东和北非顶级智库排名表等），对全球智库发展趋势进行预测，并提供相应的政策建议。这些报告对了解阿拉伯国家智库在全球智库中的位置，以及分析该地区智库发展特点提供了详实的数据支持。其权威度与公信度受到业内外多数认可，被认为是"全球最具权威的智库排名"。本课题主要选取2015年和2016年的有关数据，以此为基础展开研究。

近年来，阿拉伯国家也出现类似的智库项目组，总部设在约旦首都安曼的"未来基金会"和联合国开发计划署奥斯陆治理中心联合出版的《阿

---

① ［卡塔尔］贾马尔·阿布杜勒：《卡塔尔的对外政策1995—2013：杠杆策略》（阿拉伯文），多哈：半岛研究中心，2014年版。

拉伯智库目录》①，对阿拉伯国家的智库进行了详细介绍。该名录是在2013年7月2日－4日在阿曼和约旦举行的"国家政策研究机构与智库在政治变局中的角色"大会召开后，由组委会组织编制的。该会议由未来基金会和联合国开发计划署奥斯陆治理中心联合举办，几乎所有西亚与北非地区的研究机构均有代表出席。《名录》依据一定的标准，收录了阿拉伯国家20多家智库，并按国别和字母顺序对每一家智库的基本信息进行了清晰的编写。本课题的附录部分梳理了这些内容，此外还增加了十几个原文未列出的智库。

阿拉伯学者对智库的研究也不少，其中有些是直接用英文撰写的。哈希姆·哈桑（Hashim Hassan）在《阿拉伯研究中心：制定政治决策的程序》中指出，阿拉伯国家现代智库的兴起出现在20世纪，但早在18世纪时，阿拉伯智库就出现在欧洲大学的照片中，那是一种被称为"科学椅"（Scientific chairs）的东西，用来模仿伊斯兰世界中用来咨询意见、表达建议的研讨会。但是后来由于战争、冲突、殖民等原因，阿拉伯智库衰落了，直到20世纪以来才有好转。② 因提萨尔·哈立吉（IntissarKherigi）③等学者在文章中以突尼斯的政策研究中心为例，分析了该智库对突尼斯政策制定的影响。作者认为，突尼斯政策研究中心在国家政策制定中具有重要作用，它不但为决策者提供有价值的数据和分析，而且帮助国家设计更有效的公共政策，协助立法机关更好地行使民主监督作用，从而提高公众的认识水平和参与意愿。易卜拉欣·哈利利（Ibrahim Khalil）④是摩苏尔大学研究机构的区域研究中心研究部总监，他于2010年8月24日撰文指出，智库在发达国家具有重要地位，特别是在政策制定方面，它如同一个智囊团或思想银行。随着阿拉伯国家公民社会的不断发展和完

---

① Arab Think Tanks Directory, Foundation For the Future, Jnly, 2013.
② Hashim Hassan Hussein Al-Shahwan, "Arab Research Centers: Procedures In Developing Them Towards Making Political Decision," *Regional Studies*, No. 10, 2008, pp. 293–316.
③ IntissarKherigi, "Public Policy Making in Tunisia: The Contribution of Policy Research Institutes," *Middle East Law and Governance*, Vol. 7, No. 1, 2015, pp. 76–100.
④ Ibrahim Khalil Al-Alaff, "The Importance of Arab Think Tanks: Regional Studies Center at Mosul University, Iraq As a Case Study," *Regional Studies*, No. 22, 2011, pp. 9–28.

善，我们也需要这样的机构。作者以摩苏尔大学的研究机构为例，梳理了该机构成立25年来的成就和贡献，指出智库工作对阿拉伯国家公共政策的重要作用。

在以某个具体的阿拉伯智库为研究对象的成果中，有不少是关于"半岛电视台研究中心"的，如马克·林奇（Marc Lynch）的《新阿拉伯公众的声音：伊拉克、半岛电视台和中东政治》[1]，它以半岛电视台研究中心为主线，分析了该智库在揭露阿拉伯社会现实并真实反映阿拉伯国家政治现状等方面做出的努力，探讨了阿拉伯智库的卓越影响力；休·迈尔斯（Hugh Miles）撰写的《半岛研究中心》[2] 分析了该智库成为全球最富有争议性智库的原因。这本书现已被中国学者黎瑞刚翻译成中文，名为《意见与异见——半岛电视台的崛起》。

布鲁金斯学会塞班中东政策研究中心的访问学者埃扎·易卜拉欣撰写的《阿拉伯智库与美国智库：合作新机遇？改革新引擎？》[3] 一文中，以埃及为例对阿拉伯智库发展的历史与现状进行了梳理和评价，通过研究美国智库已经或正在进行的中东项目，以布鲁金斯学会与兰德公司为范例，探讨了美—阿智库合作的机遇、挑战和前景。欧洲—地中海政策研究中心主任波尔·莫里利亚斯发表两份简报：一份题为《在钢丝上行走：智库在阿拉伯变局与获得外部支持中的作用》[4]，另一份题为《智库在阿拉伯变局中的作用》[5]。从欧洲视角阐述了智库在阿拉伯变局中的作用，具体分析了部分海湾阿拉伯国家智库在政治变局中发挥的作用，对于掌握阿拉伯国家智库影响力及其产生方式的研究很有启发。

综上所述，国内外学者近年来都加强了对阿拉伯国家智库的关注，但在这方面取得的研究成果还很少，研究的范围和深度也非常有限，特别是

---

[1] Marc Lynch, *Voices of the New Arab Public: Iraq, Al-Jazeera, and Middle East Politics Today*, New York: Columbia University Press, 2006.

[2] Hugh Miles, *Al Jazeera*, Abacus, 2006.

[3] 埃扎·易卜拉欣：《阿拉伯智库与美国智库：合作新机遇？改革新引擎？》，美国对伊斯兰世界政策研究项目，2004年版。

[4] Pol Morillas, *Walking A Thin Line: The Role of Think Tanks in Arab Transitions and Foreign Support*, IEMed, No. 2, 2013.

[5] Pol Morillas, *Event Report: The Role of Think Tanks in Arab Transitions*, IEMed, No. 3, 2013.

对于阿拉伯国家智库的组织结构、研究方式、决策影响、信息交流、成果流向等本质性和深层次问题进行研究的相关文献十分缺乏。在"一带一路"的战略背景下，随着中国学者对"中阿公共外交"和"智库与中阿关系"之类话题的关注度与日俱增，有关"中国与阿拉伯国家智库公共外交"的研究成果则显得十分宝贵，从而为本课题的研究提供了较大的空间，同时也体现了本课题的重要性。

三、研究思路与方法

当今世界正在发生深刻变化，中国和阿拉伯国家既是影响国际形势发展的重要变量，又都深受国际风云变幻的影响。对中国而言，未来十年是中国发展的关键期，中国将越来越多地参与到国际事务中。通过"一带一路"建设，中国将更好地推动沿线各国人民友好交往，促进不同种族、不同信仰、不同文化传统的国家之间和谐相处，共同发展、共同繁荣；对阿拉伯国家而言，2010年底发生的中东剧变和多数国家2030年愿景战略的推出促使地区国家进入全面转型阶段，这是一个长期而复杂的过程。在新时期，双方都发生了很大的变化，面临不同的发展机遇和前所未有的挑战，其传统关系也在新的历史条件下接受着全新的考验。本课题以此为背景，在梳理阿拉伯智库历史背景、发展现状、研究领域、组织机构的基础上，分析中阿智库合作与交流中存在的问题并提出相关建议，为有针对性地对阿拉伯国家开展公共外交尽绵薄之力。

在具体研究方法上，本课题主要以阿拉伯国家智库为考察对象，采用定量研究与定性研究相结合的方法，通过案例研究，在分析具体样本智库的基础上，试图探求阿拉伯国家智库发展的总体特征和一般规律；并通过文献分析与历史回顾等方法，结合阿拉伯国家智库发展的外在环境和内生条件，对中阿智库公共外交发展的历史与现状进行梳理、整合、分析和总结，对智库在中阿公共外交中已经发挥的作用进行探讨，对其未来可能扮演的角色作出预判与展望。

四、章节安排与框架

本课题智库名录及相关信息主要来自美国宾夕法尼亚大学的《全球智库发展报告》、"未来基金会"①和联合国开发计划署联合出版的《阿拉伯智库目录》以及部分阿拉伯智库专家和外交官提供的信息。从组织架构来看，西亚北非地区的智库除了普通意义上的思想库外，还包括一些研究机构。这些研究机构为国家提供政策建议，但本身不以智库名义运作，这就决定了本课题需要将部分科研机构或高校研究中心也纳入到智库研究的范畴。为使研究更具针对性，本课题主要选取政治、经济、外交和战略领域的智库，尤其是对本国决策过程具有较大影响力的智库，它们在一定程度上及时反映了西亚北非地区国家社会转型的现实需求。

本课题除了导论、附录、后记和参考文献外，具体章节安排如下：

第一章的主题为"一带一路"倡议的多维度分析，包括"一带一路"倡议的主要内涵、"一带一路"倡议与人文外交、"一带一路"倡议与经济合作、"一带一路"倡议与阿拉伯利益相关国等章节。"一带一路"倡议是全球化转型时代的中国方案，也是本课题研究的指导思想。阿拉伯国家在地理上处于"一带一路"的西端交汇地带，是中国推进"一带一路"建设的重要合作伙伴，也是"一带一路"中不可或缺的重要角色。可以说，中阿智库在"一带一路"大背景下开展合作，不但有助于促进两个文明之间的交流对话，而且有利于双方共同探讨"一带一路"倡议与相关区域及国家重点发展战略规划的对接，从而致力于共建"一带一路"的长效合作和发展机制。

第二章的主题为"一带一路"建设中的智库交流，包括智库交流在"一带一路"建设中的作用、智库交流在"一带一路"建设中的功能、智库交流在"一带一路"建设中的形式等章节。一般而言，智库的主要功能包括建言献策、舆论引导、理论创新、社会服务和公共外交等内容。如果

---

① 该基金会成立于2007年，总部设在约旦首都安曼，分支遍布多个阿拉伯国家。

说前四者偏重于国内政策，那么在公共外交方面则体现了智库在对外交流方面的作用。特别是当前世界形势和国际关系都处在急剧变化和调整之中，霸权主义、恐怖主义、逆全球化等对世界和平与发展正在构成新的挑战，改善全球治理、构建公平合理的国际政治经济秩序的任务更加迫切。这些摆在各国政府面前的难题，需要各国民间机构特别是智库的积极参与并提供智慧。无疑，智库为促进地区各国的相互了解，推进地区稳定和发展，加强各国之间联系等方面，正在发挥着积极作用。

第三章的主题为阿拉伯国家智库概述，包括经济实力较强的海湾地区国家智库、文化底蕴深厚的沙姆地区国家智库、注重区域研究的马格里布地区国家智库、其他非洲国家智库等章节。据2015年的相关数据显示，西亚北非国家共有智库500多家，而其中阿拉伯国家的智库有400多家。受政治制度、社会发展程度、地区动荡等因素的影响，阿拉伯智库与其他发展中国家一样，在思想创新、舆论引导、问题意识和国际交流等方面不如欧美国家的智库强，但近年来，阿拉伯智库的建设受到多方支持，呈现出积极的发展态势。这些智库各具特色：海湾国家智库经济实力较强，多有王室背景；沙姆地区国家文化底蕴深厚，注重思想研究；北非国家智库关注地区局势，注重区域研究；东非国家智库起步较晚，严重依赖外援；动荡国家智库，更关注本国安全与政治。

第四章的主题为海湾地区国家主要智库，主要介绍海湾国家的11个智库，选取研究样本尽量覆盖到每个国家，并保证这些智库的网站资料齐备，否则无法进行相关的调研工作。海湾地区出现的第一个现代智库是科威特科学研究所。1967年，在日本阿拉伯石油有限公司的帮助下，根据其与科威特政府签订的石油开采协议建立起类似智库的研究所。直到2000年以后智库才开始在海湾国家大量出现。与其他阿拉伯国家相比，海湾国际的智库在质量上遥遥领先，在地区范围内发展程度较为先进。2013—2015该地区进入西亚和北非顶级智库排名前列的智库占智库总数比例为23%、22%和33%，远远高于阿拉伯国家的平均水平，即9%、10%和20%。值得注意的是，在影响决策层的方式上，除了一般智库常用的方式外，海湾国家智库还通过"工作坊"，围绕一定的主题对政府和其他社会组织或企业的员工进行专门培训，以提升他们在工作中的专业技能和领导力，已取得一定的成效。

第五章的主题为沙姆地区国家主要智库，主要介绍该地区（约旦、叙利亚、黎巴嫩和巴勒斯坦）的8个主要智库。约旦在政治、经济和文化等方面相对稳定，公民受教育程度高，人民生活较为富裕，知识阶层和精英在社会中的地位较高。约旦智库建设起步较早，主要目的是传播当代阿拉伯思想，促进经济发展，维护国家安全，实现个人自由和社会进步；叙利亚近年来饱受内战之苦，国内安全形势动荡不安。叙利亚有的智库负责人是来自境外反对派中的重要人物，智库总部设在国外。他们除关心国家政治、经济、社会等战略问题外，对人权的诉求和正义的渴望也十分强烈。黎巴嫩是阿拉伯世界中的西方式国家，由于其国内阿拉伯基督徒占据主导地位且各宗教派别基本保持权力平衡，因此智库的管理和运作结合了西方国家智库的一些特点；巴勒斯坦的智库数量较多，这些智库不仅关注巴勒斯坦人为争取正义与和平付出的努力和探索，而且十分关心巴勒斯坦问题的前景和解决方式。

第六章的主题为北非国家主要智库，主要分为马格里布国家和其他非洲国家。马格里布国家包括摩洛哥、阿尔及利亚、突尼斯、利比亚和毛里塔尼亚。北非马格里布地区国家受近代欧洲殖民的影响，研究语言大多为法语和阿拉伯语，部分智库网站只有法语版。摩洛哥智库既关注国家政治环境和社会发展，也关心马格里布地区国家以及地中海沿岸国家的国际关系；阿尔及利亚智库十分关注马格里布地区国家以及地中海地区国家的政治、经济与文化联系。该章努力做到每个国家选取一个智库样本，但阿尔及利亚最著名的智库——全球战略国家研究所没有官方网站，只能放在附录里做简单介绍。其他北非国家包括埃及和苏丹。不可否认，埃及智库不论从数量还是从研究实力上来看，都在中东国家居于前列。它们注重与世界各国智库和研究机构保持密切往来，为政府决策提供智力支持，在保持埃及地区大国地位方面发挥着重要作用。苏丹智库整体数量不多，比较注重从战略研究的角度对民族宗教矛盾进行分析。其他阿拉伯国家情况有所不同，如索马里智库起步较晚，研究实力相对较弱，部分智库由西方国家资助建立，研究重点关注索马里国内政治、安全和社会等问题；而吉布提和科摩罗的智库建设比较滞后，不能提供相关资料来源，因此无法进行详细介绍，只能放在附录里做简单介绍。

第七章的主题为"一带一路"倡议与中阿智库合作，包括"一带一路"倡议对中阿智库合作的要求、中阿智库合作在"一带一路"中的成果、中阿智库合作在"一带一路"中的挑战等内容。"一带一路"建设的内容非常丰富，主要包括政策沟通、设施联通、贸易畅通、资金融通、民心相通。这些领域相辅相成、互为支撑。只有做好了"五通"，才能充分调动沿线各国的积极性，发掘沿线各国的合作潜力，营造更广阔的合作空间，以开放包容、合作共赢的姿态，携手共谋发展、共创繁荣。鉴于此，"一带一路"倡议对中阿智库合作的要求将围绕"五通"而展开，特别是在政策沟通和民心相同方面。目前，中阿智库合作在一系列机制和平台的保障下已取得不小的成果。但与中国同欧美大国的智库合作相比，中阿智库合作仍处于浅层次。由于对彼此的了解和认识尚浅，因此双方的智库合作还存在不少问题，如多边对话与交流平台十分有限，包括在交流与合作的层级、内容、平台等方面还存在不足；重学术交流而忽略政策影响力，导致合作难以有效对接国家政策等。

第八章的主题为中阿智库合作的未来前景，包括加强政府引领，组建智库联盟；开展公共外交，提升合作水平；利用多个平台，扩大合作范围等内容。中阿智库合作要以开展公共外交作为支撑，借用对方的"眼"观察地区形势、借用对方的"口"扩大我方宣传、借用对方的"手"推动双边关系；组建智库联盟包括参与国际智库对话，加强人文交流、重视研究对方，探索共同发展的路径、选择重点智库，加强与阿智库精英的交流等内容。目前来看，中阿智库合作已具备三大重要平台，即"中阿合作论坛""中国—阿拉伯国家博览会"和"中阿智库"论坛。三者各有侧重，"中阿合作论坛"重视政治交往和人文交流，"中国—阿拉伯国家博览会"在经济合作方面颇具建树，"中阿智库"论坛是在前两者的基础上产生的，在智库交流和合作方面更具专业性和指导意义。

第一章
"一带一路"倡议的多维度分析

自2008年金融危机以来,全球挑战频发,风险日益增多。首先,经济增长乏力,金融危机阴云不散,发展鸿沟日益突出,"黑天鹅"事件频出,贸易保护主义倾向抬头;其次,"逆全球化"思潮涌动,地区动荡持续存在,恐怖主义蔓延肆虐。"和平赤字、发展赤字、治理赤字"三大挑战正在考验全世界各族人民的能力,人类迎来大发展大变革大调整时期,进入挑战层出不穷、风险日益增多的时代。很明显,这个纷繁复杂的世界已经令人们难以想象且惊诧不已,人们应对世界挑战的复杂性思维也不断增强。由此,这一系列问题对中国的外交战略谋划、中国智库建设及其对外交的影响能力提出了更高的要求。

如何面对人类共同的难题,中国国家主席习近平于2017年1月18日在日内瓦出席"共商共筑人类命运共同体"高级别会议上,发表题为《共同构建人类命运共同体》的演讲时指出:"全人类的共同愿望,就是和平与发展。宇宙只有一个地球,人类共有一个家园。让和平的薪火代代相传,让发展的动力源源不断,让文明的光芒熠熠生辉,是各国人民的期待,也是我们这一代政治家应有的担当。中国方案是:构建人类命运共同体,实现共赢共享。"[①] 毫无疑问,经济全球化是不可逆转的潮流,任何国家都没有回头路可走。在这条艰难探索的道路上,合作共赢和共同发展可谓是全球治理和改革的基本方向。在未来的道路上,中国不仅要成为人类命运共同体理念的倡导者,更要成为这一理念的践行者。尤其是自党的十

---

① 冯俊:《人类命运共同体:全球治理的中国方案》,《人民政协报》,2017年4月12日。

八大以来，党中央和国家领导人提出的一系列对外开放政策充分展现了这一理念，不仅为全球治理改革提供了新的发展思路，而且对塑造更加公正合理的国际秩序发挥了正面的推动作用。特别是以"一带一路"倡议为主的中国地缘政治经济战略的重大调整，已经获得了全世界人民的广泛认可与赞许。

第一节 "一带一路"倡议的主要内涵

"一带一路"倡议的主要内容是推进"丝绸之路经济带"和"21世纪海上丝绸之路"，它是中国政府为了主动应对全球形势的深刻变化并统筹国际国内两个大局而提出的重大战略决策。自党中央发布《中共中央关于全面深化改革若干重大问题的决定》和《政府工作报告》以来，该倡议已经成为中国未来一段时期内重要的国家发展战略。事实上，"一带一路"倡议的主要目的在于实现共赢共享发展，这与现有的区域经济合作机制形成了鲜明的对比。可以说，"一带一路"的发展导向不仅表现在对外开放性、互联互通、多元化合作机制等方面，而且突出体现在构建人类命运共同体上，这是一个基于责任共同体、利益共同体的人类命运共同体。在构建人类命运共同体方面，国际社会要从合作伙伴关系、世界安全格局、国家经济发展、人类文明交流、环境生态建设等诸多方面作出努力。事实证明，这是一种既具有中国特色又满足广大发展中国家需求的理想的区域经济合作模式。

一、"一带一路"倡议中的合作伙伴关系

为了推动"一带一路"倡议顺利开局，中国确定了"以亚洲为重点建设经济走廊，深化区域合作、基础设施建设和资金人员流通为主要突破方向"的初期建设规划。鉴于"一带一路"倡议与各国的发展战略有效对

接，共商、共建、共享的和平发展、共同发展理念获得沿线60多个国家的响应和参与。

中国"一带一路"发展战略构想的提出经历了以下举世瞩目的历史时刻。2013年9月7日，习近平主席在哈萨克斯坦纳扎尔巴耶夫大学发表题为《弘扬人民友谊 共创美好未来》的演讲，第一次提出共建"丝绸之路经济带"的倡议；2013年10月3日，习主席提出共同建设21世纪"海上丝绸之路"的倡议；2014年6月5日，习主席在中阿合作论坛第六届部长级会议上指出，"不断深化全面合作、共同发展的中阿战略合作关系"；2014年9月12日，习主席在上合组织成员国元首理事会第十四次会议上表明，新的丝绸之路经济带建设正进入务实合作新阶段，中国方面制定的规划基本成形；2014年11月8日，习主席在"加强互联互通伙伴关系"东道主伙伴对话会上指出，"'一带一路'和互联互通是相融相近、相辅相成的"；2015年3月28日，习主席在博鳌亚洲论坛2015年的年会上指出，"'一带一路'建设不是中国一家的独奏，而是沿线国家的合唱"；2016年1月16日，习主席在亚洲基础设施投资银行开业仪式上指出，"欢迎各国搭乘中国发展的'顺风车'"；2016年1月19日，习主席在埃及《金字塔报》上发表的署名文章指出，"'一带一路'追求的是百花齐放的大利，不是一枝独秀的小利"[1]；2016年1月20日，习主席饱含深情地为《今日中国》杂志阿拉伯文版"纪念中埃建交60周年专刊"致辞，再次强调"深化'一带一路'框架内的多领域务实合作"[2]；2016年6月24日，习主席在上海合作组织成员国元首理事会第十六次会议上进一步指出，"中方大力推动'一带一路'建设同各国发展战略对接"[3]。

可以说，"一带一路"倡议涵盖亚洲、欧洲及非洲60多个国家和地区，涉及63%的全球人口以及35%的全球贸易。不仅如此，沿线国家的政治现状和经济发展各不相同，文化上也存在不少差异。在"一带一路"沿

---

[1] 赵银平：《"一带一路"：习近平打开的"筑梦空间"》，新华网，http：//www.xinhuanet.com/politics/2016-09/21/c-1119594710.htm.（访问时间：2018年7月21日）

[2] 姚玮洁：《习近平的"一带一路"足迹》，人民网，http：//cpc.people.com.cn/xuexi/n1/2016/0906/c385474-28694919.html.（访问时间：2018年7月21日）

[3] 同上。

线，不断创新的国际经济合作模式，正在增强我国与相关国家的经济贸易往来，从而形成更加紧密的合作伙伴关系。[1] 与中国建立伙伴关系的国家、地区一体化组织共计82个，其中国家79个、组织3个。最早建立的伙伴关系是中俄，双方早在1996年就建立了战略协作伙伴关系。2011年，中俄两国一致同意在伙伴关系限定词前加冠"全面"二字，以示合作领域多样。俄罗斯在"一带一路"沿线有巨大的影响力。2015年，中俄就"一带一路"与欧亚联盟的对接达成了谅解。这给两国全面战略协作伙伴关系增添了新的内容。此外，值得一提的是中国与巴基斯坦的伙伴关系，这一关系被誉为全天候战略合作伙伴关系。自2005年起，中巴战略合作伙伴关系就被定位为"更加紧密的"关系，可见两国关系非同一般。中巴经济走廊也被称为"一带一路"的"旗舰项目"。

在与阿拉伯国家的关系方面，"一带一路"与"伙伴关系"高度重合。"一带一路"沿线的65个重要国家中有40个是中国的伙伴关系国，其中，西亚北非16国中有7个是中国的伙伴关系国，阿尔及利亚（2014）、埃及（2016）、沙特阿拉伯（2016）是全面战略伙伴关系，即国家对战争全局的统筹规划与全面指导，是依据国际、国内形势和敌对双方政治、经济、军事、科学技术、地理等因素确定的；阿联酋（2012）、卡塔尔（2014）、苏丹（2015）、约旦（2015）是战略伙伴关系，在这种情况下，两国是伙伴而不是对手，这种伙伴关系是建立在战略全局上的，而不是局部的；是长期的，而不是权宜之计。可以说，当今世界处于深刻变化之中，中国和阿拉伯各国都面临发展的关键时期，都渴望实现各自民族复兴的伟业，中国同阿拉伯各国巩固政治互信、加强战略合作是双方的根本利益所在。

---

[1] 中国与其他国家的伙伴关系一般以双方元首联合声明为标志确立，名称不同表明合作领域和关注点不同。如"全面"或"全方位"指的是合作领域多、范围广；"战略"指的是在双边或多边国际事务中，在重大国际和地区问题上有交集，关系重要，领域高端；"合作"指的是政策相互协调、相互配合、相互支持，其中不加战略修饰语的合作多指经济合作；"友好"指的是政治关系良好。这些词汇的排列组合构成不同侧重点，形容强调点不同的伙伴关系，转引自陈晓晨："中国对外'伙伴关系'大盘点"，http://finance.qq.com/a/20160415/021956.htm。

二、"一带一路"倡议中的命运共同体

从历史的发展角度来看,"一带一路"既是人类经济发展的过程,也是东西文明对话的过程,更是建构未来人类命运共同体的过程。从这个意义来看,"一带一路"建设既是宏大的经济工程,也是艰巨的文化工程;既需要修筑码头、开山铺路的硬功夫,也需要激发和调动沿线各国各民族的主动性,积极投身到建构"人类命运共同体"的宏伟事业之中。[①] 可以说,"一带一路"被看作是实现陆地与海上,乃至整个人类协调发展的重大理念,是实现世界上各民族、多文明共生共荣的巨大智慧。

自 2012 年 11 月 8 日党的十八大召开以来,习近平主席在不同场合多次阐释了建设"人类命运共同体"的理念。2013 年 10 月 3 日,习近平主席在印度尼西亚国会做了一场重要演讲,他在报告《携手建设中国—东盟命运共同体》中强调:东南亚地区一直是"海上丝绸之路"的重要枢纽,中国愿同东盟国家加强海上合作,利用好中国政府设立的中国—东盟海上合作基金,发展好海洋合作伙伴关系,共同建设"21 世纪海上丝绸之路"。[②] 为了达到上述目标,中国将扩大同东盟国家在各领域的务实合作,通过优势互补、共迎挑战,实现与东盟国家的共同发展和共同繁荣。

2015 年 4 月 21 日,习近平主席出席了巴基斯坦议会举办的招待会,他在题为《构建中巴命运共同体,开辟合作共赢新征程》的演讲中指出:"中国提出建设'丝绸之路经济带'和'21 世纪海上丝绸之路'倡议,不但是在新形势下扩大全方位开放的重要举措,而且将致力于使更多国家共享发展机遇和成果。"[③] 可以说,包括巴基斯坦在内的南亚地区位于"一带一路"的海陆交汇之处,无疑是推进"一带一路"建设的主要合作对象和重要合作伙伴。特别是中巴经济走廊和孟中印缅经济走廊与"一带一路"

[①] 明浩:《"一带一路"与"人类命运共同体"》,《中央民族大学学报》(哲学社会科学版) 2015 年第 6 期,第 23—30 页。

[②] 习近平:《携手建设中国—东盟命运共同体》,《人民日报》,2013 年 10 月 4 日。

[③] 习近平:《构建中巴命运共同体,开辟合作共赢新征程》,《新华每日电讯》,2015 年 4 月 22 日。

关系紧密，两大走廊的建设将极大地促进沿线国家的经济增长，为深化南亚区域进一步合作提供强有力的支持。

2015年9月28日，习近平主席在纽约联合国总部第70届联大一般性辩论会上发表了《携手构建合作共赢新伙伴同心打造人类命运共同体》演讲，全面提出了构建"人类命运共同体"的五大支柱，即"政治上要建立平等相待、互商互谅的伙伴关系；安全上要营造公道正义、共建共享的安全格局；经济上要谋求开放创新、包容互惠的发展前景；文化上要促进和而不同、兼收并蓄的文明交流；环境上要构筑尊崇自然、绿色发展的生态体系。"[1] 2017年伊始，以习主席在联合国日内瓦总部提出并阐释"建设人类命运共同体，实现共赢共享"的中国方案为标志，"建设人类命运共同体"理论实现新飞跃，达到新高度。

近几年来，随着"一带一路"建设的快速推进，中国迎来急剧发展的大好时机：第一步是经济带建设。中国凭借高水平的高铁、高速路现代技术，在经济带建设方面大显身手；第二步是与经济建设步骤相适应和配套的文化带建设。在陆路方面，中国积极开展周边外交，努力挖掘合作潜力和利用跨界民族等资源，搭建既能符合实情，又能发挥多功能的平台。同时，在继续加强金砖五国（俄罗斯、中国、巴西、印度和南非）和上合组织（中国、哈萨克斯坦共和国、吉尔吉斯斯坦共和国、俄罗斯联邦、塔吉克斯坦共和国、乌兹别克斯坦、印度、巴基斯坦）机构下与相关国家互动的同时，利用伊核谈判找到突破的机遇，加强与"一带"沿线地区重点国家（特别是伊朗、土耳其等国家）的沟通与交流，形成一个与阿拉伯/伊斯兰国家的合作互动机制；第三步是在前两者的基础上，形成一个由东方/佛教文明，经阿拉伯/伊斯兰文明到西方/基督教文明的互动机制和对话平台，从而致力于覆盖全球人类命运共同体的建构。[2]

在这一过程中，"一带一路"的宏伟倡议也开启了中国与阿拉伯国家

---

[1] 冯颜利、唐庆：《习近平人类命运共同体思想的深刻内涵与时代价值》，《当代世界》，2017年第11期，第12页。

[2] 纪明葵：《打造中阿利益共同体和命运共同体》，中国网，http: //opinion.china.com.cn/opinion_11_100811.html.（访问时间：2018年5月23日）

打造命运共同体的篇章。在中阿合作论坛第六届部长级会议上，习近平主席的讲话传递出一个清晰而明白的信息：一方面，中国将按照促进文明互鉴、尊重道路选择、坚持合作共赢、倡导对话和平等原则与世界其他国家共处；另一方面，中国与阿拉伯国家的合作将在世界经济全球化的过程中要打造成命运共同体。其中，构建"1+2+3"的合作格局，将成为中国与阿拉伯国家全面深化合作的主体框架："以能源合作为主轴，以基础设施建设、贸易和投资便利化为两翼，以核能、航天卫星、新能源三大高新领域为新的突破口"。① 在不久的将来，中阿贸易额将实现翻番，中国—海湾阿拉伯国家合作委员会自由贸易区建设将不断推进。这意味着中国与阿拉伯国家关系的主轴是能源合作，而基础设施建设、贸易和投资便利化成为两大着力点。以此为基础，双方将实现核能、航天卫星、新能源三大高新领域的突破。这一系列内容将构成中国在中东阿拉伯地区的开局目标和重大战略利益。

三、"一带一路"倡议中的文明交流

如果说古代的丝绸之路反映了人类多元文明交织的轨迹，印证了世界各族文化和平共处、相互交融、共同发展的辉煌历程，那么，"一带一路"倡议则延续了"和平合作、开放包容、互学互鉴、互利共赢"的丝路精神，逐步成为促使人类文明进步、增进沿线各国人民繁荣发展的重要桥梁和东西方文明合作与交流的象征。这一理念凸显出"一带一路"这一发展蓝图对人类命运的深刻思考与终极关怀。事实证明，经济繁荣与发展固然重要，但超越经济繁荣与发展并最终指向文明的存续与勃兴更加具有深远意义。它有助于人类社会以文明交流代替文明隔阂、以文明互鉴代替文明冲突、文明共存代替文明优越，从而推动世界各国相互理解合作、彼此尊重和信任。

一般而言，不同民族和不同文化要"交而通"。2016年1月21日，习

---

① 钱彤：《习近平主持加强互联互通伙伴关系对话会并发表重要讲话》，人民网，http://politics.people.com.cn/n/2014/1108/c1024-25997235.html.（访问时间：2018年5月23日）

近平在《共同开创中阿关系的美好未来》中指出："'一带一路'建设在本质上倡导不同民族和不同文化要'交而通',而不是'交而恶'",彼此要多拆墙、少筑墙,把对话当作'黄金法则'用起来,大家一起做有来有往的邻居。"[①] 2016年4月29日,习主席在中共中央政治局第三十一次集体学习中再次利用"一带一路"倡议,唤起了沿线国家和各族人民共同的历史记忆。他把古代丝绸之路比喻成贸易之路和友谊之路,在中华民族同其他民族的长期友好交往中,逐步凝聚成以"和平合作、开放包容、互学互鉴、互利共赢"为特征的丝绸之路精神。而中国政府提出的"一带一路"倡议,无疑要进一步发扬和继承丝绸之路精神,把中国发展同沿线各国家的发展紧密结合在一起,把中国梦同沿线国家各族人民的梦想紧密结合在一起,着实赋予了古代丝绸之路以更加丰富的时代内涵。

自古以来,"一带一路"沿线就是多民族文化的集合地。可以说,沿线各族人民的人文交流与文明互鉴是"丝路"精神中的文明核心的价值和文化认同的基础。文化的沟通和交流既能够帮助沿线各国通过友好对话和磋商,又有助于通过各自经济发展战略的有机对接来获得共同利益的契合点,从而顺利地通过协商来制定推进区域合作的一系列规划与措施。事实上,文化的沟通与交流能够使不同国家、不同民族的民心进一步相通相连,从而为开展区域合作与维护区域的和谐稳定奠定牢固的社会基础和民意基础。在丝绸之路的文化交流中,中华民族不但给予了沿线各民族巨大的文化贡献,而且也从沿线各民族那里汲取了多种文化因素,从而丰富了自己的物质文化和精神文化。可以说,这种人文交流与文明互鉴恰恰是"丝绸之路"精神的文化基础。

一方面,中华文化为丝绸之路的核心价值认同和人文精神成形提供了思想和智慧。源远流长且博大精深的中华文化无疑具有极其强大的凝聚力和特别持久的生命力。在漫长的历史长河中,正是因为不断与各民族文化进行交流、互补与整合,从而继承、创新和发展的中华文化历经数千年而不衰。中华文化的诸多核心价值观念和伦理规范体系都彰显出整个人类文

---

① 习近平:《习近平谈治国理政(第二卷)》,北京:外文出版社有限责任公司,2017年版,第461页。

化多元开放、包容互补的文化特质,如天人合一的宇宙观和信仰体系、"和而不同"的哲学思想体系、"仁义礼智信"都说明中国古代先贤很早就意识到文化的多样性和差异性,也了解了各种文化是可以相互交流、可以相互借鉴和取长补短的。[①] 毫无疑问,这些道德原则不但为几千年来丝绸之路友好往来提供了精神保障,而且为丝绸之路精神中的核心价值认同提供了道德基础。

另一方面,中华文化为丝绸之路核心价值的践行和精神的传承提供了智力支持和文化保障。随着丝绸之路沿线各民族交往范围的扩大,不同民族文化的特色越来越彰显出来,并进而形成了带有多民族共同特征的普遍情感,铸就了丝绸之路精神中"和平合作、开放包容、互学互鉴、互利共赢"的核心价值认同。"和平合作"指沿线各民族之间政治上、军事上合作大于战争;"开放包容"指外交上开放大于封闭,包容大于排斥;"互学互鉴"指文化上相互交流进步大于文化上的相互排斥;"互利共赢"指经济上互利共赢大于差异竞争。[②] 可以说,中华文化在精神和实践两个层面上均满足了丝绸之路沿线各民族的交流、交往和交融的需求,它有力地促进了丝绸之路的发展。

从"一带一路"初期规划开始,位于亚洲地区的中东阿拉伯国家就占有重要地位。中国和阿拉伯国家的文化交流和文明互鉴活动丰富多彩。2014年以来,首届文化部长论坛、城市论坛、第六届文明对话研讨会、第三届阿拉伯艺术节、第三届中阿校长论坛、广播电视合作论坛、第四届中阿新闻论坛、能源合作大会、第六届中阿企业家大会等活动在中国和阿拉伯国家接连举行。中国还在9个阿拉伯国家开设11所孔子学院和5个孔子课堂,提供孔子学院奖学金名额323个,为埃及、黎巴嫩培训307名本土汉语教师。在北京语言大学、北京第二外国语学院、宁夏大学开设阿拉伯研究中心。2014年,有约1.5万名阿拉伯国家留学生在华学习。[③] 中阿间

---

① 李伟、姚庐清:《"一带一路"发展中的民族交流与核心价值认同》,《齐鲁学刊》,2016年第1期,第66—73页。
② 杨洁篪:《推动构建人类命运共同体》,《人民日报》,2017年11月19日。
③ 伍亚飞:《阿拉伯国家是共建"一带一路"重要伙伴》,环球网,http://opinion.huanqiu.com/opinion_world/2016-01/8409945.html. (访问时间:2018年5月23日)

的文化交往静水流深，滋润着中阿友谊之树。古丝绸之路不但是一条经济之路，更是文化之路，还是友谊之路与民心相通之路。中阿共建"一带一路"，首先要呼吁文化先行，然后通过深化与沿线国家的文化交流活动，才能促进区域合作，实现共同发展，从而让命运共同体意识在沿线国家落地生根。

四、结语

"一带一路"倡议意味着中国在新时期对外开放实现的战略转变。自2013年首次提出以来，该构想已经获得了国内外相关国家、地区及其人民的高度关注和深刻共识，具有极其深远的重要意义：它不但在推动全球互联互通新进程、打造世界经济新引擎、引领全球化发展新方向和开启中国与世界良性互动新篇章等方面做出重要贡献，而且通过不断向国际社会适时提供制度性的公共产品，从而成为全球治理不可或缺的部分。除了"一带一路"倡议，中国倡导并创办的亚洲基础设施投资银行以及与其他金砖国家一同创办的金砖国家开发银行等都逐步成为全球新型制度下的公共产品，它不仅得到越来越多国家和人民的认同，而且与现有的世界经济体制构成互补关系。正如中阿公共外交领域的知名人士约旦作家和记者马尔旺·苏达哈所描述的那样，"一带一路"的核心意义在于惠及各参与国人民的民生福祉。他说，中国为推进"一带一路"建设所做的努力，并不仅仅是表面上看到的在贸易、投资、基建领域的投入，更重要的是为促进各国人民民心相通、文明互鉴付出的真挚情感。[1] 亚洲基础设施投资银行、丝路基金、沿线国家地区自由贸易区，在习主席的深谋远虑下，这条曾经的沧桑之路焕发出新的光彩与生机，正带领着沿线各国人民一同通向更加美好的未来。

---

[1] 曾书柔：《阿拉伯国家媒体人看"一带一路"媒体合作论坛》，人民网，http://media.people.com.cn/n1/2017/0920/c414317-29546618.html.（访问时间：2018年5月23日）

第二节 "一带一路"倡议与人文外交

传统观念认为,一国的外交是指国家以和平手段对外实施主权的活动,它通常以国家领导人、外交部长或外交机关为代表,通过访问、谈判、交涉等渠道发出外交文件,或者缔结条约,或者出席会议和参加国际组织。19世纪之后,随着国际文化交流的日益频繁,世界各民族的人文外交蓬勃兴起。而欧洲民族国家体系的建立,更是为各国文化交流增添了强劲的推动力,各族人民开始采取一种新的形式交流,其中包括文学、思想、艺术和科学作品等。文化交流的声势逐步扩大,使得民族国家的公共权力开始介入国际文化的交流领域,从而使文化被提升到国家外交的高度,人文外交随即脱颖而出。

一、中国人文外交的基本特征

人文外交的实践工作由来已久。中国政府第一次正式提出"人文外交"的概念是在2007年中国共产党的十七大报告中,国家领导人多次提到要加强文化建设,积极提升中国的文化影响力。这份报告对现阶段中国"人文外交"的提出产生了重要的指导意义。报告指出:要"加强对外文化交流,吸收各国优秀文明成果,增强中华文化国际影响力……加快构建传输快捷、覆盖广泛的文化传播体系,使我国在2020年全面建设小康社会实现之际,成为对外更加开放、更加具有亲和力、为人类文明作出更大贡献的国家。"[1]

2008年10月,时任中国外交部部长杨洁篪先生在中央党校视察期间,做了题为"奥运后的国际形势与外交工作"的报告,他指出:"开展人文

---

[1] 胡锦涛:《高举中国特色社会主义伟大旗帜,为夺取全面建设小康社会新胜利而奋斗——在中国共产党第十七次全国代表大会上的报告》,北京:人民出版社,2007年版,第67页。

外交要积极扩大对外文化、体育、旅游等领域合作和民间交流,进一步推进海外孔子学院和中国文化中心建设,传播中华优秀文化。加强同国外非政府组织、社会精英、智库和专家学者的交流,广交朋友,增进了解,消除误解。通过公众喜闻乐见的形式,介绍中国的真实情况,争取国际社会最广泛的理解和支持。"[①] 2009年由世界知识出版社出版的《中国外交》白皮书进一步明确了"人文外交"的内涵,指出要"积极扩大对外文化、体育、旅游等领域合作和民间交流。"[②] 在此基础上,国家领导人明确提出了"政治上更有影响力、经济上更有竞争力、形象上更有亲和力、道义上更有感召力"的目标,为中国人文外交发展指明了方向。至此,中国"人文外交"的具体思路逐渐清晰,逐步影响和指导着中国当前的外交实践。综合而言,中国推广的"人文外交"具有几个基本特征:

首先,从外交主体来看,民间力量是"人文外交"的参与主体。与传统的政治外交、经济外交、军事外交相比,它具有较强的民众参与性、互动性和广泛性。中国民间外交的历史十分久远。早在革命战争年代,中国共产党就在民间外交领域进行了一系列卓有成效的探索。以1936年6月美国记者埃德加·斯诺(Edgar Snow,1905.7.19 – 1972.2.15)秘密访问延安为起点,直至新中国的诞生到改革开放,在历代党和国家领导人的直接领导和亲切关怀下,中国的民间外交创造了灿烂辉煌的历史。"民间外交"逐步成为中国外交界、学术界和广大人民群众家喻户晓、耳熟能详的概念。

经过长期的发展,民间外交的理论体系逐步成熟完整。在新中国成立初期,党和国家领导人改变了从前以国家为外交主体的历史传统,转而实施了一种全新的对外交往方式。1957年,周恩来总理兼外交部长曾把新中国的外交归纳为官方、半官方和民间三者结合起来的外交。1966年2月,周恩来总理详细阐述了党、国家、人民三者在国际活动中的关系并明确指出:"我们的国际活动和对外工作包括党、国家和人民三个方面,政府外

---

① 杨洁篪:《奥运后的中国外交》,《学习时报》,2008年10月6日。
② 《2009年中国外交白皮书将公布拟拓展"人文外交"》,http://news.qq.com/a/20090120/000061.htm。

交工作是代表国家的……党的对外国际活动包括用政府名义的对外活动，用人民的民间的名义对外活动，它们既有区别又有结合。"[①] 此后的国家领导人对周恩来总理的解读表示赞同。1990年3月，江泽民主席在接见中国人民对外友好协会第五届理事会理事时指出："在帝国主义封锁我们时，周恩来总理曾首创民间外交，这一办法为国家关系的建立指出了新方向。"[②] 可以说，从历史到当今，周恩来同志首创的民间外交都具有非常重要的意义。

其次，从外交理念来看，"人文外交"主要强调世界各种文化的平等交流、同舟共济、求同存异。毫无疑问，它直接体现了中国"和平、发展、合作"的外交宗旨与中国文化中"世界大同"的外交理想，展现了中国传统文化中的诸多优秀理念。毫无疑问，今天中国的人文外交又有了新的内涵，它通过尝试新的外交思路，竭力把中国传统文化宝藏中丰富的智慧和人文精神重新发掘并展现出来。综合来看，中国的人文外交包括三大战略资源：一是中国传统文化资源；二是中国科学社会文化资源；三是可供借鉴的西方现代文明资源。只有把这些资源有机地结合在一起，才可能构建中国丰富而独特的人文资源。

随着时间的推移，人文外交逐渐成为当代中国对外交往的重要内容。中国政府在推出一系列具有重要意义的人文外交理念之后，制定并发出新的外交倡议。2013年10月25日，习近平主席再一次将这一倡议做了详细的解释。他在周边外交工作座谈会上明确指出："中国周边外交政策的基本方针是坚持与邻为善、以邻为伴，坚持睦邻、安邻、富邻，突出体现了'亲、诚、惠、容'的理念。"[③] 无疑，这一系列理念集中体现了中国历史悠久的传统文化及其理论精髓。"亲"指的是亲缘纽带，它要求中国将人文外交的关注点放在发挥中国与周边国家地缘相近、人缘相亲、文缘相通等优势上，努力做到"国之交在于民相亲"。"诚"指的是真诚有信，它要

---

① 韩光明：《公共外交与民间外交的特点分析》，《公共外交季刊》，2013年第1期，第64—69页。
② 同上。
③ 习近平：《坚持"亲、诚、惠、容"的周边外交理念》，转引自《习近平谈治国理政（第二卷）》，北京：外文出版社有限责任公司，2017年版，第296页。

求中国诚心诚意对待周边国家，从而争取到更多朋友和伙伴，赢得周边国家的尊重、信任和支持。"惠"指的是互惠互利，它要求中国秉持惠及周边、互利共赢的合作理念，既要考虑自己国家的核心利益，也不能忽略别国的利益诉求。"容"指的是宽广包容，它要求中国开放包容、求同存异，发扬和而不同、兼容并蓄的优良传统。

最后，从外交目的来看，"人文外交"旨在传播中华优秀文化，促使世界各国更加了解中国。它在具体运作的过程中，一定会有助于传播中国的正面形象，从而进一步提升中国的软实力。中国的传统文化特别重视人文的作用，正如《周易》里写道："刚柔交错，天文也，文明以止，人文也。观乎天文，以察时变，观乎人文，以化成天下"，指的就是人们常说的"人文化成"。它一方面教导人们要通过学习掌握文化才能成为真正意义上的人，另一方面强调了学习文化在人成长过程中的重要作用。可以说，把人文和外交的概念联系在一起，从而提出"人文外交"的概念，不仅是中国传统外交理念的伟大创举，而且是当代中国外交实践与时俱进的体现。

伴随全球化进程的不断加速，不同文明之间的关系日趋复杂，美国学者塞缪尔·亨廷顿（Samuel P. Huntington）提出了"文明冲突"的观点，它特指东西方文明的冲突；美籍日裔学者弗朗西斯·福山（Francis Fukuyama）也在《历史的终结和最后的人》中认为，随着东欧剧变的展开和冷战宣告结束，自由主义式的西方文明似乎在全世界取得了最终的胜利；而巴勒斯坦卫士爱德华·赛义德（Edward W. Said）则站在发展中国家的立场上，强烈批判了西方的文化霸权及其帝国主义，重新阐释了东西方文明的关系，进而建立起独具特色的后殖民主义理论。中国领导人曾在上海合作组织成员国元首莫斯科会议上指出："中国主张维护人类文明的多样性，世界上各种文明、不同社会制度和发展道路应该彼此尊重，在竞争比较中取长补短，在求同存异中共同发展。"[1] 毫无疑问，中国以马克思主义理论为指导，倡导以平等开放的精神不仅维护了世界文明的多样性，积极构建

---

[1] 《在上海合作组织成员国元首莫斯科会议上胡锦涛的讲话》，《天津日报》，2003年5月30日。

了各种文明兼容并蓄的和谐世界。这一主张和理念深得世界各国人民的认同与支持。

不可否认，中国的人文外交无疑是中国共产党为国际外交历史提供的伟大创新，它不仅具有鲜明的中国特色，而且充分展现了各个时代的特点。无论是在革命战争年代，还是在新中国成立后的时期，抑或是中国改革和发展的各个历史阶段，人文外交都发挥着极其重要的作用。特别是到了和平发展时期，人文外交不仅起到各国关系的"稳定器"、各民族人民友谊的"播种机"、中国传统文化的"传播者"等作用，而且在每通常情况下，当一国政府不便出面解释某些问题或协调某些矛盾时，我们都可以借助人文外交的途径来进行切实有效的沟通，从而进一步实现政府的预期目标。

二、中国人文外交的三大类型

人文外交是一种制度化的沟通活动，它主要包含人员交流、思想交流和文化交流等三方面的内容。它与其他外交形式（如"民间外交""文化外交""公共外交"等）的主要区别如下：人文外交立足更为深远、宽广、包容的内涵，它特别强调人与人、心与心之间的诚挚沟通和亲密交流，努力创造一个长期和平、经济提升、相互合作的人类世界。

（一）人民外交

在人民外交的所有交流中，人员交流是最为核心的内容。相比较而言，如果说思想外交和文化外交比较多地采用以自上而下的方式进行，它们通常指的是政府官员、社会精英和文化名流在一个比较狭小的范围里施展作用，那么，人员交流则是按照自下而上的方式进行，它更加侧重于社会各阶级人士和普通老百姓之间的往来。毫无疑问，人民外交具有中国特色，特别是新中国成立后，新成立的中华人民共和国还没有被更多的国家和人民所认识和了解，同新中国建立正式外交关系的国家还不多，所以那个时候中国多以民间团体的形式邀请和接待来自世界各国的经济贸易、文化艺术、教育科技等方面的专业人士,这就是最早的民间和半官方的交流实践活动。1949年12月,在周恩来总理的鼓励和倡导下,中国人民外交学会成立,被认为是新中国第一个专门从事人民外交的机构。外交学会的宗旨紧紧围绕人员交流而展开,以增进中国人民与世界各国人民之间的相互了解和友谊为宗旨,通过促进中国与世界各国之间的友好关系,谋求世界和平、和谐、发展与合作。毋庸置疑,20世纪60年代以后,大多数从50年代就开始与中国频繁进行人民外交活动的国家,开始陆续和中国正式建交。正是因为有了之前的交往基础,中国和这些国家之间的民间交往和半官方交往一开始就已经颇具规模。

在中国外交史上,最有影响的人民外交可谓70年代的乒乓外交。20世纪60年代末70年代初,长期处于紧张对抗状态的中美关系出现了颇富传奇性的转折。在这一历史进程中,以1971年的"乒乓外交"为代表的人民外交,可以说是中美关系走向正常化的前奏曲和关键一步,对中美关系的改善起到了积极的、不可替代的作用,并树立了国际公共外交的经典范例。从历史经验来看,国家间关系归根结底是人民间关系,最好的外交家是人民。通过民间经济文化的友好交流推动官方关系的发展,被证实是行之有效的方法。虽然中美两国在社会制度、意识形态等方面有诸多不同,但交往关系源远流长,可以找到共同点。人民的愿望和期盼是中美关系不断向前发展的重要推动力,人民外交和公共外交有利于增强相互了解和信任,加强中美两国对彼此的准确认知,从而避免战略误判。

(二) 思想外交

思想外交主要指国家之间在意识形态和价值观领域中的互动与交流,它涵盖了外交政策制定、外交活动开展和跨国民间交流等各个层面,其目的要么在于向海外拓展本国意识形态和核心价值观,要么在于捍卫本国意识形态安全和价值观独立。[①] 习近平主席强调,"核心价值观是文化软实力的灵魂、文化软实力建设的重点。这是决定文化性质和方向的最深层次要

---

① 赵可金:《人文外交:兴起、理论与机制》,《公共外交季刊》,2011年第4期,第52页。

素。一个国家的文化软实力,从根本上说,取决于其核心价值观的生命力、凝聚力和感召力"。① 可以说,国家文化软实力的强弱,在很大程度上取决于该国核心价值观的塑造和传播,而思想外交的重要功能和最终使命就是传播这些核心价值观。对中国而言,除了要将中国优秀的文化传统资源妥善珍藏,而且要打造出包含中国核心价值观且符合国际受众审美的文化产品,这就要求进一步完善传播渠道,对接国际受众的需要,完成文化自主传播阵地的完美。

不可否认,思想外交的主体是各国的思想库和智囊团。思想库的舞台有多大,思维空间就能拓展多大。通过从事政策研究,参与决策过程,提出替代方案或选择设计,供政府决策之用,各国思想库完成了思想外交的整个过程。作为思想工厂,这些智库提供的远远不止是教科书式的教条思想,它们还指出政策的方向和重点。不仅如此,它们提供客观分析,为解决问题的方案提供法律依据,并有针对性地推销成果。这些思想工厂通过媒体,对政治行动纲领的塑造起到举足轻重的作用。不仅如此,智库并不局限于"思索",它们带着明确的目标,通过其研究、报告或各种活动,向政治领导人传播其新颖的见解。

(三) 文化外交

文化外交也是人文外交的重要组成部分之一。与思想外交相比,文化外交并不强调政府主导的价值观念和意识形态,而是更加偏重于启智教育、科学研究、文化艺术领域中的国际合作与对外交流。它在具体操作中一般会选择充当政府的隐身顾问或幕后指导,主要由文化团体或非政府组织来充当文化交流和协商对话的主角。由此可见,在国际格局不断重塑和中国"和平崛起"的形势下,文化外交承担着塑造国家软实力、提高中国文化国际影响力、推广中国价值理念的国际认可度等重要的战略任务。事实证明,各国文化间的交流不但有助于加强中国与全世界各国的人文关系,而且有利于消解战略竞争意识和战略防范态势,进而为中国在全世界

---

① 习近平:《习近平谈治国理政(第二卷)》,北京:外文出版社有限责任公司,2017 年版,第 339 页。

的和平崛起开创和谐的外部环境。

文化外交作为外交三大支柱之一的地位日益突出。中国的文化外交经历了一个长期的过程。中国政府自1949年新中国成立以来，开始积极开展具有中国特色的文化外交，本着广交朋友、多结良缘的精神，有效发挥着以民促官、打破局限的积极作用。建国之初，中国文化部根据需要建成了对外文化联络事务局，该局的任务是统一管理中国对外文化交流事宜和宣传工作。改革开放以来，综合国力的不断提升促使中国的文化外交逐步迈入多领域、全方位的欣欣向荣发展时期。以文化外交为增进互信、促进合作的重要手段，中国与世界各国的联系日益紧密。对中国而言，这一时期的文化外交不仅局限于眼前，而是立足长远目标，遵照服务于国家外交政策的大局理念，将重点转向日积月累、潜移默化的长期效果上。

毋庸置疑，外交为政治服务，它关乎国家利益和权力。由人民外交、思想外交和文化外交组成的人文外交已经成为中国外交工作新的增长点和着力点。这三大类型很好地体现了人文外交所涉及的人文与外交的关系问题。在广泛的国际关系领域，最直接、最经常的关系是人文关系而非政治、军事及经济等关系。可以说，国际交流的实质是人文价值观的沟通与协作。因此，人文外交不仅是国家大外交的组成部分，而且是整个外交的核心所在。

三、中国人文外交的主要作用

开展人文交流、促进民心相通是实施"一带一路"国家战略的基础。2013年习近平总书记在周边外交工作座谈会上发表重要讲话，站在中华民族伟大复兴的战略高度，凭借开阔的历史视野和眼光，进一步肯定了中华民族优秀传统文化的时代精神和当代价值。他强调：我们"要着力加强对周边国家的宣传工作、公共外交、民间外交、人文交流，巩固和扩大我国同周边国家关系长远发展的社会和民意基础。"[①] 事实上，用创新的合作模

[①]《习近平在周边外交工作座谈会上发表重要讲话强调：为我国发展争取良好周边环境》，《人民日报》，2013年10月26日。

式共建"丝绸之路经济带",无疑有助于中国外交从线到片、从点到面,逐步形成区域合作的大环境。可以说,这一超越时空的宏伟构想,不但十分适合和平、发展、合作与共赢的时代潮流,而且担负着丝绸之路沿岸国家共同发展的梦想,赋予了有深厚文化底蕴的丝绸之路以崭新的时代内涵。它如今不但成为中国主动迎接全球形势深刻变化、统筹国际国内两个大局的重大战略决策,而且塑造了一种新的地区合作模式,为沿线各国的区域合作倾注了新元素,也为世界各国的繁荣发展开辟了新的路径。

不可否认,人文外交作为一种精英外交,它最能反映和体现一个国家的民族精神。多数学者认为,人文外交是发展对外关系的重要元素,是政治和经济两大支柱之外的第三种力量。人文外交主要具有以下特征:第一,人文外交是一种高度制度化的沟通形式。在沟通的过程中,沟通者大多会遵循并受限于特定的交往规则或行为规范,沟通和交流的内容大多以思想作品和文化产品为主;第二,人文外交是实体外交行为体的有益补充。在人文外交的框架中,国家政府不再是外交舞台上仅有的行为体。也就是说,一个国家的驻外大使通常是主要的外交行为者,而包括企业家、艺术家、作家在内的从事海外相关工作的人员同样可以成为国际公认的、能够代表本国利益的外交行为体;第三,人文外交关乎创造、管理和分配一定的公共产品。[①] 通过人文外交而创造出来的公共产品(其中包括共同语言、价值观念、集体认同等)都将为国家、地区乃至全世界带来福祉。

随着全球化的快速推进和信息革命的不断深入,声势浩大的跨国流动和国际传播活动开始出现,人文交流在国际关系中的战略重要性愈发凸显。在这一国际背景下,世界各国的外交活动在人文领域掀起了新一轮高潮,人文外交进一步开创出新的局面。尽管各国对人文外交的理解不同,但都把人文外交视作国家大战略的重要支柱,作为国家与国家之间竞争的利器。[②] 截至目前,中国已经与美国、俄罗斯以及英国、法国等欧盟国家建立了人文交流机制。值得一提的是,每一种机制都具有不同的内涵和方

[①] 《人文外交战略、制度与实践:人文外交战略、制度与实践》,《光明日报》,2015年1月7日。

[②] 赵可金:《人文外交:兴起、理论与机制》,《公共外交季刊》,2011年第4期,第49页。

式,这可以从名称中看出区别。其中,中俄交流机制的名称为"中俄人文合作委员会",中美交流机制的名称为"中美人文交流高层磋商",中欧交流机制的名称为"中欧高级别人文交流对话机制",中英、中法的名称则是"高级别人文交流机制"。在中国与阿拉伯国家的人文交流中,最核心的指导思想来自习近平总书记在2014年6月5日召开的中阿合作论坛第六届部长级会议上的讲话。他在题为《弘扬丝路精神,深化中阿合作》的讲话中指出:"中国正努力按照其'西进'战略加强与阿拉伯各个国家的友好关系,其中'丝绸之路经济带'是重要的组成部分。"[①] 他鼓励阿拉伯国家深化与中国的战略关系,增加在金融、能源和航天科技等领域的双边合作。

由上可知,人文外交的主要精髓体现了国家的战略思想高地,可以说,任何国家或社会的发展都离不开这些智力支持。由于对智力支持的需要使得智库建设成为必须,因此,以智库交流为渠道,进一步加强与阿拉伯国家的交流与合作,无疑成为用实际行动践行中国人文外交理念的最佳途径。特别是进入21世纪以来,中国与阿拉伯国家从几十年的好兄弟、好朋友、好伙伴,逐步转变为有待进一步加强战略协调与文化沟通的新型合作者。而加强双方智库间的交流,则不仅有助于我们观察和研判地区形势,而且能帮助我们宣传"中国梦",从而进一步推动双边关系。

四、结语

中国的人文外交体现了传统文化中"以人为本""和谐大同"的外交理念。它以互动为要旨,突出了文化交流在外交中的重要地位。人文外交尤其注重中外学术界、智库和新闻媒体之间的互动往来,十分关注非政府组织的存在及其在国际事务中所发挥的作用。它以文化为源泉,提倡人文、推广人文,一方面坚持以人文为核心,另一方面主张中国传统文化在全世界不同文明的积极交往中共同发展。国学大师张岱年曾将"天人合

---

① 习近平:《习近平谈治国理政(第一卷)》,北京:外文出版社有限责任公司,2014年版,第313页。

一""刚健有为""以人为本""贵和尚中"等理念并列为中国传统文化的基本理念。① 这些思想无疑影响着几千年来中国人对全体人类、大自然和世界的整体认知。随着中国在国际上所发挥的作用越来越大，中国传统文化中的优秀成分也正在得到国际社会的逐步认可，并逐渐被运用于外交实践的具体操作。从一定程度上说，中国积极推广"人文外交"理念，不但是对中国传统人文精神的发扬光大，而且是中国对世界文化和国际社会的一种特殊的贡献。

在人文外交的具体实践中，以智库为主体、智库之间的国际交流是主要内容之一。这种以外国智库为对象与目标进行的国际交流，包括由本国政府官员到外国重要智库进行专题演讲，向外国智库派出访问学者等，又被称为智库外交。智库外交作为一种重要的民间外交和公共外交形态日益被世界各国政府高度重视。因为智库的声音有时更具说服力，中国智库与国际智库沟通，是一个全新的沟通渠道，也是中国人文外交的具体实践。

第三节 "一带一路"倡议与经济合作

自2008年金融危机爆发以来，世界经济虽然曾在短期刺激下呈迅速增长恢复态势，但由于根深蒂固的结构性矛盾，短期刺激带来的增长犹如昙花一现。特别是在金融、债务和经济风险轮番交替出现的大背景下，世界经济变得不堪一击，走上了漫长而又艰辛的复苏之路。在这个复苏的进程中，世界经济展现了结构深度调整、格局持续变化、反全球化力量空前高涨、全球经济治理艰难转型等新态势。② 而中国提出的"一带一路"倡议恰逢其时：一方面，推进国际产能合作将助推新一轮全球产业转移；另一方面，加强互联互通合作将有助于重塑亚欧经贸大格局。毫不夸张地说，

---

① 张岱年、方克立：《中国文化概论》，北京：北京师范大学出版社，2004年版，第286页。
② 竺彩华：《世界经济发展新态势与"一带一路"建设》，《太平洋学报》，2017年第5期，第55页。

"一带一路"建设的最主要目标是发展中国与相关国家或地区的经济联系，而合作与发展是其中最鲜明的特征。

一、金融危机后世界经济发展新态势

2008年的金融危机带来了世界整体性的经济衰退，宣告了长达20年的经济黄金发展期的结束。这场危机快速从美国蔓延到全球，以美国、日本和欧盟国家等主要发达经济体为主的国家都渐渐陷入了衰退，发展中国家的经济增速也逐步减缓，世界整体开始步入缓慢的增长周期，世界经济正面临着20世纪30年代以来最严峻的挑战。

以2015年底的相关数据为例，全球经济形势的严峻性、复杂性体现在以下几个方面：首先，全球经济增长率不断降低，IMF甚至多次下调经济增长率的预期，标志着全球经济进入了低速增长期；其次，全球的贸易增长连续多年低于经济增长。2015年全球贸易增长只有近2.8%，已经连续三年低于全球的经济增长。其中，发展中国家的贸易增长率也不断下降，其比率已经低于发达国家；再次，全球发达国家货币政策的分化进一步加剧；最后，2015年的大宗商品价格继续下降。石油价格更是跌得十分惨痛，大宗矿产品和农产品价格甚至下跌了30%左右。[1] 与此同时，美国的国力相对减弱。近年来，随着美国经济实力的下降，其失业率也开创了纪录，达到了10%。在此期间，受到冲击最大的莫过于美国的金融行业。据悉，美国除了国债以外的境外金融资产不断被抛售，从而导致市场信心大减。全球部分产油国甚至计划采取欧元或"一揽子货币"来代替美元作为结算手段。布鲁津斯学会的资深学者艾斯瓦·普拉萨德（Eswar Prasad）也指出，"不管金融危机是如何爆发的，世界不会再热衷于采用指导美国金融发展的自由市场理论。"[2] 从长期来看，美式资本主义模式的信誉已经令

---

[1] 朱光耀：《全球经济面临着08年以来最严峻复杂的局面》，环球网，http://finance.huanqiu.com/roll/2015-12/8121399.html. （访问时间：2018年5月23日）

[2] Eswar Prasad, "Implications of the Global Financial Crisis on International Trade and Investment Regimes," *American Society of International Law*, 2010, pp. 151–167.

人怀疑，其实力地位出现逐步下降的情势。

从金融危机到经济危机，再到2010年爆发的债务危机，欧盟经济可谓危机不断。如果说前两场危机肇始于大西洋彼岸的美国，而债务危机则是欧洲自食其果。多年的过度开支和长期的结构性弊端让希腊成为这场债务危机的导火索，最终陷入需要外界救助的地步。虽然欧盟和国际货币基金组织拿出1100亿欧元拯救希腊，并出台了7500亿欧元的欧洲稳定机制，但却未能阻止危机向西班牙和葡萄牙等其他同样存在严重财政问题的欧元区国家扩散，甚至连身处欧元区之外的英国、匈牙利和保加利亚等国也难免遭到殃及。不断升级的债务危机正成为危及欧盟经济复苏的头号杀手。根据欧盟委员会的预测，"欧盟和欧元区的经济增长率也逐步下滑，复苏步伐明显落后于美国等其他发达经济体，更无法与新兴经济体相比。"①

相比较而言，发展中国家正在逐步崛起，经济占比提高很多。随着发展中国家在全球进口和对外投资中的地位显著上升，它们从某种程度上顺应了发达经济体市场的需求，进而逐步成为推动经济全球化的重要的新兴力量。联合国贸发会议的数据统计显示："发展中国家的进口额占全球的比重从2008年的39%升至2012年的45%，对外直接投资净流量从17%升至31%。"② 在此期间，中国积极扩大进口，加快走出去步伐，为经济全球化深入发展和世界经济强劲、可持续、平衡增长做出了贡献。在2014年全球最大规模经济体排行中，中国位列第二。根据国家统计局的数据显示，若从国家经济总量的维度看，"中国从2000年占世界经济比例3.74%到2015年占世界的15.5%，对世界经济增长的贡献率是25%。"③

总体来说，全球经济进入了大调整、大变革和大转型的时代。金融危机促进了多级时代的产生，使得美国的影响力和地位加速下降，其他国家

---

① 尚军：《债务危机阴影笼罩欧盟经济 经济复苏遭重创》，新华网，http://finance.qq.com/a/20100618/005310.htm.（访问时间：2018年5月23日）
② 《国际地位显著提高 国际影响力明显增强——十八大以来我国经济社会发展状况的国际比较》，国家统计局，http://money.163.com/16/0309/10/BHN8MC0E00252G50.html.
③ 同上。

尤其是崛起中的地区新兴大国则变得愈发重要。西方话语权减弱，发展中国家力量增强。欧美在世界的主导权尽管有所松动，但依旧是决定性的。经过近十年的调整与恢复，全球经济的结构性改革虽然仍面临不少困难，但全球经济已经取得了一定程度的再平衡。当前，尽管全球经济短期趋稳态势具有可持续性，但长期仍面临严峻考验。随着综合国力的提升，中国成为全球第二大经济体，这意味着它将在世界政治经济舞台上扮演更重要的角色，在处理国际和地区事务上具备更大的发言权。

二、"一带一路"倡议下的区域经济合作

有数据显示，"一带一路"沿线总人口约为44亿（占全球比重的63%），经济总量约为21万亿美元（约占全球比重的29%），货物和服务出口占全球23.9%。其中，亚太地区占世界人口40%、经济总量占57%、贸易总量占48%，中国目前60%的对外贸易、70%的对外投资和80%的引进外资集中在亚太地区。[①] 可以预见，"一带一路"的市场潜力在未来十分巨大，其发展空间也不容小觑。有学者指出："对中国自身而言，'一带一路'是新时期对外开放的重大举措，更是中国经济外交的新平台。"[②] 不可否认，中国通过"一带一路"来实施主动的对外开放战略，这不仅是构建开放型经济体系和打造全方位的开放战略新格局的客观需要，而且是为了顺应全球和区域发展格局出现的新变化，从而培育新的国际竞争优势的重大战略部署。它被誉为是中国开启新一轮改革开放的重要举措，也被当做中国开创国际区域新兴经济合作模式的东方大智慧。

"一带一路"倡议是自明清以来中国提出的首个大国战略，它追求的目标是"共商、共建、共享"的利益全球化，这个进程是中国推动世界各

[①] 张建平：《"一带一路"是中国首次成功倡议的新兴国际区域经济合作平台》，光明网，http://www.scio.gov.cn/ztk/wh/slxy/31215/Document/1433907/1433907.htm.（访问时间：2018年5月23日）

[②] 李向阳：《构建"一带一路"需要优先处理的关系》，《国际经济评论》，2015年第1期，第56页。

国和各地区参与和促进全球化的进程。① 经济全球化的不断演进强化了国际区域经济一体化,中国经济不可避免地深度融入世界经济。从全球看,目前的中国不但是世界第二大经济体,而且是全球新的制造业中心和最大的货物贸易国家,中国的可持续发展对于世界其他国家的发展可谓举足轻重。据悉,沿线国家通过"一带一路"来搭乘中国经济增长的快车,它们分享中国的繁荣大市场,希望在中国的帮助下克服基础设施发展的障碍。从这个意义上来看,中国"一带一路"的建设构想是一个有望成功的国际区域合作战略倡议,它体现了沿线所有国家的共同愿望和发展需要。②

从主要目标来看,"一带一路"建设借助地缘纽带,不断推动中国与周边国家的经济合作,进而促进地区之间的经济合作。除了陆上丝绸之路以外,还有一条重要的海上丝绸之路。海上丝绸之路的重点方向是从中国沿海各大港口经由南海抵达印度洋,再进一步延伸至欧洲;或从中国沿海各大港口经过南海抵达南太平洋。它或者经过中亚、俄罗斯到欧洲的波罗的海,或者经过中亚、西亚至波斯湾和地中海,或者经过中国南方至东南亚、南亚、印度洋的经济发展带。③ 该倡议还勾勒出了新亚欧大陆桥、中蒙俄经济走廊、中国—中亚—西亚经济走廊、中国—中南半岛经济走廊、中巴经济走廊和孟中印缅经济走廊的建设规划。它以沿线的重点港口为节点,与各国共同建起一条通畅、安全、高效的运输大通道,成为推进区域经济合作的地缘基础。

"一带一路"作为中国实现崛起和民族复兴的大战略,正是在中国外交转型背景下经济外交模式调整的产物。④ 其合作的重点是加强基础设施建设,实现贸易投资便利化,发展互联互通,扩大产能合作。它首先必须

---

① 蔡进:《"一带一路"与国家供应链发展战略》,《中国流通经济》,2016年第1期,第26页。
② 张建平:《"一带一路"是中国首次成功倡议的新兴国际区域经济合作平台》,光明网,http://www.scio.gov.cn/ztk/wh/slxy/31215/Document/1433907/1433907.htm.(访问时间:2018年6月17日)
③ 《国家发展改革委、外交部、商务部推动共建"丝绸之路经济带"和"21世纪海上丝绸之路"的愿景与行动》,《人民日报》,2015年3月29日。
④ 高程:《从中国经济外交转型的视角看"一带一路"的战略性》,《国际观察》,2015年第4期,第39页。

实现最低目标,即经济目标,从这个意义上来看,"'一带一路'首先应该是强调合作性、开放性、非排他性和互利共赢性的经济合作倡议,而非具有零和博弈及对抗色彩的战略构想。"①

"一带一路"建设开创了区域经济合作新模式:首先,倡导经济合作的开放与包容。它"秉承开放的区域合作精神,以维护全球自由贸易体系和开放型世界经济为目标,不但促进经济要素有序且自由流动、资源高效配置和市场深度融合,而且推动沿线各国实现真正的经济政策协调,从而开展更大范围、更高水平、更深层次的区域合作,共同打造开放、包容、均衡、普惠的区域经济合作架构"。② 其次,坚持"共商、共建、共享"的原则。"共商"是在平等和自愿基础上,集思广益,协商办事,同时兼顾各方利益和关切;"共建"是表明中国与沿线地区国家在"一带一路"建设中共同参与、共同建设、共同治理,发挥各自的优势和潜力,各尽所能,形成合力;"共享"是共同分享"一带一路"建设带来的成果和利益。最后,开创了合作共赢之路。为应对复杂的世界经济形势,"一带一路"通过促进贸易投资便利化,发展互联互通,培育和建立区域化大市场,从而实现共同发展与繁荣的合作共赢之路。

鉴于中国与周边国家是重要的经济贸易伙伴,形成密切的相互依赖关系,因此,"一带一路"建设很好地体现了中国"亲、诚、惠、容"周边国家的外交理念,是中国"睦邻""安邻""富邻"睦邻友好外交政策的实践创新。在这一理论的指导下,中国与周边国家已经形成休戚与共的利益共同体和命运共同体。

三、中阿共建"一带一路"具备的条件

当今的国际形势呈现出三个中心:全球金融危机的中心在欧洲,全球经济增长的中心在东亚,全球局部战争与冲突频发的中心在西亚和北非。

---

① 唐朱昌:《"一带一路"的定位、风险与合作》,《社会观察》,2015年第6期,第13页。
② 《国家发展改革委、外交部、商务部推动共建"丝绸之路经济带"和"21世纪海上丝绸之路"的愿景与行动》,《人民日报》,2015年3月29日。

世界各种矛盾集中反映在此：大国在这里较量；地区大国在这里角逐；巴勒斯坦和以色列的冲突在这里延续；民族矛盾在这里恶化；教派仇杀愈演愈烈。持续的动荡不安给西亚和北非地区的人民带来了深重的灾难，这样一个集中了动荡、冲突和局部战争的地区也吸引了国际社会和大国外交上的注意力。2010年底发生的突尼斯剧变引发了阿拉伯世界的政治大地震，强人的逐个倒台使整个地区陷入了长期的动荡。叙利亚内战持续多年，造成伤亡和难民无数。2014年6月，随着"伊斯兰国"不断采取暴虐行径，国际社会强烈反对并形成一个"反'伊斯兰国'联盟"。此外，利比亚在战争之后陷入了长期动荡的局面，正沦为"伊斯兰国"在北非的基地。

中国在落实"一带一路"倡议的过程中，需要与丝路沿线国家，特别是阿拉伯国家探索新的经济合作模式，并与之形成"利益共同体"和"命运共同体"。这一切获得国际知名智库的关注，它们在关于新丝绸之路的研究中也特别注意到了中国与阿拉伯国家的合作前景，甚至有人推测，阿拉伯国家的崛起与中国的崛起有可能是同步发生的，因为这两个世界自古以来就是通过丝绸之路而紧密相连的贸易伙伴。特别是2004年中阿合作论坛的成立，为中国和阿拉伯国家在各个领域的合作提供了跨越式大发展的有利时机。作为目前中阿集体对话与合作的主要平台，该论坛已经建立起不少相关的合作机制，卓有成效地把中国和各阿拉伯国家的发展能量聚集在一起。"该论坛不但实现了资源共享、优势互补，而且推动了集体合作的相互促进和有益补充。"[①] 在共建"一带一路"的大框架下，该论坛无疑将在推动中阿合作发展的强效作用方面进一步发挥作用，中阿各国人民也将迎来难得的发展机遇。

2014年6月，中阿合作论坛第六届部长级会议在北京招开，习近平主席在会上提出中阿双方的合作原则，即本着"共商、共建、共享"来携手建设"一带一路"。不仅如此，他还勾勒了"1+2+3"的中阿合作战略构想，其中包括"以能源合作为中心，不断深化油气领域的全产业链合作，确保能源运输通道的安全，夯实长期友好、互惠互利、安全可靠的中阿能

[①] 吴思科：《阿拉伯国家参建"一带一路"》，《中国经济报告》，2015年第5期，第12页。

源战略合作关系；以基础设施建设、贸易和投资便利化为两翼，加强中阿在重大发展项目、标志性民生项目上的通力合作，为促进双边贸易和投资建立恰当的制度性安排；以核能、航天卫星、新能源三大高新领域为突破口，进一步提升中阿务实合作的现有层次。"① 这些规划和理念将成为未来中阿合作主要的指导性思想。

在能源合作方面，中国与中东国家一直是重要和天然的合作伙伴，而能源金融通道已经成为新丝绸之路经济带的筋脉。不仅如此，"一带一路"也给阿拉伯国家带来机遇。对阿拉伯国家来说，开拓新市场是内生需求，加强与中国能源合作因此成为阿拉伯国家的现实需要。中国目前已经成为阿拉伯国家第二大贸易伙伴及重要的原油出口市场，而阿拉伯国家也是中国第七大贸易伙伴和最大的原油供应基地。未来中国将促进中阿贸易结构多元化、均衡化发展，用 10 年时间将中阿贸易额增加到 6000 亿美元。②社会各界一致认为，双方若能够加强在能源领域上的合作，那么不仅会确保能源生产和消费的安全性，而且会有助于稳定国际能源市场。因此，在国际关系中，随着能源因素所占的权重与日俱增，能源合作已经成为中阿各国共建"一带一路"计划的合作关键点和战略支撑点。

毫无疑问，对大多数阿拉伯国家来说，"一带一路"倡议的战略规划不仅相当契合它们在大力建设能源项目方面的投资需求，而且比较适应其资源合理配置、产业链条优化等能源建设方面的发展趋势。2014 年 8 月，由 7 个中东国家组成的 15 名能源部门的官员和技术人员来到甘肃省兰州市考察，他们不仅学习了如何开发利用可再生能源，如风能、太阳能等的应用技术，还到甘肃酒泉等地对已经开发利用的新能源、正在建设的风能和太阳能等情况进行了实地勘测。实地考察之后，他们与有关企业进行了深入交流，并表示出与中国加强能源合作的意愿。③ 有不少中东专家表示，参与"一带一路"战略，特别是加深与中国的能源合作，已经成为阿拉伯

---

① 穆虹：《推进"一带一路"建设》，《人民日报》，2015 年 12 月 11 日。
② 肖中仁：《中国已经成为阿拉伯国家第二大贸易伙伴》，国际在线，http://gb.cri.cn/42071/2015/08/18/8011s5070709.htm。
③ 《阿拉伯国家政府能源部门官员来兰》，新华网，http://www.gs.xinhuanet.com/dfwq/lanzhou/2014-08/14/c_1112071468.htm。（访问时间：2018 年 5 月 23 日）

国家发展经济、加强外交、巩固政权的明智选择。

在基础设施建设方面，由于基础设施在经济系统中具有基础性和先导性作用，无疑在"一带一路"建设中具有特别重要的意义。中国政府曾发布文件，表示鼓励和支持中国企业或金融机构积极参与同阿拉伯国家在铁路、公路、港口、航空等基础设施建设领域的合作，同时兼顾电力、通信、北斗卫星导航、卫星地面站等项目运营的合作。[①] 在基础设施建设领域，中国具有人力资源、技术经验等方面的优势，而阿拉伯国家也有着巨大的基础设施建设需求，双方极强的互补性为合作提供了良好的土壤。中国和阿拉伯国家在基础设施建设领域一直有着密切合作，新形势下双方在基础设施建设上都面临着巨大的机遇。商务部副部长李金在"2013中国—阿拉伯国家博览会"上指出，仅以在海合会六国投资的基础设施为例，中国企业截至2013年9月已累计签订承包工程合同700多亿，涵盖房屋建设、造路搭桥、建造港口、设立电站等多个领域。不单是海合会国家，在其他阿拉伯国家，中国也承建了大量的电站、港口等基础设施，目前共有13余万中国工人工作在阿拉伯国家。[②]

2016年1月13日，中国外交部在其网站上发布了《中国对阿拉伯国家政策文件》，这份文件涵盖了五部分内容，包括深化中阿战略合作关系、中国对阿拉伯国家的具体政策、进一步加强中阿各领域的合作、强化中阿合作论坛的作用以及中国与阿拉伯国家区域组织的关系等。此后不久，习近平主席在开罗阿拉伯国家联盟总部发表题为《共同开创中阿关系的美好未来》的重要演讲中明确承诺，将在中东分批投资550亿美元。为促进中东工业化进程，中国计划与阿拉伯国家合作，共同履行产能对接的行动，其中包括设立专项贷款扶持中东工业化项目等。为了提高资金利用率，该款项将用于同阿拉伯地区国家开展产能合作、建设基础设施等方面。不仅如此，为了支持双方的产能合作，中国还计划向中东国家提供近百亿美元

---

① 《中国发布首份对阿拉伯国家政策文件 探索去极端化领域合作》，新华网，http://www.guancha.cn/politics/2016_01_13_347965_s.shtml.（访问时间：2018年5月23日）
② 张亮：《专家建议丰富投资主体促进中阿基础设施建设合作》，新华网，http://news.sohu.com/20130919/n386888322.shtml.（访问时间：2018年6月17日）

的商业贷款以及提供同样数额的优惠贷款。与此同时,中国与阿联酋、卡塔尔等国设立了共同投资基金,专门用来发展中东的传统能源、建设基础设施和开发高端制造业等。① 商务部也指出,未来的中阿经贸合作将有望在三方面实现进一步发展:第一,加强经贸磋商,完善合作机制。包括规划一批重大项目,推进"中海自贸区"建设工程等;第二,密切投资合作,推动产业发展。中方将继续鼓励企业赴阿投资,巩固能矿、资源、石化等领域的投资合作,打造中阿产业集聚平台,推动交通、电力、通信、有色金属、建材等领域的合作;第三,深化发展合作,分享发展经验。② 在这一系列政策指导下,一批重大工程和国际产能合作项目得以落实,包括沙特、阿联酋、埃及、阿尔及利亚在内的电力、通讯、交通、工业园区等基础设施项目接连启动,就连中国—海合会自贸区的谈判也开始重启并加快了谈判进程。

以北非阿拉伯国家为例,这些国家的基础设施建设政策相对缺乏,但国家层面的基础设施建设政策不少,特别是埃及的新首都规划项目、连接十月六日城和首都开罗的铁路项目,阿尔及利亚的高速公路项目、可再生能源项目,摩洛哥的高铁项目、海港项目等。以埃及的新首都规划项目为例,埃及于2015年3月向全球投资者和政治家正式推出新首都规划项目(在开罗和红海之间),预计将建设大量的交通基础设施。2016年11月,中国建筑股份有限公司与埃及住房、公共设施和城市发展部正式签署埃及新行政首都建设一揽子总承包合同。项目总合同金额约为27亿美元,被认为是在推进"一带一路"项目落地进程中取得的重大实质性成果。尽管面临诸多争议和不解,但正如汤姆·米勒(Tom Miller)评价的那样:"中国是唯一一个有能力建造如此规模庞大的基础设施的国家,也是唯一一个有意愿这样做的国家,这一点非常重要。你可以质疑中国提出这一倡议的动机,但中国正在提供大量贷款,工程项目也是实实在在的,这一点应该是

---

① 习近平:《共同开创中阿关系的美好未来》,《人民日报》,2016年1月22日。
② 邱海峰:《中国—阿拉伯"一带一路"建设大有"钱途"》,《人民日报》(海外版),2017年6月3日。

无可置疑的。"①

在高新领域合作方面，中国已经与沙特阿拉伯、阿拉伯联合酋长国、埃及和阿尔及利亚等国在不少领域中的合作取得突破，其中包括核能、航天卫星、新能源等。《中国对阿拉伯国家政策文件》特别撰文，明确了双方在高新领域的深入合作：一方面，在航天合作领域上深入发展航天合作，积极开展在卫星及其应用、空间技术及其教育培训等领域的联合项目，加快完成北斗卫星导航系统在阿拉伯国家落地的目标，大力推动双方在载人航天领域的合作与交流，从而提升中阿在航天合作事业上的水平；另一方面，加强双方在民用核领域的合作，包括民用核电站的设计建造和核电技术的培训等。通过开展中阿核工业的全产业链合作，积极推动双方在核基础科研各个相关领域的合作，包括核燃料、核技术应用、核安保、放射性废物处理处置、核应急和核安全等。在加快共建阿拉伯和平利用核能培训中心的同时，进一步提升双方核领域合作水平。②为双方的高新领域合作做出了规划与指导。

阿拉伯国家对中国的"一带一路"倡议反响积极而热烈。2017年4月，第44届阿拉伯银行业会议在约旦首都安曼举行，这是阿拉伯银行联盟的全体大会。与会者纷纷表示，阿拉伯国家应努力搭乘中国经济增长的快车，通过推动共建"一带一路"倡议，抓住阿拉伯区域经济发展的良好机遇，从而实现互利共赢的梦想。在此之前不久，中国—沙特投资论坛曾在北京举行，丝绸之路国际总商会与沙特阿拉伯国际商会签署了战略合作协议。基金会理事长邀请与会的银行家们一道，联合全球其他金融机构，共同成立一家非官方的金融担保机构。这家机构要确保具有实力、公信力、权威性等特点，在为阿拉伯地区的投资提供担保的同时，将提振投资者信心，进而激发中东国家的经济增长活力作为奋斗目标。③可以说，阿拉伯

---

① Tom Miller, *China's Asian Dream: Empire Building along the New Silk Road*, Zed Books LTD, Feb. 15, 2017, pp. 78 – 85.
② 《中国发布首份对阿拉伯国家政策文件 探索去极端化领域合作》，新华网，http://www.guancha.cn/politics/2016_01_13_347965_s.shtml.（访问时间：2018年5月23日）
③ 林晓蔚：《"一带一路"为阿拉伯区域发展注入新动力》，人民网，http://world.people.com.cn/n1/2017/0404/c1002 - 29187414.html.（访问时间：2018年6月17日）

国家参与共建"一带一路",将有力带动国家经济的繁荣,进一步激发这些国家在基础设施建设和机制创新改革方面的潜能,不但有助于释放地区和本国的内需潜质,而且有利于开创新的经济和就业发展前景,从而增强阿拉伯国家经济的内驱动力和抗风险能力。

四、结语

2008年全球金融和经济危机后,世界经济增长乏力,各种贸易保护主义抬头。适应经济全球化发展趋势,促进区域经济合作成为应对当前经济困境的根本出路。中国提出的"一带一路"建设倡议秉持着开放的区域合作精神,以坚持"共商、共建、共享"为主要原则,通过"一带一路"建设,发展和完善基础设施,实现互联互通,促进贸易投资便利化,推动产能合作,扩大和深化区域经济合作,从而实现共同发展与繁荣。它传承和发扬了古代丝绸之路精神,和平合作、开放包容、互惠互利、合作共赢,开创了区域经济合作的新范式。与此同时,中国的"一带一路"建设充分考虑到周边地区国家的各种意愿和多样化需求。本着自主自愿、平等协商、互惠互利、合作共赢的丝路精神,遵循市场规律和国际通行准则开展合作。特别是在中阿合作方面,它将发挥各自的潜力与优势,实现资源的优化配置,形成新的合力,带动中国与阿拉伯国家的经济发展,并进而促进全球的经济增长。

第四节 "一带一路"倡议与阿拉伯利益相关国

中国与阿拉伯国家有着几千年的友好交往史,其间,和平友好是双方的主要基调。自1956年与第一个阿拉伯国家建交以来,中国现已同全部22个阿拉伯国家建立外交关系。随着"一带一路"倡议的深入推进,中国已经在阿拉伯地区的事务中扮演越来越重要的角色。一方面,中国同8个国家在近年里建起了全面战略伙伴关系或战略合作关系，另一方面，中国同海湾国家合作委员会国家建立了中海战略对话机制。

当前，阿拉伯世界面临着诸多困难与挑战，其中最主要的是一系列的动荡和社会政治危机，以及由此而引发的阿拉伯人民生活受到严重影响的问题。特别是自2010年12月以来，轰轰烈烈的革命浪潮从北非席卷了整个阿拉伯地区，它们大多数要求推翻专权统治，建立民主政府。革命的结果显而易见：执政多年的政治强人突尼斯总统本·阿里和埃及总统穆巴拉克相继下台；反对卡扎菲的抗议浪潮演变成一场利比亚内战；也门武装冲突不断升级；叙利亚紧张局势频频告急；其他国家都相继出现了范围不同、程度不一的骚乱。"从全球范围看，这实际上是21世纪全球化进程加速、国际政治经济格局大调整、国际新秩序建立过程中发生在该地区的一次'板块地震'"。[1] 常年的战乱和动荡使地区安全形势不断恶化，特别是恐怖主义毒瘤对地区和全球稳定及发展都带来了极大的威胁。可以说，妥善解决阿拉伯国家面临的各种问题是一个全球化的课题。自习近平主席提出"一带一路"倡议以来，得到了阿拉伯世界国家的欢迎和支持。他们一致认为，从"一带一路"倡议的基本构想和理念来看，它很有可能成为阿拉伯世界的转折点和契机，为有效解决阿拉伯问题提供切实的帮助。

一、"一带一路"倡导的共同发展促进中阿合作

在"一带一路"相关的65个国家和地区中，有13个是阿拉伯国家，它们是埃及、伊拉克、叙利亚、约旦、巴勒斯坦、黎巴嫩、也门、阿曼、阿联酋、沙特阿拉伯、卡塔尔、科威特和巴林。无论是从地缘政治重要性还是从战略重要性来看，阿拉伯国家都被认为是共建"一带一路"的重要合作伙伴。2014年6月，习近平总书记在中阿合作论坛第六届部长级会议上做了演讲，其主题为"弘扬丝路精神，深化中阿合作"，为中国与阿拉伯国家共建"一带一路"规划蓝图。他提出中阿携手实现民族伟大复兴的

---

[1] 李意：《中东国家政治转型期的不稳定因素分析》，《现代国际关系》，2011年第4期，第57页。

"中国梦"与"阿拉伯梦",也提出要与阿拉伯国家共同弘扬丝路精神、促进文明互鉴,同时还进一步阐明,"一带一路"追求的是大家的共同利益,而不是某个国家的蝇头小利。

无独有偶,习主席2016年1月19日在对埃及访问期间,在题为《让中阿友谊如尼罗河水奔涌向前》的文章中指出,中国市场广阔、资金充裕、技术先进且具备优势产能,为进一步实现创新、协调、绿色环保、开放、共享等发展理念打下了坚实的基础。与此同时,阿拉伯国家处于现代化进程的关键阶段,它们普遍通过工业化来切实促进发展、改善民生、增加就业。由此可见,中阿双方可以通过共建"一带一路",把各自的发展需求对接起来,进一步深化和拓展能源、贸易投资、基础设施建设、高技术等领域的合作,从而实现双方协同发展和联动增长。[1] 在习主席对埃及进行国事访问期间,《今日中国》杂志阿拉伯文版也出版了"纪念中埃建交60周年专刊"。习近平在为专刊撰写的致辞中指出:"中国和埃及作为历史悠久的文明古国,两国人民自古以来就以海陆'丝绸之路'为纽带,谱写出友好往来、相知相交的永恒篇章。"[2] 事实证明,中埃两国建交60年来,双方关系一直健康稳定地发展,现已成为国际社会中广为称颂的南南合作之典范。自2014年以来,中埃关系再上台阶,提升为全面战略伙伴关系,成为双方深厚友谊的有力见证。

毫无疑问,在全球化时代,一国的长期稳定与周边国家的稳定局势密切相关,一国的经济发展更是离不开周边国家的协同与合作。基于这种理念,"一带一路"在实施的过程中必然会充分考虑到阿拉伯人民的利益,积极促进中东地区的稳定。正如美国中东研究所穆罕默德·艾尔门邵伊指出的:"中国的崛起对阿拉伯国家人民来说是好消息,因为中国更懂得阿拉伯国家的文化和传统。数十年来,阿拉伯国家受到西方国家的影响较大,中国崛起平衡了世界发展,阿拉伯国家希望与中国的合作能够发展并

---

[1] 冯武勇、樊宇、王宗凯:《"一带一路"当梦想照进现实》,《大陆桥视野》,2016年第3期,第23页。
[2] "《今日中国》杂志阿拉伯文版'纪念中埃建交60周年专刊'首发式举行",人民网,http://world.people.com.cn/n1/2016/0121/c1002-28074548.html。(访问时间:2018年6月17日)

更加多元化。"① 20世纪中叶，中国人民坚决的支持了阿拉伯与世界人民的反殖民统治的民族解放斗争。从1986年中阿第一次对话会议以来，相互支持和共同合作的中阿关系、经济与政治领域的对话与合作伙伴关系得到了迅速发展。

面对国际舆论中的"中国威胁论"和"伊斯兰威胁论"，中国提出的"一带一路"倡议以和平亲善和开放包容的内涵做出了最好的回应。该倡议没有任何排他性的制度安排，不主张拉帮结派，不赞成钻营势力范围，而是欢迎每个有合作意愿的国家或企业参与。事实上，对于矛盾不断、摩擦不止的阿拉伯国家来说，"一带一路"倡议不仅是阿拉伯相关国家经济发展的有利契机，同时也被视为这些国家政治上的重大机会。它确实提供了一个优质的交流平台，营造出共同合作、加强沟通、互惠互利的良好氛围，努力通过化解矛盾来实现永久的和平。尤其是进入21世纪以来，中国和阿拉伯国家都进入了发展的关键时期。为了实现各个国家民族振兴的共同使命和挑战，中国需要弘扬丝绸之路精神，最终达到促进文明互鉴、坚持合作共赢之目的。阿拉伯媒体普遍对中国的"一带一路"倡议持肯定立场。在热点词汇中，"合作""交流""获益""发展""互谅""共赢"等词汇出现频率较高，阿拉伯各国普遍认为，中国的"一带一路"倡议"符合当今世界多极化、经济全球化、文化多样化和社会信息化的时代潮流。"② 该倡议致力于经济要素的全球化和自由流动，旨在提高资源分配效率和促进市场深度融合。通过有效协调"一带一路"沿线各国的经济政策，有望实现范围更广和层级更高的地区合作。

中阿不仅要拓展合作、加强经验共享与人文交流，更要使经济与人文之间的平衡，让命运共同体意识在沿线国家落地生根，中国将成为阿拉伯国家最好的合作伙伴。在开发资金问题上，"一带一路"倡议还充分顾及到阿拉伯国家近年来在动荡与转型中面临的艰难处境。这个由中国倡导成

---

① 明葵：《打造中阿利益共同体和命运共同体》，中国网，http://opinion.china.com.cn/opinion_11_100811.html. （访问时间：2018年6月17日）
② 阿联酋战略研究中心课题组：《丝绸之路倡议重视互惠互利》，阿联酋《宣言报》，2016年8月4日。

立的相关发展基金，不仅对所有阿拉伯国家都是开放的，而且真诚地欢迎相关国家参与共建。以埃及媒体报道为例，埃及希望与中国合作，积极参与"一带一路"建设的意愿，如《中国坚定支持埃及实现经济发展：苏伊士运河对接中国丝绸之路计划》（2015年9月4日）、《埃及战略位置使其成为振兴丝绸之路倡议的中心》（2015年6月2日）、《世界地理和经济的变化：苏伊士运河中心互补中国丝绸之路》（2014年12月22日）等，认为"埃及所秉承的发展观以及苏伊士运河的二次开凿与中国倡导的振兴'丝绸之路'战略思想不谋而合，将成为中阿双边关系乃至国际关系的新基础"。

近年来，不少阿拉伯国家的外交政策倾向于"向东看"，而同时中国则选择"向西进"，双方的发展方向因此不谋而合，为双方的合作创造了良好的条件；中国和阿拉伯国家的在经济发展和产业结构等方面互补性强，也为双方的合作打下了坚实的基础。不仅如此，中东地区在经历过多年的动荡不安后，各国都需要重新恢复经济发展，中国提倡"一带一路"建设，表明了为阿拉伯国家提供多方面援助的意愿。由于中国在对外援助上一向遵从开放务实、平等互利的原则，在援助过程中不附带任何其他条件，也不干涉他国内政。鉴于此，双方的合作前途十分光明。

二、"一带一路"提供的基建项目推动阿拉伯经济建设

中国发改委公布的数据显示，到2016年底，中国已经对"一带一路"沿线国家的投资累计达511亿美元，签订的工程合同有1.25万份，全部合同额累计高达2790亿美元。[1] 据悉，一共有47家中央企业参与，它们或参股或投资"一带一路"沿线的具体建设和"一带一路"国家的企业合作，共同建立了约1676个项目。[2] 在所有建成项目中，中巴经济走廊是起

---

[1] 《我国对"一带一路"沿线国家的累计投资已达511亿美元》，中国投资咨询网，http://www.ocn.com.cn/hongguan/201704/mlyjv20212024.shtml.（访问时间：2018年6月17日）
[2] 《"一带一路"讲互利 抢搭"中国快车"》，人民网，http://theory.people.com.cn/n1/2016/0819/c226269-28648880.html.（访问时间：2018年6月17日）

步最早且进展最快的项目，该走廊目前已经切实启动了一批重大的项目建设；中蒙俄三方也就建设经济走廊达成了一致意见，着手编制具体的规划纲要；沿着新亚欧大陆桥经济走廊建设开辟的国际经济贸易合作区以及孟中印缅经济走廊建设也在稳步向前推进；中国—中亚—西亚和中国—中南半岛经济走廊正在积极规划建设。这些基建项目，无疑有利于促进阿拉伯地区的经济发展。

一直以来，中阿能源合作主要包括传统能源和新能源的合作。正如《中国—阿拉伯国家合作论坛行动执行计划》（2014—2016 年）指出的那样，新时期中阿能源合作主要以石油和天然气合作为基础，它不但包括石油勘察和发掘、石油运输和炼化等投资项目，而且包括石油及其衍生品的商业往来和交易利润。以可再生能源领域为例，相关的合作主要包括太阳能和风能领域的技术转让及其相关重大项目的实施。《行动执行计划》明确指出，"在电力合作领域方面，相关的合作集中在加强电力能源技术的经济合作方面，特别是开发电力市场、支持共同投资电力能源项目等。"[1] "在核能领域的合作方面，双方的合作主要集中在加强利用核能进行发电和海水淡化等方面。"[2] "中阿在基础设施建设、贸易往来和投资便利化等方面的合作，主要包括实施双方基础设施建设合作协定和劳务合作协定等方面，通过寻求双方贸易摩擦的解决途径，进一步深化双方在贸易往来、相互投资和金融信托领域的战略合作关系，同时加强金融领域的互利合作。"[3] 金融领域的合作主要包括设立银行机构，鼓励双方的金融机构支持工程承包和贸易活动等金融投资活动等。可以说，对于阿拉伯国家来说，"一带一路"倡议越是能呼应和促进它们的经济发展战略，它们就越有可能积极参与其中。《金字塔报》董事会主席艾哈迈德·纳贾尔在回答新华社记者的访问时表示："中国的'一带一路'倡议为世界各国开辟了和平与合作之路，这是一条不同于西方的和平之路，它不会诉诸武力和采取侵

---

[1] 《中国—阿拉伯国家合作论坛 2014—2016 年行动执行计划》，中阿合作论坛，http://www.fmprc.gov.cn/zalt/chn/gylt/zywj/t1163770.htm.

[2] 同上。

[3] 同上。

略手段。"① 艾哈迈德先生表示，由于"一带一路"将为世界各国带来发展机遇和巨大利益，因而受到阿拉伯各国人民的欢迎。

以埃及为例，塞西政府一上台就面临两大棘手问题："一是努力实现国家稳定和完成民主制度的建设；二是通过结构性改革促进经济发展，挽救濒临崩溃的国家经济。"② 由于经济改革和社会发展是保证社会稳定和有效改革的根本，因此，塞西政府以发展经济作为首要任务。为了进一步吸引国境外投资来帮助埃及实现经济发展目标，埃及政府十分注重改善投资环境并高度重视与中国合作。埃及政府希望中国在中埃经贸合作的前提下帮助埃及实现苏伊士经贸合作区的建设和发展。不仅如此，埃方还鼓励和支持有意向的中国企业赴埃及投资置业，鼓励中埃两国金融机构和企业开展融资协作，探讨双方广泛深入合作的各种可能性。埃及政府认为，中国的"一带一路"倡议不仅为全世界各国间的相互合作和共同发展提供了良好时机，而且它与埃及目前的国家发展战略不谋而合。2016年9月，塞西总统受邀参加G20峰会，他表示："埃及愿意发挥自身在地理位置、基础设施、劳动力价格和素质、地区自由贸易协定等方面的天然优势，做中国'一带一路'倡议的地区支点和中国走进中东非洲其他国家的可靠门户。"③ 从而体现了埃及对中国"一带一路"倡议的大力支持。

以沙特阿拉伯为例，沙特的基本经济政策以石油产业为支柱，主要围绕着经济多元化发展战略而展开，该战略是积极推动经济多元化、招商引资和促进就业。为了真正鼓励外国投资和刺激经济发展，沙特政府在国内已经开始采用WTO标准并开辟6个经济特区。沙特领导人表示："从2012—2014年，沙特集中投资了3730亿美元用于社会发展和基础设施项

---

① 薛庆国：《"一带一路"倡议在阿拉伯世界的传播：舆情、实践与建议》，《西亚非洲》，2015年第6期，第56页。

② "Speech of President Abdel Fattah Al-Sisi before the Egyptian-Chinese Business Council," http://www.Sis.gov.eg/En/Templates/Articles/tmpArticles.aspx?ArtID=86513#.VKoP3FEcSt8.（访问时间：2015年6月9日）

③ 曾虎：《埃及赞赏中国全球治理方案 期待学习中国成功经验》，人民网，http://world.people.com.cn/n1/2016/0902/c1002-28685755.html.（访问时间：2018年3月21日）

目建设，未来几年还将继续增加。"① 已故沙特国王阿卜杜拉·阿齐兹在位期间，就曾积极规划和进行政治经济改革，在确保其作为美国支点（Pivot US）的同时，也增加了东方支点（Pivot East），扩展了与东方国家的深入联系，特别是优先与中国、印度、日本以及巴基斯坦等国家发展经济和政治关系。由于中国在经济总量和政治影响方面日渐突出，加之中国从不无缘无故批评或干涉沙特的国内问题或人权问题，因此沙特已经把中国当作可以平衡美国支点的主要力量。② 不仅如此，中沙经济互补性不断增强，2000—2015年，沙特连续十多年成为中国最大的原油供应国，双边的贸易额逐年增加。与此同时，中国也是沙特最大的贸易伙伴之一。值得一提的是，沙特将"2030年愿景"积极与中国的"一带一路"倡议对接，在多种场合表达了对中国的多项诉求，它不但希望中国成为其最大的石油输出市场，而且渴望中国增加对沙特的投资；它不但希望中国协助沙特发展国家经济，而且渴望中国在合理解决巴以冲突以及叙利亚问题上能够发挥重要的影响。2017年3月，沙特国王访问中国，中沙签署了几百亿美元的合作协议，涉及的领域包括产能合作、贸易投资、航天工程、新能源和教育产业等，为双方共建"一带一路"、实现沙特"2030愿景"注入了新动力。

以阿联酋为例，其国家政府为了保证国家经济的可持续发展，于2013年底出台了《国家绿色发展战略》（National Strategy for Green Growth），该战略被视为有效推动阿联酋经济结构调整的重要举措。为了配合这一重大战略的实施，阿联酋制订了一系列配套规划方案，其中包括《阿联酋2021年未来规划》（UAE Version 2021）、《阿布扎比2030年环境规划》（Abu Dhabi Environmental Vision 2030）、《迪拜2030年综合能源战略》（Dubai Integrated Energy Strategy 2030）以及《阿联酋绿色建筑条例》（Estidama）等方案。这些战略规划体现了阿联酋政府的决心，它本着全盘规划对外政

---

① "Saudi Arabia Economy 2015 ," http：//www.theodora.com/wfbcurrent/saudi_arabia/saudi_arabia_economy.html.
② 高尚涛：《阿拉伯利益相关者与中国"一带一路"建设》，《国际关系研究》，2016年第6期，第59—70页。

策的原则,"通过创建绿色可持续发展道路,持续发展可循环利用的清洁能源,同时开发绿色建筑和交通、加强生态保护和降低排放、发展有机农业、鼓励投资和进出口、扩大就业等。"① 随着改革需求的不断增加,阿联酋高度重视"一带一路"倡议带来的发展机遇,其经济部长苏尔坦·曼苏里指出:"'一带一路'倡议对阿拉伯国家具有十分重要的意义,它将有力促进和开发国际贸易活动,给亚洲、欧洲和非洲60多个国家和地区之间的经济合作与发展开辟更广阔的市场。"② 可见,阿联酋十分重视中国的"一带一路"倡议,它已经作为创始成员加入了亚洲基础设施投资银行。此外,迪拜《宣言报》,2016年8月4日也载文称,阿联酋是"履行'一带一路'倡议极佳的战略伙伴,它不断在强化实施'一带一路'倡议中的战略伙伴地位。"③ 目前来看,阿联酋正在通过实施重大项目把倡议转化成实际结果,利用发展欧、亚、非各国之间的贸易来描绘世界未来的宏伟新蓝图。

以卡塔尔为例,卡政府于2011年发布了(2011—2016年)五年发展计划,目的在于不断提升卡塔尔的国际地位和全球影响力,不但使卡塔尔成为海湾地区的教育场所和医疗核心区,而且将其塑造成可与迪拜媲美的金融商业中心。为此,卡塔尔政府陆续发布多项法律法规来改善投资环境,进一步吸引外国资金和先进技术。从2003年初至2015年5月,卡塔尔累计吸引外资1100亿美元,投资项目达701个。④ 其中,美国、日本和巴林高居卡塔尔外资来源国的前三位,埃克森美孚公司的投资额度最高。与此同时,卡塔尔良好的投资条件为中国和卡塔尔共建"一带一路"带来了重要支撑。特别是卡塔尔政局稳定、经济景气、资源丰富、基础设施完备、相关法律法规健全、市场化程度较高等,更是给双方的合作提供了有

---

① "Introduction to Green Growth in the UAE: National Strategy for Green Growth," http://css.escwa.org.lb/sdpd/2044/s54.pdf.
② 新华社阿布扎比2016年5月16日专电,http://news.xinhuanet.com/fortune/2016-05/16/c_128987874.htm。
③ 摘自迪拜《宣言报》,2016年8月4日,http://finance.sina.com.cn/roll/2016-08-07/doc-ifxutfyw0788257.shtml。
④ 中华人民共和国驻卡塔尔国大使馆经济商务参赞处:《2014年卡塔尔外商直接投资情况》,http://qa.Mofcom.gov.cn/article/ztdy/201601/20160101225611.shtml。

利条件。2014年11月3日，习近平主席同卡塔尔埃米尔塔米姆举行会谈。在联合声明中，两国元首一致表示，将扩大在基础设施建设、各项工业和高科技领域方面的互利合作，重点是交通、路桥、铁路、电信、国有企业、先进技术转移便利化等各个方面。与此同时，两国计划建立在能源与替代能源领域中的战略合作关系，大幅度提高包括石化领域和液化天然气在内的油气生产和加工领域的合作。会谈结束后，中卡领导人分别鼓励各国政府的主管部门加强监管，促使相关企业签定并落实能源供应及相关项目投资领域的合作协议。

以伊拉克为例，其经济重建计划亟需"一带一路"建设参与。伊拉克政府推出了一系列改革措施，旨在实现经济发展多元化。伊方希望通过不断改善国内投资环境，吸引更多中国投资。在这一过程中，伊拉克和中国不仅在石油领域需要加强合作，双方在电力建设、通讯技术、基础设施、服务行业和农业等领域也具有较大的合作潜力。2015年6月，伊拉克外长易卜拉欣·贾法里在访华期间指出，伊拉克在基础设施建设等方面有着巨大的需求，而中国既有能力也有丰富的经验来帮助伊拉克实施战后重建。他说："中国有多元的能力，而伊拉克有潜力，也有很大的需求。伊拉克经历了包括三次海湾战争在内的多次战争，基础设施遭到很大破坏，但是伊拉克有能力在尽可能快的时间内实现经济和社会的发展。中国有经验，也有很强的工业能力。我们双方在能源、石油、电力、天然气等领域都有好的合作前景，而经济、贸易上的友好往来也会成为两国间政治关系稳固的基础。"[①] 此后，伊拉克总理海德尔·阿巴迪于2015年12月22日对中国进行正式访问。访问期间，中伊双方决定进一步提升双边关系水平，建立战略伙伴关系，标志着双方的合作关系再上一个台阶。

三、"一带一路"倡议提倡的平等互利优化阿拉伯地区的政治氛围

在国与国关系中，政治活动应本着平等的原则，经济活动应本着互利

---

① 叶欣华、董丽微：《伊方将积极参与"一带一路"建设》，国际在线，http://gb.cri.cn/42071/2015/06/26/7211s5010855.htm.（访问时间：2015年6月26日）

的原则。平等互利原则是是国与国之间处理对外关系时必须遵守的共同原则，它主要是指国际私法主体在法律地位上的平等和经济上的互利，它是国与国之间处理对外关系时必须遵守的共同原则。这一原则要求国家在处理涉外民事关系的时候，首先要从有利于发展国家间平等互利关系出发。中国外交部长王毅在2014年国际形势与中国外交研讨会的开幕式上指出："'一带一路'倡议强调弘扬古丝绸之路互学互鉴、和睦共处的精神，积极开拓中国同欧亚大陆国家在各个领域的互利合作，是新形势下中国推动对外合作工作的总体构想。"① 无疑，这一构想使古老的欧亚大陆散发出勃勃生机与无穷活力，沿线多个国家纷纷响应并积极参与。它秉持着构建人类命运共同体的基本理念，强调"共商、共建、共享"的平等互利方式，有望逐步实现沿线各国的共同发展和共同繁荣。

对阿拉伯国家来说，中东地区之所以乱象丛生、问题不断，从根本上看是忽视了政治和经济上的两个基本点：在政治上，中东国家的强人政治或宗教政治都属于特权政治，这类忽视平等的政治难以长治久安。特别是这些国家的强人政治使公共权力私有化和家族化，从而造成特权横行、贪腐肆虐、民怨载道之局面；在经济上，阿拉伯国家的贫富差距现象比较严重。海湾阿拉伯国家经济实力雄厚，而伊拉克、叙利亚、也门等国家或受战乱影响、或遭恐怖主义破坏，国家经济几乎处于半停滞状态，民众的生活水平日益下降。正是由于国际环境、政治生态和经济生态的不断恶化，从而导致这些国家无法稳定发展，更谈不上长期发展。

从区域稳定与地区合作的角度看，推进区域内国家的同步发展和全面进步无疑是有效解决地区问题的最佳选择。有学者指出："'一带一路'是一个倡导平等互利的项目，它的项目内涵是高度扩展性的，并不是一个不具有弹性的发展项目。"② 这意味着，凡是有利于发展的理念或项目，基本上都能够被纳入到"一带一路"的规划中，得到"一带一路"基金的相应

---

① 王毅：《"一带一路"强调共商共建共享的平等互利方式》，http://www.gtobal.com/info/detail-828625-p1.html。

② 刘静：《精简务实扩容升级铸造中阿合作战略平台》，《新商务周刊》，2015年第5期，第18—21页。

支持。对于阿拉伯国家来说，这类经济发展和国家建设具有高度的自主性，每个国家能够根据自身特色来规划本国的发展，同时也避免了一些国家为了争夺某个项目而产生矛盾。历史上，海陆丝绸之路曾把中国和阿拉伯国家紧密地联系在一起。双方通过丝绸之路大力开展货物贸易，加强合作且互通有无；双方通过丝绸之路传播文化艺术，交流互鉴且共同发展。阿拉伯国家地处"一带一路"的西部交汇地带，是中国推进"一带一路"建设的天然伙伴和合作对象。中国与阿拉伯国家以此为基础展开合作，"有助于实现双方在资源禀赋、资金优势和市场潜力等方面的有效对接，促进资源要素在双方国家间有序且自由地流动和配置，突破中阿在务实合作和转型升级中面临的瓶颈制约，共同应对全球增长、贸易、投资格局和资金流向等方面产生的问题。"[①]

在推行"一带一路"倡议时，中国也十分尊重对象国的风俗文化、宗教礼仪。国家文化软实力研究协同创新中心主任张国祚指出，"文化可以使中国更好地在实施'一带一路'建设中弘扬'亲诚惠容'的精神。"[②] 可以说，要做好"亲诚惠容"并不容易，每个字都需要文化奠基。"一带一路"沿线的65个国家中，文化传统和宗教背景各异，核心利益和政治主张各异，它们在交往过程中不是铁板一块，不可能完全符合中国传统文化的思路，因此，中国要本着设身处地为他人着想的原则，在不妨害中国根本利益的前提下，尽可能理解和包容其他国家的文化传统、历史渊源、风俗习惯和宗教信仰，甚至考虑到别人的利益诉求。

事实上，阿拉伯国家除了希望与中国在经贸领域方面密切合作以外，还有意在安全领域增强和优化与中国的合作，从而使"一带一路"沿岸国家的合作在确保"经济"和"安全"的平衡中前进。前沙特驻华大使叶海亚·本·阿卜杜克里姆·宰德认为："当前，海湾地区一些国家面临着政局不稳、恐怖主义不断频滋生等问题，可以说，地区安全是海合会国家的

---

① 《中国和阿拉伯国家共建"一带一路"合作方向》，中阿合作论坛，http://www.fmprc.gov.cn/zalt/chn/zgsd/t1149445.htm.

② 张国祚：《实施"一带一路"倡议需文化先行》，中国社会科学网，http://www.cssn.cn/djch/djch_djchhg/yidaiyilu/201606/t20160624_3084194_1.shtml. （访问时间：2018年6月17日）

优先关切,安全的政治环境成为海湾国家最迫切的需要。"① 对于阿拉伯国家对安全问题的诉求,中国在多个场合表示重视阿拉伯国家对安全的关切。特别是中国外交政策不偏不倚且光明正大,对中东地区大多数热点问题的态度比较明确,寄希望于通过和平方式加以解决。这一系列思想和原则无疑成为中阿加强合作的坚实基础。

四、结语

中国长期以来与阿拉伯国家保持着良好的政治互信关系,这种关系具有深厚的历史积淀,古代"丝绸之路"在中阿交流史乃至中西交流史上发挥了积极作用,中国提出的振兴"丝绸之路"倡议符合中阿人民的历史与现实需求。可以说,阿拉伯国家对"一带一路"倡议好评不断。约旦前首相阿卜杜勒·萨拉姆·马贾利指出:"中国国家主席习近平执政以来的亮点很多,包括反腐反贪活动、实施经济改革、应对气候变化和加强环境保护等。特别是'一带一路'的伟大战略构想,无疑是一个积极有效的、能够动员沿线各国人民且具有创新性的时代战略。它本着造福沿线各国民众的原则,使中国与阿拉伯国家的合作更加紧密。"② 几千年以来,中国与阿拉伯国家和平交往、友好合作。随着新时期"一带一路"的深入推进,中国有可能在阿拉伯地区事务中扮演更加重要的角色。不过,阿拉伯问题的复杂性和风险性不容忽视,对这一问题处理得好坏,直接关系到"一带一路"倡议实施的深度和结果,因此,在实现共同发展、合作共赢的同时也不能过于盲目乐观和思想冒进。

---

① 土泳桓:《海湾阿拉伯国家对"一带一路"倡议有何顾虑》,澎湃新闻网,http://news.163.com/14/1024/06/A9A7S96800014SEH.html. (访问时间:2018年6月17日)
② 蒋少清:《约旦前首相期待进一步加强扩大阿中合作交流》,中新网,http://www.chinanews.com/gj/2014/06-03/6236001.shtml. (访问时间:2018年6月17日)

本章小结

"一带一路"倡议已经成为中国外交政策最具代表性的"名片",它确定了中国推动地区经济发展与合作的新规划,这一发展构想包括政策沟通、设施联通、贸易畅通、资金融通和民心相通等合作内容。习近平主席在多个场合中指出:"'一带一路'倡议是中国依照古丝绸之路留下的宝贵启示,它着力于各国人民追求和平与发展的共同梦想,它是为世界提供的一项包含东方智慧的共同繁荣、共同发展的方案。"[1] 从社会大环境来看,"一带一路"倡议保证了中国人文外交理念的发扬光大,体现了中国"亲、诚、惠、容"周边国家的外交理念,是中国"睦邻""安邻""富邻"友好外交政策的实践创新。从经济合作来看,中国与丝路沿线国家的合作正在积极发展,它既为中国与沿线国家带来了经济发展的利益,也成为推动区域合作、实现区域共同发展的动力,有可能成为区域经济合作的新范式。

---

[1] 习近平:《携手共创丝绸之路新辉煌——习近平主席在乌兹别克斯坦最高会议立法院的演讲》,新华社,http://www.fmprc.gov.cn/web/ziliao_674904/zyjh_674906/t1374569.shtml. (访问时间:2016年6月23日)

第二章
"一带一路"建设中的智库交流

随着全球化的不断深入,智库已逐渐成为一个国家"软实力"的重要组成部分。学者们通常把智库称作"立法、行政、司法、媒体之外的'第五种权力'"[①]。在全球国际政治、科学技术、社会经济不断发展的局势下,各国各类智库不断涌现,尤其是自20世纪80年代以来,智库的数量呈几何式增长势头,规模急剧扩张。2015年,根据美国宾夕法尼亚大学智库和公民社会研究项目发布的《全球智库报告》统计,全球已有6618家智库,它们广泛分布在179个国家。[②] 随着智库作用和影响力的与日俱增,全球智库的数量和规模已经达到了一定的高度。

由于智库每天生产大量的危机应对方案,涵盖从全球变暖到粮食危机、经济危机、政治动荡等所有问题,因而被形象地称为"点子工厂"。在这些"工厂"里工作的知识精英被称作政策精英。他们虽然不像决策者那样对国家政治的影响那么直接或者那么明显,但作为国家决策链条上至关重要的一个环节,他们对国家内政事务和外交政策的制定也产生着重要影响,有时甚至会起到决定性的作用。特别是在公共政策形成的过程中,智库的角色和地位越来越重要。可以毫不夸张地说,如果没有智库的事先设计和过程参与,公共外交中的诸多外交议题将无法产生。智库专家们集思广益,帮助决策者在处理社会矛盾、经济发展、科技进步、军事情报、

[①] 李建军、崔树义:《世界各国智库研究》,北京:人民出版社,2010年版,第87页。
[②] 相关数据参见王德生:《2012全球智库发展报告发布,中国有3家智库入前50名榜单》,http://www.istis.sh.cn/list/list.asp?id=7829。

外交事务等各方面问题时出谋划策，适时提供最佳的理论、恰当的对策、有效的方法和先进的思想。一个国家经济社会发展越是面临重大难题和发展瓶颈，智库的重要性就越是明显。

由于智库扮演的角色包括政策研究者、（某个）政党代言人、（某时期）政府代理人、政策倡导者以及具有重大影响力的学者型智库，因此智库自然成为一国外交的必然选择之一。21世纪以来，智库外交在国际事务中起到巨大作用，主权国家通过智库间的国际交流实现国家外交目标的活动。它既是公共外交的重要载体，也是对外宣传工作的重要内容，还是多方搜集情报、准确分析形势、及时制定有效对策的重要渠道。本章通过阐述智库交流在"一带一路"建设中的作用，分析智库交流在"一带一路"建设中的功能，探索智库交流在"一带一路"建设中的形式，从而为后文的研究建构基本的理论框架。

第一节 智库交流在"一带一路"建设中的作用

政治沟通与政治活动相伴相生。如果说政治学的其他研究内容主要围绕权力和利益而展开，那么政治沟通则更加关注多层次的信息与对话、理解与共识，并以此为基础推动民主政治的发展。在国家决策的过程中，群众利益的关注与表达，是政治系统正常运作和做出合理利益平衡的前提条件[1]。政治沟通可有效激发民众参与政治对话的意愿，促进民众自下而上的利益诉求，这一过程虽然未必会产生相应的决策，但它可以令公共政策更好地表达公共利益，从而让参与者产生更多的政治支持、合法性与信任度。这一举措不仅能够有效推动公共政策以后的执行，而且为后面的合作打下信任的基础，推动决策主体和决策客体产生更多的良性互动。

从历史文献来看，政治沟通理论主要经历了三个发展阶段：即"三

---

[1] [美]戴维·伊斯顿：《政治生活的系统分析》，王浦劬译，北京：华夏出版社，1999年版，第63页。

论"研究范式阶段、政治传播理论阶段和网络媒介沟通阶段。在这三个发展阶段中，政治沟通被认为是连接多元利益体的重要"桥梁"，它的主体包括智库和媒体之间的沟通，智库、媒体与政府的沟通，民众和政府的沟通以及智库、媒体与民众的沟通。在这一过程中，媒体和智库几乎贯穿了整个沟通过程。从沟通体系来看，它包含两个主要过程，分别是多层次的利益表达和多边的政策传达、沟通的过程。作为政治沟通的主体，媒体和智库无疑对政治沟通的议程具有重要桥梁及纽带的作用，它们有助于增强政治决策的全面性及开放性。特别是智库作为跨越政治的沟通渠道，在政治沟通的三个发展阶段中更是发挥着举足轻重的作用。

一、"三论"研究范式阶段

二战后，随着信息论与控制论的诞生，政治沟通研究蓬勃发展。美国数学家、信息论创始人克劳德·艾尔伍德·申农（Claude Elwood Shannon）采用数理统计的方法来研究信息处理和传递，为信息论的相关理论奠定了基础。著名数学家诺伯特·维纳（Norbert Wiener）在信息论的基础上创立了控制论，为现代科学研究提供了崭新的科学方法。在申农和维纳看来，例如沟通、信息、反馈等概念不仅适用于自然科学，而且可以应用于社会科学。可以说，任何研究对象都可以被看成一个完整的系统，因此它们都存在信息传递和控制的问题。这些研究对政治领域产生了重要影响，也为基于"三论"的政治沟通研究奠定了思想基础。

"三论"研究范式最早来源于政治学家哈罗德·拉斯韦尔（Harold Dwight Lasswell）的5W沟通模型，该理论在拉斯韦尔的《沟通在社会中的结构和功能》一书中被提及，是全球关于政治沟通理论最早的研究。5W沟通模型认为一个完整的沟通过程包含五个重要环节或要素，即谁（Who）、说了什么（Say What）、通过什么渠道（What Channel）、对谁（To Whom）和取得了什么效果（What Effect）。这种模型对政治沟通中的"三论"研究范式阶段打下了基础，对政治沟通理论产生了深远的影响。其不足之处是对沟通过程的描述是单向直线的，它不仅忽视了沟通的双向性和互动性,而且没有注意到外部环境对政治沟通的影响。

"三论"研究范式的第一个阶段是捷克社会与政治学家卡尔·沃尔夫冈·多伊奇(Karl Wolfgone Deutsch)在1963年撰写的《政府的神经:政治沟通与控制的模式》,它标志着政治沟通理论的正式诞生。多伊奇指出,政治系统是一个开放性、互动的场域,它会根据环境的变化而做出相应的反馈和调整。然而,环境的复杂性、多样性使得许多问题无法通过一次两次沟通就全部解决,因此政治系统十分重视反馈。反馈的信息不但是考察政治沟通有效性的重要指标,而且它们有助于提高预见能力,帮助政治系统储存所有类似信息,当相似的环境再次出现时可以参照使用。①

"三论"研究范式的第二个阶段是美国政治学家阿尔蒙德(Almond, Gabriel Abraham)在《比较政治学:体系、过程和政策》中的理论。他指出,尽管"沟通功能的实施一般不包括所有其他政治功能,但它是这些功能得以顺利实施的一个必不可少的要素"②。阿尔蒙德从结构—功能的分析角度出发,强调了政治结构与功能相互适应的重要性。他指出,政治沟通是政治体系中的信息流动,而政治发展就是政治功能的发展。政治体系的政治发展,事实上就意味着通过结构分化达到体系、过程和政策三个层次的互补和完善。作为政治体系的功能之一,政治沟通与政治其他方面有密不可分的关系。

"三论"研究范式的第三个阶段是美国政治学家戴维·伊斯顿(David Easton)关于政治系统与环境的输入—输出分析。20世纪五六十年代,伊斯顿发表了包含《政治系统:政治学现状研究》(1953)、《政治分析的结构》(1965)和《政治生活的系统分析》(1965)"政治系统分析三部曲"等三部著作,他将政治活动解释为政治行为的系统:"环境"中的各种利益诉求给政治系统带来了压力,不但促使政治系统做出反应,而且其相应的决策和行动又反过来对"环境"产生影响。如此循环往复,迫使政府和当局关注"环境"及其他多阶层的诉求,努力使输出与输入相匹配,从而

---

① 唐亮:《多伊奇的政治沟通理论》,《政治学研究》,1985年第2期,第44—46页。
② [美]加布里埃尔·A.阿尔蒙德、小G.宾厄姆·鲍威尔:《比较政治学:体系、过程和政策》,曹沛霖等译,上海:上海译文出版社,1987年版,第166页。

维护政治系统的平衡与稳定。① 就这样，伊斯顿的政治系统理论使政治沟通的"三论"研究范式，即输入、输出和反馈三阶段最终得以确立。

毫无疑问，政治沟通是政治生态圈管理发展的基本条件之一，任何政治生态圈的相关活动都离不开政治沟通。对政治系统来讲，沟通是它赖以生存、得以运行的基本条件和不可缺少的要素。政治生态圈对政治沟通的这种依赖性，源自这样一个事实：人们生活圈之中的社会是人们交互作用的结果，而人类交互作用的任何形式都与沟通有关；所以人们因政治生活中的交互作用而导致的所有政治行为，都是对政治沟通的各种结果的反映。正是通过这种沟通，输入信息才被系统接受，系统才对信息作出反应，并导致结果输出。正是通过沟通，政治系统的各种功能才借此得以实现。不仅如此，政治沟通所包含的政治社会化、政治整合、社会控制、政治民主化等众多功能，无疑使其成为政治生态圈赖以生存和发展的生命之源。

二、政治传播理论阶段

政治传播理论阶段是政治沟通理论发展的第二个阶段，它的日渐成熟得益于传播学，特别是大众传播学的不断发展和成熟。以20世纪60年代为起点，真正意义上的政治传播研究逐步形成，直到20世纪70年代，政治传播理论阶段开始逐步取代政治沟通的"三论"研究阶段。

政治沟通中的政治传播研究阶段始于1963年，美国政治学家鲁恂·W. 派伊（Lucian W. Pye）在《沟通与政治发展》中指出："政治沟通犹如大众传媒的信息传递，它在政治社会化过程中具有重要的作用"②。1973年，国际传播学会组创了"政治传播"分会，并于第二年创办《政治传播》学术刊物。1975年，著名的传播学者斯蒂文·查菲（Steven Chaffe）编辑出版了《政治传播研究：问题和方法》，该书首次论述了"政治传播

---

① 魏志荣：《"政治沟通"理论发展的三个阶段》，《深圳大学学报》（人文社会科学版），2012年第6期，第71页。

② Lucian Pye, *Communication and Political Development*, Princeton University Press, 1963, p. 91.

的基本理论框架、研究领域、涉及问题及主要方法,并将'政治选举'确定为政治传播研究的中心"①。1981年,美国政治传播学专家丹·尼莫(Dan Nimmo)和凯思·桑德斯(K. R. Sanders)在《政治传播手册》中详细探讨了政治传播研究学产生的理论基础,其中包括"语言分析理论、态度转变研究、投票研究、政治与大众媒介的关系研究、功能与制度研究、传媒技术的理论研究、竞选技术风格研究、宣传分析理论"② 等。逐渐地,直到20世纪80年代,政治传播研究的重要性和影响力已经几乎等同于政治沟通研究。

政治传播阶段的理论十分丰富,比较有影响力的还包括美国传播学家M. E. 麦库姆斯(Maxwell McCombs)和唐纳德·肖(Donald Shaw)的议程设置论。他们认为,传媒的新闻报道和信息传递有目的地设置了各种议题,一定程度上影响了公众对周围事物的判断,进而影响了公众舆论的公正性;德国传播学家伊丽莎白·诺埃勒—诺依曼(E·Noelle-Neumann)的"沉默的螺旋"理论指出,当个人意见处于"意见气候"的少数或劣势的时候,人们一般会因为害怕孤立而保持沉默,结果导致一方的声音越来越强大,而另一方越来越沉默下去,其舆论呈螺旋式发展;美国著名社会心理学家、传播学四大奠基人之一的库尔特·卢因(Kurt Lewin)提出"把关人"理论,他认为,在研究群体传播中,信息的流动是在一些含有"关卡"的渠道里进行,这些关卡处备有"把关人",他们具备特定的价值标准;美国著名传播学先驱保罗·F. 拉扎斯菲尔德(Paul F. Lazarsfeld)在其著作《人民的选择》中提出的"意见领袖"理论,他认为,观念总是先从广播和报纸那里传递到意见领袖处,然后由意见领袖传递给缺乏积极性的民众。

总之,政治传播交叉了政治学与传播学两个学科,它总结了政治传播现象的同时,对政治传播规律进行探索和运用。如果说"三论"研究范式

---

① Steven H. Chaffee, *Political Communication: Issues and Strategies for Research*, Beverly Hills: Sage Publication, 1975, p. 56.
② Dan D. Nimmo, Keith R. Sanders, *Handbook of Political Communication*, Califonia: Sage Publications, 1981, pp. 56-77.

阶段比较刻板和形式化，那么政治传播理论阶段的研究显得更加灵活多变，它萌生出多元化的理论和精辟论点，为政治沟通理论的进一步发展提供了强大的动力和基石，对政治沟通实践也产生了重要指导意义。

三、以网络为媒介的阶段

互联网的出现极大地冲击了以往政治的沟通模式，它的发展改变了传统政治沟通的实践路径，丰富了传统政治沟通理论的内涵。1983年，世界著名的未来学大师阿尔文·托夫勒（Alvin Toffler）曾预言："信息是和权力齐头并进且与政治息息相关的元素，随着人类进入信息政治的时代，这种关系会越来越密切"。[1] 他提醒人们特别注重研究与信息有关的各类政治问题，自20世纪90年代以来，与网络有关的政治研究逐步展现。这一研究集中研讨了互联网对政治产生的影响，它形成两种观点：一种观点认为网络有利于促进自由和平等，使政治这个由原来少数人参与的活动变成大众直接参与成为可能，它或许能把人类带进电子民主的新时代；另一种观点认为网络的掌控者以及行政官僚和政治精英，他们有权筛选传播网络信息，诱导不明真相的大众，导致社会阶层分化和信息获取不对称等矛盾进一步加剧。然而，获得公认的是互联网具有迅捷性、开放性、平等性、匿名性及信息海量性等优势，一定程度上补缺了传统政治沟通时间长、成本高、互动不足的缺点，因此逐渐成为比较理想的政治沟通平台。[2]

以网络为媒介的阶段还包括以下阶段：2004年，罗伯特·J·克洛兹（Robert J. Klords）在《网络沟通中的政治》中，对政治与网络的互动关系进行了综合研究，其内容涵盖互联网发展、使用者基础、社会关系、公民资格、新闻出版及政府行为等问题；2006年，英国学者安德鲁·查德威克（Andrew Chadwick）在《网络政治：国家、公民和新沟通技术》中

---

[1] ［美］阿尔文·托夫勒：《预测与前提——托夫勒未来对话录》，栗旺、胜德、徐复译，北京：国际文化出版公司，1984年版，第9页。

[2] Klotz R, "The Politics of Internet Communication," *Journalism & Mass Communication Quarterly*, Vol. 81, No. 2, 2004, pp. 457-458.

"首次对网络政治做了一番全景式的概述，分析了争议许久的数字鸿沟、网络自治、监控、隐私和安全之间的冲突以及网络传媒的政治经济等问题"[①]；2007年，詹姆斯·斯坦亚（James Stanyer）在《现代政治沟通》中全面论述了英、美两国政府及政党与固化的媒介组织和公民受众如何适应新的系统性、制度性的变化。他指出，发达国家的政治沟通系统变化巨大，曾经主宰20世纪的传统政治沟通系统，正让位于运作更灵活、结构更富弹性的政治沟通体系。[②] 在这一阶段的政治沟通中，政治主体与政治客体通过多样的渠道或媒介，就公共事务进行沟通与协商，从而完成进一步理解、达成共识之目的。

毫无疑问，信息网络有助于公众表达快速发展，它为公众与政府的沟通提供了技术可能。其中，"三论"阶段着重研究政治沟通的内在逻辑和本质关系，着重强调政治沟通在政治系统中的作用，具有浓厚的结构功能和方法论特征；政治传播阶段注重研究外部的政治沟通实践，它关注沟通技巧和传播成效，具有浓厚的实用主义特征；以网络等新兴媒介的政治沟通则弥补了传统政治沟通中的缺陷，它更加关注公众参与、关注平等对话等，有效地扩大了社会各阶层民众参与的范围。

四、政治沟通视域中智库的若干功能

在现代社会中，智库在政治沟通过程中的作用越来越大，随着它的影响力和实践魅力与日俱增，不少学者甚至称其为立法、行政、司法、媒体之外的第五种权力。那么，在政治沟通理论框架中，智库是怎样体现其功能的，本节将回答这个问题。

（一）广泛汇集公众民意

民意是一个集合概念，它主要是"一群特定的人，针对具有一定重要

[①] Andrew Chadwick, "Internet Politics: States, Citizens, and New Communication Technologies," *Governance*, Vol. 85, No. 4, 2007, p. 172.

[②] James Stanyer, *Modern Political Communicaiton*, Cambridge: Policy Press, 2007, p. 38.

性的事务，所表达出来的各种不同看法的总和。"① 民意来源于不同价值立场和偏好的公民群体，他们对具体社会问题形成共识或表达出一些看法、建议、态度与诉求。在现代民主社会中，政府决策的重要步骤和必经程序就是及时获取和审慎分析民意，因为它有效地保障了公共政策的正义性与合法性。然而，一个成功的政府若想及时获取全面、客观的民意，借助智库的帮助是必不可少的。

在信息量急剧增长的大数据时代，国家决策者完全不可能对海量的民意或信息进行科学地筛选和精准地判断。鉴于此，政府一般会鼓励官方或民间智库充分表达意见，从而充分了解并全面掌控来自公众的真实意愿与意见诉求等政治信息。鉴于智库的这一特性，有学者指出，智库并非处于决策体系之外，它们被吸纳进由政府主导的政治沟通网络中并发挥着积极的作用。与此同时，智库已经成为政府规避某些弊端和在海量的民意中精确搜索到公共决策所需的重要的信息来源。② 就这样，政府与智库之间的距离不再疏远，二者之间不但已经完成了双向的政治沟通模式，而且形成了一种互动性强的、制度化管理完备的现代合作关系。

智库创建的初始目标就是"贴近民众、倾听民声、汇集民意"。为了完成这些目标，不少智库深入基层，采取调查问卷和市场调研等方式与社会民众沟通，并获取广泛的公众意见和诉求。在实际运作过程中，这些智库有能力对社会系统中相对分散的民意需求进行科学分析与处理，并将它们及时传入到政治系统之中。智库对纷繁复杂的民意进行及时汇集后，作出科学的处理和分析，然后形成有针对性的智库报告并提交给政府或其他服务对象。这一系列工作一方面有助于决策部门和相关执行部门及时掌握公众的价值诉求与偏好，另一方面也修补了政治沟通模式中的问题，如沟通不畅或信息闭塞等，从而实现了政府与社会公众的顺畅沟通。

---

① B. C. Hemmessy, *Publication*, Belmout: Wadsworth Publishing Company, 1970, pp. 24-25.
② 史献芝：《政治沟通理论视域中民间智库的功能探析——以温州民间智库为例》，《江西理工大学学报》，2016年第4期，第101—105页。

(二) 促进政策问题建构

政策问题产生于政策实施过程中引发的冲突，它有可能发生在政策周期的任何一个环节，因此，危机隐藏于政策制定、实施、评估和整合的整个过程中。加之由于政策参与者的素质参差不齐，从而导致价值观迥然相异，难以忠实地执行政策本意，因此在各种因素的共同作用下导致政策冲突。特别是在法治环境不完善的情况下，多项政策综合执行会难以协调而产生区域大战和部门冲突，影响政府间关系、破坏政策网络稳定性、引发社会矛盾。政策冲突带来的政策问题通常能被大多数人感知，包括价值、利益、要求的冲突。这些要求权威当局必须解决的问题就是有可能进入政策议程的社会公共问题，它"虽然是一种客观现象，但首先必须有人发现并提出才有意义。"[1] 鉴于此，及时有效地发现问题、提出疑问，已经成为政府应对和快速解决社会焦点问题的重要前提。

在大多数政治实践中，国家政策的主要目的是要将社会公共利益的愿望和价值诉求转变成国家政策议程的具体对象。在众多问题中，只有具备以下条件才能上升为政策问题：一是这个问题必须受到广泛关注；二是大多数人都认为这个问题有改善的必要；三是这个问题是属于某个政府职能部门的事务。换言之，当特定的社会问题被纳入到政治系统的政策议程时，公共政策问题的大概样貌就被勾勒出来了。这就涉及到一个关键问题，即哪些社会问题值得上升为政策问题？有学者认为："事实上，决定哪些问题成为政策问题，甚至比决定这些问题的解决办法更为重要。"[2] 因此，精准地把握并筛选出需要优先确定为政策问题的社会问题，在一定程度上成为考察和检验一个政府治理能力和决策水平的重要探测器。

在具体实践中，表面完美的政策有时也会面临政策失败，这是因为政治家们以为凭借自己的敏锐观察能力和丰富的经验就能够全面分析目前的

---

[1] 王骚：《政策原理与政策分析》，天津：天津大学出版社，2003年版，第113页。
[2] [美]托马斯·戴伊：《理解公共政策》，谢明译，北京：中国人民大学出版社，2011年版，第28页。

状况，并制定出能解决问题的政策。但政策发生学的原理认为，个人需求偏好并不都是社会问题，而社会问题也并非就等于政策问题。如果政治家们把一切社会问题都等同于政策问题，那么他们的决策一定会因问题过多而难免出错。也就是说，当政治家们没有时间和精力去选择重大社会问题产生的动因或者左右未来走向的关键变量时，他们制定出来的政策方案很可能会因非科学化而走入极端或步入尴尬境地。① 因此，政治家们的正确做法是依靠智库专家来帮助他们筛选政治问题。

不可否认，由于涉及国家政策的事态十分复杂，政府在具体操作中总会遇到一些"盲区"，而充分与智库专家们进行协商与沟通，成为规避或弥补这些"盲区"的必要手段。在实际操作过程中，智库作为政治沟通的主体，它们搜寻和整理来自社会民众的利益诉求、意见表达、政策建议等海量政治信息，然后将这些问题提交给政治系统，而政府和相关部门则在此基础上确定更具有针对性的目标，切实提高了政府对政策问题建构的效率。可以说，智库以智库报告形式提出并输入关涉公共利益的政策问题，成为政府进行相关政策问题建构的重要参考，有助于提高政府的公共服务意识与公共服务的绩效。

（三）提升政府决策能力

政府决策能力的提升主要是提升政府决策的科学化与民主化，由于其可以直接左右公共政策的优劣及其政策结果的好坏，因此，寻求智力资源来支持成为推进政府决策就显得尤为重要。一方面，政府决策科学化就是指决策者依靠智囊团，运用现代科学方法和先进的技术手段，通过科学的程序所做出的相关决策。其科学化体现在三个方面：行政决策机构及其体制的科学、行政决策程序的科学化以及行政决策方法与技术的科学化；另一方面，政府决策民主化就是指在决策过程中，确保广大民众和社会团体能够充分参与到公共决策的过程中来，不但在政策中反映人民的根本利益和要求，而且逐渐构筑民主的体制和程序。其主要包括政府决策制定的民

---

① 靳永翥、刘强强：《政策问题源流论：一个发生学的建构逻辑》，《中国行政管理》，2016年第8期，第92页。

主化和政府决策讨论的公开化等内容。

在愈益多元化的社会环境中，政府决策为了做到科学化与民主化，不但需要更多针对性的决策信息，而且需要智库等政治沟通主体的智力支持。一般而言，智库以提供公共服务与政策咨询建议为目标，它们依托广泛的民意基础和专业实力，与政府就国家利益的相关政策问题进行交流与协商，促使政府的决策具有充分的开放性与包容性等特征。因此，有学者认为："政府只有通过制度化的沟通网络与民间智库进行顺畅的政治沟通，才能接收到与其目标相关的信息，并在收集和存储的基础上对信息进行适当的处理（包括对信息以及反馈的信息进行筛选、翻译、解释和分析），从而使政治系统做出与其外在环境的变化相适应的调整，并形成正确的决策"。[1]

然而，由于沟通过程中的层级过多，或者沟通机制运转失灵，政治沟通的及时性与有效性无法达成。因此，广泛地集中民智并及时获得有效的决策信息，对政府而言是困难的。有学者认为："对国家政府而言，当获取更多信息的边际成本（marginal cost）抵消了从新信息那里得到的边际收益时，决策制定者通常会停止获取信息"。[2] 与此同时，由于信息资源缺乏对称性，社会公众对决策的意见或建议很难及时输送进政治系统中，有的甚至被完全排斥在决策系统之外。如此一来，政府决策几乎无法收集民智民意，更不要保证政府决策的科学性与民主性了。

随着全球信息技术的发展与快速普及，社会公众利益不再隐晦，而是变得容易表达，致使国家决策信息的传递成本逐渐减少。特别是在大数据时代，公共决策过程逐渐趋于"民间化或社会化"，而智库也迎来大显身手的时代。为了提高工作效率，降低差错率，智库多采用以下方式来完善工作流程：一方面，智库经常聘请公众代表、政府部门领导与有关专家就某些热点问题进行沟通和协商，把有针对性的政策建议或备选方案尽快地

---

[1] Karl Wolfgang Deutsch, *The Nerves of Government: Models of Political Communication and Control*, Illinois: Free of Glencoe, 1966, p. 151.

[2] ［美］布赖恩·琼斯：《再思民主政治中的决策制定：注意力、选择和公共政策》，李丹阳译，北京：北京大学出版社，2009年版，第43页。

传递给决策者，完成提供重要智力支持的目标；另一方面，智库充分运用现代信息技术，对海量和零散的数据和信息进行加工分析，从而凝练成准确有效的决策信息提交给决策者。

对阿拉伯国家来说，智库在复杂的外交决策过程中发挥着越来越重要的作用。阿拉伯国家外交政策的制定主要由最高领导人（总统、国王或埃米尔）、王室成员、利益集团、公众等众多行为体来完成，由于决策者之间对外交权有不小的争夺，因而使得这些国家外交决策的制定过程变成一个复杂的活动。在这样的环境下，阿拉伯智库大显身手，它们在政策构想、方案拟定、政策制定、反馈修正等方面做出了不小的贡献，在每一个阶段都不同程度地发挥着政策影响力、公众影响力或学术影响力。它们运用专业知识，广泛收集民意，深入发掘政治表面现象的本质，研究出可供决策者选择的解决方案。它们中有些智库的专家在政府中任要职，为直接参与政策制定、执行和反馈提供了便利条件，也为阿拉伯国家各国政府制定及时有效的外交政策提供了保障。

五、结语

政治沟通的关注点在于信息、对话、理解与共识，它通过这些方式推动民主政治的发展。其理论主要经历了三个发展阶段，即"三论"阶段、政治传播阶段和网络媒介沟通阶段。从社会历史发展的角度来看，这三个阶段也事实上反映着政治沟通的历史与实践。有效的政治沟通可以有助于政治系统的不断完善乃至成功，但要完成有效的沟通，政治系统必须同时注重沟通的关系和沟通者的互动。而在这个过程中，作为沟通主体的智库无疑发挥着重要作用。

在问题层出不穷的当代社会，以政府为中心的传统管理模式已经难以发挥有效作用，取而代之的是多元合作共治的社会治理模式。全新的社会治理模式伴随着现代信息技术的迅猛发展，不但赋予了智库等政治沟通主体以更广阔的生长空间，而且为它们开启了更为通畅的政治沟通渠道。这些智库顺应时代的需要，在关注信息获取的同时，也注重信息的转化、利用和反馈，通过与政府有效的互动，努力完成有效的政治沟通，从而进一步提升政治系统的效能。可以肯定地说，无论从理论还是实践来看，在现行的多元合作共治的国家治理模式中，智库早已不再是一个无足轻重的旁观者，而是已经成为一个举足轻重的决策咨询者和政策参与者。

第二节　智库交流在"一带一路"建设中的功能

　　对一个国家而言，公共外交就像是一场"理念之争"，其成败取决于该国所传达的理念和价值观能否被他国接纳。在这一过程中，智库通过影响政策、塑造舆论、培养人才等方式，不但生产外交思想和相关理念，而且通过必要的传播方式影响国内外公众舆论，传递本国理念和价值观。"如果说政策过程是指政策研究者基于一定的经验事实，在一定的理论和分析方法的指导下，通过某个或多个维度对政策的逻辑过程或过程中的各要素及各要素之间的关系进行分析和研究，形成的一组本质上相互联系的概念或命题，以及一个逻辑结构严整的框架体系，"① 那么，智库在这个过程中无疑发挥着至关重要的作用。这实际上是政治沟通领域的一个过程，具体而言，就是通过恰当的政治传播媒介，及时输送、相应获得、正确处理有关的政治信息，从而达到政治协作的过程。因此，智库作为"边缘利益群体的代言人"对政策过程的影响是全流程的。

　　从控制论角度来分析，政治沟通过程基本上包括三个环节，即政治沟通的起点、政治沟通的媒介和政治沟通的终点。纵观整个政治沟通的全过程，人一定是最为关键的因素，不论是作为起始的传播者，还是作为终点的被传播者，抑或是在传播过程中作为传播的中介者，都是由人或人组成的各种组织来完成的。因此可以说，政治沟通机制的完善与建

---

① ［美］萨巴蒂尔：《政策过程理论》，彭宗超译，北京：生活·读书·新知三联书店，2004年版，第35页。

构关键在于有目的地培养"人"的政治观念和政策意识,通过进一步完善现有的沟通渠道,切实提高政治沟通的功效。在智库中,这个政治沟通的关键通常指的是智库专家和学者。具体而言,智库交流在"一带一路"建设中的功能主要包括影响政策制定、影响政策执行和影响政策评估等方面。

一、智库影响政策制定的过程

一个国家的政策问题是具有复杂性和模糊性的结合体,它不能依靠个体来发挥作用,而是必须依靠社会团体通过组织渠道发挥作用,从而帮助决策者把握局势和制定政策。在所有社会团体中,智库正是这样一类组织,它们吸纳各个领域的精英和专家,根据专家们的特长和分工,对相关领域内的前瞻性和系统化问题进行研究,具有较高的参考价值和实践意义。在政府决策方面,专家们充当着政府的"外脑"角色和社会民众的"意见"领袖,他们通过时政分析、思想汇聚和政策建议等工作,为决策者分析时弊并提供多种备选方案。

(一)时政分析

时政分析是政策传输过程的开始,由于智库集中关注的问题领域很广,因此它们通常可以胜任这项繁复的工作。总的来看,世界各大智库的研究议题可按照传统与非传统、纵向与横向划分。其中,传统智库包括政治、经济、军事安全等领域;非传统智库包括反恐、环境、气候、能源等领域;纵向智库主攻地区与国别研究,特别关注世界大国的内外政策、大国关系等;横向智库注重研究各类专业性强的"问题领域"与全球性挑战等问题。有学者梳理了近年来的主要议题,它们包含了全球智库的大多数关注点:"全球金融危机与国际金融体系改革;气候变暖与环境、能源安全;防止大规模杀伤性武器扩散与国际军控;国际反恐形势与社会安全;公共卫生与食品安全;网络与信息安全;中东国家与社会各级各类问题;南亚与印度洋问题;以中国为代表的新型大国崛起;特朗普政府'新政'"① 等。这些问题中包含了几乎所有的传统与非传统领域，其中前六个议题属于横向领域，后四个议题则属于纵向领域。

不可否认，智库类型的全面与多样有效地保证了其时政分析的全面性和准确性。根据智库的历史沿革、发展现状及基本特征与主要功能，大致可以分为四类：一是国家拨款型的纯官方智库。这类智库被誉为国家队，它们带有明显的官方色彩，在政府决策中起着重要作用。这类智库直接由国家领导人、政府部门或执政党运作，其经费基本上来自国家拨款；二是受到政府特别资助的半官方智库。这些智库会不定期地获得政府或执政党的资助，但同时并不隶属于政府或某个政党，因此它们通常在接受了政府或企业的委托或酬金后才开始着手研究工作，具有一定的自由度和双向选择余地；三是民间学会、基金会等类型的组织。这类智库一般由私人或民间团体组创，是独立性比较强的研究机构。它们的经费大多通过自筹，有的由基金会和公司赞助，有的由私人捐赠，还有的来源于服务报酬。这类智库的研究人员主要由已卸任的政府官员或专家学者构成，因此，人脉或者关系网络占据较重要位置。四是大学或高校附属型智库。这类智库由大学或高校组织承办，其经费大部分来源于校方拨款，还有一部分来自民间基金会、私营企业或个人捐款。这样的分类主要是为了方便研究，实际上有不少智库具备多重功能，它们的分类在很多时候并不是单一的。

智库研究一定会选取对决策者有用的课题，从而实现智库研究与政府决策的有效对接。政府由于忙碌于国内外具体事务，因此缺乏对某一问题的跟踪研究和深入考察，而智库则具备各种条件对这些问题进行长期研究。特别是在如今纷繁复杂的国际大环境下，各国政府决策涉及的领域越来越广泛，随之而来的是相关决策的议题交叉性、解决综合性、问题复杂性及其迫切性程度越来越高。在这样的环境下，决策的制定无法仅依靠政府经验和传统先例，因为这些已经很难满足现代经济社会发展的全方位需求。因此，政府决策对各类智库的依赖性大大增加。当然，智库在为政府

---

① 陈向阳：《全球顶级智库十大关注议题》，《环球》，2009年7月12日。

提供决策的时候，首先应紧紧围绕国家政策急需而展开工作，特别要关注一些热点难点问题。正如有学者指出的那样："智库只有选准了题目，想政府之所想，才能更好地发挥决策参谋作用。"[①] 鉴于此，多数智库都能根据需要把握时代的脉搏，做好时政分析。

具体到阿拉伯国家智库，政治、外交、经济和社会研究是其重要内容。特别是自从2010年底中东剧变发生以来，国际社会对了解阿拉伯世界政治、社会、经济和对外政策的需求和意愿日益提升。剧变后的多个阿拉伯国家进入剧烈转型期，公众与政府间需要一个沟通渠道，而阿拉伯智库正好承担起这份责任，它们帮助阿拉伯民众了解国家政策、经济措施和社会改革的诸多新内容，并在此基础上提出自己的研究结果并推出相关政策建议。其中，最有知名度的如"海湾研究中心"，它是世界150家顶级智库之一，也是外交政策和国际事务领域的顶尖智库，在中东地区智库中位居第八。该中心对外联系十分广泛，它积极为海湾国家的经济发展和对外决策提供智力支持，在政界和学界的认可度都很高；另一家知名度较高的是卡塔尔"半岛研究中心"，它作为半岛电视台的一个主要部门，位于中东地区著名智库的第六位。该智库重点关注阿拉伯国家及地区局势的变化与发展，探讨中东和全球事务的深层原因，网罗了一大批著名的专家和学者。阿拉伯国家还有许多这样的智库，这些智库长期关注中东国家的政治、经济、社会问题，在国家政府需要出台具体方案时，它们通过深入的时政分析，为政府的决策提供切实的参考。

（二）思想汇聚

智库最重要的是要出新思想。作为承担政治沟通的主要渠道，智库在思想汇聚方面的作用不容小觑。通过担当国家目标的"瞭望者"、国家战略的"谋划者"、国家治理的"监督者"，智库已经成为国家软实力的重要组成部分，不仅如此，它还承担着汇聚各类人才、促进公民思想交流、实现国家战略创新的重要工作。在思想汇聚的过程中，"智库研究者和专家

---

① 唐宇文：《实现智库研究与政府决策有效对接》，《中国社会科学报》，2014年4月11日。

的功劳十分显著,"他们一般被分为学者政治家、政策顾问、政府专家、政策诠释者和政策企业家"[1]。在这些学者和专家中,兼具学者和政治家的人士十分具有社会地位,他们不仅具备专业知识和丰富经验,而且社会地位十分显赫。在这些专家中,有的在国家政府担任职务,他们具有良好的社会关系网和人脉关系;有的是政界精英中的知名人物,他们的政策建言经受过时间的考验;还有的是学界著名人物,因其独特或全面的专业知识而具有良好的社会口碑。

如果说政治沟通是政府与普通民众进行交流与互动的桥梁和纽带,那么在这个过程中,智库的政治功能就体现在汇集民意,推动相关政策问题的建构,提升决策的科学化与民主化等方面。从信息沟通的方向上来看,智库的工作类似于上行沟通,即下行机构向上级机构进行信息传递或者说是信息由社会向决策中枢传递的过程和渠道。以近年来中国的"一带一路"倡议为例,该倡议目前已引起国内外学界的热烈反响,逐渐成为各国智库研究的热点和重点课题。在中国,智库已经成为"一带一路"建设的重要桥梁和信息库,构筑了促进沟通、加强理解、产生共鸣的学术大环境。据有关部门统计,"中国科研机构和高等院校近年来相继成立了多个'一带一路'研究机构和平台,仅在2017年上半年就已超过300家。"[2] 在国际社会,不少外国智库也积极成立研究小组开展相关专题研究。随着"一带一路"研究的不断深入,目前已完成一系列重要成果。据悉,"截至2017年上半年,中国智库已出版'一带一路'主题图书400多本,近50家国外知名智库也发表了100多份专题研究报告。"[3] 可以说,相关研究的数量之多、速度之快都令人惊叹。

在阿拉伯国家,智库专家一直在努力探索与政府建立有效的沟通和互动机制,从而为国家决策提供及时有效的智力支持。特别是在阿拉伯国家社会转型和政治改革期间,阿拉伯国家的智库专家充分发挥着聪明才智,

---

[1] 陶飞亚:《美国"思想库"里的社科专家》,http://french.hanban.edu.cn/chinese/zhuanti/xxsb/545697.htm。

[2] 刘丹阳:《"一带一路"建设携手打造智力丝绸之路》,http://www.chinadevelopment.com.cn/fgw/2017/05/1140544.shtml。

[3] 陆培法:《"一带一路"促民心相通》,《人民日报》(海外版),2017年5月12日。

展现出他们的洞察力和敏锐感,从而竭尽全力地为国家决策服务。如巴勒斯坦的"Pal-Think 战略研究所",它以促进巴以和平为己任,通过对公共问题的辩论形成政策建议,为巴勒斯坦和中东地区的决策者提供参考;卡塔尔的"布鲁金斯多哈中心"通过"专场对话"项目汇聚阿拉伯世界各流派思想,将海湾国家政治社会思潮的最新动向报送美国国内,为美国政府决策提供前线资源;约旦的"阿拉伯思想论坛"在中东地区顶级智库中位居第 15 名,长期为帮助约旦政府制定相关政策提供智力支持。

(三) 政策建议

毋庸置疑,智库的核心活动主要围绕着产生思想和提供建议。智库作为政策建议的主要源泉,通常会安排智库专家们根据现实发生的具体问题研究恰当的应对方案,以便供决策者实行比对和筛选。在开展具体工作之前,智库与决策机构进行多次沟通,把初步形成的主张或观点提供给决策者。经过几番这样的讨论之后,决策者有可能部分或全部采纳这些观点,并以这些研究方案被相关决策部门采纳为最终目标。事实上,智库专家们推出的方案之所以能够转化为真正可供执行的决策主要取决于两点:一是这些专家的研究成果有现实意义且科学合理;二是这些成果一定程度上满足了国家发展的需要。因此,智库专家与政府关系的密切程度就显得十分重要。

智库专家通过建立有效的沟通联络渠道,把已准备好的政策方案或学术观点提交给决策者,说服决策者采用自己的主张,从而让这些政策思想转变为政策现实。有学者指出:"为了对特定问题提出合理方案或行动主张,政治专家们一般会首先解决一系列问题,即政策问题的性质、现有政策的弊端、即将出台政策的价值、几种可供选择的新方案、拟采用的最佳方案。"[1] 这五个方面包括了政策定性、政策效用、政策前景、政策制定、政策实施等信息。有了这些大致的思考后,智库专家们通常采用多种方法

---

[1] 汪廷炯:《论思想库》,《中国软科学》,1997 年第 2 期,第 25 页。

进行政策分析,如问题结构法①、预测法②、监测法③、评估法④等。不过,值得一提的是,智库专家们提供的政策意见或备选方案仅仅是可供政府决策的其中一种或几种方案,它更多地是表达了参谋性的意见,而并不是决策本身。出于对决策后果负责或环境变化等各方面的需要,国家决策者必须经过多次仔细权衡后才能做出决定。因此,最终出台的国家决策有可能与专家们提交的某一种方案吻合,也有可能是所有方案的综合,还有可能完全不同于任何一项已提交的方案。

对阿拉伯国家智库来说,提供政策建议进而影响国家决策是其主要任务。随着阿拉伯国家安全环境的改变和社会社会局势的动荡,它们的国家重建、政治改革和经济发展过程中不断浮现出大量新问题和新矛盾,因此对智库工作的需求日益增强。近年来,阿拉伯智库摆脱了从前停滞不前的局面,开始重视通过专业机构提供的研究成果帮助普及公民的政策认知、强化他们的政治立场。这些阿拉伯智库汇聚了一大批专家学者,他们专门从事对国家内政外交事务的相关研究,不但促进了政府官员、专家学者和社会精英的联系与互动,而且提升了阿拉伯国家智库的影响力。如埃及的"金字塔政治与战略研究中心",它侧重国家发展、政治策略、经济活动、军事格局等各个领域的研究,有不少研究成果甚至可以直接影响埃及政府的最终决策;摩洛哥的"阿玛迪斯研究所"致力于推动西撒哈拉问题的解决,在南北合作和南南合作问题上开展交流与合作,为政府决策提供智力支持。

二、智库影响政策执行的过程

政策执行是政策进入实际运用阶段的过程,它是一个动态过程,主要

---

① 即政策分析家制定计划,进入政策制定时,在已有的设想中挑选。
② 即在选择采用一特定政策后提供估计今后发生情况的政策有关知识,预测在政策形成时最为常用,它帮助观察似乎可能的、潜在的及期望的未来;估计已有的及建议政策的反应;论证为达到目标今后可能的障碍;估计建议政策的政治可行性。
③ 即提供已有政策效果的政策有关知识,有助于政策制定者如何更好地执行当前及今后的政策。
④ 即提供政策达到适当性能水平时的信息,有助于政策制定者评价他们决策的质量。

指"政策执行者通过建立组织机构,运用各种资源,采取解释、宣传、实验、实施、协调与监控等方式,将政策观念形态的内容转化为实际效果,从而使既定的政策目标得以实现的过程。"[1] 不仅如此,政策执行还是一个包含着建立执行机构、掌管政策资源、阐释政策内容、施行政治动员和协调政策活动的复杂过程。从影响政策执行的过程来看,智库一般要做好提供备选方案、进行政策宣传、实施政策试验等工作。

(一)提供备选方案

备选方案顾名思义是提供给决策者的一系列方案,它包括所有用来解决政策问题、达成政策目标的可供利用的手段、措施和办法。备选方案的形式可以有很多种,根据政策问题的不同性质,备选方案通常表现为政策、策略或各种行动过程。在公共政策范围内,政府努力通过一种有意识、合理的政策安排,平衡不同的利益需求。"经过慎重考量后推出的政策既要保证公众的一致性利益,又要最大限度地满足大多数公众的利益需求,还能够顾及少数公众的特殊利益。"[2] 只有这样的政策才是高质量的政策,也只有这样的政策才能够产生较好的社会效果。因此,政府决策是否科学化与民主化,在很大程度上直接决定着公共政策的优劣与政府行为的成败。为了避免新兴政策走入死胡同,在决策过程中寻求智力资源的支持,广泛集中民智并及时获得有效的决策信息,进而推进政府决策科学化与民主化显得尤为重要。

当然,智库若要得出有见地的政策咨询意见,首先要归功于政策分析师和智库专家们。美国智库在这方面的工作已经十分成熟,从总统竞选到上台执政再到国家内外政策形成的各个时期,智库及其专家的影响无处不在。为了获得科学的决策,新任政府通常会把一些复杂繁琐的重大问题委托给一家或几家智库来处理。智库在接受了政府的委托后,组织相关专家学者进行定点研究并提交成果。就这样,政治专家们就理所当然获得了施展才华的机会。"这些专家们以智库为大本营,他们互相保持着紧密的联

---

[1] 丁煌:《政策执行阻滞机制及其防治对策》,北京:人民出版社,2002年版,第25页。
[2] 张国庆:《公共政策分析》,上海:复旦大学出版社,2004年版,第82页。

系，在工作中宣传他们的思想，促进彼此的友谊，批评共同的敌人，提供完美的主张。"① 可以说，提供备选方案是智库影响政策执行的首要环节，也是最能体现智库价值的环节。

（二）进行政策宣传

在完成一系列政策制定的工作后，智库通常要安排政策宣传活动。政策宣传是政治沟通中的重要一环。一项政策若要追求完美的执行效果，首先要在执行前期做许多工作，通过包括政策宣传在内的活动统一各个阶层民众的思想。即将推出的政策只有获得政策执行者的赞许和认同，才有可能真正地加以实施。与此同时，作为政策对象的广大民众也只有确实了解了政策意图后，才能自觉地维护该项政策。因此，各级执行机构都根据需要采用相应的宣传工具，一方面宣传新政策的目标和意义，另一方面宣传新政策执行过程中拟采取的方法和步骤，从而为即将展开的政策执行环节奠定群众基础、夯实思想根基。在这一过程中，智库想方设法为政策宣传做工作，因而受到各国政府的高度重视。

由于智库机构大多具备相当的独立性，因此相对于政府而言，它们对国家政策的解释和宣传更能贴近群众，获得广泛的认可与支持，在舆论影响力方面可以发挥比政府更为有效的作用。其主要原因有以下两点：一方面，智库专家大多由专业人员构成，他们有较高的学历和令人尊敬的社会地位，由此而产生的思想和见解可谓云集响应。有学者把影响公共政策的舆论分为"核心舆论、中心舆论和边缘舆论。其中，核心舆论是指掌权者或政策制定者的舆论，中心舆论是指能够对政策施加影响的智库、大众传媒、利益集团等来自精英阶层的舆论，边缘舆论则指普通民众的舆论。"② 由此可见，智库在影响国家政策制定方面基本上处于中心舆论的地位。另一方面，智库本身也非常需要舆论支持。由于大多数智库是非盈利性、非党派性质的机构，它们无论规模大小，无一例外地将目标锁定在指引公共

---

① 张春：《思想库与小布什政府的外交政策》，《国际论坛》，2005年第3期，第58页。
② 王莉丽：《论美国智库舆论影响力的形成机制》，《国外社会科学》，2014年第3期，第32页。

舆论和影响国家政策等方面。为了达到上述目标，智库通过各种渠道发挥舆论影响力，其中包括出版刊物、宣传演讲、举办研讨会以及发表评论等。在进行政策宣讲的过程中，智库将晦涩深奥的政策问题简化为易被公众接受的要点来进行阐释，从而为政策宣传把握住舆论风向。不仅如此，智库还主动通过媒体宣传其观点和影响，加上与政府通过智库扩大对外宣传的举措，可谓是一举两得。

（三）实施政策试验

一般而言，一国政策的制定要受到主观和客观等众多因素的制约。在制定政策的过程中，令决策者感到棘手的是，如何才能使政策正确反映客观规律，达到科学、合理之目的。然而，政策的不可重复性使得既定政策一旦付诸实施，其引发的后果将无法挽回。从技术上看，"政策实验与一般的科学实验相同，它们也具有理论假设、条件控制和可重复验证等基本特征。"[1] 为了避免重大损失，决策者通常会采取政策试验的方式：凡是属于影响深入持久且涉及面广的大型公共决策，都会在条件允许下选择局部范围（如单位、部门、地区）先试先行，然后在总结政策实施经验的基础上，再形成整体性政策或者全面铺开某一政策。

不可否认的是，政策的先期实验研究是政策执行的重要步骤，它有利于揭示科学的客观规律和准确的主观判断，通过丰富相关经验和完善政策实验，它既有助于验证政策，及时反馈信息并纠正政策中的偏差，又可以从这一过程中获得具有普遍指导意义的经验，包括基本原则、决策方法、实验步骤及其注意事项等。事实上，国家政策所关涉的政治、经济、文化方面的因素十分复杂，通常这些因素不经过试验就很难得出精确的定量分析。与此同时，已出台政策所带来的结果和影响往往比较深远，它们既没有现成的确切结果可以参照，又面临缺少经验的尴尬处境。因此，大多数情况下，为了将政策损失降低，一些重大决策在实施之前都要分阶段进行局部的政策尝试。可见，那些关系到全局关系且带有一定风险性的政策，

---

[1] 宁骚：《政策实验与中国的制度优势》，《学习时报》，2014年2月17日。

无论是受到某些因素制约的政策还是影响比较深远的政策，都必须经过科学的实验检验后才能正式付诸实施。

智库专家们在政策实验的过程中可以及时发现存在的问题。为了确认决策目标及其路径是否有效与合理，他们在"试点"的过程中，通常选择相对合理的政策执行工具（包括开支性和非开支性工具）。在总结实验结果时，智库专家根据实验的全部过程和最终结果，对全部政策方案进行评估、衡量、修改或者否定。在收官分析报告中，智库专家们一方面要对试验成功的经验进行分析梳理，指出这些经验的适用范围及其普遍意义，另一方面要切合实际地反思或更正失败的经验，以便为下一步的政策实验排除障碍。在这些繁琐的工作结束之后，智库专家们会把实验结果整合在一起，以便给决策者提供一份完整的合理的政策执行报告。在时机合适的情况下，智库专家有可能直接参与具体问题解决。这是因为智库与政府之间存在旋转门制度，智库学者不但能够实施针对性研究，也有不少经验丰富的社会活动家或政治家参与其中。就这样，政策试验有助于一国的改革决策顺利出台，它不但避免了可能因追求高目标而引起的急躁冒进，而且避免了因关注渐进性而或许会出现的保守性。

三、智库影响政策评估的过程

政策评估是指依据相关的标准和程序，对政策的效益、效率及价值进行判断的一种政治行为，其目的在于获取相关的信息，以此作为决定政策变化、政策改进和制定未来新政策的依据。[①] 一项拟出台的政策在完成制定和试验阶段后，专业团队会进一步开展跟踪研究并评估其效果，就具体的修订意见和调整思路展开讨论。在现实政治生活中，智库专家有"社会医师"的美誉，他们在评估政策和制订计划方面确实胜人一筹。通过对政策方案的严格督察、对政策过程的审慎评估、对政策结果的精确衡量，智库专家们下大力气寻找和解决问题，努力尽早解决问题。他们及时提出相

---

① 陈振明：《政策科学》，北京：中国人民大学出版社，2003年版，第309页。

关问题的具体解决方案，通过改进现有政策的实施策略，从中改良政策实施的流程，以便增强政府施政的能力。毋庸置疑，作为政治沟通的主要媒介，智库不但具有较大的独立性，而且具备全面的专业知识和政策实施经验，在政策决策的评估过程中可以发挥重要作用。综合而言，智库的政策评估主要包括政策方案的评估、政策执行的评估和政策结果的评估等三个阶段。

（一）对政策方案的评估

方案评估是在政策实施之前进行的评估，因此又称作预评估。此时的政策尚未实施，因此相关评估是预测性的。评估者往往会根据从前积累的经验，加上现代IT技术进行模拟运行，对方案执行后有可能出现的预期效果作出分析与估计。这种评估的优点很多，评估的结果不仅可以直接用来指导政策的实施，甚至可以作为相关措施，将政策中可能出现的负面效应降至最低。然而，值得一提的是，这类评估终究只是预测的，还不是现实的结论。

一般而言，政策方案的评估主要分为三类："第一方"评估是被评估对象的自我评估；"第二方"评估是来自政府主管部门的评估；"第三方"评估是来自独立于政府的且在特定政策领域具有专业性的研究组织。而"智库被认为是实施第三方评估主体的首选机构。"[①] 智库在参与政策评估的过程中，从各个方面都能表现出其第三方的显著优势来。

具备基本要求的智库对政策方案的评估一般从以下两个方面入手：一方面是从政策相关方入手。毫无疑问，政策制定者属于政策相关方，其他还包括与被评估政策有直接或间接关系的人或组织机构。对政策相关方的深入了解可有助于评估工作的展开，了解他们来自的群体和组织，可以帮助政策评估专家掌握在整个政策运行中有可能涉及到的因素，而且有利于智库专家获得影响政策执行和政策效果的关键变量。在很多情况下，为了能尽量多地获取评估过程中的必要信息，智库专家或者与相关方建立密切

[①] 韩万渠：《第三方评估——智库建设的增长点》，《中国社会科学报》，2017年3月6日。

联系，或者让他们参与到政策评估的工作中。另一方面是从政策内容入手。政策内容是引导整个评估工作的基础，其设计思路直接左右评估工作的质量。事实上，对政策内容的评估是所有工作中最繁琐的环节，同时它也是判定智库评估工作水准的重要参考。在相关工作中，智库专家综合运用各种研究方法对评估对象进行全面评估。不仅如此，他们还十分关注政策实行的各个环节，研究调查政策的全部执行过程，从而得出准确的结论。

（二）对政策执行的评估

政策能否有效执行是至关重要的，如果政策执行不利，那么再好的政策也只是一纸空文，它所希望解决的一切问题均无法实现。有学者指出："无论是主动还是反应式的监督，都可以起到保护政策执行的完整性以及防范立法机关以外的破坏性影响等作用。"[1] 为了确保政策执行的情况符合政策制定的一系列标准，智库专家根据相关标准对政策的执行活动进行检查和监察，一旦发现有不符合原有政策目标的现象时，他们会尽可能及时调整与修改。一般有以下三种情况：一是因为预期目标过高而无法实现，则必须修正目标以适应现实条件；二是目标暂时可行，但在施行过程中出现执行不力，则需要加大施行力度；三是具体方法或者步骤不对，则需要做相应的修正。通过这些实际操练，智库专家们不但在实操中增长了政策经验并增长了分析研究能力，而且有效避免了政策执行中的硬伤，有助于最佳政策的出台。

在各类智库中，官方智库具备较多优势，对政策执行的评估发挥着重要作用。特别是在欧美国家，官方智库与政府联系密切，它们普遍在政策咨询方面颇有建树。有学者这样描述政府工作人员和官方智库的关系："政府工作人员最初必须在某个思想库工作过，不论是做助理、工作人员，还是参与研究小组的活动。有了相关经历，才有可能升到政府外交及国家

---

[1] ［美］威廉·F. 韦斯特：《控制官僚制度制约的理论与实践》，张定淮、白锐译，重庆：重庆出版社，2001年版，第179页。

安全事务的高级职位"。① 官方智库大多数通过立法或有关条例而组建，它的主要职责是为国家领导人和其他各级部门领导层提供决策服务。有学者指出："根据不同的隶属关系，官方智库一般可划分为中央政府型智库和地方政府型智库；根据不同的服务对象，官方智库可划分为三类，分别是服务于最高决策者的智库、服务于最高决策部门的智库以及服务于其他行政部门的智库。"② 这些智库在政府体系内部存在，其职责主要是通过内部渠道直接或间接向领导人提供决策参考，或通过参与各部门的相关政策研究和制定工作，从而发挥决策"内脑"的职能。

从政策的利弊得失来看，政策评估被视为一项复杂的系统工程，不仅需要经过严格的分析研究以及评估过程，而且需要一定的经费保障。与其他智库相比，官方智库非常了解政策制定的初衷和过程，他们更加熟悉政策制定过程中的各种考量和利益权衡。官方智库受托于国家，其资金通常由公共财政提供，所做的评估比较能体现社会责任感和公正性。和行政部门相比，官方智库既不亲自制定政策，也不需要对执行政策的结果负责，而是由国家政府或综合管理部门授权开展第三方评估。如此安排既能使官方智库保持超脱的地位，又不会令其陷入具体事务中。有助于它们从全局和战略的视角研究问题，也有助于其更加客观公允地开展政策评估，并从中推出现实和可操作性强的评估政策。因为官方智库既贴近于决策层，同时又独立于其他政府部门，所以其评估结果具有信息充分与相对客观的双重优势。

对一项政策的执行评估是在其实施过程中进行的不间断评估，此时的政策执行虽然尚未结束，但政策实行的效果和问题已有所表现，特别是实施方案中的缺陷、政策资源配置问题、政策环境中某些条件的改变等，或多或少地显露出来。智库对决策执行进行评估一般围绕以下内容展开：决策的实施结果与决策制定的目标是否吻合；决策实施的性价比和效益分析；决策带来的负面影响和因素；决策在实施对象中的接受范围与程度；

---

① Robert E Hunter, "Think Tanks: Helping to Shape US Foreign and Security," *US Foreign Policy Agenda*, March/April, 2000, p. 36.
② 李伟：《智库如何做好公共政策评估》，《新经济导刊》，2015年第9期，第67页。

决策实施引发的近期效益和长远影响；其他相关经验、教训、措施和建议等。这类评估的优点十分明显，因为它所获取的资料都是即时的和具体的，评估的结论也是真实的和可靠的。不仅如此，评估的结果通常能够立即和直接产生作用，它们被用来调整和矫正正在执行中的政策。当然，政策执行中的评估只是对进行中的某个阶段或过程所作的评定，由于过程并未结束，所以评估带有过渡性和暂时性等特点。

（三）对政策结果的评估

对政策结果的评估，顾名思义是指政策执行结束后的评估，它被认为是对一项政策的最终评估。由于此时政策已经执行完毕，政策的最终效果和问题已经客观存在，因此这一评估的结论可看作是对整个政策过程的总结。结果评估要求智库对政策及政策执行的全部经过有全面的认识，对政策实施后的结果有比较全面的定位，对以前的方案评估、执行评估有深入详尽的了解。一般而言，智库进行此类评估分以下三个步骤：一是评估政策的目前影响；二是对现有政策进行调整；三是参与到后继政策的制定过程中。

首先，由于不同的政策会带来不同的影响；而同样的政策，按照不同的标准来衡量，也会产生不同的评估结果。根据评估内容和影响力的不同，智库专家通常会从以下几个方面进行评估：一是政策结果的实效性，即一项政策执行结果在多大程度上实现了预期目标；二是政策结果的效率，即政策取得的收益相对于成本投入的比率；三是政策结果的公平性，即这项政策的收益和成本在相关民众中间分配的平均程度。理论上，只有体现社会分配相对公平的政策才是合理的、成功的。如果这项政策不能体现社会相对公平，那它有可能激化社会矛盾，引起不必要的麻烦；四是政策结果的可行性。毫无疑问，过于宏观政策方案缺乏可操作性，设计过于复杂的政策方案加大了实施的难度，如果具备这些特点，那么这个政策方案就不是一项可行的政策。哪怕方案看上去很完美，也终究会因为缺乏可行性而被迫搁浅。

其次，对现有政策进行调整，它指的是"在政策系统运行之反馈信息的基础上，对政策方案、方案与目标之间的关系进行不断修正、补充和发展，以便达成预期的政策效果。"[1] 智库机构通常在对政策方案实施充分评估之后，政府机构会根据其反馈，对有关政策问题、目标和方案进行深入的分析和研究。此举既有助于政策制定者对原本模糊不清或者描述不准确的目标加以明确化，又能够根据环境的不同重新修正原来的政策目标。例如在政策方案方面，首先确定需要补充或完善的内容，其次在此基础上推出合理的调整方案，然后实施调整活动并将新的方案付诸实施，从而开始新一轮的监控过程。

最后，智库专家参与一系列评估活动来为后续政策作参考。通过对公共政策的评估及其信息反馈，智库研究人员可以获取大量后继政策的数据参考。他们以此为基础，在评估政策结果的基础上，制定出更加符合要求的新政策，及时提供给决策者以增强其施政能力。特别是面对纷繁复杂的国内外环境时，政府在政策形成的过程中总会存在一定的"盲区"，况且，它们一般很难及时有效地发现并准确判断这些问题。在这样的情况下，只有借助智库的力量，通过双方有效的政治沟通，适时发现问题、解决困难并根据需要调整思路，才可能使政府有效规避或弥补这些"盲区"。

四、结语

在公共外交构成的一系列要素中，无论是传播主体，还是传播对象，或者是传播渠道，智库都在其中起到至关重要的作用。在国际形势瞬息万变、决策过程渐趋复杂的今天，智库被誉为重要的"点子工厂"，是不折不扣的思想创新的重要源泉，也是国家软实力和国际话语权的重要标志之一。在开展公共外交的过程中，智库的主要工作是帮助政治沟通顺利进行，从而达到促进政府决策科学化、民主化的目的，并促进政府决策信息的公开性与透明性。在政策生命周期中，智库主要在政策形成过程中发挥积极作用，有助于各种复杂的因素相互协调，使政府决策最终达到社会的

---

[1] 陈振明：《政策科学》，北京：中国人民大学出版社，2003年版，第357页。

认同。具体而言，对政策方案的评估目的是为政策执行提供引导，对政策执行的评估目的是有效掌控政策运行中的问题，对政策结果的评估目的是为政策制定提供反思，从而避免接下来的政策会重蹈覆辙。总之，这三种评估在不同阶段始终贯穿于政策的全过程。

在现实中，政策评估的过程也是理论探索的过程，它要求评估专家具有较高的理论素养。只有组织高水平的评估专家，才能构建高水准的评估队伍，其成果才有可能符合政策评估的要求。智库无疑是进行政策评估最好的参与者，智库专家长时间研究和跟踪出台不久的国家政策，凭借专业的水准和丰富的政策经验，能够独立、客观、公正地对政策进行中肯的评价和鉴定。作为独立的第三方，智库为切实有效地改进政策目标、推动政策科学化和发挥政策效率做出了巨大的贡献。因此，智库专家积极参与政策的修订工作，不但有利于及时化解政策实施中产生的各种矛盾，而且能够充分体现出一个国家政府决策的科学化和民主化，将政策公平的思想发挥得淋漓尽致。

第三节 智库交流在"一带一路"建设中的形式

一般而言,智库外交包括两层含义:一是以智库为主体、智库与智库之间的国际交流;二是以智库为对象或目标的国际交流,其中包括政府官员到外国智库进行演讲或向外国智库派出访问学者等行为。2009年7月2日,首届全球智库峰会在北京召开,30多家国际顶级智库、100多名各国前政要、诺贝尔奖得主、全球500强CEO来到了北京。这是中国智库外交的重大活动,也是向国际推销中国模式的重大举措。在描述智库对外传播活动中具体担当的角色时,有学者指出:"智库外交主要包括二轨外交(track two diplomacy)、知识外交(knowledgeable diplomacy)、公民外交(citizen diplomacy)。"[1] 智库交流在大多数情况下是通过以上三种形式来体现自身价值的。在正常的二轨外交中,智库犹如一个平台,不但有助于解决两国间复杂敏感的问题,而且为政府制定政策提供了参考性意见;在知识外交中,智库犹如中间人,它们不直接参与外交实践,但对外交政策有不小的影响;在公民外交中,智库犹如多面手,它们着重于非官方的国际交流中,其范围和对象都十分广泛。不仅如此,它们在操作上具有公共化与民间化特征,对官方外交起到重要的"破冰"或补充作用。

一、二轨外交中的智库交流

外交通常是指以国家为主体而展开的官方活动。然而,在具体的外交实践中,官方外交和纯民间外交之间还存在着半官方互动,这是一种针对文化交流和思想战略的外交内容。这一现象恰好可以用二轨外交来形容,

---

[1] 钱晶晶:《论新型智库对外传播特性的具体表征》,《全球传媒学刊》,2016年第3期,第80—89页。

它的主体是包括学者、退休官员、公共人物和社会积极分子等在内的非官方或半官方人士。他们参与外交对话，目的是寻找解决冲突和创建信任的时机。二轨外交最早产生于20世纪80年代，从外交行为实践主体的角度来看，政府间的官方渠道属于一轨外交或官方外交，而非官方外交则是一种相对特殊的外交形式。随着时代的快速发展和经济全球化进程的逐步推进，二轨外交对国家间关系产生了极大的影响。它被当作一种外交尝试或先验之源，通过民间往来加强彼此间的相互信任，等到政治氛围成熟后，遂将民间成果及其经验转向官方外交，从而推动真正意义上的官方外交顺利进行。

1982年，美国著名外交官约瑟夫·蒙特维尔（Joseph Montville）提出了二轨外交的核心概念。他指出，二轨外交主要是"为了解决冲突。它通过心理因素等作用，在敌对的组织或国家之间施加非官方的影响"[1]。它通常是由"有政策取向携手致力于解决问题的特殊非官方人士开展的交往活动"。加拿大学者保罗·埃文斯（Paul Evans）将外交轨道细分为四层："第一轨道是政府部门；第二轨道是试图影响政府决策的政策专家；第三轨道是对政府工作持批评态度的人士；第四轨道是企图推翻政府的激进分子或组织。"[2] 从以上内容可见，智库的活动与第二轨道的内容十分吻合。

二轨外交活动极为重要，它并不是政府的官方代表，但其与政府决策层保持着盘根错节的联系，因此在一定程度上可以代表政府的政策取向，甚至对政府决策产生一定的影响。加之参与二轨外交的人员或组织大多数具有官方背景或与官方维持联系，其中包括前政府工作人员、智囊团和思想库等。事实上，二轨外交提出的问题比较具有现实性和政策趋向性。这些问题大多数是一轨外交努力却难以奏效的，同时它们又是事关重大、亟待解决或具有前瞻意义的问题。[3] 可以说，二轨外交有官方的背景，但是不必受官方外交的约束，可以避开承担官方外交所必须承担的义务和风

---

[1] John W. McDonald, "Further Exploration of Track Two Diplomacy," in Timing the De-Escalation of International Conflicts, (Ed.) Louis Kriesberg & Stuart J. Thorson, Syracuse, NY: Syracuse University Press, 1991, pp. 201 – 220.

[2] Paul Evans, "Building security: The council for security cooperation in the Asia Pacific," *The Pacific Review*, Vol. 7, No. 2, 1994, pp. 125 – 139.

[3] 龙方成：《朝核问题中的美国"二轨外交"》，《亚非纵横》，2008年第5期，第61页。

险,它一方面能做一些官方不方便操作的事情,起到官方渠道难以达到的作用,另一方面又可以避免民间交往中出的偏执情绪,有助于外交双方互相了解并建立良好的关系等。

参与两国间关系之二轨外交的行为体很多,其中智库是最重要的行为体。由于智库通常是独立于政府和企业之外的,它们从事公共政策研究,被当作是连接国家政策和学术研究的桥梁。尽管智库的首要任务是提供学术建议并最终传达至政府决策部门,但事实上智库的作用远远超出这些。全球化的发展使得不同地区和国家之间变得更加相互依赖,一方面凸显了国家行为体的局限性,另一方面,提升了非国家行为体的作用。在此背景下,智库从幕后走向台前,它们大多主动开展相关工作,积极参与国家外事活动,践行二轨外交的具体事务。通过举办对话或研讨会、学术交流、代表团访问或发表演讲等活动,智库不但为敏感复杂问题的讨论和交流提供了有效平台,而且为政府的对外政策提供了有价值的参考意见,真正成为国家外交工作不可或缺的部分。

"一带一路"建设作为一项全新的合作实践,无疑是一项十分复杂的系统工程,需要研究的内容非常丰富。二轨外交视域下的智库交流可以通过组织开展合作研究,充分展现智库在二轨外交中的功能,为各国在"一带一路"合作中的科学决策提供重要理论支撑,推动形成以科学咨询支撑科学决策,以科学决策引领科学发展的良好局面。

二、知识外交中的智库交流

权力没有知识的助推是无法长久的,而知识没有对人类生活的实际关怀与验证也是徒劳的,两者必须有某种程度的结合。具体而言,就是政府在决策过程中一定要吸收和利用社会科学研究成果。福柯认为,"权力和知识是不可分离的,二者是直接相互连带的、共生的,是一个'权力—知识'复合体"。[①] 这就意味着,权力的行使不断创造知识,而相应地,知识

---

① [法]伊夫·夏尔·扎尔卡:《权力的形式:从马基雅维利到福柯的政治哲学研究》,刘铭等译,福州:福建教育出版社,2014年版,第6页。

也带来了权力。而在知识外交中，智库正是扮演了"思想掮客"和"幕僚"的角色，它虽然不直接参与任何具体履行外交使命的外交实践，但为外交系统提供思想、理念知识和政策等方面的咨询和建议。

智库进入大发展时期是在二战后，随着全球经济政治形势的急剧变化，各国的竞争也日趋白热化。在那一时期，摆在各国政府面前的头等大事就是如何科学决策。为了制定出及时有效的外交政策，各国政府通常会选择向各类研究咨询机构求助，此举反过来也推动了智库的蓬勃发展。政府选择的智库一般既不是单纯的学术机构，也不归属于某个企业或者政府机关，它们专注于分析国家内外政策的研究，以影响国家政策的决定为己任。对于政府来说，这些智库是知识外交的主体，它们确实有助于国家领导进行科学决策。事实证明，这些智库不但能够根据要求推出政策方案，而且能够向政府提供材料收集、信息处理、评估筛选等服务。智库专家有多种头衔，如"学者政治家、政策顾问、政府专家、政策诠释者或政策企业家"① 等。"在这些专家中，最有社会地位的是学者政治家，他们中不乏政策精英中的知名人物，或因其政策建言经得住实际的考验，或因专业知识而与众不同。"② 学者政治家一般不直接参与决策或者担任全职的咨询工作，他们多以学术研究或教书育人为主业。不过，在很多关键的时候，他们推出的理论或想法有时会被整合到国家政策中去。从这一点来看，他们对政府政策会产生长远的影响。特别是当国家在新任领导竞选时，新政府会考虑到科学决策等问题，它们把一些重大决策问题的先期研究工作委托给一个或几个智库。于是，智库的政治专家们就理所当然获得了施展才华的机会。事实表明，阿拉伯国家的许多智库也在遵循这一思路，将政策规划方面的工作交给专业人士来分析研究，使得阿拉伯智库的影响力在近年来也不断增强。

智库之所以能够提供有见地的政策咨询意见，主要应该归功于智库专家或学者们（又名政策分析师）。智库专家利用学术知识和专业经验，为各类国家机构和政府部门服务。为了对具体问题提出有效方案或主张，智

---

① 陶飞亚：《美国"思想库"里的社科专家》，《学习时报》，2004年3月25日。
② 李意：《政治专家对小布什中东政策的影响》，《西亚非洲》，2007年第2期，第59页。

库专家们都会有一套工作方法。这套方法包含五个部分：政策问题的定性、现有及以往的政策、现有政策的价值、拟出台新政策的几套方案、备用方案的优势。事实上，"这五个方面涉及到国家的政策性能、政策问题、政策未来、政策出台、政策行动等信息。"[1] 在做出初步研究和判断后，智库专家们大多会采用问题结构法[2]、预测法[3]、监测法[4]、评估法[5]等方法有针对性地进行政策分析。在具体工作中，为了增加方案的有效性，专家们经常会选择采用多种方法来进行研究分析。

当然，外交决策的推出本身是一系列研究工作的综合性结果，它通常随着周边环境和当前政治局势的变化而改变。智库的工作代表着社会科学与辅助性政策研究机制的紧密结合，智库专家们不但凭借社会科学成果有力地支撑了政府及大型企业的相关决策，而且有助于减少国家决策失误的可能性。与此同时，在国家外交决策的整个过程中，政府成功地吸收和利用了智库提供的科研成果，充分体现了知识与权力的密切关系。不过，由于智库工作的主要核心就是提供思想以及评估结果，因此，智库专家们的政策分析结果只能被当做政策传递过程的开始，而不是终结。

"一带一路"作为一项重要创举，需要在紧跟建设进程基础上不断推进理论创新。知识外交视域下的智库交流工作可以推动各国智库从不同角度对"一带一路"进行理论思考，提炼总结"一带一路"倡议的时代背景、核心理念、推进路径，系统研究"一带一路"建设的国际意义，深入探讨"一带一路"建设与世界经济再平衡的关系、与五大发展理念的关系、与新型全球化的关系、与"联合国2030可持续发展议程"的关系、与其他地区合作机制的关系等，逐步构建起"一带一路"理论体系和话语体系。

---

[1] 汪廷炯：《论思想库》，《中国软科学》，1997年第2期，第25页。
[2] 即政策分析家制订计划，进入政策制定时，在已有的设想中挑选。
[3] 即在选择采用一项特定政策后，提供估计今后发生情况的政策有关知识，预测法在政策形成时最为常用，它帮助观察似乎可能的、潜在的、及期望的未来；估计已有的及建议政策的反应；论证为达到目标今后可能的障碍；估计建议政策的政治可行性。
[4] 即提供已有政策效果的政策有关知识，有助于政策制定者如何最佳执行当前及今后的政策。
[5] 即提供政策达到适当性能水平时的信息，有助于政策制定者评价他们决策的质量。

三、公民外交中的智库交流

随着全球市场的逐步分化与组合，私营企业的跨国合作和普通民众的跨国交流机会增多，外交的行为体不断扩大，它不再局限于政府机构和精英阶层，而是连普通公民也逐渐成为一国外交活动的主体之一。国家公民借助非政府组织、智囊团机构、行业协会等公共渠道参与国家事务，对相关事务表达充分的意见和建议，以便在官方的外交途径之外传达更为多元的信息。与此同时，这些机构和正式的外交机构形成某种软性竞争，进一步加强了国家间诸多层次的文化交往。正因如此，公民外交被誉为一种文化和情感的交流，它具体表现为公民代表国家参与科技交流、文化交流、教育交流以及体育交流等活动，从而为两国外交关系创造良好机会的举措。特别是每当两国官方交流出现不畅通或遭遇瓶颈期的时候，公民外交作为理想的外交工具，既可以补充官方外交力所不能及的领域，又可以突破官方外交的诸多限制。

与传统的强权政治相比，信息时代的国力不仅仅围绕军队能量或者经济数据展开，其实力还涉及"其思想或理念是否受欢迎"之类的问题。以"一带一路"倡议主导的"构建人类命运共同体""丝路精神""共同、综合、合作、可持续的安全观""创新、协调、绿色、开放、共享"发展理念，"共商、共建、共享"精神等新思想新理念为例，起初，国际社会对这些理念心存质疑，但随着"一带一路"倡议的不断推进，中国的所作所为大白于天下，即在坚持和平共处五项原则的基础上，尽可能同所有国家建立和发展友好合作关系，进而促进建设持久和平、共同繁荣的和谐世界。正因为坚持这样的外交政策，在实际发展中也遵从这些政策，因而得到了世界各国人民的信赖。中国观点、中国智慧、中国方案已经客观上成为国际社会的潜在需求和现实愿望，中国从来没有像今天这样被西方发达国家及其精英人士所关注。"一带一路"建设的一系列理念，通过推动沿线国家的经济发展，与世界各国进行义化交流，在国际上形成了共识。

在目前的国际大环境下，对外宣传一国的思想或理念成为构建软实力或增强吸引力的主要表达方式。各国政府之间不仅展开信誉竞争，而且在包括新闻媒体、名人、大公司、非政府组织、政府间组织和科学界等领域一争高低。在传达信息和塑造积极形象等方面，效果最好的往往是代表公民意愿的智库。政府在公共外交中利用大众传媒的主要优势是因为其受众范围很广，然而，其弱点也是显而易见的，那就是它无法对不同文化背景的人们施加影响。[1] 信息的发送者永远不能确定信息的接受者能听到什么。文化上的障碍往往会曲解人们听到的东西，而包括智库在内的公民社会则能较好地克服文化上的差异。

一般而言，公民外交是一种文化和情感交流，其主旨是和谐共生。无论是国与国之间实现和平，还是世界实现和平，人民都是其中最重要的因素。在公民外交中，智库对官方外交的参与被看做是"呼应者"的角色，这是由智库自身定位决定的。大多数智库都具有灵活发展、润物无声等公民外交独特的优势。在具体实践中，智库通过深入开展公民外交，在世界各国广交朋友，推动各国间友好往来和务实合作向前发展。不可否认，每当国际大环境出现消极倾向，国家对外关系遭遇重大难题时，智库主导的公民外交经常以独特的优势和灵活的工作方式，发挥着国家政治中稳定器和解压阀的作用，为改善政府间关系奠定了重要基础。不仅如此，随着全球化的深入和信息革命的发展，智库网络化趋势不断加快，智库在国家决策和公民外交等方面的影响必将稳步上升。

"一带一路"作为中国首倡，它也是沿线国家共同的事业，是一项"世纪工程"，需要各方共同参与。公民外交视域下的智库交流工作可以通过推动各国智库间交往、交流、交心，宣传介绍"一带一路"的合作理念及合作进展，引导国外智库理解、尊重、认同"一带一路"的价值理念。同时，通过参与智库交流合作，各国智库也会越来越多地发出客观、理性的声音，从而引导国际社会对"一带一路"形成客观积极的认知，为"一带一路"建设营造良好的软环境。

---

[1] Joseph S. Nye, "The Pros and Cons of Citizen Diplomacy," *The New York Times*, October 4, 2010.

四、结语

外交政策在本质上是一国国内政治的延伸。在"二轨外交"中，虽然国家之间的"一轨外交"渠道愈益畅通，但毕竟官方外交的回旋空间有限，特别是面对涉及双方核心国家利益的敏感问题时，拓展双方智库参与的"二轨外交"路径不失为一项重要的外交策略选择；在知识外交中，智库扮演的中间人角色，为外交系统提供了先进的思想、广博的理念知识和切实有效的政策建议，它们虽不直接参与或者具体履行外交实践，但毫无疑问大大降低了决策失误的可能性；在公民外交中，智库工作对正式的外交活动给予有益的补充，以独特的优势和多样的工作方式，增加国家与公民间的多个层次的文化交往。

"一带一路"倡议想要取得成功，就必须依靠每一个具体项目来体现。中国企业"走出去"在项目论证、法律咨询、风险防范等方面亟需相关咨询服务。而智库交流可在这些方面积极主动发挥作用，通过国际交流合作、联合研究等为中国企业"走出去"提供咨询服务，同时也可为其他国家企业提供相关建议。

本章小结

当今世界，智库持续发挥着政府"外脑"的重要作用。在中国"一带一路"建设不断推进的大背景下，无论是服务国家战略决策，还是推动经济社会发展，抑或是参与全球治理、扩大国际影响力，都日益需要智库提供思想支撑，需要智库发挥"咨政启民"的作用。由于智库在重大决策上极具影响力，因此被称为继立法、行政、司法和媒体之后的"第五权力中心"。概括而言，智库在影响政策、塑造舆论和培养人才方面发挥的作用，使智库成为构建国际话语体系的主要渠道。从政策影响力来看，智库通过发布工作报告、组织研讨会、接受媒体采访等方式，逐步涉足国家的内政和外交事务，充分表明智库可以通过多种方式影响、解释或推广国家政策，成为国家战略沟通的主角之一；从塑造舆论来看，全球著名智库无不在成功制造全球话题、塑造国际舆论等方面有所建树，表明智库可以发挥全面引导作用，宣传即将出台的政策，塑造适宜的舆论环境；从培养人才来看，智库专家作为意见领袖的来源，在创造国内外舆情方面扮演了突出的角色。随着各国领导人越来越多地选择在对象国的主流智库发表演讲，随着智库在阐释政策、影响精英、引导媒体等方面发挥越来越重要的作用，智库在国家政治决策方面的重要性不言而喻，其作用也与日俱增。

不可否认，智库对政府决策过程的每一步都会产生影响：在政策拟定阶段，智库通过提供备选方案、参与方案制订和提出政策建议来影响这一过程；在政策实施阶段，智库分别在舆论宣传、时政分解、政策实验、战略监控方面影响这一过程；在政策评估阶段，智库通过评估政府出台的各类政策和计划、及时反馈这一系列政策的实施效果、改进实施战略和程序来影响这一过程。作为重要政治沟通主体和扮演重要智力支撑角色的智库，它们不仅在汇聚公众民意、促进国家政策建构等方面发挥着重要作用，而且有助于提升政府决策的科学化与民主化，无疑是推动国家治理现代化的重要力量。

对于以下章节将要重点研究的阿拉伯国家智库来说，这些智库长期以来保持着相对的政治中立，有相当一部分政治、安全和外交类智库仍依附于政府提供的资源。2010年底中东剧变以来，阿拉伯智库的重要性日益凸显，特别是在政治重建和社会改革的关键时期，它们在缩小民间意愿和政府认知的差异，参与国家公共外交等方面施展出着越来越重要的作用，因此，阿拉伯各国政府大力投入，加强智库建设，不断深化与全球顶尖智库以及国际合作组织的研究交流，提升其参与全球治理中协商谈判、规则制定的能力。特别是在中国"一带一路"倡议不断推进的过程中，中阿智库作为政府和公众间、政策研究和传播间的桥梁，应尽可能地构建起"一带一路"长效合作和发展机制，为中阿人文交流做出重要的贡献。

第三章
阿拉伯国家智库概述

阿拉伯世界是中东地区的核心地带，作为连接亚、非、欧三大洲的枢纽，它不仅是世界三大主要宗教的发源地、多民族的聚集区，而且是东西方文明交汇的地区。早在公元8世纪中期的哈里发哈伦·拉希德（Harun al-Rashid，约764—809年）时代，阿拉伯人完成了军事扩张，阿拉伯帝国的局势日渐安定。哈伦·拉希德十分重视文化建设，他希望把来自波斯、印度、希腊和罗马的古代学术遗产翻译成阿拉伯语，以满足帝国日渐增长的文化需要。于是，历时百年的翻译运动拉开序幕，并随着其规模的逐渐扩大，逐渐成为声势浩大的运动。这场"百年翻译运动"不仅为伊斯兰文化的整合与发展奠定了坚实的基础，而且为后人保留了珍贵的思想资料和参考经验。

在哈里发麦蒙（Ma'mūn，813~833年）时代，翻译科学著作和哲学著作的文化运动步入高潮。为了推广翻译运动，麦蒙在首都巴格达建立了一座综合性的学术机构，即大名鼎鼎的"智慧宫"（Bayt al-Hikmah）——阿拉伯国家智库的雏形。智慧宫中备有图书馆、研究院和翻译馆，是被焚毁的"亚力山大图书馆"之后建起的最大学术机构。古籍书本从千里之外的君士坦丁堡和塞浦路斯被运到巴格达，完好地收藏在智慧宫内。当时的巴格达很快成为汇集古典文化的海洋，堪称我们现当代意义的阿拉伯智库。麦蒙本人学识十分渊博，加之酷爱阅读，他经常亲自和学者们在智慧宫讨论各种学术问题。在那个时代巴格达出现了大批文人学者，如著名哲学家肯迪、大数学家花拉子密等，他们都无一例外受到哈里发的器重。巴格达文化的兴盛主要来源于麦蒙本人的出类拔萃及其政策的英明，体现了他对知识和智慧的尊重与渴望。他为了广求各方人才，甚至不论宗教信仰或民族，凡是有真才实学的人，都被召至巴格达的智慧宫，使得巴格达很快成为阿拉伯世界学术文化的中心。麦蒙所支持的翻译运动，更是令阿拉伯人学习并精通了外族文化的长处，从而大大缩短了阿拉伯人与其他世界先进民族之间的差距，同时也促进了伊斯兰学术文化的发展壮大，使得阿拉伯文明在中世纪最为灿烂耀眼。

在经历了黑暗的中世纪后，阿拉伯世界自17世纪起逐渐沦为西方资本主义列强的殖民地和半殖民地。一战后，埃及、沙特、伊拉克等少数国家获得独立；二战后，随着阿拉伯国家民族解放运动的兴起，大多数阿拉伯国家相继取得民族独立。此后，现代意义上的阿拉伯智库才逐渐发展壮大起来。直到近年来，阿拉伯国家智库的数量和规模突飞猛进，它们通过为政府提供及时的外交思想和政策建议，不断发挥着卓越的影响力。随着阿拉伯各阶层民众、各机构学者和研究人员参政议政意识的增强，政府越来越倚重智库的辅助功能来应对中东地区的复杂形势。阿拉伯国家领导人和智库专家通过建立有效的沟通机制，为政府的决策提供了大量的智力支持和政策建言。

根据美国宾夕法尼亚大学的詹姆斯·G. 迈克甘（James G. McGann）博士主持的"智库与公民社会项目"发布的全球智库报告，2013—2017年阿拉伯国家智库现状见表1。

表1 阿拉伯国家智库现状　　　　（单位：家）

区域	国家/年度	2013年	2014年	2015年	2016年	2017年
海湾国家	沙特阿拉伯	7	7	4	4	8
	阿联酋	14	14	7	7	9
	卡塔尔	19	9	7	7	14
	科威特	11	11	14	14	15
	巴林	7	7	4	5	12
	阿曼	3	3	3	3	3
	伊拉克	43	42	31	31	30
	也门	31	31	28	29	30

续表

区域	国家/年度	2013 年	2014 年	2015 年	2016 年	2017 年
沙姆地区国家	约旦	40	40	21	21	26
	叙利亚	6	6	6	6	10
	黎巴嫩	27	27	18	19	27
	巴勒斯坦	43	44	28	29	34
北非阿拉伯国家	摩洛哥	30	33	14	15	14
	突尼斯	39	38	18	18	20
	阿尔及利亚	12	12	9	9	8
	利比亚	4	4	3	3	3
	毛里塔尼亚	2	2	2	2	8
	埃及	55	57	35	35	39
	苏丹	4	5	5	5	6
	南苏丹	0	2	5	4	5
其他	索马里	8	6	6	6	6
	吉布提	1	0	0	0	0
总计		406	400	268	272	327

数据来源：2013 - 2017 Global "Go To Think Tank" Report, University of Pennsylvania.

总体来看，阿拉伯国家的智库以区域性特点著称，这意味着处在相同区域的智库，他们的研究活动往往展现出相似的历史境况和共同关切。这些智库网络推动了阿拉伯国家的外交政策分析与学术科学知识紧密地融合，它们不但使与国家新政策相关的思路和理念得以在世界范围内迅速传播，更为重要的是，这样的智库网络现在已经演变成为一种特殊的治理模式，是极富中东特色的区域治理模式。该模式从政治制度、经济发展和行政管理等各种学科的视角出发，逐渐形成了阿拉伯海湾地区、大沙姆地区、马格里布地区和以埃及为首的其他非洲国家（总称为非洲阿拉伯国家智库）等具有区域性特点的智库。为了便于对比分析，本章以阿拉伯国家各个区域（海湾国家、沙姆地区国家和北非阿拉伯国家）的主要智库为例，仅勾勒出阿拉伯国家智库的大概轮廓。此后几章将结合具体智库的重要性和材料的完整性，为每个国家选取智库样本进行深入研究，探讨其总体特点和发展前景，进而为中阿智库合作提供必要的支持与保障。

第一节　经济实力较强的海湾地区国家智库

本节所指的海湾国家主要指波斯湾沿岸的 8 个国家，包括沙特阿拉伯、阿拉伯联合酋长国、卡塔尔、巴林、科威特、阿曼、伊拉克和也门。海湾国家被誉为"世界石油宝库"，多年来以蕴藏丰富的油气资源而闻名于世。1927 年在伊拉克北部的基尔库克油田是海湾地区最早被发现的油田，1932 年在巴林发现了油田，1937 年前后，包括沙特阿拉伯、科威特在内的其他海湾国家也陆续发现石油资源。二战前后，海湾地区在世界石油市场上的地位更加瞩目。根据 2013 年的数据显示，海湾国家已探明石油储量约为 7000 亿桶，约占世界石油储量的 40%。随着油气资源的不断开发，海湾国家逐渐成为世界上最富裕的国家。凭借较强的经济实力，海湾国家的智库建设已经具有一定的规模，在地区乃至全球的影响力也颇高。

一、沙特智库的主要特点

沙特阿拉伯于 1938 年在达兰地区发现了石油，从此改变了因土地贫瘠和地理位置受限而带来的贫困。凭借丰富的石油资源及其开发和利用，沙特阿拉伯逐步发展成为一个人均收入位居世界前列的新兴王国。目前，沙特阿拉伯已探明的石油储量位居世界第一，约占全世界储量的 1/4。不仅如此，沙特阿拉伯的石油品质优良且种类齐全，从重油到轻油基本可以满足世界各地炼油厂的不同需要，石油收入成为国家最主要的经济来源。近年来，沙特致力于通过"国家转型计划"来实现经济多元化，但原油仍然重要。2015 年，原油收入占沙特财政收入总规模的 73.1%，占 GDP 的比率高达 42.7%。① 自 21 世纪初以来，沙特政府加大鼓励国家私有经济的发展，其目标一方面是为了降低国家经济对石油的过度依赖，另一方面也为不断快速增长的人口提供了更多的就业机会。

除了石油收入十分丰厚以外，沙特还是伊斯兰文化的重镇。伊斯兰教的三大圣地中，麦加和麦地那均位于沙特，其在伊斯兰宗教文化上的地位可想而知。其中，麦加是伊斯兰教创始人先知穆罕默德的诞生之地，麦地那是先知穆罕默德初创建伊斯兰教时的政治、宗教活动中心，亦是其安葬之地。虽然历经朝代变更、战乱纷争，但麦加作为伊斯兰教第一宗教圣地的地位从未更改。历朝历代的统治者包括倭玛亚、阿巴斯帝国和土耳其奥斯曼帝国等都曾大兴土木维护两座圣城，他们挖掘水井、修路铺桥、设立驿站、派兵巡逻，竭尽全力维护和修缮麦加和麦地那。不仅如此，他们还创造一切有利条件接待前来朝觐的穆斯林，使麦加和麦地那在伊斯兰文化上的地位一直屹立不倒、永葆辉煌。

作为 G20 成员国之一，沙特也是世界最大经济体之一。充裕的资金来源和伊斯兰文化的深厚底蕴有效保证了沙特智库的建设。这些智库和科研机构大多受沙特王室成员资助，它们致力于伊斯兰研究，在伊斯兰世界较有影响。根据《2017 年全球智库发展报告》统计，沙特阿拉伯现有 8 家智库。由于无法获得相关信息等原因，本节主要以费萨尔国王伊斯兰研究中心和阿卜杜·阿齐兹国王大学战略研究中心为例。

费萨尔国王伊斯兰研究中心的赞助方主要来自沙特政府和王室，它同时也是费萨尔国王基金会的附属机构，主要从事伊斯兰研究并为全球伊斯兰各国的相关机构提供学术研究服务。中心的主要任务概括如下：探究伊斯兰文明的历史及其特色，发掘其对世界文明的主要贡献；进一步加强对伊斯兰文明各个方面的深入研究；为从事伊斯兰研究的学者提供必要的资料帮助；开设专题研讨班，培训更多的从事伊斯兰研究的学者；为研究者提供海量图书；在全世界范围内征集伊斯兰文献原稿、复印本、书籍、刊物及其他印刷品和文献资料；翻译关于伊斯兰文化的专著和作品。值得一

---

① 驻沙特阿拉伯使馆经商处：《机构预测沙特 2016 年原油收入 1030 亿美元，同比降 13.1%》，http://sa.mofcom.gov.cn/article/ddgk/201606/20160601338776.shtml。

提的是，中心的硬件设施十分齐全，主要包括费萨尔国王纪念大厅、伊斯兰艺术展览厅、手稿展览厅、修复手稿展览厅以及盲文部、手稿部、声像室、儿童图书馆和大型数据资料库等部门。据悉，该中心目前已收集并珍藏了近2万幅伊斯兰手稿以及4万多个原始手稿的副本或微缩胶片。此外，中心下设印刷厂、装订车间，它们专门负责出版中心的工作通讯并详细介绍世界各地研究伊斯兰文化的刊物。截至目前，中心在耶路撒冷、中国上海、中国台湾、乌兹别克斯坦、印度尼西亚、印度设有费萨尔国王图书馆。作为伊斯兰学术成果收藏和研究机构，该中心在伊斯兰世界较有影响。

阿卜杜勒·阿齐兹国王大学战略研究中心隶属于阿卜杜勒·阿齐兹国王大学，在阿拉伯世界具有较大的影响力。位于吉达的国王大学在《泰晤士高等教育》（Times Higher Educationg）刊登的2012年度亚洲最佳大学评比中位列49，成为海湾地区最佳大学。[①] 该中心旨在传播战略思想，开展民意调查，为国王大学制订战略计划和组织培训，并与全球多个战略中心建立了合作关系。

在与中国的人文交流方面，沙特的智库一直在积极推进。费萨尔国王伊斯兰研究中心理事长图尔基·费萨尔亲王殿下被聘为上海国际问题研究院国际顾问，他于2007年曾应邀访问中国社会科学院西亚非洲研究所。中心现任秘书长是叶海亚·穆罕默德·伊本·朱奈德（Yahya Mohamed Ibn Juned）博士，他凭借学识丰富、著作等身而著名，是阿拉伯世界的知识典范。叶海亚博士近年来多次到访中国各大高校和科研院所，他与北京外国语大学、清华大学、社科院的专家学者都有密切的交流与往来。他曾在采访中表述，"沙中两国的文化交往历史源远流长，可以追溯到伊斯兰教诞生时期。中国文化和阿拉伯文化都是东方文化。我到过北京，知道北京和其他一些地区的清真寺里保存了不少阿拉伯文经籍和手抄本资料。中国的瓷器和金属品，为阿拉伯人喜爱，造纸技术传到阿拉伯，被阿拉伯人掌握运用。当今沙中之间的文化往来越来越多，我们也希望继续增强这方面的

---

① 吉达经商室：《阿卜杜·阿齐兹国王大学被评为海湾地区最佳大学》，2013年4月20日电。

合作，特别是大学及国家机关研究机构之间的学术交流，以便双方更进一步加深理解、协调沟通，促进中阿文化交流和友好关系的发展。"① 2012年11月23日至26日，"中阿合作论坛研究中心"理事会顾问杨福昌先生应沙特费萨尔国王伊斯兰研究中心的邀请，率领"中阿合作论坛研究中心"的专家学者代表团访问沙特。2015年1月20日，费萨尔国王伊斯兰研究中心在利雅得为第七届阿卜杜拉国王世界翻译奖个人贡献奖得主、上海外国语大学中东研究所所长朱威烈教授举办专题研讨会，朱教授与沙特学者、媒体人士代表等就中阿典籍翻译进行充分交流，中国驻沙特大使李成文应邀出席。

二、阿联酋智库的主要特点

阿联酋是典型的油气资源国，自20世纪80年代实施经济多元化战略以来，国家经济不再仅仅依赖石油及其周边产品。近年来，随着非石油收入在国内生产总值中的分量逐步增加，阿联酋作为海湾地区贸易、金融、物流中心的地位也进一步加强。2016年11月14日，在参加了世界经济论坛2016年全球未来理事会会议之后，阿联酋内阁与未来事务部长穆罕默德·阿卜杜拉·卡尔卡维表示，阿联酋在发展第四次工业革命方面获得了不少好的思路和建议。为将这些思路和建议转换成实际行动计划以及可实施的具体项目，阿联酋提出了第四次工业革命行动计划的六大支柱：第一个支柱是，阿联酋政府将组建全球范围的第四次工业革命委员会。这个委员会将由阿联酋内阁领导，同时鼓励私营、政府公共部门以及民间团体广泛参与；第二个支柱是，通过全球未来理事会与世界经济论坛展开合作，共同开发一个关于第四次工业革命的全球治理框架；第三个支柱是，阿联酋政府与世界经济论坛共同组建涉及第四次工业革命的多个委员会，为全球决策者提供咨询建议；第四个支柱是，基于全球未来理事会推出一个专

---

① 《叶海亚·穆罕默德·伊本·朱奈德的书房》，《人民日报》（海外版），http://paper.people.com.cn/rmrbhwb/html/2009-12/28/content_414406.htm. （访问时间：2009年12月28日）

注于地区各国政府的特殊项目计划,以推动区域内的经验共享和知识交流。其中将包括来自学术界、智库、公共及私营部门共5000多名专家代表;第五个支柱是,推动第四次工业技术革命在阿联酋开展先行先试、示范和实施,并将阿联酋打造成为第四次工业技术革命的首个全球实验室;第六个支柱是,通过国家2021愿景规划以及与世界经济论坛的合作,阿联酋将成为全球第一个采用未来国家治理框架的国家。① 其中,第四个支柱体现了阿联酋对智库建设的重视和设想。

阿联酋智库在阿拉伯国家智库中具有很强的竞争力,有的智库具有王室背景,受到阿联酋总统的直接资助。根据《2017年全球智库发展报告》显示,阿联酋目前有9家智库。本节主要以阿联酋战略研究中心、海湾研究中心、米斯巴尔研究中心等智库为例。

阿联酋战略研究中心隶属于阿联酋外交部,是一家半官方智库。中心所属的社会经济研究室和战略研究室,分别掌管经济发展及外交战略领域的研究课题。作为阿拉伯海湾国家科研水平最高的官方学术机构,该中心还与美国康奈尔大学、巴黎政治学院、中国现代国际关系研究院等53所全球知名学府建立了紧密的学术交流与人员互访机制。自成立以来,中心的宗旨始终是以既尊重传统又不排斥现代的方式为国家决策提供支持,并且服务阿联酋和海湾合作委员会。通过近1000种刊物和800项活动探索解决本地、本区域以及国际问题的广泛话题和主题,从而确保了中心作为本地、本区域以及国际智囊团的显赫地位。不仅如此,中心长期专注于学术研究,积累了丰富的实践经验,在国家政府决策过程中发挥着重要的咨询作用。中心每年举办一次年会,如"石油时代:日益增长的挑战""21世纪未来战争",均围绕国家重大战略问题展开讨论,被视为海湾地区国际问题学术研究最重要的交流平台之一。中心出版物有近10种,其中比较有名的是《国际事务研究》《新闻追踪》《战略视角》《未来展望》等。

海湾研究中心是外交政策和国际事务领域的顶尖智库。中心的主要工作围绕着学术研究、对外传播和翻译工作而展开,同时还提供成人教育、

---

① 《阿联酋提出第四次工业革命六大支柱设想》,阿联酋《海湾新闻》,http://ae.mofcom.gov.cn/article/ddfg/qita/201611/20161101783032.shtml. (访问时间:2016年11月14日)

业务培训和咨询服务等工作。中心举办各种与海湾问题有关的活动，激励各国学者们自由表达学术观点，为海湾地区国家的可持续发展提供智力支持。中心重点关注海湾合作委员会成员国的相关社会发展，一是在国家层面主要讨论沙特阿拉伯；二是在地区层面对阿拉伯海湾国家做整体研究。该中心在很多国家开设了分支机构，其中包括日内瓦的海湾研究中心（GRCF）和剑桥海湾研究中心（GRCC）等。除此之外，中心非常重视对外交流，每年8月在英国剑桥大学召开大型的学术年会，近几届规模已达500人之多。

米斯巴尔研究中心重点关注中东地区的安全与和平事业。中心通过不同的传媒手段不断扩大合作伙伴和研究范围，把学者们的学术研究成果介绍并运用到各个行业，从而引发民众广泛的讨论与思考。此外，中心定期出版简报、召开圆桌会议，为政府和专家学者提供思想和政策支持。该中心每月出版的《月报》，围绕地区热点问题展开深入分析。自2013年初以来，中心通过与中东地区其他智库合作的方式来扩大自身的影响力。

在与中国的人文交流方面，海湾研究中心表现最为突出。如在中心的各类攻关项目中，有关于"海湾合作委员会同中国关系的研究"等项目；关于中国问题研究有皮特斯（J. E. Peterson）的《阿拉伯半岛和海湾国家的地区安全和防御（1973—2004年）》一书，专门在一个章节讨论了海湾国家与中国的关系；又如2009年11月5日，中国社会科学院西亚非洲所派遣代表团访问了海湾研究中心等。此外，阿联酋战略研究中心与中国也有往来，2012年11月26日，"中阿合作论坛研究中心"专家学者代表团访问阿联酋。访问期间，代表团与阿联酋战略研究中心的专家学者们举行座谈，双方探讨了如何深化中国与阿拉伯国家关系，此外，还热议了西亚北非局势、海湾地区热点问题等。

三、卡塔尔智库的主要特点

卡塔尔是由阿勒萨尼家族统治的世袭制国家，其人均GDP近年来已为中东国家之首。由于卡塔尔政局相对稳定且经济实力较强，加之卡塔尔王室十分重视对智库机构的建设，有的智库由卡塔尔埃米尔亲自督导并直接管理，因此卡塔尔智库的发展十分迅速。根据《2017年全球智库发展报告》显示，卡塔尔现有智库14家。本节主要以半岛研究中心和阿拉伯政策研究中心为例。

半岛研究中心由卡塔尔半岛电视台于2006年创立，在中东和北非地区的顶级智库中位居第6。中心研究的主题包括阿拉伯各国政治以及地区安全问题，尤其关注周边邻国的发展战略，努力针对阿拉伯地区最热点的问题做出最迅速的反应。成立之初，中心以鼓励对话、搭建文明桥梁为己任，旨在增进不同宗教信仰之间的彼此理解和亲密交流。中心为此举办了各类研讨会及学术论坛，资助出版学术著作，努力以学术和战略研究为基础，提升阿拉伯世界各国的整体知识水平，拓展阿拉伯国家民众的文化视野。截至目前，半岛研究中心不但收获了巨大的影响力，而且吸引了来自中东各国专家的加盟，发展前景看好。

阿拉伯政策研究中心总部设在卡塔尔多哈，在黎巴嫩贝鲁特也有办公室。中心以中东地区的社会现象为研究对象，强调人的社会性、关联性、组织性、协作性等共性特点。中心力图在社会科学和人文科学方面促进阿拉伯国家的知识分子和专家之间进行有效沟通。通过这两个群体之间的协作，优化双方的资源，建立一个阿拉伯国家乃至全球的国际研究中心网络。为此，该中心着力于研究困扰阿拉伯世界的关键性问题，并对该地区政策提供合理分析。

卡塔尔基金会的全称是"卡塔尔教育科学与社会发展基金会"，顾名思义，该基金会侧重于教育和科学研究，于1995年在卡塔尔埃米尔的主持下宣告成立。卡塔尔基金会旗下拥有大学、研究院和多个培训机构，基金会下设的工业技术园区也囊括20多家科技公司。近年来，卡塔尔王室公主也参与了管理工作，一定程度上提高了基金会的文化品位，特别是在国宝收藏、文物鉴定等方面享誉国内外。不仅如此，该基金会还与私营企业或公司配合，合作完成一系列科学研究工作，以发展科技、促进信息技术为宗旨，努力把卡塔尔打造成为中东地区甚至全世界代表先进生产力的模范和榜样。鉴于此，基金会大力支持创新性研究，促进卡塔尔文化交流，追求可持续发展，努力缔造一个以知识为基础的经济繁荣的卡塔尔社会。在教育方面，包括美国弗吉尼亚联邦大学在卡塔尔开设艺术设计学院、得克萨斯州 A&M 大学开设的工程设计学院、卡耐基梅隆大学开设的计算机科学和商业信息系统学院等；在科研方面，下设卡塔尔科学发展管理研究院、卡塔尔国家科研基金、兰德卡塔尔政策研究所、锡德拉医学研究中心等。

在与中国的人文交流方面，尤其以半岛研究中心为首。2017 年 4 月 24 日，上海外国语大学中东研究所与卡塔尔半岛研究中心联合主办了"'一带一路'与中阿合作"国际研讨会，与会专家学者围绕"一带一路"与中阿关系及中阿智库合作两大主题进行了深入研讨。2016 年 1 月 12 日，驻卡塔尔大使李琛会见卡塔尔半岛研究中心主任时，赞赏了半岛研究中心在促进中阿和中卡政策研究和学术交流、增进相互了解方面发挥的积极作用，表示愿同中心共同努力，推动双方在各层次开展更多的交流与合作。萨拉丁表示，卡塔尔"十分重视中国的发展及在国际和地区事务中发挥的重要作用，愿同大使馆及中方相关机构、学者扩大交往，密切交流合作，增进卡塔尔和阿拉伯民众对中国的了解与认知。"[①]

四、巴林智库的主要特点

巴林是海湾国家中较早步入后石油经济的，其国家经济较少依赖石油，自 20 世纪后期，巴林就投入巨资促进银行和旅游事业发展，目前首都麦纳麦是国内外大型金融机构所在地。巴林的人类发展指数排名较高，位于全世界第 44 位，被世界银行认定为高收入经济体。早在 21 世纪初，巴林就已经成为美国的非北约盟国，美国将海军第五舰队司令部驻扎在此。不仅如此，作为阿拉伯传统文化与现代文明完美结合的国家，巴林十分重视文明交流与对话，2008 年的世界"文明对话"论坛在巴林召开。这是一

---

① 驻卡塔尔使馆：《驻卡塔尔大使李琛会见卡塔尔半岛研究中心主任》，中国外交部网站，https：//www.fmprc.gov.cn/web/zwbd_673032/wshd_673034/t1330956.shtml.（访问时间：2018 年 6 月 17 日）

个世界社会论坛的常设组织，由全球60多个国家政界、科学界、文化界和实业界精英组成。会议的重点通常是讨论不同文明之间和多元文化之间的对话、全球经济结构中的伊斯兰经济发展、药物、民间团体、科学和发明等议题。

巴林国家虽小，但智库建设毫不逊色，特别是"旋转门"机制在巴林智库中有较好的体现，王室和学术界的交流可谓十分通畅。智库学者和政府官员之间的无障碍沟通使得智库的学术研究成果渗透到巴林国家政策制定的各个方面。完善的沟通机制保证了政府官员与智库专家之间的密切联系，从而使知识与权力得到了最充分最有效的结合。根据《2017年全球智库发展报告》显示，巴林现有智库12家，本章节主要介绍巴林研究中心。

巴林研究中心位列中东和北非地区顶级智库的第23位。在创建之初，中心的目标就定位为巴林王国一流的智库。中心的基本使命包括以下内容：通过切实的应用研究为巴林的社会实践服务；为签订合约的客户提供咨询服务；为国家首脑和外交决策提供政策指南。其基本目标为：通过支持不同领域的相关决策，体现应用科学研究在现实生活中的重要性；建立一支有国家荣誉感、肩负国家发展使命的学术研究型队伍；评估和分析与阿拉伯民族问题有关的大众舆论和相关决策；积极为巴林社会当前面临的重大现实问题提供解决思路。特别值得一提的是，巴林研究中心具有浓厚的政府背景，有不少学者同时担任政府要职，如董事会主席和总秘书长均来自国家各个主要部门。

五、科威特智库的主要特点

与其他海湾国家相比，科威特新闻制度相对开放、自由，报刊多为私营；工会等非政府组织较多，且发挥作用的空间较大。科威特在人道主义援助方面的业绩十分显赫，特别是科威特阿拉伯经济发展基金会的对外援助工作已在国际社会取得较大反响与好评。[①] 2003年，在科威特王室的大

---

① 相关研究参见李意：《科威特阿拉伯经济发展基金会对非洲国家援助研究》，《阿拉伯世界研究》，2017年第4期。

力推动下,美国、英国以及其他一些国际非政府组织在中东地区建立起一家人道主义救援中心,共同应对伊拉克战争可能引发的难民问题。《2017年全球智库发展报告》显示,科威特现有智库15家,本章节以阿拉伯规划研究所、科威特科学研究院所以及科威特大学战略与未来研究中心等智库为例。

科威特政府于1967年与联合国开发计划署(UNDP)根据双方签订的五年协议,成立了科威特经济社会规划研究所。1972年,在五年协议即将结束之际,该机构更名为阿拉伯规划研究所,总部设在科威特城。从1980年开始,联合国开发计划署不再为该研究所提供资助,阿拉伯规划研究所也搬迁至萨法特。该研究所成员来自16个阿拉伯国家,在他们的共同努力下,致力于完成下列任务:"为阿拉伯国家的经济稳步发展提供必要的专业知识和经验技术;为阿拉伯决策者和研究者提供可靠数据;提高阿拉伯国家的专业技术和研究质量;培养在经济发展和社会研究领域中的优秀人才;围绕重大经济和社会发展问题,搭建专家和民众的交流平台;出版有关经济和社会发展的专业书籍并及时更新相关数据库。"[1]

科威特科学研究院成立于1967年,由阿拉伯石油有限责任公司(日本)在科威特政府特许下筹建。研究院在三个主要领域开展应用性科学研究:石油、沙漠农业和海洋生物。2010年以来,科威特科学研究院开始执行一个20年的可再生能源发展计划,以提高科威特清洁能源的使用比例,从而减少科威特污染排放和原油消耗。目前,科威特科学研究院已完成了多项可再生能源项目,如沙卡雅(Shaqaya)综合发电项目,总发电能力为70兆瓦,其中光伏发电10兆瓦、风能发电10兆瓦、热力发电50兆瓦。该项目的一期建设目标在2017年完成。在第二期建设目标中,可再生能源发电将扩大到1000兆瓦。到第三期建设目标,可再生能源发电将扩大到2000兆瓦。[2]

科威特大学是科威特第一个政府办的研究型大学,是属于科威特教育

---

[1] 参见科威特经济社会规划研究所网址:http://www.arab-api.org/。
[2] 科威特通讯社:《科威特科学研究院推出雄心勃勃的可再生能源发展计划》,http://www.ocpe.com.cn/show-8352-lists-54.html。(访问时间:2018年6月17日)

部和高教部的一个科威特政府机构,在教育部长和高教部部长领导的大学理事会的监督下进行运作。大学附属的战略与未来研究中心努力为"科威特国家当前及未来的重大战略问题提供数据和智力支持,同时鼓励阿拉伯国家在事关国家发展的重要问题上进行交流与沟通。"[1] 该中心与科威特著名的历史学家和时政分析家都保持良好的学术交流与合作关系,不定期组织学术研讨会和辩论活动。

科威特与中国 1971 年建交,40 年余来两国关系稳步发展,两国之间的智库交流频繁。欧债危机后,海湾国家对外投资基金开始更多地投向东方,加强和中国的合作与投资,也成为科威特发展战略的重要组成部分。在与中国的人文交流方面,阿拉伯规划研究所经济学博士贝克西姆·拉巴斯(Belkacem Laabas)主要研究发展中国家宏观经济模型。科威特科学研究院与中国科学院工程热物理研究所建立了友好关系,2014 年 6 月 16 日,科威特科学研究院院长一行到该所访问交流。在交流会上,中方向来访客人详细介绍了研究所的历史沿革、组织结构、科研方向、最新研究进展以及国际合作等基本情况,并向来访客人介绍了研究所在风能利用和太阳能利用方面的具体研究工作。科方表示对风能和太阳能利用方面的工作非常感兴趣,也非常希望能进一步与研究所开展实质性的科技合作与交流。

六、阿曼智库的主要特点

在海湾国家中,阿曼的智库建设相对薄弱。根据《2017 年全球智库发展报告》显示,阿曼现有 3 家智库,其中,以塔瓦苏勒研究所最为著名。

塔瓦苏勒研究所是一个民间社会组织,其目的是推动阿曼公民社会的形成与发展,在国内外已经拥有不少合作方。研究所的日常工作主要包括专业学术培训和科学知识普及,在合作伙伴的大力支持和帮助下,竭力发挥阿曼公民社会的作用。研究所的全称"Tawasul"在阿拉伯语中意为"沟通",它的含义来源于几个英文首字母的结合体:T(Transparency 透明)、

---

[1] 参见科威特大学网址:http://kuweb.ku.edu.kw/ku/index.htm。

A（Acceptance 容纳）、W（Willingness 意愿）、A（Assertiveness 自信）、S（Society – based 社会本位）、U（Universality 普适性）、L（Leadership 领导力）。这些词汇集中体现了研究所的学术目标与发展宗旨。

七、伊拉克智库的主要特点

伊拉克首都巴格达是伊斯兰世界的历史文化名城，被誉为名副其实的文化古都。伊拉克战争前，其智库建设已经形成了一定的规模，它们"起步较早且多有高校背景，如巴格达大学下属的国际问题研究中心、穆斯坦西里亚大学下属的穆斯坦西里亚阿拉伯和国际研究中心、巴士拉大学下属的巴士拉和阿拉伯海湾研究中心以及卡尔巴拉大学下属的幼发拉底河发展与战略研究中心等。"[①]《2017年全球智库发展报告》显示，伊拉克现有智库30家。本节以幼发拉底河发展与战略研究中心、伊拉克国际发展合作中心、伊拉克研究和发展信息中心等三家智库为例。

卡尔巴拉大学下属的幼发拉底河发展与战略研究中心是由伊拉克内阁办公室协助非政府组织团体而组建的。该中心的研究重点主要包括"国家政治、社会经济、公民法律等方面，日常工作除了提供基础信息和大数据以外，旨在优化科学研究和发展、建立伊拉克国内外学术机构的有效联动机制、制订培训计划并为相关专业领域提供科学技术研究方案和社科发展项目等。"[②]

伊拉克国际发展合作中心是专门为政府决策提供政策建议的半官方智库。中心专家与伊拉克政府工作人员、国际捐助者、民间团体和私人企业携手合作，为政府、国际组织和私人企业提供创新的概念和手段，在教育、组织发展和政策研究方面颇有建树，对伊拉克的社会发展做出了巨大贡献。大批的伊拉克专业人才、精通本国国情且具有国际背景知识和经历的专家任职于该机构。近年来，中心的工作越来越趋向多元化，对于政府工作的优缺点均能够准确把握，并及时提供具体的解决方案。此外，中心

---

① 李意：《阿拉伯国家智库：发展态势与特点》，《西亚非洲》，2016年第4期，第56页。
② 同上，第57页。

还经营一家提供金融管理审计服务的公司以满足国际化发展的需求。

伊拉克研究和发展信息中心的工作目标是利用法律条例保护所有公民的权益，鼓励公民学习并实现自我发展，赢得政治和社会权利；通过提升他们的能力来服务于社会发展和教育事业。该中心鼓励公民积极参与社会事务，同时也出版相关著作和策划新闻报道。

八、也门智库的主要特点

也门独立前曾经历长期被分而治之的历史，且自古至今一直存在部落体制，国家凝聚力不强，多股势力交错并存，从而造成国家独立后南北地区难以融合，不同教派间冲突、部落间角力不断。由于也门的国家经济欠佳，社会发展落后，因此智库运作受限，世界知名的智库相对较少。总的来看，"也门智库多属于非政府组织，其中有几家专攻民意调查与分析，研究领域包括经济、政治、公民权利等民生问题。"[①]《2017年全球智库发展报告》显示，也门现有智库30家。本节以也门民意测验中心和也门战略研究中心为例。

也门民意测验中心是一家成立于2004年的独立研究中心。作为也门第一个民意测验中心，该智库致力于为社会提供高质量的社会科学研究。中心从设计到监控基本覆盖了民众生活的方方面面，主要活动包括民意调查、社会调研、深度访谈、小组讨论、方案测评以及媒体研究等。中心旗下有500多位民意调查统计员，他们的调研访谈工作已经覆盖到也门的各个省份和区域。涉及面之广，覆盖面之全，使其成为也门社会科学研究和数据采集方面的佼佼者。中心收集的数据一般用来服务于政府部门或者委托机构，其中包括政府机构、非政府组织、私营企业、学术机构以及专家协会等。

也门战略研究中心成立于1996年，以"服务于也门社会的各方面发展为诉求，在实现振兴也门经济目标的同时，加强不同文化间的交流与合

---

① 李意：《阿拉伯国家智库：发展态势与特点》，《西亚非洲》，2016年第4期，第56页。

作"。① 主要研究领域为也门及阿拉伯、伊斯兰世界政治、经济、社会等领域重大课题,每年发布也门战略研究报告,是也门最大的独立性智库。战略研究报告以也门的国家政治、社会经济、文化状况为主展开研究,深入了解也门安全形势,加强对外关系;跟踪研究阿拉伯半岛的政治环境,关注伊斯兰国家的决策,掌握国际政治决策的动机和背景;注重区域问题研究以及阿拉伯—伊斯兰各国关系研究,探索阻碍各国间合作并造成紧张局势的原因;致力于环境问题、文化产业、教育、农业、水安全和贸易的研究并设计实施方案,以及研究决策者感兴趣的其他事务。

在与中国的人文交流方面,也门战略研究中心目前已经取得一些成果。2013年3月4日,驻也门大使常华参访也门战略研究中心。战略研究中心主任、前工贸部长穆罕默德向常大使介绍了研究中心的基本情况,表示中国坚定支持也政治过渡进程并向也提供经济援助,也各界对此高度评价;研究中心愿同中国相关研究机构加强交流与合作,相互学习、相互借鉴,共同促进两国人民之间的相互了解。常大使表示,也门战略研究中心是也重要智库之一,在也政治、经济、社会等各方面发挥了积极作用;中方重视两国智库和学术界的交流,愿积极推动两国学术交流合作。②

第二节　文化底蕴深厚的沙姆地区国家智库

沙姆地区指的是地中海东岸的大叙利亚地区,包括约旦、叙利亚、黎巴嫩和巴勒斯坦四个国家。该地区国家的智库文化底蕴十分深厚,比较注重思想研究。约旦国内政局一直比较稳定,国家重视对阿拉伯思想、社会经济、国家安全等重要问题的研究,因此学术性智库建设的起步较早;叙利亚由于受到内战和社会安全的挑战,其智库除了关心政治、经济、战略

---

① 李意:《阿拉伯国家智库:发展态势与特点》,《西亚非洲》,2016年第4期,第57页。
② 《驻也门大使常华参访也门战略研究中心》,中华人民共和国驻也门共和国大使馆,ht-tps://www.fmprc.gov.cn/ce/ceyem/chn/xwdt/t1018207.htm.(访问时间:2018年4月19日)

问题外，对人权的诉求和正义的渴望也十分强烈；黎巴嫩宗教派别较多，其智库一方面受到西方国家的影响较大，另一方面体现出维护权力平衡等特色；巴勒斯坦的智库数量较多，主要围绕巴勒斯坦建国的前景和面临的问题以及解决方式进行探索。

一、约旦智库的主要特点

约旦是阿拉伯国家中比较重视文化事业的国家，民众生活较富足、公民受教育程度颇高、知识阶层和社会精英在社会上的地位较高。"约旦的智库建设起步比较早，它们大多以传播当代阿拉伯思想、推动经济发展、维持国家安全、追求个性自由和社会进步为目标。"[1]《2017年全球智库发展报告》显示，约旦现有智库26家。本节以阿拉伯思想论坛、约旦大学战略研究中心、皇家伊斯兰思想研究院、皇家伊斯兰战略研究中心、《言论报》研究中心等五家智库为例。

约旦的阿拉伯思想论坛不同于巴勒斯坦的阿拉伯思想论坛，它在中东和北非顶级智库的排名中位居第15。该论坛的筹建者是约旦王子殿下，其宗旨是立足于阿拉伯国家的现状和未来，为政府出谋划策，提供思想支持。论坛为此还搭建了一个交流和对话的平台。该论坛的主要目标如下："促进阿拉伯民众思想的形成和发展，传播阿拉伯思想的优秀成果；以国内问题为起点，加强阿拉伯民族主义的历史传统与社会现实之间的密切联系；促进阿拉伯思想更趋科学化，努力通过重塑世界秩序来实现国际公正与平等。"[2] 不仅如此，论坛还致力于在国家决策者和思想领袖之间搭建桥梁，加强阿拉伯国家之间合作的同时，努力建立健全阿拉伯国家的公众参与机制。

约旦大学战略研究中心着重研究约旦乃至整个阿拉伯世界的政治、军事、经济和社会问题，促进地区安全，通过民意调查和召开会议等方式，为政策制定者提供可靠的事实和数据。从1996年开始，中心在每届政府上

---

[1] 李意：《阿拉伯国家智库：发展态势与特点》，《西亚非洲》，2016年第4期，第57页。
[2] 同上，第58页。

任之初、100 天、6 个月和 1 年时都要进行一次民意调查，组织公众投票，为研究者和决策者提供必要的事实与数据。中心的主要职责还包括：观察并记录在约旦和阿拉伯世界发生的事件并建立档案；建立区域研究中心，将智力产品推广到社会、经济、政治和军事领域；与其他类似的研究机构建立联系，保持一定程度的双边合作。此外，中心还在情报搜集、撰写调查报告、组织召开会议等方面发挥作用。

皇家伊斯兰思想研究院简称皇家学会，是研究伊斯兰文化的学术机构，其主旨是为伊斯兰世界和全人类服务。研究院的目标是促进伊斯兰教和伊斯兰思想意识；矫正阿拉伯民众的偏激思想，避免国际社会对伊斯兰教的误读；传播伊斯兰教对人类文明的重要影响；加强文明对话，促进伊斯兰各教法学派之间的合作；广泛宣传研究院的成果；以温和与宽容之心培养穆斯林学者并促进他们之间的交流；与各大学术机构、科研院所保持合作关系。

皇家伊斯兰战略研究中心致力于传播 2004 年 11 月签订的"安曼信息三点共识"，宣传传统、正统和温和的伊斯兰教。该中心在为伊斯兰国家提供冲突解决方案的同时，也十分关注其他宗教组织和宗教运动，尤其是关注外部世界对伊斯兰教和穆斯林的态度。中心与国际上其他类似的智库交流与合作密切。通过跨信仰交流，达到与其他宗教相互理解、共同进步的目的。该中心拥有丰富的信息资源，建有图书馆、视频库、出版社、网站和数据库，通过多媒体和新闻发布平台将专家们的研究成果传播到阿拉伯各国。中心设有一个国际顾问委员会，定期召开会议、制定章程、监测工作的进展情况等。

约旦的新闻出版业比较成熟，其中，《言论报》是一份在中东地区颇具影响力的阿文报纸，是约旦发行量最大的报刊，日发行量达 10 万份左右。报社旗下的《言论报》研究中心旨在促进国家和社会在政治、经济、社会和文化等各领域的深入发展，帮助政府解决国内、区域和全球问题，提高国家应对各种挑战的能力，通过提供信息和研究替代方案等方式，支持各级决策部门出台政策法规，同时还翻译、出版学术专著和研究报告。

在与中国的人文交流方面，引领阿拉伯思想潮流的约旦皇家伊斯兰思想研究院值得一提。上海外国语大学中东研究所朱威烈先生是该研究院院士，他一直与该研究院保持着友好和合作关系。2002年8月，约旦皇家伊斯兰思想研究院组织召开了第12届年会，会议的主题是"伊斯兰在新世纪的未来"以及"中间主义"思潮等，吸引了来自世界各地研究伊斯兰的著名学者、思想家和研究人员。由于在中国的中东学研究方面素养颇深，上海外国语大学中东研究所朱威烈教授应邀参加了此次会议。"各国学者们围绕会议主题，就当代阿拉伯伊斯兰文明面临的内外危机和严重挑战，从多个方面探讨了战胜困境、谋求发展的最佳途径。"[1] 2013年5月30日，中国中东问题特使吴思科会见约旦哈桑亲王后，还与参加会见的阿拉伯思想论坛、西亚北非论坛的部分约旦专家学者进行了交流，全面介绍了中国的外交政策及在地区问题上的政策主张，并表示中方愿同阿拉伯国家继续开展文明对话，促进不同文明间的交流互鉴。

二、叙利亚智库的主要特点

叙利亚自2011年陷入内战以来，国家安全局势面临极大的挑战。叙利亚智库建设由于战争和动乱几乎陷于停滞，现有的智库的总部多设在国外，其负责人大多是来自境外反对派中的重要人物。这些智库的关注焦点包括国家政治、经济模式、社会发展等问题，有的智库专门研究人权保障和人类正义问题。《2017年全球智库发展报告》显示，叙利亚现有智库10家，本节以中国和亚洲问题研究中心、叙利亚政治和战略研究中心和叙利亚政策研究中心三家智库为例。

中国和亚洲问题研究中心是迄今为止阿拉伯国家第一个专门研究中国和亚洲问题的智库，由阿拉伯国家前驻华大使担任顾问，中国区负责人肖克博士（阿拉伯名字为Karim Al-wadi）是叙利亚前驻华大使瓦迪之子。中心努力在有关中国的事务中发挥更大作用，为叙利亚政府对中国政策提供基础性研究和参考方案。中心总部设在叙利亚大马士革，北京和莫斯科设

---

[1] 丁俊：《当代伊斯兰"中间主义"思潮述评》，《阿拉伯世界》，2003年第2期，第53页。

有分部。中心自2009年成立以来，不仅多次召开关于中国、亚洲热点问题的专题研讨会，还积极参与相关区域和国际研讨会，影响力和重要性与日俱增。

叙利亚政治和战略研究中心的主要任务是通过学术研究、举办会议、发行出版物等方式，引导国民对叙利亚的各方面问题进行理性且深入的思考。中心主任拉德万·齐亚德（Radovan Ziad）是境外反对派中的重要人物之一，他曾在美国和平研究所（USIP）就职。作为一名叙利亚籍高级研究员，他既创建了叙利亚国家人权研究中心，也主持着国际"转型正义"①组织阿拉伯项目组的重要工作。

叙利亚政策研究中心是叙利亚的著名智库，近年来频频出现在各国的报刊媒体上。中心主旨是"研究、对话和倡议"，致力于政策导向和叙利亚社会危机的影响研究，增强社会对话，帮助形成负责任和透明的决策，并促进政策机构的能力建设，达到可持续全面发展之目的。除了专职研究人员外，中心还构建了一个外部专家网络。中心的工作目标是：增加个人参与政府机构的渠道，加大公众参与政策讨论和决策过程的力度，促进和尊重不同观点的自由表达，加强政府决策的有效性，加强媒体宣传等。

三、黎巴嫩智库的主要特点

黎巴嫩是阿拉伯世界中的西方式国家，它虽然是个阿拉伯国家，但基督徒和穆斯林可谓平分秋色，各宗教派别之间保持着一定程度的权力平衡。《2017年全球智库发展报告》的统计，黎巴嫩现有智库27家，本节以阿拉伯统一研究中心和战略研究中心两家智库为例。

阿拉伯统一研究中心列位中东和北非地区顶级智库的第24名。该中心的源头是黎巴嫩政府创立的一个协会，主要以"阿拉伯统一"为目标，后于1976年正式成立。中心工作人员采用终身制，其成员均来自阿拉伯国家。中心不仅出版了大量有关人文科学和社会科学乃至经济科学方面的专

---

① 民主政体下，对过去的威权政府的不正义行为的调查、矫正与赔偿，称为"转型正义"。

著和期刊，而且汇集了一大批关于阿拉伯统一及其未来战略的重要文献。"中心的工作宗旨主要围绕阿拉伯国家和民族统一等现实问题，进行单纯的学术研究，不接受官方参与和党派加入。"[①] 中心的具体工作包括收集相关文献并整理成册、汇集相关研究的各类出版物、实施相关问题的学术性研究、编校出版有关书籍以及组织承办有关的学术活动。

战略研究中心是一家独立智库，关注冷战以来国际地缘政治的变化对阿拉伯国家、伊朗和土耳其的影响，主要集中在阿以关系、阿拉伯政治、伊朗和土耳其研究、国际战略、文化和军事等方面。除了定期出版期刊、提供资讯等工作，中心还经常举办研讨会、讲座等学术活动。由中心主编的《中东事务》在阿拉伯学术界较为有名。

在与中国的人文交流方面，2016年9月，上海外国语大学中东研究所与阿拉伯统一研究中心联合主办了"第五届亚洲与中东国际论坛"，并签订了合作备忘录。2017年2月21日，由双方联合主办的"中阿关系研讨会"在黎巴嫩贝鲁特举行。来自中国、英国、黎巴嫩、埃及、约旦、伊拉克、沙特、阿曼、卡塔尔、利比亚、阿尔及利亚、摩洛哥等15个国家的近50名专家、学者、外交官和媒体人士出席研讨会。与会代表围绕中国与阿拉伯国家历史交往、政治关系、经贸合作、共建"一带一路"、反恐合作、发展模式、人文交流等议题展开讨论，双方一致同意将继续深化中阿智库交流和政策沟通。

四、巴勒斯坦智库的主要特点

巴勒斯坦的智库数量较多，这些智库关注巴勒斯坦问题，围绕其前景及解决方式而展开研究，以此向国际社会展现巴勒斯坦人的苦难及其为自由和正义付出的艰难探索。《2017年全球智库发展报告》显示，巴勒斯坦现有34家智库。本节主要以巴勒斯坦国际事务研究学会、阿拉伯思想论坛、巴勒斯坦战略研究中心、Pal-Think战略研究所等四家智库为例。

[①] 李意：《阿拉伯国家智库：发展态势与特点》，《西亚非洲》，2016年第4期，第58页。

巴勒斯坦国际事务研究学会一直在寻求解决巴勒斯坦问题的最佳途径，其日常工作围绕学术研究、文明对话和出版发行等方式而展开，努力让国际社会更深入地了解巴勒斯坦问题的内涵与实质。该学会坚持和谐合作的精神，大力提倡学术交流，其主持的研究项目均具有专业性、科学性和客观性等特点，包括一系列座谈会，并就战略研究、欧盟政策、民主教育等问题展开讨论。由巴勒斯坦和外国专家主持的高水平讲座和讨论，为巴勒斯坦国际问题研究生提供了大量的学习素材。该学会定期召开的研讨会主要围绕耶路撒冷问题，如圣城获取信息的渠道、耶路撒冷的归属问题、以色列定居点以及未来圣城的地位等。

巴勒斯坦的阿拉伯思想论坛是一家独立智库，它除了在耶路撒冷设立总部外，还在加沙设有分部。论坛根据民主原则，允许学者公开、透明、自由地表达见解，为巴勒斯坦决策者和舆论领袖提供了一个良好的交流平台。它不隶属于任何政府、政党或组织。自1994年以来，论坛的工作重点可归纳为以下几个主题：耶路撒冷的未来、民主进程和国家建设、社会经济发展、中东和平进程。

巴勒斯坦战略研究中心由巴勒斯坦经济部专业研究人员组成，是对有关工作部门特别是巴勒斯坦安全制度建设的一个补充。中心设有电子图书馆和图片展览馆，经常召开学术讨论会，围绕巴勒斯坦民众最关心的议题展开讨论，如巴以问题的最终解决方案、巴以和谈策略、巴勒斯坦军事法典草案等。

Pal-Think战略研究所是一家独立智库，专职和兼职研究人员总数高达200人。研究所旨在激发公众的理性讨论并促进共同协商，为巴勒斯坦人的福祉而努力。其目标是成为一个在国内乃至整个中东地区的意见领袖，为建设现代的巴勒斯坦国家和民主社会而服务。其主要任务是促进中东和平，通过对公共问题的辩论而提出政策建议，为巴勒斯坦和中东地区的决策者提供参考。研究所努力设定建设性的公共讨论机制，通过不断地促进思维创新，逐步优化政府的决策过程。

第三节　注重区域研究的马格里布地区国家智库

非洲阿拉伯国家主要分布在北非、西非、东非以及印度洋西部。北非阿拉伯国家包括阿尔及利亚、摩洛哥、突尼斯、利比亚、埃及等5个成员；西非主要是毛里塔尼亚；东非阿拉伯国家包括苏丹、吉布提和索马里3国；印度洋上还有阿拉伯岛国科摩罗。其中，马格里布是一个专有的地理名称，在阿拉伯语中的意思为"西方"，它是指埃及以西的北非国家，即阿尔及利亚、摩洛哥和突尼斯的统称。而马格里布除了上述国家以外，还包括毛里塔尼亚和利比亚。1989年2月17日，阿拉伯马格里布联盟（Union of the Arab Maghreb）成立。以尊重各成员国的政治、经济和社会制度为前提，马格里布联盟充分协调有关国家的立场、观点和政策，大力发展经济互补与协作，以优先实现经济一体化为宗旨，最终目标是实现阿拉伯统一。

马格里布地区国家受近代欧洲殖民的影响，研究语言大多为法语和阿拉伯语，部分智库网站只有法语版。摩洛哥智库特别关注本国政治和经济发展，与此同时，也关注马格里布和地中海沿岸各国关系研究；突尼斯智库数量较多，其智库受法国影响较大；阿尔及利亚受到法国殖民多年，在意识形态上保留着东方主义色彩，也十分关注马格里布和地中海地区国家的各方面动向；利比亚在卡扎菲政权坍塌后，国内局势长期不稳定，其智库侧重国内政治、经济、社会问题以及司法的重建进程；毛里塔尼亚智库建设刚刚起步，研究侧重于国家的社会转型以及经济发展等问题，比较缺乏全球视野。

一、摩洛哥智库的主要特点

在北非阿拉伯国家中，摩洛哥的智库数量仅次于突尼斯。《2017年全球智库发展报告》显示，摩洛哥现有 14 家智库。这些智库不仅关注本国政治和社会发展问题，而且重视马格里布地区国家和地中海国家的关系研究，这是由摩洛哥独特的地理位置和地域身份决定的。摩洛哥智库中较有代表性的智库有阿玛迪斯研究所、皇家战略研究院、摩洛哥战略研究中心和摩洛哥战略与国际研究跨学科中心等。

阿玛迪斯研究所旨在"研究摩洛哥乃至整个马格里布地区的公共问题，努力促进非洲南部国家问题的快速解决，借助南北对话和南南合作等方式开展国际交流。"[①] 研究所重点关注摩洛哥经济发展以及其他周边国家的相关事务，研究领域涵盖了摩洛哥的社会阶级矛盾和社会转型，经济发展和区域合作、能源有效利用、冲突预防和局势安全、国家管理和公民教育等问题。研究所拥有研究人员近 20 名，定期出版学术期刊和研究报告。

皇家战略研究院是一家官方智库，它主要研究摩洛哥的国家战略性问题，并为摩洛哥的王室和政府部门提供及时有效的政策建议。研究院拥有 IRES 智库、IRES 观察和 IRES 论坛三个分支机构，研究涵盖政治、战略、社会、经济等领域，拥有社会联系、气候变化、整体竞争力三个研究项目，定期出版战略报告、专题报告和研讨会论文集。研究院拥有研究人员 40 余名，设立了指导委员会，成员由摩洛哥国王提名，其中既有国王顾问、大臣、外交人员、联合国教科文组织官员，也有大学教授、摩洛哥银行行长等。

摩洛哥战略研究中心是非洲和阿拉伯世界具有重要影响力的独立智库。成立宗旨是推动国际、国内、区域问题研究并提供相关政策建议。中心研究涉及政治、安全、战略、外交、军事、经济等多个领域，近年来从最初关注非洲大陆的安全问题，逐渐转向研究中东和北非地区国家战略问题及地中海安全问题。中心与政治领导人、军事人员、外交官、专家学者、媒体记者以及全球 60 余家研究机构保持密切沟通。中心定期举办"马拉喀什安全论坛"，又名"非洲安全国际论坛"，主要就北非地区安全局势、恐怖组织生化袭击威胁、恐怖分子招募、网络犯罪等议题进行

---

① 李意：《阿拉伯国家智库：发展态势与特点》，《西亚非洲》，2016 年第 4 期，第 59 页。

讨论。

摩洛哥战略与国际研究跨学科中心从跨学科研究出发，任务涵盖了国际政治、国家战略、政府外交、宗教文化等，致力于为摩洛哥外交决策和安全事务提供跨学科分析和研究，关注文化和教育的可持续发展、跨文化对话、欧盟与地中海国家关系等议题。中心定期出版《摩洛哥战略与国际关系年鉴》，以及《文明和文化多样性联盟》（九卷本）等各类学术著作和研究报告，不定期举办有关地中海文明多样性的"菲斯论坛"等。

在与中国的人文交流方面，2012年3月10日，摩洛哥皇家战略研究院院长为上海领导讲学。在主题为"阿拉伯世界转型：摩洛哥模式的关键经验"的演讲中，研究院院长陶菲克·穆利内强调："摩洛哥王国经受了中东剧变的考验，政治经济依然保持稳定，其对革命示威的处理方式恰当有效，开创了中东北非国家转型的新道路。"[①] 2017年8月23日，驻摩洛哥大使李立履新，在拜会摩洛哥皇家战略研究院院长穆利内时，两人就两国关系、智库交流等深入交换意见。院长表示愿进一步加强与中方各领域学术机构的互动交流，为推进摩中战略伙伴关系发展不断努力。

二、突尼斯智库的主要特点

突尼斯是北非国家中处理传统和现代化矛盾比较有经验的国家。作为世界上最古老的国家之一，突尼斯融合了周围很多国家的文化，也用自己的文化影响了许多国家。突尼斯的智库数量在北非阿拉伯国家中位列首位。《2017年全球智库发展报告》显示，突尼斯现有20家智库。由于突尼斯原属法国在北非的一个保护国，因此该国智库受法国文化影响较深，有些智库其实就是法国智库的一个分支机构。这些智库关注马格里布地区国家间的事务以及与欧洲国家尤其是法国的互动关系，较有代表性的有突尼斯战略研究所、马格里布和地中海国际研究中心等。

突尼斯战略研究所非常重视对外联络，与世界各地很多国家的智库或

---

① 姜泓冰:《摩洛哥王国皇家战略研究院院长为上海领导讲学》，搜狐新闻，http://news.sohu.com/20120309/n337266740.shtml。

研究中心建立了合作关系。该研究所涉及领域广泛，包括政治、战略、安全等各个方面，尤其关注突尼斯及其他阿拉伯国家的地缘政治、水资源利用、可持续发展、经贸往来等议题。研究所下设地缘政治部和经济社会部，其研究成果经常被政府参考或采纳。

马格里布和地中海国际研究中心是欧洲—地中海研究学会会员单位，成立宗旨是促进地中海和国际问题研究，举办各类专题研讨会和圆桌会议。中心研究涵盖政治、外交、经济、社会、安全等领域，关注欧洲—地中海伙伴关系、欧洲—地中海自贸区、移民、水资源、能源冲突、恐怖主义等主题。中心已出版《2010 欧洲—地中海关系》《移民与同化：机遇与挑战并存的欧洲—地中海合作》等学术著作。

在与中国的人文交流方面，2015 年 9 月 14 日，"一带一路"与中阿关系研讨会在上海召开，突尼斯战略研究所所长助理穆罕默德·什利出席了会议，围绕"一带一路"对中阿合作的机遇发表了演讲，他阐述了中突两国各自的优势，并决心与中国拓展合作，从而推动突尼斯经济发展和转型。正如突尼斯战略研究所（ITES）战略预测专家卡雷德·塞拉米所说的，当阿拉伯国家面临前所未有的复杂变化时，中国与阿拉伯国家之间的联系纽带更紧密了，双方的共识和相关利益更多了，中阿战略合作关系的前景更广阔了。中阿双方都在努力争取和平崛起，探索适合本国发展的最佳模式和道路。①

三、阿尔及利亚智库的主要特点

《2017 年全球智库发展报告》显示，阿尔及利亚现有 8 家智库。受历史上法国殖民统治的影响，柏柏尔人（约占全国人口总数的 1/6）通用语言为法语。阿尔及利亚智库中较有代表性的是全球战略国家研究所。全球战略国家研究所"专注于国际战略问题研究，以为国家决策者提供政策建

---

① 孙健：《中阿面向未来充满期望》，人民网，http://world.people.com.cn/GB/18015702.html.（访问时间：2018 年 2 月 22 日）

议为己任。①"研究涉及的范围包括政治生态、国防科技、军事防御等领域。定期出版季刊《国际交流》等，探讨全球战略的新理念和新思潮，并逐步整合成为系统的大国外交理论。

四、利比亚智库的主要特点

与北非其他阿拉伯国家相比，利比亚智库总体数量较少。《2017年全球智库发展报告》显示，利比亚现有3家智库。卡扎菲政权倒台后，利比亚国内的安全形势持续动荡，近年来还不断受到周边恐怖主义的威胁。利比亚智库比较关注政治改革、经济发展和社会制度等国内问题。利比亚较有代表性的智库有隶属于内阁总理府的国家决策支持中心、独立智库萨迪克研究所和利比亚战略与未来研究中心。

国家决策支持中心的前身是国家政治决策支持中心，隶属于利比亚内阁总理府，致力于为政府决策提供智力支持。中心研究涵盖政治、社会、安全、经济、司法等领域，侧重利比亚国内事务。中心出版日报《利比亚今日报告》、季刊《城市》和各类研究报告。

萨迪克研究所是一家专门研究利比亚问题的独立智库。其宗旨是运用思想实现社会多元化，借助专题研究来实现社会问责制，通过参与制度设计来实现社会改革。该研究所的研究领域涉及经济、安全、法律、教育和国家治理等，定期刊发各类政策报告和分析评论文章。"研究所下设赫赫有名的'萨迪克论坛'，下设专职研究人员5名，他们与国家决策者、政治家、外交官、军事专家、政党领袖以及媒体人士保持着密切联系，合力为利比亚的国家决策出谋献策。"②

利比亚战略与未来研究中心的成立旨在为利比亚决策者提供政策建议、设定战略目标和提供智力支持，是一家独立智库，致力于利比亚社会民主化进程。中心研究涵盖政治、经济、社会、司法、教育等领域，拥有利比亚宪法研究、过渡时期司法研究、利比亚社会平衡研究、利比亚选举

---

① 李意：《阿拉伯国家智库：发展态势与特点》，《西亚非洲》，2016年第4期，第59页。
② 同上，第60页。

研究四个研究子项目。中心下设一个多媒体图书馆，定期出版期刊《种子》和举办各类学术研讨会。

五、毛里塔尼亚智库的主要特点

毛里塔尼亚的智库建设近年来逐渐形成规模，这些智库的研究重点集中在地区安全、国家建设、社会转型以及经济发展等方面，其中有一部分智库还承担着教书育人、培养人才等社会责任。《2017年全球智库发展报告》显示，毛里塔尼亚有8家智库。其中包括毛里塔尼亚战略研究所、萨赫勒地区安全战略中心和毛里塔尼亚战略研究中心。

毛里塔尼亚战略研究所致力于战略研究和前瞻研究，为政府提供决策咨询。该所与国内外多家智库、研究中心和高校建立了合作关系，其研究范围涵盖国防、社会安全、法治、经济、能源等多个领域。研究所出版的"毛里塔尼亚政府"系列丛书，是毛地方政府领导人的必读书目。

萨赫勒地区安全战略中心是一家致力于萨赫勒地区安全研究的独立智库。这一地区是非洲撒哈拉沙漠南部和中部苏丹草原地区之间的一条长超过3800千米的地带，由于地广人稀且位于交界处，近年来这一地区逐步演变为成为恐怖分子猖獗活动之地。中心研究涵盖国防、安全、能源、环境等领域，定期举办国际和地区研讨会，为学生、外交人员、公共管理部门和安全机构官员举办工作坊。中心出版物主要来源于上述领域的专题论文。

毛里塔尼亚战略研究中心是一家独立智库，围绕国家政治、社会经济、文化教育等制定战略报告、出版学术期刊并设立科研奖项。它以"思想独立、分析客观、判断公正"等思想为原则，致力于通过学术研究来促进毛里塔尼亚的国家复兴和社会转型。中心下设四个行政机构，包括学术大会、协商理事会、行政办公室以及专家委员会；中心下设八个学术机构，包括政治安全组、经济发展组、环境保护组、教育研究组等。研究中心定期出版《毛里塔尼亚研究》（月刊）、《毛里塔尼亚战略报告》（年报）。

第四节 其他非洲国家的智库

其他非洲国家包括埃及、苏丹、索马里、吉布提和科摩罗。其中，埃及智库的国际化程度较高，在中东北非国家首屈一指。埃及智库非常注重与世界各国智库保持联系与合作，为政府决策提供智力支持的同时，凸显了埃及在地区和国际上的政治影响力；苏丹智库注重地区民族宗教矛盾的研究，南北苏丹分裂后，原苏丹部分智库被划入南苏丹地域范围；索马里智库受西方国家资助建立，研究侧重索马里国内政治、安全和社会；吉布提智库总体数量较少，研究主要关注地区安全和治理，研究队伍的组建主要依托周边国家的专家学者，在财政上大多受西方国家资助；科摩罗智库起步较晚，严重依赖外援。

一、埃及智库的主要特点

埃及智库无论在数量还是在研究实力上，在整个阿拉伯世界都处于绝对领先地位。《2017年全球智库发展报告》显示，埃及有39家智库。"在研究特色方面，埃及智库十分注重与世界各国智库和研究机构保持密切往来，在为埃及政府提供智力支持的同时，也在为埃及树立大国形象发挥着重要作用。"[①] 在埃及智库中，最有代表性的官方智库是金字塔政治与战略研究中心和隶属于埃及内阁的信息与决策支持中心。

金字塔政治与战略研究中心是阿拉伯世界最负盛名的智库之一。1972年起，中心的研究领域从最初关注犹太复国主义和巴勒斯坦问题，逐渐向战略、政治、经济、军事、社会、历史、互联网等多个研究领域拓展，尤其关注埃及、中东、非洲和全球事务。作为一家独立智库，研究中心十分

---

① 李意：《阿拉伯国家智库：发展态势与特点》，《西亚非洲》，2016年第4期，第61页。

重视与国家领导决策机构、立法机构、政治团体、政党和新闻媒体加强联系和密切沟通。研究中心现有研究人员近40名，迄今已出版近专著200部，定期出版8种刊物。

信息与决策支持中心归属于埃及内阁，是埃及最重要的官方智库之一。该机构的宗旨是为埃及内阁和决策者提供在国民经济、社会事务和政治改革方面的决策支持。中心研究涵盖社会、经济、政治、法律、信息化等多个领域，参与战略问题决策支持、技术基础设施、信息提供、人力资源开发、行政环境开发等多个埃及国家级计划，多次获得决策类奖项。中心注重与埃及各部委、国家组织、地区和国际智库建立合作伙伴关系，与中国国务院发展研究中心联系密切。中心拥有专职研究和行政人员750名。

伊本·赫勒敦发展研究中心是一家从事社会学研究的独立智库。中心研究涉及社会、经济、民主、人权、政府治理等领域，重点关注埃及社会和青年问题，与100多家阿拉伯和国际机构保持合作关系。中心出版月报（阿英双语）、年报《阿拉伯国家民主转型》，发布各类研究报告和民意调查报告。

亚洲研究中心隶属于开罗大学政治经济学院，是一家以学术研究和政策研究为导向的研究机构。中心是埃及培养政治、经济、外交精英的摇篮，它长期致力于研究亚洲各国的政治、外交、经济和文化事务，不但积极推动与亚洲各国特别是与中国的交流与合作，而且重视与亚洲国家高校和科研机构协同合作，曾经举办过中国发展问题、中埃关系和"一带一路"倡议等专题研讨会。历届驻埃及大使都与该中心保持紧密合作，如在2012年12月10日，中国驻埃及大使宋爱国参加了中心举行的第十七届年会，发表了主题为《携手努力 共同推动扶贫事业向前发展》的演说，详细介绍了中国政府十年来扶贫工作的具体做法和经验，获得与会者的一致好评。

在与中国的人文交流方面，金字塔政治与战略研究中心是所有阿拉伯国家智库的先锋。2017年5月14，"一带一路"国际合作高峰论坛在北京召开。研究中心的亚洲研究项目负责人出席了论坛，在会前筹备的过程中，负责人穆罕默德·法拉赫特（Muhammad Falahete）认为，中国的"一带一路"倡议不可能由一国完成或实现,而是需要沿线各个国家的共同参与。埃及政府十分关注和了解"一带一路"倡议。目前,埃及智库和研究机构对这一话题的兴趣和研究刚刚起步,民间的认知还需要进一步推动和深入。[①] 可以说,国际社会各个层面的合作正在逐步展开、逐步深入,关于"一带一路"的讨论已全面升温,不仅在埃及,在其他许多沿线国家也是如此。

二、苏丹智库的主要特点

苏丹智库整体数量较少且公共信息很难收集,仅有的几家智库多注重地区民族宗教矛盾的研究。南北苏丹分裂后,原苏丹部分智库被划入南苏丹地域范围,如朱巴大学和平与发展研究所。近年来,以拉卡伊兹研究中心和苏丹战略研究中心为代表的苏丹智库与中国多家智库和科研机构联系密切,开展了一系列学术交流活动。

拉卡伊兹研究中心致力于为官方和民间社会提供最优质的智力支持和咨询服务,是一家独立智库。中心下设理事会、主任、执行主任、政治研究部、国际关系部、经济研究部、社会研究部、宗教与教派研究部等14个部门。研究中心的关注点涵盖国家战略、外交事务、经济发展、社会和宗教等领域。中心不定期举办各类学术研讨会、论坛和工作坊,迄今已举办两届"苏丹—马格里布关系论坛",发行《拉卡伊兹》(电子期刊)、《政治文件》(研究报告)、《苏丹旅游经济》(专著)等出版物。

苏丹战略研究中心旨在为政府制定战略和决策提供智力支持。中心研究涵盖政治、宗教、文化等领域,致力于实现各种文明、文化和信仰间的对话与和平共处。中心下设理事会、主任办公室、战略研究部、出版和研讨会部、公共关系和民意调查部、经济部、非洲研究部等13个分支机构。研究中心出版的专著围绕文明冲突与当代世界、伊斯兰教与西方关系而展开,出版的期刊有《选举》等。

[①] 郑凯伦:《穆罕默德·法拉哈特:"一带一路"天生具有互利共赢的特征》,中国金融信息网,http://finance.jrj.com.cn/2017/05/03162422421023.shtml. (访问时间:2018年6月17日)

三、索马里智库的主要特点

索马里智库起步较晚，研究实力相对较弱，部分智库由西方国家资助建立，研究重点关注索马里国内政治、安全和社会等问题，如政策研究传统研究所和摩加迪沙研究中心等。

政策研究传统研究所是索马里国内首家智库。研究所旨在通过独立的学术研究和分析，促进索马里的和平与法治，为索马里各派之间包容性对话创造环境并提供智力支持，是一家独立智库。该所研究涵盖政治、安全、社会、法律等领域，定期发布《年报》《简报》和《研究专报》。研究所设立了思想论坛（Forum for Ideas），每月定期邀请决策者、学者、意见领袖开展研讨。

摩加迪沙研究中心是一家独立的科研机构，旨在为索马里培养高水平的科研人才，为政府决策提供智力支持。中心研究涵盖政治、社会、经济、文化、教育等领域，关注索马里社会和非洲之角事务。中心定期发布研究报告、民意调查和周报，举办研讨会、工作坊等学术活动，专职研究人员不足 10 名。

四、吉布提智库的主要特点

根据 2016 年的统计数据，吉布提人口约为 94.23 万，是非洲最不发达国家之一。吉布提智库数量较少，研究主要关注地区安全和治理，研究队伍的组建依托本国和周边国家的专家学者，在财政上大多受西方国家资助。非洲之角地平线论坛是吉布提国内比较有代表性的智库。

非洲之角地平线论坛致力于为地区国家政策制定提供智力支持，联合非洲之角地区共同应对地区冲突、贫困和身份认同等问题。机构研究人员由来自吉布提、厄立特里亚、埃塞俄比亚、肯尼亚、索马里、苏丹、乌干达的学者组成。论坛下设研究理事会、筹资委员会、通信委员会、工作坊与培训委员会，研究涵盖教育、土地与被占领土、冲突与和平建设、治理和民主化四大领域，已出版《在非洲之角的区域一体化、认同和公民身份》等著作。

五、科摩罗暂无智库信息

科摩罗人口83万，面积仅2235平方千米，是阿拉伯世界中人口和面积最小的国家之一。科摩罗大学是该国第一所大学，共有900名学生在4个学院的16个专业学习。目前暂无科摩罗智库信息。

本章小结

阿拉伯半岛是伊斯兰教文明的摇篮，它孕育并发展了伊斯兰文化及其思想。早在公元825年的阿拉伯帝国时期，哈里发麦蒙就在首都巴格达创建了"智慧宫"，即阿拉伯国家智库的雏形。"智慧宫"的创建为繁荣与推动阿拉伯—伊斯兰学术文化的发展做出了巨大贡献，包括抢救古希腊的文明遗产和珍贵文物、推进翻译活动向前发展、举办学术报告会和辩论会等。时至今日，阿拉伯国家智库的主要活动仍然包括这些内容。

阿拉伯国家拥有相似的历史境遇、相同的语言和宗教，它们往往因而会遇到相似的问题。在智库建设方面，阿拉伯国家又可分为以下区域：海湾国家的智库经济实力雄厚，文化底蕴深厚，着重搭建知识与权力的桥梁，为推动区域内国家外交政策的制定、社会舆论的传播、民众教育的深入等方面发挥着不小的作用。沙姆地区国家的智库多属于民间独立机构，它们言论自由、重视交流，在改革议程的关键点上进行充分交流，从而进一步优化政府决策过程。马格里布国家智库受近代欧洲殖民影响较大，它们不但关注国家政治发展和社会进步，而且密切跟踪马格里布地区和地中海沿岸国家的政治外交状况。在北非国家中，国际化程度最高的是埃及智库，它们特别注重与世界各国的智囊机构保持联络，其他包括摩洛哥、苏丹、利比亚等国在内的各国智库均各有特点。总之，阿拉伯智库都以服务于国家利益为目的，将基础研究与对策研究相结合，通过建立有效的沟通互动机制，召集持不同政见者，统一思想，为阿拉伯国家政府的决策提供智力支持和政策建言。

第四章
海湾地区国家主要智库

阿拉伯海湾地区国家的智库数量较多，但是有相当一部分智库没有对外宣传的公共网站，导致相关材料无法获取。本章以 11 个具有代表性的海湾智库展开研究，其中包括沙特阿拉伯的费萨尔国王伊斯兰学术研究中心和阿卜杜勒·阿齐兹国王大学战略研究中心，阿拉伯联合酋长国的阿联酋战略研究中心、海湾研究中心和米斯巴尔研究中心，卡塔尔的阿拉伯政策研究中心和半岛研究中心，科威特的阿拉伯规划研究所和科威特科学研究所以及巴林的巴林研究中心、伊拉克的幼发拉底河发展与战略研究中心等。

值得一提的是，本章及后面的第五章、第六章都属于调研范畴的内容，其主要工作在于通过各种调查方式系统客观地收集信息并加以归类。主要内容来自各个阿拉伯智库的官网，如无特别需要，不再另加脚注或说明。

第一节 沙特阿拉伯智库及其特点

沙特的智库数量不多，但由于经济实力雄厚，这些智库在中东地区乃至全球均有一定的影响。由于各国的智库特点已在第三章有所分析，本章将简要梳理并对未选入研究样本的智库稍做深入分析（下文同）。未选入样本的智库多数是因为网站建设不全或能收集到的材料有限。如沙特的阿卜杜拉国王石油研究和调查中心（King Abdullah Petroleum Studies and Research Centre），该中心于 2014 年由著名的扎哈·哈迪德建筑事务所设计，是一个非营利的机构，致力于能源高效利用的自主研究，从经济和社会层面造福世界。它通过提出一系列政治和经济框架，减少了环境破坏和能源供给成本，同时为能源的高效使用提供了具有实用性的技术方案。通过与全球的研究中心、公众政策组织、政府机构及各行各业进行合作，KAPSARC 将来自全世界的先进专业技能整合起来，攻克了一系列能源上的挑战，同时将自身的知识、眼界及研究框架无偿地分享给大众。

费萨尔国王伊斯兰学术研究中心受沙特王室成员资助，主要从事伊斯兰研究。作为伊斯兰学术成果收藏和研究机构，在伊斯兰世界具有较大的影响力。

阿卜杜勒·阿齐兹国王大学战略研究中心隶属于阿卜杜勒·阿齐兹国王大学，中心与全球多个战略中心建立了合作关系，在阿拉伯世界具有一定的学术影响力。

一、费萨尔国王伊斯兰学术研究中心［King Faisal Center for Research and Islamic Studies（KFCRIS）］

地址：P. O. Box 51049, Riyadh 11543, Kingdom of Saudi Arabia
电话：(+966) 114652255
传真：(+966) 114659993
邮箱：kfcris@ kfcris. com
网址：http：//www. kff. com/en/King – Faisal – Center – for – Research – Islamic – Studies

（一）基本情况

费萨尔国王基金会创立于 1976 年，是一个全球性的慈善机构。中心秘书长为叶海亚·马哈茂德·本·朱奈德先生，中心理事长为图尔基·费萨尔亲王。基金会成立的最初目的是保存王国的遗产，后来的目标也主要是传播知识、注重传统、着眼于未来等。在网站首页是基金会的座右铭——"我们希望成为未来五十年里人类光明的灯塔"。为了达到特定目标，基金会为本国、阿拉伯地区乃至全球提供大量奖学金，支持学术科研项目以及加强伊斯兰社区的教育。

费萨尔基金会设立费萨尔国王奖，其第一个奖项颁布于1979年，是世界上受到广泛认可的知名奖项之一。这是一个里程碑，该项目带来的无数成就，为全球的社区发展树立了榜样。该奖项每五年颁布一次，一共设立五个类别：对伊斯兰的贡献奖、伊斯兰研究奖、阿拉伯语与文学奖、医学奖、科学奖，这些奖项颁布给那些在上述五个领域做出突出贡献的个人和机构，一方面鼓励穆斯林参与社会文明建设的各个方面，另一方面奖励他们为人类发展做出的贡献。整个评奖过程组织严密，评选委员会通过谨慎评价个人才能及其成果，来筛选获奖者。由于其严谨的评选程序与世界水平接轨，因此很多费萨尔国王奖的获奖者，在此后很有可能获得很多国际知名奖项，甚至诺贝尔奖。

董事会认为，一个民族的伟大不是以其拥有的物质来衡量，而是以其对人类发展的贡献来衡量。伊斯兰民族在历史上取得的崇高地位，不是因其物质资源丰厚，而是因其对现代文明的巨大贡献。同样的，个人的伟大不是源于血统的高贵，而是人生的成就与意志以及用知识武装自我的决心。可以说，费萨尔国王基金会以及作为基金会主要项目之一的费萨尔国王奖，其指导思想均来源于伊斯兰高贵而博爱的价值观，这也是国王本人遵循的人生观。某种程度上来看，费萨尔国王奖表达了沙特阿拉伯领导人对人类进步的渴望，特别是肯定和凸显了阿拉伯和穆斯林在人类进步道路上的重要角色和贡献。

（二）研究中心

费萨尔国王基金会下设伊斯兰学术研究中心，成立于1983年，该研究中心的功能与费萨尔国王基金会相得益彰，曾得到过联合国教科文组织的支持。中心以为各伊斯兰国家提供学术服务为宗旨，在鼓励伊斯兰学术研究、保存和发扬伊斯兰传统方面做出较大的贡献。中心为阿拉伯—伊斯兰文化的交流提供了一个交流平台，支持和宣扬那些能够传播费萨尔基金会理念的科学研究，特别是伊斯兰研究、伊斯兰政治、伊斯兰社会学和传统。在研究中心里，众多领域的研究员与研究团体汇聚一堂，共同为知识、创新以及传播贡献自己的力量。通过每年举办演讲、专题讨论会以及展览，中心完成了知识的传播和启蒙。

中心的愿景是想要成为学者、知识分子以及文化知识的一个公益平台。中心搜集的资料都是基于以下的目的：充实当地和全球的文化认知，搜集珍贵的资料和专业知识。中心的价值观是：传播知识、便利学术研究以及保存人类知识和文化遗产。中心追求的目标是：唤醒人们对费萨尔国王遗产的重视；珍藏国王对人类的贡献，包括有关他的回忆录和文件；推动对话与进一步合作，以完成中心的学术目标，重点是关注人类学术研究的产物，保存伊斯兰传统和成就；升级基础设施、电子邮件技术以及能完成以上目标所需要的设施设备。

（三）主要部门

费萨尔国王伊斯兰学术研究中心由五个部门构成：学术研究部、图书资料部、文化事务部、原稿珍藏部和培训发展部。

1. 学术研究部

学术研究部下设五个办公室：

一是当代政治思想研究办公室，主要包括研究当代政治思想以及造就当今中东以及伊斯兰格局的政治运动。

二是亚洲问题研究办公室，主要研究亚洲以及亚洲联合体，包括文化、社会、政治以及宗教。目的在于通过提高学术和新闻辩论的质量研究周边政策，提高对亚洲世界的认识。

三是马格里布研究办公室，研究范围包括地缘战略、政治、文化、社会以及区域的发展和马格里布地区的变化、现象及其未来。

四是伊朗研究办公室，包括对现代伊朗政治、国际关系、能源安全、学术历史、文化宗教等方面的学术研究。

五是能源研究办公室，通过研究影响世界政治格局的主要全球事件，来推动能源地缘政治的全球对话。本研究旨在为王国的能源发展提供一个交流平台，以解决石油市场的价格浮动、气候挑战以及环境污染等问题，从而有效应对国际能源形势新变化及其挑战。

2. 图书资料部

费萨尔国王伊斯兰学术研究中心图书馆藏书超过120万本（册），是阿拉伯世界最大的图书数据基地。该图书馆珍贵藏书琳琅满目，不仅有助于传播伊斯兰文化，而且促进了文化交流，为广大研究者提供了接触阿拉伯文化知识的窗口。该图书馆不仅收藏图书，还为研究者提供了便利的检索工具，以帮助他们从数目繁多的学科中找到需要的材料。为了更好地传播知识，图书馆经常向世界各地的图书馆捐赠书籍。

3. 文化事务部

费萨尔国王伊斯兰学术研究中心还成立了相关部门，旨在加强中心与公众的联系。中心经常组织筹备形式多样的活动，包括讲座、论坛、研讨会以及展览等。这样做的目的在于确保研究中心与其他机构、组织以及个人能够维持良好的交流互动。从1986年至今，研究中心已经参与举办了500场讲座、研讨会和座谈会。

4. 原稿珍藏部

见证人与烈士：展出开始于2008年5月6日，主要是展现老国王费萨尔·本·阿卜杜勒·阿齐兹的生平及贡献，强调沙特老国王的伟业与功绩。

伊斯兰艺术博物馆：本博物馆的目的在于，提高公众对伊斯兰文化与艺术的认知，并鼓励更多的穆斯林了解其历史。本博物馆收藏了超过200件文物，时间跨度从公元700年左右到近期，展现了伊斯兰教历史上不同时期穆斯林群体的风貌。

费萨尔国王纪念大厅：1986年3月9日，为了庆祝费萨尔基金会成立十周年，创建了费萨尔国王纪念大厅，以纪念老国王费萨尔·本·阿卜杜勒·阿齐兹不平凡的一生。

特殊藏品：费萨尔研究中心档案室收藏了总共17,000部原稿，其中1000多件是孤稿。这些收藏品有10%是捐赠，90%是购买。其中有一部分阿拉伯/波斯和土耳其稿件来自大英图书馆，另一部分来自巴黎国家图书馆。

5. 培训发展部

为了使沙特王国能够成为人类的灯塔，使每个人都有被培训的权利，研究中心建立起一个系统的、与中心的发展以及人力资源管理相配套的培训管理体系、培训课程体系以及培训实施体系。同时，运用先进科学技术，发掘更多的潜在用户，通过培养培训者的创造力，从而实现伊斯兰事业的可持续发展。

二、阿卜杜勒·阿齐兹国王大学战略研究中心（Center of Strategic Studies of King Abdulaziz University）

地址：（80200）jeddah 21589

电话：（+966）12-6400000-69278

传真：（+966）12-6400000/69242

邮箱：CSS@kau.edu.sa

网址：http://css.kau.edu.sa/

（一）基本情况

1. 主任寄语

阿卜杜勒·阿齐兹国王大学战略研究中心是沙特阿拉伯所有大学中第一且唯一的战略研究中心，中心主任是易卜拉欣·伊斯玛仪·库特比，主要研究领域为科学与社会、经济发展、环境保护。在沙特经济、政治和文化作用日益增长的过程中，这个中心的使命是持久且重要的。但中心的目标不是恒久不变的，而是根据现实情况和需要来设定的，这使得这些目标可以更加灵活地适应技术时代的不同和领域的快速变化。新的挑战包括中心潜力、成果质量的提升以及如何判定研究成果的可信度和可靠性。它的重点在于通过参与传播科学知识和在学术研究过程和服务社区之间取得平衡，从而实现国王阿卜杜勒·阿齐兹国王大学的战略目标，并通过基于科学方法解决最基本问题的方法为国家和地区服务。该中心还建立了一个研究者和知识分子的精英网络，参与国内和国际会议和研讨会，与其他在沙特阿拉伯或其他国家的大学的中心和院校合作。可以说，研究中心努力超越大学的传统作用，通过提供应用研究、前瞻性设想和协商来促进这个大学和整个国家的发展。

2. 关于中心

愿景：在战略研究和未来社会发展中充当世界级的"专家之家"。

任务：主要围绕大学及其社区的发展战略开展研究，致力于为决策者和研究人员提供重要参考，并通过卓越的科学技术培育战略思维的文化。

目标：开展在科学、社会、经济和环境领域的研究；传播战略思想，在大学和社区中传播战略思维和未来视角的文化；开展民意调查，通过项目研究和民意测验来把控大学和社区的舆论趋势；在许多领域形成智库；为国王大学组织学校内外不同领域的培训；与区域和全球战略中心搭建合作桥梁。

3. 管理层

姓名	职位	邮箱
Dr Ibrahim Ismael Kutbi	中心主任	ikutbi@ kau. edu. sa
Dr Akram Fareed Khotob	调查研究部门副主任	aqutob@ kau. edu. sa
Dr Abla Abd Alhameed Bokhary	未来前景部门副司长	abokhari@ kau. edu. sa
Bokhary	前瞻顾问	Hassan－rashad20022@ kau. edu. sa
Dr Hassan Mohammed Rashad Hassan	顾问	rabdelaal@ kau. edu. sa
Dr Read Mohammed Abdulaal	顾问	khashim@ kau. edu. sa
Prof Dr Khairuddin Hashim	顾问	B-alslmi@ hotmail. com
Bandar Ibrahim AlSulami	行政总监	asaljohanil@ kau. edu. sa
Abeer Salim Al-Jehani	行政总监（女性问题研究）	

（二）主要部门

1. 研究部

研究部根据需要紧急研究的战略问题开展工作，并在规定时间内获得科学的解决方案。这些战略问题是由大学的科学理事会提出和讨论的，通常按照紧急程度来安排研究顺序。总的目标是，讨论有助于改善大学内外社区条件的战略话题，同时提交科学结果和建议，为决策者提供服务。课题组成员通常由来自不同学院的学者组成，有时需要学校内外的相关专业部门进行协调。

2. 未来部

组织和开展科学活动，集思广益，收集信息，并提出有关大学和社区问题的未来发展方向。具体内容如下：就大学和社会所关心的问题进行前期准备和民意调查，在各个领域形成"智库组织"；在大学和社区里传播战略思考和未来预期，通过调查和智库组织讨论的结果来准备报告；评估各领域的相关项目和进程，判断它们在多大程度上适合当前高等教育领域内的发展；组织培训和调研；与相似的国际中心发展战略伙伴关系。

3. 信息部

提供技术支持，维护中心网站或系统。具体内容如下：动态反映研究中心的动态信息，包括管理信息、作业信息、历史信息等；搜集与大学管理和社区服务等有关的外部信息；对信息分类存储、加工、检索，实现信息资源共享。

（三）主要活动

除了一般智库的研讨、调查、会议等活动外，研究中心还组织以下具体活动：

1. 智库项目组

包括预科班学生综合评估组、阿卜杜勒·阿齐兹国王大学后勤服务组、健康服务管理中心等。

2. 电子图书馆

阿卜杜勒·阿齐兹国王大学致力于传播知识文化，致力于进行战略研究，以适应当前和未来的新发展和新要求。实现本地可持续发展。为此，阿卜杜勒·阿齐兹国王大学开始编写和出版了一系列有助于建立知识社会的学术研究成果。这类研究可以作为一个指南，表达真知灼见，提供适当帮助，从而实现或建立阿拉伯信息共同体的理想目标。到目前为止，已经出版了58个课题，涵盖了大量的主题：如知识在发展中的作用；科技园区与工业园区；企业孵化器；阿拉伯管理研究；研究非政府部门和大学之间的合作伙伴；战略规划指导高等教育机构；阿拉伯世界可持续发展；城市战略规划与城市战略管理；非政府组织和公民社会计划；高校在激发批判性思维和创新中的作用；电子商务给在沙特阿拉伯女性毕业生提供就业机会；人才资源——知识社区的真正的革命；知识交流平台；如何将知识转化为创新；知识和电子社交网络；战略规划中的关键概念和技能；领导力和战略思维；沙特经济战略规划的基础知识；旅游业的价值是沙特的软实力；女性在知识社会中的循环；经纪业务知识；阿卜杜勒·阿齐兹国王大学建立一所研究型学校的可能性；传播媒体战略规划指南等。

3. 研究报告

近年来，中心出版的研究报告或论文举例如下：

（1）《战略计划：概念和术语》

摘要：本研究首先介绍了与战略规划要素相关的一些概念和术语，其次分析了如何根据人类、技术、金融和基础设施资源的需求来撰写战略计划书。本研究的目的是使战略规划成为大学所有工作人员的共同思路，并使大学所有成员都将战略规划和思考作为他们日常活动的一部分。

（2）《大学战略规划：行政管理》

摘要：作者从行政工作管理的角度出发，探索了管理高校战略规划所需的成功要素。不仅对大学战略规划中的行政管理提出若干建议，而且围绕改善行政管理结构、明确管理权责、提高学校行政管理人员的整体素质和服务意识等问题展开讨论。

（3）《危机战略规划》

摘要：危机是一种变化，可能突然发生，也可能缓慢演变；这种变化会导致出现紧急问题，需要立即解决，而危机战略规划就是关于处理危机之前、之后和期间的安排、规则等一系列活动的计划。危机战略规划可以应用于大学、机构、社区和组织，通常是国家层面的。同时，危机战略规划包括危机管理的准备工作、发现危机阶段、遏制危机阶段、化解危机阶段以及从危机中吸取经验教训等内容。

（4）《绩效管理制度中的战略规划》

摘要：本研究表明，与其他沙特大学相比，阿卜杜勒·阿齐兹国王大学在绩效制度方面具有重要的战略规划。它还展示了在该领域进行的研究成果，该领域的区域和国际层面确认了战略规划方法，它不但帮助大学高层提高管理水平，而且提升了大学内的沟通和互动能力，有助于指导和整合学术与行政活动。

（5）《战略思维与科学决策》

摘要：科学决策事关一个企业、一个地方的发展快慢和发展质量，而战略思维的形成和运用可为科学决策提供清晰的指向。战略思维水平的提高需要以广博丰富的知识作支撑，在阿卜杜勒·阿齐兹国王大学的发展中，战略思维在科学决策中起着十分重要的作用，它有助于决策者在教育、研究、社会和文化等问题上通过战略方法工作和思考。本研究的目的是为了激活阿卜杜勒·阿齐兹国王大学作为一个思维中心的作用机制，并在不同的问题上采取科学的决策。

第二节 阿联酋智库及其特点

由于资金雄厚，阿联酋智库在阿拉伯国家智库中具有很强的竞争力，有的具有王室背景。

阿联酋战略研究中心隶属于阿联酋外交部，是一家半官方智库，近年来一直保持着良好的发展势头。中心坚持用战略、理性的眼光处理当下与未来所面临的核心、紧要问题，高度重视科学研究，力求发展科学与科学发展。

海湾研究中心是阿拉伯智库中的佼佼者，连续多年进入全球智库报告中东与北非顶级智库的行列。中心本着"知识属于所有人"的宗旨，在海湾国家政体、外交、经济、社会问题、国防安全、能源、环境、科学技术等方面展开研究。

米斯巴尔研究中心主要关注中东地区的安全与和平议题，不断扩大合作伙伴和研究范围，通过阿拉伯媒体、广播、电视等传媒手段，把学者们的基础理论研究成果介绍到阿拉伯世界，从而引起广泛的公众讨论。

一、阿联酋战略研究中心 [The Emirates Center for Strategic Studied and Research（ECSSR）]

地址：Abu Dhabi, The United Arab Emirates. P. O. Box 4567
电话：（+971）24044444
传真：（+971）24044442
邮箱：ecssrconf@ ecssr. ac. ae
网站：http：//www. ecssr. ac. ae/

（一）基本情况

阿联酋战略研究中心（ECSSR）是独立核算的政府智囊机构，创立于1994年3月14日，中心主任是穆罕默德·本·宰义德·纳哈扬（Mohammed Bin Zayed Al Nahyan）。ECSSR的设立旨在推动对当前阿联酋、海湾国家乃至阿拉伯世界社会、政治、经济事务的研究，增进该地区国家间的相互了解，提高阿拉伯各国的政治水平和经济实力。帮助相关研究机构确定与国家安全利益有关的研究课题，协助海湾各国决策者评估现状并做出相应的决策。此外，该中心还致力于在阿拉伯联合酋长国乃至整个海湾地区国家推广专业研究和教育培训课程。ECSSR的成功来源于它集中了数10位全国各个领域的学术精英人士，并使他们各司其职、各尽所能。

1. 宗旨

当今世界变化万千、日新月异，为了能使国家在现代竞争中保持领先，阿拉伯联合酋长国的英明领导设想要创造一个先进、独立的研究机构,从而能跟上政治、经济和社会领域的新发展。于是,在阿联酋总统谢赫·哈利法·本·扎耶德·阿勒纳哈扬(Khalifa Bin Zayed Al Nahyan)殿下的支持下,成立了阿联酋战略研究中心,堪称中东地区首屈一指的智库。中心的核心使命是采用战略性、理性的态度,来应对今后关键而紧迫的问题。它还为学术和科学事业制定严格的规则,研究小组是由受过良好教育的具有奉献精神的人员构成。

研究中心的主要目标包括以下内容:分析和研究涉及阿联酋、海湾地区和其他相关国家的安全、经济和社会问题;通过科学活动和召开与中心的议题相关的专题讨论会、讲座和会议,提供社区服务;它还通过专业发展培训计划,积极协助和促进阿联酋国民的专业水平;筹备优质的政策情景组合报告,并为决策者的政策制定提供备选方案并进行及时有效的专业性评估。

2. 部门

ECSSR 共有 14 个下属部门,包括所长办公室、行政所长办公室、社会服务部主任办公室、行政事务总管办公室、科研总部、战略研究部、社会经济发展研究部、信息部、会议部、发行部、传媒部、财政事务部、人力资源部及阿联酋联合图书馆。

3. 学术活动

(1) 研究和分析

该中心的主要任务是为政治、经济、社会、信息、军事和战略研究做准备。为此,中心希望达到以下目的:收集信息和数据,并提供给研究人员和决策者使用。通过不同的方法论,研究当代问题,并确定其对阿联酋、阿拉伯海湾地区和中东地区的影响。研究可能影响阿联酋和阿拉伯海湾地区的国际经济问题,如:石油、国际贸易、经济集团、国内经济政策、劳动力市场组织、人口结构、国家人力资源等与发展相关的问题,探索他们对劳动力市场的贡献。

监测和研究最新的政治、经济、社会、信息、军事问题及其发展态势,这些可能会影响阿联酋和日益重要的阿拉伯海湾地区在本国、地区和国际层面上的政策和利益。研究之后,得出必要的结论,做出科学的预测，并确定未来的影响。此外还需制订一份清单，包括阿联酋在本国、地区和国际各层级的利益问题，安排它们的优先顺序，然后成立研究团队研判得出的相关结论。根据实际数据进行未来趋势的研究，以便在事件发生前，选择最好的替代方案，避免在突发事件压力下作出决定。以备忘录和研究分析的形式，为主管机构，如政府部门、机构、研究中心和大学准备摘要或简要记录。

（2）社会服务与社区服务

社区服务包括培训研究人员。阿联酋需要通过教育和培训，发展其人力资源。在实施这一政策的过程中，阿联酋战略研究中心扮演着重要角色，为提升国家研究人员的技能，准备高级培训课程。此外，还有以下工作：加强社会和文化意识，通过出版书籍和研究，并发行学术期刊，同时以优质的学术书籍、期刊及各种政治、经济、社会和战略领域的专著，来充实阿拉伯的图书馆；鼓励和发展研究、写作和翻译——大多数主题是有关解决阿联酋、阿拉伯海湾地区和阿拉伯世界整体的问题；就影响阿联酋社会的战略问题组织、专题讨论会、研讨会和讲座。这些会议有三个目标：加强与其他学术机构的合作联系、促进讲师和专家之间的交流、参与在阿联酋进行的会议等。

（3）会议、专题讨论会、讲座及研讨会

为了在学术界和专业研究机构内提升国家形象，该中心每年都举办各种文化活动，包括会议、专题讨论会、研讨会和专题讲座，以促进国内外专家学者的交流沟通，以便开展进一步的研究。中心拥有多功能会议室，配备了国内最先进的技术设备，展示尖端而复杂的信息，协助举办上述活动。与会者除了提供人力、为尖端科学活动奉献服务、节省讲师的时间和精力之外，也加深了他们对研究和相关材料的理解和认知。

（二）主要部门

1. 战略研究部

这个部门的工作宗旨是从政治和军事的角度，调查和分析当前或预警的事件，这些事件可能在当地、地区和国际层面上影响到阿联酋国家安全，该部门提出建议并进行前瞻性研究和分析来处理这些挑战。为了实现这一目标，该部门分别进行以下研究：

阿联酋研究：研究和分析国内政治和安全问题，这些问题直接影响国家安全以及决策制定；也参与开展一项综合研究计划，涵盖阿联酋的关键问题。

海湾阿拉伯国家研究：研究和分析与阿联酋国家安全和决策制定密切相关的海湾问题，并编制海湾地区长期战略报告。

阿拉伯研究：总体研究和分析阿拉伯的政治和安全问题；特别研究和分析对阿联酋国家安全至关重要的中东问题；编制分析报告，协助阿联酋在阿拉伯问题上作出决策。

亚洲研究：追踪并分析与阿联酋国家安全密切相关的亚洲政治和安全问题。

欧洲及北美研究：追踪对阿联酋国家安全有直接影响的欧美政治和安全问题；编写欧美国家相关问题的研究报告。

军事研究：调查和分析对阿联酋国家安全有直接或间接影响的军事和安全危机，以引导该国的军事战略规划；还负责编制一般军事问题的研究和分析报告。

2. 经济和社会研究部

这个部门的使命是开展经济和社会研究，为制定阿联酋未来经济政策提出建议；研究和分析可能会在本地、地区和国际层面上影响阿联酋国家安全和经济稳定的各种因素。该部门设定的计划和方案旨在保证公民高标准的生活质量，以及阿联酋的稳定和经济增长。主要擅长以下领域的研究：

经济研究：研究阿联酋的一般经济政策，并为其发展结构提出建议。如研究一种发展方式，可以使阿联酋最大限度地减少 GDP 对石油的依赖；研究私营部门在此战略中的作用，指出阿联酋经济的关键优势和劣势。

能源研究：跟进石油、天然气和其他能源行业的发展。研究阿联酋经济波动与石油和天然气的产量和价格的关系；构想减少对阿联酋经济负面影响的方式；研究剥削石油和天然气的剩余价值的最佳方法。

人口与劳动力市场研究：分析外派劳务人口趋势和政策。建立劳动力市场和人口数据库；准备调查问卷和评估对劳工社区的研究；提供政策分析研究和实用性建议。

社会科学：研究经济和政治发展对社会的影响以及随之而来的变化。研究社会问题，指出它们的原因，并对于此类问题提出合适的解决方案；对可能的社会发展进程进行前瞻性研究，并思考如何应对。

3. 信息部

这个部门的使命是创建一个全面的数据库，通过采用最新的信息和通信技术，有效地帮助阿联酋的研究人员和决策者制定各方面的战略规划。该部门的日常任务包括收集研究中心活动相关领域的信息，用科学的方法整理、记录并编译信息等。该部门还建立了一个与研究中心工作相关的专业统计数据库。该部门还精心地定期更新数据库。此外，它还经常发布信息报告，为研究人员和决策者提供服务。它也听取了该国公民和居民对社会、经济、政治和文化的意见和建议，提出建议并为各种问题和现象提供解决方案。该部门的三个主要小组分别是：

网站组：网站组负责维护阿联酋战略研究中心的综合性门户网站，通过该网站，政治家、战略家、研究人员、学生和其他人都可以访问在线思想库以及各种准确的最新信息、数据和分析报告。该小组还可以让访客通过论坛和民意调查沟通思想，并且阅读最新的本国、地区和国际发展相关资料。中心的活动和出版物亦步亦趋呈现在网站上，网站也可以使用电子商务。

民意调查组：除了进行实地调查和开展各种国内、地区内和国际上的相关问题研究，该小组的任务还有评估民意趋势。该中心的研究人员和决策者可以获取中心的调查数据和结果，以系统性地提高他们作出决策的能力。到目前为止，该小组已开展了一些针对本国、地区和国际问题的研究和调查。

信息技术组：该小组负责挑选设备并监督其维护和升级，为中心提供系统和通信手段。除此以外，该小组还负责开发中心使用的电脑系统和程序,并追踪在科学和信息领域最新的程序,以供中心使用。

(三) 出版物

1. 精选专著

(1) 阿里·拉希德·努艾米:《劳动力流动:可持续发展的推动者》[1]

探索海湾国家的移民政策和治理方案;移民输出国和接收国之间进行研究合作的可能性;印度移民劳工对海湾国家的影响;在移民输出国和接收国,汇款和经济周期之间的关系;劳动力流动对家庭的影响。

(2) 阿联酋战略研究中心:《阿联酋信息技术与教育的未来》[2]

探讨数字信息和服务——如万维网的本质,意味着一个全新的信息、学习和研究的运作模式。这意味着有很多新的可能性,未来将超出想象。数字信息可以被完美复制许多次;加入网络,它可以共享和访问世界各地的网络,可以与世界任何一角落相连。

(3) 贾马尔·萨纳德·阿勒萨瓦伊迪:《从部落到脸书:社交网络转型的作用》[3]

探讨社交网络加速发展的可能结果。主要是讨论其经济方面的前景以及其对传统媒体的未来产生的影响,无论是作为新闻来源和制造舆论的关键平台。它还探讨了恐怖分子和有组织犯罪团伙使用的社交网络——这一发展趋势,不仅导致新形式的犯罪活动,也导致了犯罪的"全球化"。

(4) 阿联酋战略研究中心:《伊斯兰与西方世界:一次文明的对话》[4]

探讨西方和穆斯林世界之间的关系发展问题;双方共同利益的实现和分配问题;以及和平共处的前景。

---

[1] [阿联酋] 阿里·拉希德·努艾米:《劳动力流动:可持续发展的推动者》(阿拉伯文),阿布扎比:阿联酋战略研究中心,2013年版。
[2] [阿联酋] 阿联酋战略研究中心:《阿联酋信息技术与教育的未来》(阿拉伯文),阿布扎比:阿联酋战略研究中心,2013年版。
[3] [阿联酋] 贾马尔·萨纳德·阿勒萨瓦伊迪:《从部落到脸书:社交网络转型的作用》(阿拉伯文),阿布扎比:阿联酋战略研究中心,2014年版。
[4] [阿联酋] 阿联酋战略研究中心:《伊斯兰与西方世界:一次文明的对话》(阿拉伯文),阿布扎比:阿联酋战略研究中心,2013年版。

（5）阿联酋战略研究中心：《石油时代的新挑战》①

探讨加快开发替代能源的途径，提高燃油供电系统的效率，从而降低进口需求。这些努力应尽可能地以合作的方式进行，从而降低因能源开采而爆发意外冲突的风险。

2. 畅销书籍

（1）阿联酋战略研究中心：《伊拉克的重建与未来秩序》，阿文，2005年版。

（2）阿联酋战略研究中心：《信息时代的领导和管理模式》，阿文，2001年版。

（3）阿联酋战略研究中心：《塑造未来》，阿文，2001年版。

（4）阿联酋战略研究中心：《对抗美国实力：国王扎伊德谢赫与阿拉伯联合酋长国》，英文，2005年版。

（5）迈克尔·罗斯：《后冷战时期冲突的解决：对伊拉克的影响》，阿文，2007年版。

（6）理查德·鲁塞尔：《伊朗核计划对阿联酋和海湾地区安全的影响》，英文，2007年版。

（7）马吉德·凯亚历：《大中东计划的内涵与悖论》，阿文，2007年版。

（8）阿联酋战略研究中心：《21世纪战争的未来》，2014年版。

3. 刊物

（1）《新闻追踪》

每日关注对阿联酋国家安全至关重要的政治、经济、军事和社会事件及其发展，内容涵盖研究中心的五个主要研究领域：阿拉伯联合酋长国、海湾合作委员会国家、阿拉伯世界、欧盟和美国以及亚洲国家。

（2）《战略视野杂志》（季刊）

专业性较强的学术季刊，着眼于政治、经济、法律、社会、媒体和安全问题，包括信息技术在人文研究领域的应用。该刊物的内容反映了该中

---

① ［阿联酋］阿联酋战略研究中心：《石油时代的新挑战》（阿拉伯文），阿布扎比：阿联酋战略研究中心，2011年版。

心的成立原则之一,通过在各个领域进行严谨的战略性研究来服务社会,支持学术研究和教育的发展。这些研究受到严格的出版标准限制,由来自阿联酋、海湾合作委员会、泛阿拉伯世界和其他国家的杰出学者和研究人员开展研究。

(3)《未来地平线》

阿拉伯语季刊,它提供了阿拉伯和外国决策者以及国际知名专家的观点、想法和分析。它刊登了杰出的作家和思想家的访谈录,并独家发布他们的文章。《未来地平线》还进行实地采访和调查,积极参与当前形势的讨论。

(4)不定期论文汇编

《外国在阿联酋直接投资的决定与建议》,英文,2004年版。该论文集通过调查101家跨国公司在阿联酋投资的有关注意事项和规则,旨在为外国投资者提供所需信息并为他们提供更适合的投资环境。

《及时新闻》,这是ECSSR负责出版的一份新闻简报,创刊于1994年,用阿拉伯语出版。该简报每日出版,对阿联酋等海湾和阿拉伯国家关注的政治、经济、军事等最新事件进行深入报道和全面分析。

4. 系列讲座

近年来的系列讲座题目如下:《伊朗:内部叙事和真正的安全挑战》《海湾地区石油漏洞的地缘战略解决方案》《全球金融危机的社会负面影响》《全球金融危机:政治和社会动荡》《全球金融动荡和对海合会的影响》《21世纪智能的未来》《奥巴马的第二任期美国的中东政策》《阿拉伯国家关系的未来》《国际舞台上的货币冲突》。

(四)海湾论坛

海湾论坛是一个交换新观点、交流新想法的地方,也是一个为阿联酋、海湾国家乃至全球学者提供合作机会的平台。论坛主要包括以下栏目:战略问题、军事问题、政治问题、经济问题、石油与能源、环境问题、科技问题、阿联酋问题等。

二、海湾研究中心 [The Gulf Research Center (GRC)]

地址：187 Oud Metha Tower, 11th Floor, 303 Sheikh Rashid Road, Dubai, UAE

电话：(+971) 43247770

传真：(+971) 43247771

邮箱：info@ grc. ae

网址：http: //www. grc. ae/

(一) 基本情况

海湾研究中心 (GRC) 是设在阿联酋迪拜的一个独立的研究机构，2000 年由沙特商人阿卜杜拉·阿齐兹·萨贾 (Abdulaziz Sager) 创立。随着全球政治、社会和经济的快速发展，人们印象中的海湾国家有一些固定的形象，而这些形象往往是负面的和不准确的，它们大多由媒体塑造。萨贾认为，对海湾合作委员会 (the Gulf Cooperation Council, GCC) 六国的政治立场和学术倾向的研究及宣传越发重要。因此，萨贾积极组建 GRC，以期向世人更深入地介绍海合会六国面临的挑战与发展前景。自成立以来，海湾研究中心从最初的阿联酋迪拜迁至沙特阿拉伯的吉达。它逐渐成长为一个国际性组织，并在海湾地区和欧洲建立起全球合作伙伴和办事处的网络，如日内瓦的海湾研究中心基金会 (GRCF) 和剑桥海湾研究中心 (GRCC) 等。

GRC 关注以下主要活动：

1. 开展有关政治、经济、安全、环境和科技问题的客观的学术研究，因为这些问题和海湾合作委员会 (GCC) 国家紧密相关，而且也与海湾地区相关。

2. 为了促进该地区改革，确保更好的未来—促进 GCC 市民之间的交流和合作，通过会议、讲习班、论坛，集会和讲座传播有关 GCC 国家和海湾地区的信息。

3. 在该地区内外出版传播有关 GCC 国家的有用信息和数据，包括社会学和人文学科有关的学术书籍。

4. 与对海湾地区发展感兴趣的个人和组织互动并回答其提出的问题，包括 GCC 民众和住在 GCC 国家的侨民、学者、研究者、大学生、报刊和媒体社区、商人和企业以及决策者。

5. 促进该地区内外专注于海湾事务研究学者的对话。

6. 通过实施"知识项目"提供教育和培训解决方案，拥有全球视野，在与全球著名大学和研究机构合作的框架下，着眼于政治领域、经济领域、商业领域中的管理和安全高端管理人员。

7. 致力于扩展海湾地区学生及希望深入了解海湾地区的其他学生的视野。

8. 收集并整合当地、地区以及国际媒体中报道海湾地区事件和发展的新闻报道，用于学术研究。

9. 在研究中心首要研究领域的相关机构领域中开展研究，并为政府机构和非政府组织提供专家咨询意见。

（二）科学研究

GRC 的主要活动之一是在海湾地区的语境下进行社会科学研究。该中心通过提供全面独立可信的平台促进对海湾合作委员会政治、经济、国防、安全和社会问题的研究，寻求进一步了解海湾地区的信息和知识。在此背景下，该中心已确定了信息严重不足的关键研究领域。在这些领域中，中心及其扩展的研究者和投稿者社区的目标是阐明未经探索的问题和国际关系。这对于海湾地区和世界其他地方将会十分重要。

GRC 的研究是按照政治、外交关系、经济、社会问题、国防和安全、能源和科学技术等主要领域的专题线路来进行的，整体框架如下：

项目	内容	备注
政治制度	宪法、立法机构、司法机构、行政系统、公共政策、政治与社会运动	

续表

项目	内容	备注
外交政策	海湾合作委员会国家，伊朗、伊拉克、也门等周边国家，其他中东和非洲国家，美欧国家，拉丁美洲国家，印度、巴基斯坦、中国、日本、韩国等亚洲国家，澳大利亚	
经济问题	宏观经济学、劳动市场、银行与金融、商业与商务、贸易与投资、粮食安全。	
社会问题	环境、教育、妇女、媒体、历史、人口、公民社会和人权	
国防和安全	核扩散、恐怖主义、红海安全、海盗、人口和毒品贩运、海湾安全、边界问题等	
能源	碳氢化合物为基础的能源、能源安全、可再生能源	
科学与技术	科学教育与人的发展、科学技术创新系统、媒体中的科学	重点领域：可再生能源

GRC 的主要活动之一是在海湾地区语境下进行社会科学研究。该中心特别关注海湾合作委员会国家的国际关系和政治。GRC 确定了 50 多个研究的关键领域，每个项目主要针对一个具体问题，着眼于尽可能多的细节。在许多情况下，该中心关注的是许多并未充分开发的双边关系。这就给中心及其扩展的研究社区阐释 GCC 国家和世界未经研究的关系提出了一个巨大的挑战。针对海湾合作委员会成员国关注的焦点问题，GRC 设立许多研究项目。这些项目不是仅局限于国际关系研究，而是包括该地区的政治、经济、安全和社会生活等方方面面。在确定研究计划后，GRC 会充分考虑到每个研究项目的细节和步骤。这些项目包括混合类研究项目、海合会国家政治制度研究、海合会外交、海合会经济问题、海合会社会问题、海合会国防与安全问题、海湾能源计划以及海湾科技项目等。

（三）主要部门

中心董事长是萨利赫·寇迪，主席是萨格尔，其他主要的部门如下：

1. 研究部：该部门有 10 位研究人员，均获得政治学、经济学或社会科学的硕士或博士学位。另有 12 位兼职研究人员，他们与前者保持紧密的联系。负责该部门工作的是一位在学术研究领域有良好声誉、经验丰富的博士研究员。此外，GRC 也广泛联络其他研究所及其研究人员，联合完成大型研究项目。

2. 翻译部：这是 GRC 的重要部门之一，由 6 位专业翻译人员组成，他们在语言学、翻译学、政治学和哲学等方面拥有专业经验。该部门主任就是英语语言学博士，在翻译和文学写作领域有 20 多年的丰富经验。另有其他 20 多位翻译人员，大多为隶属于该部门的自由职业者。

3. "媒体中的海湾"部：该部门由 10 位高资历的成员组成。部门主任是阿拉伯人，他从事传媒业长达 16 年。英文主编是一名专门研究海湾事务的传媒业博士。一名有博士学位的计算机工程师主持该部门工作，他在这个领域工作 25 年，他组织的这个团队包括 13 名项目负责人、电脑工程师、网页设计者和多媒体专家。

4. 编辑部：编辑部成员有的来自中东国家，有的则来自西方国家。这些学者遵循思想多样性和学术规范性原则，堪称同行业中的佼佼者。

5. 学术委员会：任期两年，创立的宗旨是为 GRC 研究项目所需提供各方面的质量保证和权威性的咨询服务，其成员均为国际关系和社会学研究领域的领军人物。委员会在为社会提供更多的海湾地区未来发展思路的同时，也进一步加强了与国际社会的广泛合作。事实证明，委员会不仅仅是研究中心的一个管理部门，而是利用自身优势，吸引更多的专家来积极影响该地区的政策，并确保 GRC 研究计划始终保持创新优势。委员会成员们除了负责通知和指导 GRC 的科研教育和咨询服务工作外，还从事下述工作：提供未来研究项目思路，跟踪研究活动的进展情况，确定使用哪些资源支持这些项目，审查研究活动的相关政策、计划、战略、制度和程序，提供与大学及其他相关研究机构和组织的联络信息，协助查明有关参与研究工作的学者、演讲者的身份等。

6. 行政和财务部：该部门主任曾在多个国家的多所高校和机构工作过，有 21 年的丰富经验，手下有个 13 人的团队，他们在行政和财务方面具有专业经验。

7. 海湾研究中心基金会：GRC 基金会是海湾研究中心的日内瓦办公室。GRCF 是一家瑞士注册的基金会，其作用是在理事会的指导下协调所有 GRC 的研究，此外它还是 GRC 筹款活动的重点。2011 年，GRC 基金会被联合国经济及社会理事会授予特别咨商地位。

8. 剑桥海湾研究中心。

9. 吉达海湾研究中心。

（四）主要出版物

1. 海湾年度发展报告

英语和阿拉伯语两个版本，由专业人士编纂而成，已成为关注海湾问题的研究者们的重要参考。该报告是中心年度活动的重点，内容围绕着在过去一年里影响海湾地区的事件展开讨论，着重分析当年海湾国家政治改革、经济发展、恐怖主义威胁以及海合会各国与伊拉克、伊朗和也门的关系，在一定程度上补充了上年的活动内容。此外，该报告还深入研究海合会各国的自身状况、经济发展和外交关系等特点。这些研究材料进一步充实了研究者的相关知识，深入地揭示了国际大环境的状况。

2. 书籍

中心每年出版大量的作品和论著，这些作品集中反映了 GRC 在社会科学和海湾问题上的研究成果。

（1）海湾研究中心：《绿湾①报告》②

这份报告记录了海合会国家的地理环境和自然资源状况，涉及到土地资源与生物多样性、陆地、沿海环境、海洋生物多样性、水资源、空气质量、固体废物处理等问题，并设法解决如下问题：自然资源和环境状况的趋势是什么？海湾国家已采取哪些主要措施来解决这些问题？它们将采取

---

① 当前，海湾各国已充分认识到环境问题的紧迫性，政府纷纷出台有关规定，强化环保意识，严格环保法规，并采取各种措施积极整治环境，共同营建"绿色海湾"。详见凯：《海湾国家：治理环境营造"绿色海湾"》，《经济日报》，2006 年 4 月 26 日。

② ［阿联酋］海湾研究中心：《绿湾报告》（阿拉伯文），迪拜：海湾研究中心，2011 年版。

何种措施来应对环境问题?

（2）阿卜杜拉·巴布德：《欧盟与海合会的关系：跨区域合作研究》[1]

探讨了欧盟与海合会国家的政治对话与能源合作等问题。

（3）阿卜杜·哈立德·阿卜杜拉：《海湾地区秩序》[2]

本书以阿拉伯区域秩序为文化背景，详细说明了该地区经常引发冲突，造成紧张局势的原因。对有争议的国际焦点问题，如伊朗核计划等，本书也进行了深入的考察和讨论。

（4）穆斯塔法·阿拉尼（Mustafa Alani）：《海湾和拉丁美洲：期望和挑战的评估》[3]

作者从历史、经济和政治战略的角度研究了海湾和拉丁美洲国家间的关系。

（5）阿布·巴克尔·巴格达：《印度与海湾：接下来会发生什么?》[4]

本书探讨了海合会国家与印度的经济关系及其未来前景和影响。该书认为，建立海湾合作委员会—印度战略伙伴关系，包括印度在该地区战略作用的演变的舞台已经搭建。

（6）海湾研究中心：《海湾地区：经济发展和多样性》[5]

阐述了影响未来发展的关键经济问题和海湾合作委员会（GCC）主要成员国的多样性，共分为四卷，内容包括得天独厚的资源、多样性和海湾发展模式，全球经济中的海湾合作委员会，海合会国家的就业、移民和教育，海合会国家的金融市场等。

（7）伊曼·杰瑞迪·巴彻拉瑞：《海湾合作委员会国家的可再生能源：

---

[1] ［阿联酋］阿卜杜拉·巴布德：《欧盟与海合会的关系：跨区域合作研究》（阿拉伯文），迪拜：海湾研究中心，2013年版。

[2] ［阿联酋］阿卜杜·哈立德·阿卜杜拉：《海湾地区秩序》（阿拉伯文），迪拜：海湾研究中心，2013年版。

[3] ［阿联酋］穆斯塔法·阿拉尼：《海湾和拉丁美洲：期望和挑战的评估》（阿拉伯文），迪拜：海湾研究中心，2012年版。

[4] ［阿联酋］阿布·巴克尔·巴格达：《印度与海湾：接下来会发生什么?》（阿拉伯文），迪拜：海湾研究中心，2010年版。

[5] ［阿联酋］海湾研究中心：《海湾地区：经济发展和多样性》（阿拉伯文），迪拜：海湾研究中心，2014年版。

资源、潜力和前景》①

本书研究的重点是可再生能源在海合会国家能源结构中发挥的潜在作用。作为一本参考书，它采用了很多的实践案例和研究来予以说明，研究目的在于帮助人们全面了解在可再生能源领域，海合会国家的能力和成就，该书对该地区战略能源的观点是客观的，并鼓励可持续发展的模式。

3. 系列研究

(1) 研究论文：为给予相关学者研究海湾提供更多的方便，经同行审查，出版一系列相关的研究论文或海湾问题专家撰写的研究报告。

(2) 海湾论文：双语（阿拉伯语和英语）。从海湾合作委员会和阿拉伯国家、区域和国际层面，从政治、社会、经济、文化等方面，分析、评估和预测海合会成员国的地位、现状和前景。

(3) 政策文件：围绕海合会国家的公共政策，深入、系统地分析和研究专家对相关政策的观点。

(4) 伊拉克研究：密切跟踪伊拉克政治、经济和社会发展状况，旨在更好地理解和分析伊拉克面临的各种问题。

(5) 伊朗研究：双语。在不稳定的地区环境和国际压力的背景下，分析和评估伊朗的社会发展和变化，揭示伊朗国内政治、社会、经济、文化等方面的问题，探讨伊朗与海合会、伊朗与阿拉伯国家乃至与国际社会的关系。

(6) 也门研究：双语。分析、评估和预测也门国内一系列的改革和发展，展现也门与海合会、也门与阿拉伯国家乃至与国际社会的政治、社会、经济、文化等关系。

(7) 选区论文：关于会议、研讨会和讲座等系列研究论文。

(8) IISS 选译本：GRC 与总部设在伦敦的国际战略研究所（IISS）签署了一项翻译协议，节选 IISS 出版物中的部分作品，再由英文翻译成阿拉伯文。

(9) 卡内基选译出版物：GRC 与设在华盛顿的卡内基国际和平基金会

---

① ［阿联酋］曼·杰瑞迪·巴彻拉瑞：《海湾合作委员会国家的可再生能源：资源、潜力和前景》（阿拉伯文），迪拜：海湾研究中心，2013 年版。

(CEIP) 签署了一项翻译协议，节选 CEIP 出版物中的部分作品，再由英文翻译成阿拉伯文。

（10）海湾翻译：翻译关于海湾研究的地区和国际问题的书籍。

（11）海湾论文：翻译或刊登有关海湾问题的学术论文和博士论文。

4. 杂志和期刊

（1）《见解》（Araa Magazine）

该杂志为独立办刊的杂志、月刊，内容涵盖海合会成员国以及伊拉克、也门和伊朗的政治、经济、社会、国防与安全问题。该杂志欢迎持不同意见者，刊登关于客观分析海湾地区的现状或未来事务的文章。

（2）《海湾研究》（Journal of Gulf Studies）

双语期刊，刊登与海合会的政治、经济、社会、国防与安全事务有关的学术论文。

5. 通讯简报

（1）海合会—印度研究简报

海合会国家和印度的关系，具有重要的地缘战略意义，双方利益使彼此关系不仅仅局限于传统的石油出口等，而是遍及更广泛的合作领域。由此，海合会国家非常重视与印度的关系并在各方面付出努力。这份研究简报由 GRC 出版，为季刊，登载分析双方关系的论文和述评，同时提供大量信息，以弥补双方信息沟通中出现的问题。

（2）安全与恐怖主义研究简报

英、阿双语，不定期出版物，如 2005 年 10 月出版的一期主题是海湾地区的反恐研究（Counter-Terrorism in the Gulf），2006 年 2 月出版的一期主题是关于海湾地区大规模毁灭性武器区（Gulf WMD Free Zone）。

（3）海合会—日本研究简报

日本研究是 GRC 非常重视的一个特定项目，其中包括提供相关的咨询服务以及国际关系、政治和经济问题。该简报为季刊，旨在为海合会—日本研究项目提供相关文件及资料，同时解决相关信息不足的问题。

（4）经济学研究简报

英语出版，该专题报告主要研究海合会国家的经济发展问题，讨论关于海湾国家贸易平衡和可持续发展的海湾金融市场等问题。研究主题涉及经济管理和建立伊斯兰银行债券等问题。

(5) 海合会与欧盟研究简报

该简报为季刊,主要研究海合会成员国和欧盟成员国之间的关系,刊登论述双边关系的前景以及目前进行的交流活动的文章,同时还提供详尽的背景资料。

(6) GRC 简讯

季刊,办刊宗旨在于提醒人们关注 GRC 日历上最重要的事件以及它们的发生过程。该简讯为英文版本,同时备有纸质版和电子版。

(7) GRC 年度报告

总结上一年的学术成果和计划完成情况,提出来年的计划和即将实施的项目。

(8) 阿拉伯人类发展报告

该报告每年一期,英、阿双语版,针对阿拉伯地区的贫困、教育、经济改革、艾滋病和全球化等阿拉伯世界的焦点问题,做出客观的报告和分析。

(五) 学术研讨会

召开学术研讨会是海湾研究中心的主要工作之一,以 2013 年为例,全年共召开大型研讨会 50 余场,如"海合会与欧盟可再生能源政策专家研讨会""欧盟及其与海湾合作委员会关系的制度和政策""促进欧盟—海湾合作委员会就外交政策问题的对话""'阿拉伯之春'的安全隐患""韩国—海合会经贸合作论坛""阿拉伯世界的政治转型及其对欧盟—海湾合作委员会关系的影响""海湾地区政治发展及其对欧盟和瑞士的国际贸易与经济的影响""海湾地区与全球事务:挑战、变化和机遇""慈善事业的关键挑战——海湾观点""美国—海湾合作伙伴关系战略对话""创建国际高等教育中心:海湾的经验及比较启示""跨国共产主义作为一种国际关系体制"等,可见研究中心的涉及面之广。

三、米斯巴尔研究中心（Al-Mesbar Center）

地址：Gold and Diamond Park Building 3, Sheikh Zayed Road, 4th Interchange, Al-Quoz Industrial Area 3, Dubai, United Arab Emirates

电话：(+971) 43804774

传真：(+971) 43805977

网址：http://mesbar.org/

(一) 基本情况

米斯巴尔研究中心总部设在迪拜，团队成员都是精通多国语言的专家，他们主要来自海湾国家、黎凡特地区、北非国家以及美国和欧洲地区。该中心专门从事阿拉伯国家的政治和社会运动方面的深层研究和分析，通过跨阿拉伯地区的广泛网络，中心专家们凭借专业知识和不可多得的资料使该中心处于阿拉伯智库的前沿位置。中心认为，只有基于地区文化、历史和知识环境的相关学问才能保证政府制定出有效的政策，而单独的政治分析是不能充分研判地区政治趋势的。

自2007年成立以来，米斯巴尔研究中心每个月都会调研地区决策者最关心的问题，并根据调研结果出版月度报告。这份阿拉伯语报告涵盖了中东地区最热点的问题。如2013年出版的第73卷主题是《"基地"组织之春》：中东剧变以来，中东地区再次出现了伊斯兰化浪潮和国际恐怖主义反弹，"基地"组织的蔓延和渗透趋势愈演愈烈。本期以叙利亚、也门、黎巴嫩、西奈地区和马里为例，研究了"基地"组织的新动向和主要特点，也提出了合作反恐的若干对策。2013年出版的第78卷主题是《海湾国家的伊斯兰法及其教法学家》：伊斯兰法则是以《古兰经》为基础的具有宗教背景的法律体系。海湾国家都属于较为纯正的伊斯兰法系，伊斯兰法是一个独立而庞大的法律体系，它不仅仅是穆斯林的一种生活习惯，而且是与其他法系平行的司法制度。该卷记录了伊斯兰法在海湾国家的社会和政治角色的变化，分析了该法面临的挑战和机遇。

此外，通过阿拉伯的印刷媒体、广播和电视，米斯巴尔的专家学者经常通过召集专门小组、召开圆桌会议编发简报来形成共识，从而完成舆论导向工作。

（二）团队

专职研究人员9人，兼职研究人员若干，均来自沙特阿拉伯等海湾国家、北非国家、美国和欧洲等。

1. 特齐·达克希尔（Turki al-Dakhil），中心创始人和主席

达克希尔原是沙特阿拉伯电视台的一名广播员，他是著名的电视脱口秀节目"聚光灯"的主持人。在利雅得的经学院接受伊斯兰教育后，他便开始了报刊记者生涯，为沙特阿拉伯的《欧卡兹报》《利雅得日报》《国家报》做记者，他还为泛阿拉伯的《生活月报》和新闻杂志报导政治文化方面的新闻。他曾在蒙特卡罗电台和沙特阿拉伯当地的调频MBC担任广播记者。在那以后，他在美国继续留学，专攻新闻研究、电子媒体和摄影专业。在美期间，达克希尔与他人合作创立了一个具有自由主义倾向的在线新闻杂志《艾拉夫》和电视新闻频道的在线网站Alarabiya.net，它们是当今浏览次数最高的阿拉伯语网站。

达克希尔每周在阿拉伯电视台播送的脱口秀节目"聚光灯"，给那些阿拉伯和伊斯兰社会改革的支持者提供机会，让他们宣传自己的理念，提高大众关注度，同时也对那些提倡尖锐的意识形态的人发起挑战。阿拉伯商务杂志在2007年将达克希尔评为"世界上最有影响力的阿拉伯人"之一。此外，他还会每周在沙特阿拉伯日报《国家报》中撰写名叫《上帝原谅他说的话》的专栏，也出版了5本关于海湾国家和阿拉伯事务的书籍。

2. 曼苏尔·诺盖旦（Mansour al-Nogaidan），中心执行理事，米斯巴尔月报主编

曼苏尔·诺盖旦负责管理米斯巴尔研究中心的运作，监督所有调查研究和项目，同时专门研究伊斯兰运动。《纽约时报》将他描述为一个"明亮而年轻的希望之星"，因为他关心国家的未来，有批判精神和与世俗抗争的勇气。在关于沙特阿拉伯和海湾国家的改革方面，他是最受欢迎的评论家之一。

除了担任阿拉伯联合酋长国的《阿拉伯联合报》的周刊专栏作家和为泛阿拉伯印刷业和广播媒介行业做出贡献外,曼苏尔·诺盖旦还撰写了多部作品,如《清算王》(米斯巴尔研究中心,2012年出版),这是从1927年开始至今为止关于沙特阿拉伯宗教警察[1]的研究,被誉为里程碑式的作品;《萨拉菲运动的前世今生》(米斯巴尔研究中心,2010年出版)呈现了秘密的极端萨拉菲运动(Salafi Movement)的影响,作为逊尼派穆斯林中的一种极端保守运动,萨拉菲坚持伊斯兰信仰中的原教旨主义与复古主义,创新与创制是他们最大的敌人;《阿拉伯联合酋长国的穆斯林兄弟会:扩张和衰落》(米斯巴尔研究中心,2012年出版)分析了关于这一地区的最难以理解的兄弟会分支的重要信息和深刻见解。这些书因为热点突出,分析透彻,因而广受好评。

此外,曼苏尔·诺盖旦还为《纽约时报》《华盛顿邮报》和《大西洋邮报》撰写文章。

(三)出版物

米斯巴尔研究中心出版的专著主要包括伊斯兰教、阿拉伯国家政治以及伊斯兰激进组织研究等主题。

1. 米斯巴尔研究中心:《海湾国家宗派和宗教的多样性》[2]

约旦国王阿卜杜拉二世2004年12月在接受《华盛顿邮报》采访时明确提出海湾地区正在兴起一个"什叶派新月带"。本书考察了伊拉克战争以来海湾地区国家宗派的现状和宗教的多样性,指出萨达姆政权的垮台以及伊拉克什叶派势力的兴起为伊朗什叶派提供了机会,彻底改变了海湾地区什叶派传统上受制于逊尼派的劣势地位。这个"什叶派新月带"不仅已经初步形成,而且对其周围的国家在宗教和政治上产生了很大的影响。伊朗在中东地区什叶派政治力量中占据的核心地位,再加上伊斯兰世界尤其

---

[1] 阿拉伯语为"穆塔维因",本意是"志愿者""献身者"或"执法者"。他们自愿成为执法人员,主要从事伊斯兰教瓦哈比教派根据《古兰经》所确定的宗教风纪方面的维护。除了"宗教警察"之外,他们也被称为"道德警察"《古兰经》警察"等。

[2] [阿联酋]米斯巴尔研究中心:《沙特统治家族面临的主要问题》(阿拉伯文),迪拜:米斯巴尔研究中心,2014年版。

是中东什叶派穆斯林的广泛支持,已经成为它和美国进行博弈的重要筹码。事实表明,海湾地区逊尼派压制什叶派的传统关系,已经随着什叶派势力在伊拉克战争后的兴起被彻底打破。通过阐明海湾国家宗派的复杂构成,这本书中详细讨论了如何使海湾国家解决差异,如何加强自身的凝聚力,还有如何防治外国势力对该地区国家的操控。

2. 米斯巴尔研究中心:《埃及穆斯林兄弟会的统治及其评价》[①]

在埃及历史上,穆斯林兄弟会具备着充足的武装斗争、社会运动和政治抗争经验,影响力遍布中东乃至全球。本书主要调查埃及穆斯林兄弟会的短暂统治,分析相关领导人犯下的政治上和经济上的过失,这些过失几乎使得整个国家在一年时间内分崩离析。前一部分描述政府如何建立垄断统治来控制政府机构和设施(在埃及,这个过程被称为"兄弟会化")。穆巴拉克独裁时期,穆兄会被认为是道德的高地,但穆巴拉克倒台后,人们才发现穆兄会成为民主最大的障碍。他们非常宗教化,甚至非常暴力,执政后侵犯人权和采用暴力的相关记录比比皆是。后一部分通过对这一时期政策过失的分析后指出,如果军队不采取行动干预穆兄会的代表穆尔西日益明显的反宪法反民主行为,则穆兄会主导下的埃及未来很可能会演变为一个神权政治主导的国家。

3. 米斯巴尔研究中心:《巴尔干半岛地区的伊斯兰教和穆斯林》[②]

自公元14—15世纪奥斯曼土耳其人征战巴尔干半岛以来,伊斯兰教开始在这里迅速传播。到公元20世纪70年代初,该地区的穆斯林人口已达700万人,成为巴尔干半岛的一个重要宗教群体。由于行政税务在奥斯曼时代大量包给了当地改了宗的穆斯林斯拉夫地主,之后普通人改宗的状况也相当严重。一方面,基督教在巴尔干半岛并不具备深厚的根基,上流社会是穆斯林的,基层是基督徒的;另一方面,苏非派在巴尔干半岛传播伊斯兰教方面起到不小的作用,特别是苏非派派别巴克塔希派,它是一直保

[①] [阿联酋]米斯巴尔研究中心:《埃及穆斯林兄弟会的统治及其评价》(阿拉伯文),迪拜:米斯巴尔研究中心,2014年版。

[②] [阿联酋]米斯巴尔研究中心:《巴尔干半岛地区的伊斯兰教和穆斯林》(阿拉伯文),迪拜:米斯巴尔研究中心,2015年版。

持民众色彩的农村团体。可以说，苏非派赋予伊斯兰教以简朴的形式，将其传播给了巴尔干半岛的居民。

4. 米斯巴尔研究中心：《埃及伊斯兰圣战主义者的恐怖活动》[①]

埃及伊斯兰圣战组织拥有大批武器和弹药，建立了秘密武装力量，图谋通过暗杀、大规模恐怖活动以及攻打政府重要机构等办法推翻政府，建立伊斯兰政权。近年来，埃及伊斯兰圣战主义者暴行不断。2012 年 8 月，埃及西奈半岛边境安全检查站遭到袭击；2013 年 6 月，埃及法院就 26 名圣战组织成员攻击进出苏伊士运河船舶的事件作出死刑判决；2014 年 1 月，埃及伊斯兰美术馆遭遇埃及伊斯兰圣战主义者发起的恐怖爆炸，造成美术馆部分被毁，损坏了 179 件文物，包括中世纪埃及马穆鲁克时期的玻璃灯笼。一系列恐袭造成恶劣后果，对埃及权力部门造成巨大挑战。

2. 米斯巴尔研究中心：《土耳其正义与发展党的外交政策》[②]

本书由土耳其和阿拉伯学者共同完成，他们剖析了历年来土耳其伊斯兰运动的进展及其影响。自 2002 年起，正发党在土耳其已连续执政 16 年。从 2010 年中东剧变至今，土耳其改变了之前温和的外交政策，逐渐偏离"与邻国零问题"的政策，转而采取较为冒进的外交政策，过多地介入地区事务。在埃及问题上，土耳其是穆斯林兄弟会的支持者，而穆兄会政权很快被埃及军方发动的二次革命推翻，土耳其在埃及的外交投资化为泡影。综合判断，土耳其外交正进入正发党执政以来的新阶段，出现了务实理性的苗头，特别是修缮同以色列、俄罗斯的关系，是对 2010 年后冒进外交政策的纠偏。

（四）学术论文

1. 特齐·达克希尔：《阿美合作关系：不只是关于 IS》
2. 阿卜杜拉·哈米德：《也门叛军胡塞武装：沙特和伊朗的"代理人

[①] ［阿联酋］米斯巴尔研究中心：《埃及伊斯兰"圣战"主义者的恐怖活动》（阿拉伯文），迪拜：米斯巴尔研究中心，2014 年版。

[②] ［阿联酋］米斯巴尔研究中心：《土耳其正义与发展党的外交政策》（阿拉伯文），迪拜：米斯巴尔研究中心，2014 年版。

3. 约瑟夫·布劳德：《孤立伊朗金融领域美欧扩大对伊朗制裁》
4. 洛伦佐·费迪诺：《海湾地区"基地"组织的活动及其影响》
5. 曼苏尔·诺盖旦：《2015年阿联酋对外援助占国民收入比列世界第二》
6. 苏阿德·萨比赫：《卡塔尔断交危机之谜》

第三节 卡塔尔智库及其特点

卡塔尔由阿勒萨尼家族世袭统治，是中东地区人均GDP最高的国家。由于政局稳定、经济实力较强，加之政府对智库的建设颇为重视，有的智库直接由埃米尔领导，使得卡塔尔智库近年来发展较快。国际知名智库有不少在卡塔尔设立了分支机构，如布鲁金斯多哈中心、兰德—卡塔尔政策研究所、乔治城大学外交学院卡塔尔分校国际和区域研究中心。由于本课题主要研究阿拉伯国家智库，因此这些分支机构没有被选为研究对象，仅在此做简单介绍。

布鲁金斯多哈中心成立于2008年2月，财政上受卡塔尔政府资助。研究领域涵盖了政治改革、大国关系、和平重建以及海湾国家政策等。中心的研究项目主要包括布鲁金斯多哈能源论坛暨能源研究平台、叙利亚二轨对话倡议、布鲁金斯多哈中心—斯坦福大学"阿拉伯转型研究"项目以及"转型对话"项目等。主要出版物包括《分析报告》系列、《政策简报》《转型对话论文》系列、《阿拉伯转型项目报告》系列、《能源论坛年度报告》等。该中心人员结构分为研究团队、国际顾问委员会、工作人员和项目官员团队、实习研究团队等几大块。美国布鲁金斯学会外交研究下设的萨班中心汇集了经验丰富的中东政策研究智库人员，目前共有研究专家19人，负责中心事务的有1家公司和5名工作人员，另有客座研究人员3人。中心主任塔玛拉·考夫曼·维茨（Tamara Cofman Wittes）曾担任美国国务院近东事务副助理国务卿，负责协调美国联邦政府在中东地区的人权和民主政策，是美国政府回应"阿拉伯觉醒"非常重要的人物。

兰德—卡塔尔政策研究所成立于 2003 年，由美国兰德公司与卡塔尔基金会在多哈携手合作而组成。该研究所主要有两项任务：一是为中东北非和部分南亚地区的决策者提供全方位的兰德公司分析报告；二是提供兰德政策分析风格的就业和培训机会以提升卡塔尔人员和机构的相关能力。研究领域涉及教育、卫生、经济、人口与劳工、能源、防务和安全、环境、交通、文化艺术。2013 年 12 月，双方签署了第二个为期十年的合作协议。

乔治城大学外交学院卡塔尔分校国际和区域研究中心于 2005 年成立，目标是成为公认的中东地区领先的国际事务学术机构。其路径是提供在教学、研究和社区服务方面的服务。该研究中心主要聚焦六大战略：开展研究与提供奖学金、课程研发和卓越教学、实施研究生项目、介入社区、建立学术联合会、招生和研究生培养战略等。该中心集教学、研究、咨询服务三大功能于一体，研究覆盖国际事务、海湾地区政治与经济等领域。

本节深入研究的智库之一是阿拉伯调查和政策研究中心，该中心着力于研究困扰阿拉伯世界的关键性问题，并提供对该地区政策的合理分析。

另外一个是半岛研究中心。中心的研究范围十分广泛，涉及地缘政治与战略、经济与社会、传播学、人文学科、文明、舆论调查等诸多领域。值得一提的是，半岛研究中心与中国的互动比较活跃，除了接待中国代表团来访，中心还举办了几场以中国相关问题为主题的研讨会、讲座等，并发布了 10 余篇研究中国与其国际关系的学术报告。尽管中心的起点在阿拉伯地区，但其视野绝非局限于此而是放眼国际，不但努力深入认识业已存在的文明的挑战，而且竭力把握世界变化走势及其对中东地区尤其是海湾地区的影响。得益于庞大的专家团队，再配合其广泛强大的传媒网络，使该中心在信息获取、观点创新及舆论引导等方面具备得天独厚的优势。

一、阿拉伯调查和政策研究中心（Arab Center for Research and Policy Studies）

地　址：PO Box 10277, Street No. 826, Zone 66, Doha, Qatar
电　话：(+974) 44199777
传　真：(+974) 44831651
邮　箱：office@ dohainstitute. org
网　址：http：//english. dohainstitute. org/portal

（一）基本情况

阿拉伯调查和政策研究中心位于卡塔尔多哈，是一个独立的研究机构，也是一个历史和社会科学研究的智囊团，特别强调应用社会科学方面的研究。该中心致力于几方面的工作：促进社会科学和人文科学领域的阿拉伯知识分子和专家之间的顺畅沟通，加强他们的协同作用以及引导他们对社会和国家问题的关注；与其他阿拉伯和国际研究中心或智囊团形成紧密联系和互动；召开研讨会、商议阿拉伯社会普遍关注的问题，出台一系列方案来进一步影响公共政策。

该中心是一个学术机构。主要关注阿拉伯社会和国家的发展，注重彼此之间的合作。它通过启迪的方式致力于推动阿拉伯国家的事业。在不违反阿拉伯文化和身份的前提下进行发展，坚信只有尊重各国历史条件、文化和语言、社会及其所有组成团体，才能促进发展。当然，发展也必须与其他文化的社会团体进行互动。为了达到这个目的，中心首先从探讨和诊断阿拉伯国家和社区的问题入手，然后通过深入分析现行社会、经济和文化政策，从而提供更优质的解决方案。中心关注的主要问题包括国籍和身份、分裂与统一、主权和依赖、科学进步和技术停滞等。

此外，该机构也注重研究阿拉伯世界与其周边亚洲和非洲国家之间的关系以及美国、欧洲和亚洲国家的政策，特别是他们在政治、经济和媒体方面如何影响着阿拉伯世界。该中心定期编辑出版调查和研究报告，针对专家以及普通阿拉伯公众关心的问题举行圆桌会议、研讨会、培训会等。

出版物大多备有阿拉伯文和英文版本，以方便阿拉伯和非阿拉伯国家的研究人员参阅。

1. 使命与目标

该中心努力成为在阿拉伯地区发挥积极的作用、且不局限于学术研究的智囊机构。实际上，它不仅有智库功能，而且能够为公众和决策者制订宣传文件和行动计划。举例来说，该中心经常开展形式特定的专门研究项目，通过调查和研究得出结论并出具阿拉伯舆论方案。除此之外，该中心还发布案例分析、政策分析、工作文件和报告。该中心构建了一个来自阿拉伯世界研究人员的庞大网络，他们关心困扰阿拉伯世界的各种问题，并寻求在阿拉伯社会促进自由和公正。

该中心还为卡塔尔大学的毕业生提供实习机会和培训课程。这类培训包括科研成果、科研论文的写作，而"咨询报告"的写作针对他们各自单位的决策者。具体包括以下内容：研究影响阿拉伯地区和中东地区的地缘战略、政治和社会经济问题；担任双重身份，一方面作为一个学术中心进行学术研究，另一方面向广大市民提供咨询服务和政策建议；致力于实现理想的阿拉伯社区，从阿拉伯联合利益、阿拉伯国家安全和阿拉伯经济共享等议程出发，诊断和分析当前局势并对有关各方提出建议，努力推动政府官员和普通民众达成共识。

2. 工作方式

众所周知，美国在政治学话语和方法方面长期占主导地位，尤其是在所谓的"中东研究"领域。这代表了政治、经济和传媒霸权的知识产权表达由美国智囊团和知识产权机构行使和维护，他们的研究计划是由美国的总体政策需求和利益所驱动。这种知识产权合规性不仅是受到捐助方议程和方向的保护，也因具体的知识、术语和概念工具的普遍使用而更加牢固。此外，通过迎合美国政策制定者和决策者的市场，美国智囊团往往容易过于简化——最多就是简化和选择性的观察，而最坏的情况是歪曲事实和再次确认自己的假设。

鉴于西方观点占主导地位及其对西方决策过程中的影响，以及相对较为科学的阿拉伯研究中心的缺乏，阿拉伯记者和政治家往往依靠美国和西方的分析。因此，对这些领域现有的研究方法和手段进行重新审查和改进是阿拉伯迫切之需，制定一个清晰的阿拉伯概念的研究是阿拉伯议程的需要，从而为阿拉伯地区提供所需要的信息和分析。这个庞大的知识鸿沟需要由独立的阿拉伯研究中心来填补，由合格的阿拉伯研究者担任，他们寻求促进阿拉伯民众和社会的利益，并主要解决阿拉伯社会、公民和机构的问题，其次是西方社会的问题。

阿拉伯调查和政策研究中心就是在这样的环境和语境下建立的。该中心通过使用社会、经济和历史科学的工具对阿拉伯社会和国家的问题进行研究。该中心预先假定现在阿拉伯国家和人类安全、阿拉伯共同属性和利益的存在以及阿拉伯经济发展的可能性，然后循着这一思路制订多套方案和计划，并通过研究和评价推出最佳选择。

(二) 工作范围

1. 关注焦点

政治与公共管理。包括政治和行政改革问题，阿拉伯国家和其他国家的外交关系、安全问题、国家安全及经济。该中心研究议程的部分最紧迫话题包括但不局限于：阿拉伯国家和社会安全，伊拉克危机，阿拉伯—以色列冲突，宗派关系和紧张局势，身份政治，阿拉伯国家和政治伊斯兰之间的关系，地区的政治、社会、经济和安全改革，美国在中东的外交政策，以色列的政治和社会，石油和能源政治，伊朗和土耳其在该地区的角色等。

社会学。包括社会变化和人口研究，教育，健康和死亡率，性别歧视和青年研究，身份问题，劳动力和就业，贫困，失业，移民和边缘化，社会运动，民间社会和非政府组织的作用，综合性社会政策，社会融合，发展的理念，国际化发展的政策，世界人口的预测。

媒体。包括媒体政策和阿拉伯媒体，即它的作用、独立性和所有权、舆论和信息技术的制作。此外，该中心鼓励开展阿拉伯人、穆斯林和阿拉伯问题在西方媒体的对比研究，旨在实时监测和评价阿拉伯媒体和西方媒体。

经济。探讨阿拉伯国家经济合作的机会，世界银行和国际货币基金组织政策对贫困阿拉伯国家的影响，全球化，发展前景和经济模式，地方金融资源，私人资本流动，官方发展援助，外债，货币，金融和贸易体系，世界贸易，基本商品，投资，技术，项目开发和基础服务结构。

环境和自然资源。包括粮食安全、粮食主权、水、贫困和环境污染、自然资源消耗的社会影响。

教育。研究和评估阿拉伯地区的教育政策，包括高等教育，特别注重教育发展、教学课程和私立教育面临的威胁和机遇。

以色列研究。鉴于以色列在阿拉伯国家外交决策过程中起着非常重要的作用，因此研究以色列社会和经济、国家安全事务。其目的还在于督促阿拉伯学术界和公众舆论对以色列事务保持关注。

土耳其和伊朗研究。包括两个国家在本地区的经济和政治角色，政治和宗教运动之间的相互交叉作用，两国在安全方面对阿拉伯国家的挑战与威胁，两国在地区的友好联盟及潜在联盟，两国对阿拉伯民族安全的影响等。

2. 投票中心和公共意见调研

除了科学研究外，该中心还就阿拉伯政治、文化和社会问题等方面的舆论进行调研。该方案是在一个专家的主导下，由一组研究人员和专家协助进行的定期调查。民意调查由研究人员和学术机构进行合作，通过数据收集和分析，得出的调查结果在定期公布的报告中进行传播，这些报告或者提供给广大市民，或者供研究人员和决策者参考。该中心建立一个数据库，采用现代技术和通讯工具，将民意调查的结果和分析保存下来。

3. 21世纪阿拉伯国家主要议程报告

该中心发布的年度报告，由顾问委员会监督，由阿拉伯国家数十名专家协同撰写。每个报告都将基于准确的数据，统计数据和事实，合理的分析方法，在前期经验和实地调研的基础上完成。该报告站在阿拉伯国家的角度，着重处理21世纪阿拉伯国家和民族面临的社会、经济、政治方面的挑战，并针对这些问题和挑战给出中肯的应对方案。

4. 翻译部

为配合阿拉伯调查和政策研究中心的总体方案，并应对阿拉伯发展部门和目前学者和研究的趋势之间文化对话和教育交流过程中的问题，翻译部专门出版和发行非阿拉伯作家和研究人员在经济学、社会学、政治学、管理学、文化和艺术等领域的优秀作品，从而满足阿拉伯国家领导人的多元化需求。

5. 图书馆

图书馆基本上囊括了相关领域的重要书籍，且已经实现与世界其他图书馆的资源共享。

6. 出版部

出版专业书籍、论文集、政策分析报告、多哈报告、书评和半年度期刊等。

7. 工作坊

中心常年举办讲习班，根据当年重要的主题，为相关领域的研究人员提供培训。召开会议和研讨会，其中每年的年会都会吸引全球各地类似的研究中心，或有相似关注领域的机构前来参会，从而完成深化沟通、促进战略分享、增进目标认同等规划。

（三）主要项目

1. 阿拉伯政策研究中心的访学项目

为了帮助那些打算利用休假时间完成书稿或者撰写文章的学者和研究人员完成相关任务，中心推出了时间不等的访学项目。目的在于激励所有中心的工作人员，尤其是那些在阿拉伯大学和高等院校从事教育行业的成员，还有在阿拉伯专业研究机构和阿拉伯非盈利研究中心任职的研究人员推出科研成果。访学项目同样也适用于在阿拉伯世界的公共部门的专业研究机构。

2. 阿拉伯社会科学和人文学科奖

该中心设立了阿拉伯社会科学和人文学科奖来鼓励在这方面获得成就的学者。当阿拉伯国家在经历社会转型等重大事件时，该奖项有助于激励学者们创作出与阿拉伯社会的进步相关的成果。中心委员会负责制定每年的奖项主题，专家鉴定组则依据一定的评价标准，对上交的研究报告作出评价并遴选出当年的获奖者。

3. 阿拉伯舆情指数分析

阿拉伯舆情指数是研究中心民意测验的项目。随着阿拉伯国家局势的不断变化，矛盾突发期诸多问题冲突叠合聚积，政府十分需要了解相关动态。该中心的阿拉伯舆情指数分析团队每年都会监督与分析数百万份对来访者的调查与采访，并将公众的社会政治立场、观点和定见进行分类整理，形成文字材料以备政府决策参考。

(四) 工作人员

行政人员14人，专职研究人员38人，编辑人员5人，图书、网络、媒体9人，信息工程部2人。

1. 董事长阿兹米·毕夏拉

阿兹米·毕夏拉是阿拉伯政策研究中心的董事长和执行委员会的成员之一。作为一名研究人员和作者，毕夏拉已经出版了许多专著和很多关于政治思想、社会理论和哲学的学术报告，另外还有一些文学作品。从1986—1996年，他在巴勒斯坦比尔泽特大学担任哲学和政治思想史的教授。他参与创立了巴勒斯坦公民联盟（Muwatin Coalition）和阿拉伯应用社会研究中心（Mada al-Carmel）。值得一提的是，毕夏拉还是巴勒斯坦国民民主大会（National Democratic Assembly）的主要创始人，从1996—2007年的连续四届会议中，他都代表其党派当选为国会议员。2007年，毕夏拉因遭到以色列政府的迫害而转居卡塔尔。此外，他是2002年伊本·鲁世德思想自由奖的获得者，并且在2003年获得了全球交流组织人权奖。

2. 董事长助理伊哈·穆罕默德·巴希尔

伊哈·巴希尔是阿拉伯政策研究中心的董事长助理，在办公室管理、归档和工作协调方面，他有着很丰富的经验。在加入研究中心前，巴希尔曾担任其他研究中心的执行秘书，后来还担任总负责人。他毕业于黎巴嫩艺术与科技大学的工商管理学院并获希伯来大学的工商管理硕士文凭。

3. 执行董事会主席塔希尔·卡纳安

卡纳安是阿拉伯政策研究中心的专职研究人员。他获得英国剑桥大学的经济学博士学位。卡纳安曾服务于许多学术机构和政府,1986—1989 年任职于卡塔尔经济与商务部,1998—1999 年任职于卡塔尔发展规划与统计部,1999 年起任职于市政与城市规划部,1996—2000 年被联合国经济和社会理事会选中担任联合国开发计划委员会成员,2005—2008 年担任联合国公共行政和经济专家委员会成员。在联合国开发计划署任职时,卡纳安完成了 2002 年、2003 年、2004 年、2005 年到 2008 年的阿拉伯国家人类发展报告。同时,他也是许多公民社会组织的志愿者,包括参与受托管理委员会,管理阿拉伯反腐败组织和管理巴勒斯坦研究机构等。

(五)出版物

阿拉伯政策研究中心推出一系列出版物,如研究报告、政策分析报告、案例分析报告、多哈报告、档案和书评等为政策制定者、学术专家、政府官员和公众提供批评性分析。除了学术研究论文外,还包括大量政策分析报告、多哈报告、卷宗与书评等。

二、半岛研究中心(Aljazeera Center For Studies)

地址:P. O. Box, 23123 Qatar
电话:(+971)40158384
传真:(+971)44831346
邮箱:jcforstudies@ aljazeera. net
网址:http://studies. aljazeera. net

(一)基本情况

半岛研究中心成立于 2006 年,主要追踪区域或全球层面的热点时事并进行深入分析。成立之初,中心通过与中东其他研究中心联手合作,优化阿拉伯世界的社会政治和文化结构,探索更好地了解和解决该地区复杂问题的渠道。近年来,它的研究重点主要集中在阿拉伯世界及其周边地区的战略发展。中心驻扎在中东的心脏地带,它从阿拉伯世界的社会政治和文化结构内部着手，争取促进知识的共享以便对这个地区复杂形势有更深刻的理解。中心旨在搭建促进对话、构建文明的桥梁，增进不同宗教间的相互理解和交流。通过举办各类学术和战略研讨会，鼓励相关学术著作出版发行，在学术和战略研究的基础上提升阿拉伯世界的整体知识水平。

（二）区域研究

1. 阿拉伯地区研究

包括阿拉伯国家的政治秩序、经济发展、社会文化等内容。

"9·11"事件以来，随着美国对阿拉伯地区新一轮的军事干预，多数阿拉伯国家安全系统崩溃，阿拉伯地区丧失了原有的区域权力平衡。加之2010年底，阿拉伯地区爆发了大规模人民民主运动，这些内外部现象都预示着阿拉伯国家政治、经济、文化和安全秩序的崩溃。由于社会阶层问题、区域发展不平衡问题以及种族宗教因素的叠加，使得原有的经济失衡演变为民族冲突和宗派冲突，甚至升级为内战和宗派战争。在经历了意识形态和种族冲突后，阿拉伯世界转向政治—宗教势力的权力平衡，导致了宗教团体之间的区域冲突、极端主义武装组织的跨国界蔓延，以及恐怖主义和宗教极端主义的崛起，并成为全球政治安全问题的焦点。半岛研究中心的学者们围绕这些问题展开讨论，一致认为阿拉伯国家要改变现状，首先要做到"政治改革、社会变革、经济现代化"。改革将成为阿拉伯秩序和阿拉伯国家变革的战略催化剂，它不但有助于建立地区内新型的政治、经济和文化结构，而且有利于加强阿拉伯政治和外交在国际舞台上的作用。一个统一的阿拉伯需要新的阿拉伯秩序，这种先进的健全秩序则必须依靠"安全一体化、经济一体化和政治外交一体化"这三个支柱。

2. 海湾地区研究

包括海湾国家的政治、经济、文化，特别是卡塔尔的外交政策。2013年6月，卡塔尔现任埃米尔塔米姆·本·哈马德·阿勒萨尼上任。之前的埃米尔在内政、外交等多个领域实施改革，致力于将卡塔尔建设成"新型国家"。卡塔尔在各种冲突和纷争中充当调停者和中间人的角色，实施积极的外交政策，参与调解地区冲突。2010年底中东剧变以来，卡塔尔改变外交政策，表态支持示威民众的立场，并且利用半岛台等媒体积极影响事态发展，并与穆斯林兄弟会和哈马斯等伊斯兰主义势力保持联系，遭到了其他海湾国家的反对，最终导致断交风波。研究中心的专家学者围绕着一系列问题展开讨论，积极为政府出谋划策。

3. 非洲地区研究

中心十分关注非洲阿拉伯国家的局势及其走向，紧紧围绕当前热点展开研究，如突尼斯革命后的第一次议会选举、埃及穆尔西政权的倒台、摩洛哥政治制度及其多党制研究。此外，中心还就尼日利亚的人质危机、博科圣地组织等非洲热点问题展开讨论并出台应对方案等。中心特别关注卡塔尔对非洲国家政策，2017年12月卡塔尔断交风波后半年，埃米尔塔米姆就开始了西非六国的访问行程。卡塔尔外交部发言人卢尔瓦·哈特指出："埃米尔对马里、布基纳法索、科特迪瓦、加纳、几内亚和塞内加尔这六个西非国家的访问，旨在突破邻国封锁，开拓国外新市场，实现经济多元化。"[①] 从实际行程安排和外交活动来看，卡塔尔埃米尔的西非之行还具有以下目的：突破沙特等国的经济封锁，摆脱被沙特等国孤立的被动局面，洗脱自己支持恐怖主义的嫌疑。

4. 亚洲地区研究

中心十分关注土耳其的动向，如对土耳其在2014年8月10日总统选举的结果进行分析。报道认为，作为土耳其新当选的现任总统，雷杰普·塔伊普·埃尔多安有志去实行宪法改革和建立一个新土耳其。就像土耳其国父凯末尔·阿塔图尔克的名字与土耳其的建立相联系，埃尔多安的名字也与新土耳其相联系。土耳其现正处于混合的政治体系中，它不属于完全的议会体制也不属于完全的总统制。然而，土耳其现存的宪法也不允许它实行半总统制，这导致了国家权力机关的不平衡和掌权者之间的矛盾，以及一些不改变宪法就无法解决的问题。课题组成员密切跟踪土耳其局势的发展并撰写相关报告。

[①] "Emir's Tour Expands Qatar's Partnership with African Nations，" *Gulf Times*, December 21, 2017.

5. 其他国际问题研究

这个单元主要涉及与伊斯兰教有关的问题，如伊斯兰教在俄罗斯的影响、欧洲穆斯林移民问题、东南亚伊斯兰教的趋势与特点等内容。

（三）半岛论坛

中心不定期召开半岛论坛，围绕阿拉伯国家的现实冲突展开充分讨论与交流。

1. 阿拉伯青年发展问题（2014 年 6 月 16 日）

阿拉伯国家的青年人口比例很高，而现今阿拉伯国家的社会经济及文化、政治发展水平都难以满足青年人对就业、教育等的需求。由于地区局势较为动荡，阿拉伯青年在各种活动中也充当了急先锋的作用，加剧了阿拉伯国家解决青年发展问题的急迫性，并成为影响阿拉伯国家政局稳定、社会进步及经济发展的重要因素。青年在"无序政治参与"中引发的问题迫使社会各界反思并提出应对措施。

2. 叙利亚危机背后的政党（2014 年 5 月 28 日）

2010 年底中东剧变以来，叙利亚陷入严重的社会动荡，直至爆发内战。叙利亚现政权的建立及发展历程，经历了军人夺权、个人专权、家族统治及其长期占据权力中心的过程，该政权具有浓重的宗教教派色彩。纵观叙利亚当前事态，复兴党垄断政权的局面必将一去不复返，各派政治势力将进行新一轮的"洗牌"，国家建构前景存在诸多不确定性。更有甚者，目前叙利亚冲突已经演变为地缘政治博弈，西方国家和其他中东国家都试图从叙利亚政治变迁中获得私利。同时，叙利亚已成为中东逊尼派和什叶派博弈的焦点。各方都在叙利亚寻找自己的"代理人"。民族和教派冲突将成为叙利亚的政治标签，使其有可能变成下一个伊拉克。

3. 人权研讨会：保护人权的挑战与现实，尊重与实现（2015 年 3 月 21 日）

自 1983 年阿拉伯世界的知识分子成立第一个保护公民权利和政治权利的组织以来，阿拉伯世界的人权状况在缓慢发展。由于阿拉伯人权组织本身定位是无党派和高于政治的，所以它能够在政治自由化的过程中，在不同党派的反对团体组织中，起着重要的中介作用。从某种意义上来看，人们对人权的兴趣，特别是新近强调的公民权利与政治权利，反映出阿拉伯民众对国家政权一味强调社会和经济权利的不满。

第四节　科威特智库及其特点

科威特的智库数量和质量在海湾国家中处于较高水平。其中，阿拉伯规划研究所和科威特科学研究所均连续多年进入全球智库报告的中东与北非地区顶级智库列表且排名情况相对稳定。

科威特经济社会规划研究所的宗旨是支持阿拉伯国家社会经济管理与发展规划。研究范围几乎涵盖了整个阿拉伯世界，研究所涉及的研究范围包括发展管理、行业发展、社会发展，地区内外发展环境和中小型企业发展等。研究所下设有咨询服务中心和中小型项目发展中心。咨询服务中心致力于为阿拉伯国家政府和企业提供咨询服务，帮助政府和企业处理部分其在经济与社会发展及发展规划领域所面对的问题；中小型项目发展中心专注于加强发展中小型项目在实现社会经济大发展中的作用，致力于提供一套集训练、咨询、技术支持、出版于一体的服务，以提高各类中小型企业的专业水平，为其提供国际水准的多样化高质量服务。

科威特科学研究所是一家半政府研究机构，其成立宗旨为发展、传播和利用最好的科学技术与知识创新，为企业、国家以及其他面临类似机遇与挑战的客户服务。研究所旨在通过进行应用科学研究，重点关注工业、能源、自然资源、粮食资源及其他与国民经济发展相关的领域，以服务国家经济技术发展；并在此基础上，为政府在科学领域及国家科研政策等方面提供建议与咨询服务。研究所下设科威特国家地震网、放射性物质监控系统、遥感实验室、气象中心、石油研究中心、中心实验室等。研究所与包括劳伦斯伯克利国家实验室（美国能源部）、橡树岭国家实验室、意大利膜技术研究所（德拉卡拉布里亚大学）、代尔夫特理工大学（荷兰）、基尤皇家植物园（伦敦）等多所国外研究机构或组织建立了合作伙伴关系。目前，科威特科学研究所理事会主席由科威特政府委任，当前该职位由科威特教育与高教部部长担任。

一、阿拉伯规划研究所（The Arab Planning Institute）

地址：Safat 13059，State of Kuwait

电话：(+965) 4843130 - 4844061 - 4848754

传真：(+965) 4842935

邮箱：api@api.org.kw

网址：http://www.arab-api.org/

阿拉伯规划研究所（API）是一个非盈利性的地区组织，它的基本任务是通过培训、研究、咨询、专家小组会议和出版等活动促进阿拉伯国家经济、社会财富的持续发展。

（一）基本情况

1966年，科威特政府与联合国开发计划署（UNDP）根据双方签订的五年协议，成立了科威特经济社会规划研究所，成为中东地区的一个独立的智库性质的研究机构。1972年，在五年协议即将结束之际，该机构改为阿拉伯规划研究所，总部设在科威特。从1980年开始，UNDP不再为研究所提供资助。目前，研究所成员国由15个阿拉伯国家组成，包括巴林王国、阿拉伯埃及共和国、伊拉克共和国、约旦哈希姆王国、科威特国、黎巴嫩共和国、利比亚国、毛里塔尼亚伊斯兰共和国、阿曼苏丹国、卡塔尔国、苏丹共和国、阿拉伯叙利亚共和国、突尼斯共和国、阿拉伯联合酋长国和也门共和国。研究所公约中指出，研究所欢迎其他阿拉伯国家的加入并力争为这些阿拉伯国家的利益服务，不论它们的政治地位和经济实力如何。

研究所的主要任务是：为使阿拉伯国家经济保持稳步发展提供必要的

知识、技术和经验;为阿拉伯决策者和研究者提供研究和数据检索的便利;提高阿拉伯国家在社会发展、经济管理和规划上的专业技术和研究质量;培养一批在经济和社会发展领域中多层次的专业干部人才;围绕阿拉伯国家重要的经济和社会发展问题,搭建专家交往和交流意见的平台;出版有关阿拉伯国家经济和社会发展的专业书籍和建立相关数据库。

(二)主要工作

1. 培训

研究所提供内容广泛的培训项目,旨在提高个人在各级政府部门和私营企业的工作效率和适应能力,其服务对象是从事国家经济管理、执行政府决策的国家工作人员。培训部门有培训师15位,教学秘书3位。网上培训课程是免费的,旨在提高受培训人员的专业素质,培训包含以下内容:文凭(为期9周)、专业证书(为期3周)和为期1周的选修课程。

此外,研究所工作人员以顾问的身份,为阿拉伯国家的高级官员以及有关机构和组织提供专门的培训课程。研究所的一些培训课程被录制成光碟,以便和其他相关机构资源共享。

2. 研究

作为一个思想库,研究所的工作主要是通过网络与来自阿拉伯乃至世界各地的研究所进行合作。研究工作的重点在于找出阿拉伯国家近期关心的经济和发展问题并提出相应的解决方案。其研究分为中期研究项目和实地考察研究项目两大部分,如私营企业的作用和竞争、经济危机及其出路、社会发展及金融市场等主题。实地研究项目为如何解决阿拉伯国家的失业问题等。

3. 顾问

研究所围绕经济管理、发展政策和规划为阿拉伯各国政府、地区和国际的研究所和私企提供咨询服务。研究所提供的咨询服务工作均结合客户的特别需要和培训课程的专业内容,旨在提高员工的分析能力和实际操作能力。

4. 专家小组会议

研究所围绕阿拉伯世界的经济和社会发展组织会议,安排专家集会,主持科威特国内外的会议、研讨会和讲座。这些会议如同头脑风暴，为各国和各地区专家们献计献策提供了平台。会上，专家们就阿拉伯国家事务进行讨论、交换意见、分享各自的研究成果。

5. 图书馆

成立于1966年，占据研究所大厦的两个楼面。该馆有阿文藏书15992本、英文藏书22351本，阿文期刊371种、英文期刊710种，为教师、学生以及科研人员提供了全面的信息资源。馆藏包括大量的印刷出版物以及相应的电子文本。

（三）出版物

研究所的研究计划和专家小组会议成果以地区或国际性的各种出版物的形式体现。

1. 《工作文件汇编》（Working Paper Series），不定期出版，在阿拉伯地区发行。

2. 《发展与经济政策》阿文期刊（Journal of Development and Economic Policies），每半年一期，关注阿拉伯国家的发展和经济政策等问题。该刊主要在阿拉伯地区发行，是研究所的主要刊物之一。该刊办刊宗旨是：在国内、地区和国际局势变换中关注阿拉伯国家的发展和经济政策；为阿拉伯国家的政策制定者、执行者和研究人员拓宽知识面和视野；为研究人员、关心阿拉伯国家经济发展的学者以及决策制定者之间展开对话。该刊工作人员由顾问委员会成员7人和编辑委员会成员10人组成。

3. 《发展的桥梁》（Development Bridge），是一份关注阿拉伯地区发展问题的期刊，涉及阿拉伯国家经济发展等问题。刊登的文章多是关于阿拉伯国家失业状况、世界石油市场、世界贸易组织、国家审计制度等内容。

此外，研究所还出版下列研究报告：《阿拉伯年度经济竞争力报告》（Arab Annual Competitiveness Report）、《数学和定量方法》（Mathematical and Quantitative Methods）、《宏观经济和货币经济学》（Macroeconomics and Monetary Economics）、《公共经济》（Public Economic）、《卫生、教育和福利》（Health, Education, and Welfare）、《劳动力和人口经济学》（Labor and

Demographic Economics)、《产业组织》(Industrial Organization)、《城市、农村、区域经济学》(Urban, Rural, and Regional Economics)、《工商管理、商业经济学、营销、会计》(Business Administration, Business Economics, Marketing and Accounting)、《农业和自然资源经济学》(Agricultural and Natural Resource Economics)等一系列经济学报告或刊物，旨在扩大决策者、施政者和研究人员在经济政策发展方面的知识面，开拓他们的眼界，有利于全面思考阿拉伯国家的经济问题。

二、科威特科学研究所（Kuwait Institute for Scientific Research）

地址：Safat 13109, Kuwait, P. O. Box, 24885
电话：（+965）4836100
传真：（+965）4830643
邮箱：public_relations@safat.kisr.edu.kw
网址：http://www.kisr.edu.kw

科威特科学研究所（KISR）为半官方机构，1967年成立。所长纳吉·穆罕默德·穆台里博士，现有员工797位，其中370位研究员，427位行政人员。该所遵循科威特法律，在石油开采、沙漠农业和海洋生物学等三大领域展开应用性研究。

（一）基本情况

1. 使命

促进科学和应用研究，尤其是在影响国家经济的主要方面，诸如工业、自然资源和食品生产等以及其他关系到国家经济命脉的重要行业。研究所致力于服务国家经济以及科技研发，并提供相关建议或参考。

在科威特埃米尔法律的约束下，研究所致力于以下目标：促进科学研究和提升民族工业的水平，有利于保护环境事业；鼓励和培养科威特年轻一代从事科学研究的精神；探索节约能源和水资源的方法，从而提高农业水平并利用天然资源和手段，开发水产生物资源；为政府和国家提供科学技术和研究咨询服务；推动科学技术进步，使它符合当地环境；与科威特和世界各地的科研院所建立关系，并与高等教育机构共同开展相关研究；验证国民经济资源投资行业的科学技术研究成果，为国家经济和社会发展提供服务和指导。

2. 所长寄语

迄今为止，科威特科学研究所已成立50多年。这些年来，科学研究所逐渐走向成熟，并为本国、中东地区和世界其他国家提供了良好的咨询服务。我很欣慰，也很感谢科学研究所获得了科威特最高权力机构的大力支持，包括埃米尔艾哈迈德·贾比尔·萨巴赫（Al-Ahmed Al-Jaber Al-Sabah）以及科威特其他政治领导人。

我们在总结和反省过去的成就，并计划成立几个专门小组与客户加强联系，为此，我们正在筹备的过程中。我们的关注点就是我们国家的需求，如何解决这些问题是我们的主要工作。我们会不断改进，不但包括我们的经营方式，而且涵盖我们的组织结构和重点领域。

科学研究所已建立了一个强大的知识储备，包括石油资源、水资源、环境和城市发展、食物资源和生物科学与技术经济等不同内容的研究计划。此外，我们的信息技术（IT）系统是本区域最好的之一，特别是在知识管理（KM）方面。科学研究所建立了科威特地理信息中心（KGIC）和科威特远程学习中心（KDLC）。此外，科学研究所在网站上更新每月出版的杂志，就科学和技术问题展开讨论，为阿拉伯世界各地的读者提供方便。

科学研究所自成立以来，已经走过了很长的路。在未来几年，虽然我们面临的挑战是巨大的，但我们将进一步优化资源，充分利用每一个机会来实现我们的目标。

3. 历史沿革

科威特科学研究所成立于1967年，由阿拉伯石油有限责任公司（日本）在科威特政府特许下筹建起来。研究所在三个主要领域开展应用性科学研究：石油、沙漠农业和海洋生物。科学研究所由埃米尔于1973年颁布法令，并据此组织了董事会。研究所的主要目标是：在埃米尔法令规定的前提下，开展应用科学研究，特别是有关能源、农业和国家经济等重要行业，为国家经济和社会发展做贡献并为政府决策提供智力支持。1981年，根据埃米尔法令（法律第28号文件）做出的修订，科学研究所成为一个独立的科研机构。该法律规定，该研究所采取董事会制度，董事长由部长委员会选举产生。修订后，研究所的目标仍然是开展应用科学的研究，包括有关保护环境的研究、自然资源、农业开发技术的推广等，从而有助于民族工业的进步。该研究所现已成为海湾地区乃至阿拉伯世界重要的科学、技术咨询机构。

4. 成果转化

该项目的主要目的在于将科威特科学研究所的科研项目进行成果转化（R&D）[①]，从而支持科威特的研发事业。亚瑟·D. 利托目前负责该项目的实施，同时他也帮助我们筹备这个项目并制定相应的规章制度。

5. 五年战略规划

为了明确发展方向，科威特科学研究所每隔五年设立下一个战略目标。

主要任务：科威特科学研究所的任务是进行科学研究和技术开发，同时提供技术咨询和服务。在努力完善自我的同时，积极参与国家建设，大力支持国家经济和社会发展的需要。

愿景：科威特科学研究所要求工作人员努力创新，深入研发工作，他们的创新性解决方案不仅要服务于生产，而且要为国家的经济和技术发展作出贡献。

价值观和道德规范：为了完成使命和履行愿景，工作人员必须做到以下几点：以科学与技术（S&T）作为发展的基础；具备科学道德和诚信；创建合适的工作环境，充分发挥个人创新能力；团队协作精神；提供科学咨询与对策建议；服务于社会。

---

① R&D（research and development），指在科学技术领域，为增加知识总量（包括人类文化和社会知识的总量），以及运用这些知识去创造新的应用进行的系统的创造性的活动，包括基础研究、应用研究、试验发展三类活动。

(二) 科研项目

1. 环境与城市发展

使命：从事研究和开发，应用适当的技术，加强城市基础设施建设，遵循自然环境的保护和改善生态环境的原则。

目标：进行环境质量的评估，保护陆地生态系统，加强污染生态学研究；评估工业和生活废弃物处理技术，采取及时有效的补救措施；增强环境信息系统（EIS）的开发和研究，进行环境影响评估；研究海洋生态系统中的污染物生物利用度。

2. 食品资源与海洋科学

使命：从事对自然资源的可持续开发以及粮食生产的加工和管理。

目标：丰富和发展特定战略食品的生产和安全；根据研究成果和已有经验，与私营部门合作建立模型制作项目；保护可再生自然资源，发展可持续利用的技术。

3. 石油研究中心

科威特科学研究所下属的石油研究中心（PRSC）成立于2000年。该中心原本是研究所一个掌管石油开发、石化和材料的分支部门。该中心成立的主要目的在于提供相关技术支持，开展相关研究和提供技术咨询。

PRSC位于科威特艾哈迈迪市，有16个科研部门、两个会议室和一家试验工厂。PRSC的主要目标是成为科威特国石油工业的研发部门，为石油工业提供应用研究和技术服务。该中心配备了技术娴熟、经验丰富的人员，业务涉及石油生产、炼油、腐蚀和石化等广泛的技术领域。它同时也是一个信息源，为石油部门的工作人员提供正式培训。此外，为提高科威特在石油方面的整体发展，PRSC不断获得石油工业的新技术。

PRSC主要研究和技术领域：石油生产、石油炼制、高分子材料及化工、腐蚀与材料科学、安全环境与健康。

4. 化工技术经济

使命：为客户提供高品质的解决方案和应用研究培训，以促进经济的可持续性和社会的繁荣。研发要以改善人民的生活标准为目标，研究结果面向公众和政策制定者。

目标：支持科威特的发展部门，运用经济和数学模型以及定量分析方法来进行调查和研究。其中，经济研究部的目标是：私有化、全球化以及与能源相关的研究；符合健康、教育、能源、工业部门的发展指标；根据未来的投资机会，制订业务计划和市场分析。定量方法和建模的目标是：发展决策支持工具，在服务和工业部门优化资源配置；基于 Web 的应用程序开发数学和经济模型，为公共和私营部门提供研究和应用支持；通过统计和计量分析、实验设计、数学模型等方式，进行可行性研究。

5. 水资源

使命：为水资源有关行业的发展提供科学和技术支持，确保水资源储备战略，研发节约用水的方式。

目标：确保最佳的可利用的水资源的使用和保护；降低淡化水的生产和开发成本，提高废水处理技术；完善水资源基础设施；改善现有海水淡化系统，增强其可靠性；保护水资源环境；提高水务部门的效率和生产力。

（三）实验室服务

科学研究所为客户提供实验室服务，按照场地和时间收取必要的费用。我们的实验室服务包括以下内容：

1. 化学分析

KISR 下属的中央分析实验室（CAL）成立于 1977 年，为本所研究项目和其他政府机构提供分析支持和服务。实验室采用干湿化学法、色谱法、光谱学、物理化学和微量金属研究等方法，为客户提供准确的分析数据，其分析服务已经通过了质量控制和质量保证部的审核与监控。所有的分析方法和分析系统都要经过定期检查，保证其准确度和精密度。同时保证，当分析方法被法定标准采用时，进行重现性试验[①]。

2. 材料检测

KISR 的材料检测包括对原材料的成分分析、测量、无损伤检测和环境

---

① 此处指不同实验室之间不同分析人员测定结果的精密度。

模拟测试等，通过测试水泥、混凝土、砌筑组件等一般建材，它可以作为质量控制手段，对钢筋混凝土结构进行无损检测。

（四）专业中心

1. 科威特国家地震台网

根据1994年召开的KISR董事会精神，1996年建立了科威特国家地震台网（KNSN），1997年3月开始运作。KNSN覆盖以下研究工作：监控科威特的地震活动；在科威特境内和周边地区记录地震事件；关注地震事件的发展，进行必要的调查和研究；描绘科威特的地震活动状态，勾勒地震灾害图；与有关部门合作，建立建筑物抗震规范；收集和整理各地震台网的地震数据；在地震学领域，创建一个合格的本国人力资源库。

2. 科威特国家气象网

该网络包括沿海和空气污染部以及环境和城市发展部。1996年，沿海和空气污染部决定在科威特安置8个气象站。2008年3月，经过近10年的努力，成功安装了第九个气象观测站。近年来，随着专业技术的提高，研究所的气象数据已被广泛使用在空气质量监测、环境管理、海岸环境管理、陆地生态系统的生物多样性、旱地农业生产、节能技术以及创新和可再生能源等方面的研究。研究所基础设施优良，研究人员在国内外均享有良好声誉。

3. 遥感实验室——卫星成像

遥感研究在科学研究所的历史可以追溯到20世纪80年代末。现有的遥感设施更新于1992年，由科威特科学研究所提供资金支持。这个实验室的建立，旨在促进遥感研究，并将之应用到科学与工程的各个领域。遥感研究实验室曾为政府部门和公共机构提供信息。在1991年的海湾战争中，它起到了关键性作用。

遥感技术可以用来收集科学知识，可能会发现环境要素以及环境监测和评估的因果关系。遥感项目通过其科学活动，涉及监测和数据的收集，创新性的研究和缜密的理解，翔实的评估和解释性研究，它提供了综合性自然科学的方方面面，同时要求解决以下问题：在沿海水域从时间和空间角度进行水质监测；景观的演化过程分析；土地利用/土地覆变化的评价；

微气候变化，区域和全球气候的变化；水资源评价与管理；植被的监测和管理；在不同时间和空间上了解生态功能，评估预测的变化。

第五节　巴林智库及其特点

巴林是个体量较小的阿拉伯国家，但其智库数量却逐年递增，从 2013 年的 7 家增加到 2017 年的 12 家，可见政府对智库工作的重视程度在上升。

巴林的智库中以巴林研究中心最为有名。中心的目标是为巴林政府的最高利益服务。它由经济和战略研究部、科学研究部、教育和社会研究部三个部分组成。中心的日常研究工作包括普及型研究、咨询服务、举办研讨会、媒体宣传等。目前中心共有 89 位员工，其中科研人员 38 位，其余 51 位从事行政管理和助理研究工作。中心与美国国际斯坦福研究学会形成了紧密的合作。研究中心的愿景是在当今这个快速变化、充满机遇与挑战的世界建立不同观点之间的桥梁，组织开放式讨论的论坛，形成战略眼光，加深相互理解，在未来的和平、安全、稳定等问题上形成新思想，提供新思路，成为一个在国际战略研究与能源研究领域的先锋智库，为巴林与地区的战略决策出力。值得一提的是，包括董事会主席和总秘书长在内的工作人员均是来自巴林王国政府各个主要部门的要员，为中阿智库合作级别的提升打下了较好的基础。

巴林研究中心（Bahrain Center for Studies & Research）

地址：P. O. No. 496, Manama, Bahrain
电话：（+973）17754757
传真：（+973）17754010
邮箱：feedback@ bcsr. gov. bh
网站：http：//www. bcsr. gov. bh

(一) 基本情况

巴林研究中心（BCSR）成立于1981年，是一家独立核算的研究机构，同时受到巴林电信公司、巴林旅游公司、巴林国家酒店等企业资助。中心立志要建成为巴林王国一流的智库。中心这样描述自身使命：为巴林的社会服务，进行应用性研究，通过签订合同与履行合约，为客户提供咨询服务，同时为领导层和决策者提供政策指南。

中心的创建目标为：通过支持不同领域的相关决策，体现应用科学研究的重要性；建立一支重视发展民族、地区乃至外部联系的研究者队伍；对有关民族问题的大众舆论和部门决策进行测量和分析；积极应对巴林社会面临的重大问题并通过学术讨论为之寻求适当的解决办法。

中心的日常研究工作包括：进行普及型研究，为已签订合约的资金提供方服务；为政府部门和私营企业的决策者和政策制定人提供关于政治、经济、社会以及重要的国家事务的研究咨询服务；为巴林王国的经济发展提供服务，为经济决策提供必要的信息；为实现巴林王国经济、社会、人类发展组织和举办研讨会，从中获取意见或建议；组织召开会议，为政府公共部门和私营企业提供优良的服务；直接支持中心主持的研究项目，为有关课题成员提供资助；根据每个研究项目的条件、进程和前景的不同，选择不同的媒体做宣传；与海湾、阿拉伯国家乃至世界各国的研究中心合作，竭力达成目标，为巴林政府的最高利益服务。

BCSR共有89位员工，其中科研人员38位，其余51位从事行政管理和助理研究工作。值得一提的是，包括董事会主席和总秘书长在内的9位工作人员均是来自巴林王国政府各个主要部门的要员，如巴林王国财政大臣艾哈迈德·哈利法（Mr. Ahmed Bin Mohammed Al Khalifa）、巴林王国工作和住房部大臣法哈米·朱达（Mr. Fahmi Bin Ali Al-Jowdar）、巴林王国劳工部大臣马吉德·阿拉维博士（Dr. Majeed Bin Mohsin Al-Alawi）、巴林王国石油和天然气总局主席阿卜杜·侯赛因·莫扎博士（Dr. Abdul-Hussain Bin Ali Mirza）以及花旗银行驻巴林王国行长穆罕默德·伊卜拉欣·舒鲁吉（Mr. Mohammed Ibrahim Al-Shroogi）等。

（二）科研概况

1. 组织机构

中心目前的组织机构由三个部分组成：经济和战略研究部；科学研究部；教育和社会研究部。每个部门的研究工作都由秘书长助理主持，此外每个部门又细分为多个小的研究部门。其中，国际战略研究和文明对话研究课题是从 2003 年开始的。

2. 研究重点

中心的研究重点分为经济研究，政治、战略和公共事务研究，市场和消费者行为研究，社会、教育和旅游业研究，科学研究，国际问题研究和不同文明间的对话。

3. 契约性研究

研究中心和政府或私营企业签订各类研究项目，其重点每年各有不同，每年根据契约项目出一本研究集。委托方包括许多政府部门，如巴林议会、巴林南方各省、巴林工商部等。

4. 国内问题研究

中心国内问题研究涵盖面很广，其中包括对巴林有重要意义的经济、社会和政治问题。中心研究的国内问题均为巴林国内的主要问题，包括经济、社会、政治和科学等内容。研究人员每年根据研究进度出一份年报。

5. 战略分析报告

中心每年完成 100 多项有关国际问题、国家战略和文明对话的课题和分析报告。

（三）出版物

中心鼓励和支持学者围绕国家关注的问题出版或发表学术专著、论文或研究报告。

1. 主要著作

近年来，中心出版的专著主要有《环境污染和环境保护》《阿拉伯海湾珍珠和贝类大全》《巴林与海湾国家的社会和经济危机年度分析报告》《全球语境中巴林和阿拉伯地区的战略视角》《从社会经济学角度看巴林的渔业》等。

2. 自然科学期刊

《阿拉伯食品和营养》季刊，刊登研究阿拉伯—伊斯兰国家的食品和营养的论文或报告，包括以下栏目：食品安全性分析、食品营养学、食品技术、食品工艺学、食品工程学、食品微生物学以及食品卫生等。

《战略研究》季刊，包括政治、经济、社会、教育战略分析以及文明对话等栏目。

（四）社会服务

1. 培训课程

中心为巴林乃至海湾国家学者开设各类专业培训课程、召开各种大型会议。此举不但为专家学者提供了交流的平台，而且提高了专家学者的研究能力，扩大了他们的知识面。

2. 学术交流研讨会和讲座

中心围绕国际关系、行业动态和成功案例举办交流研讨会，供国内外同行们交流经验；每年召开多场高质量讲座，邀请国内外专家现场演讲，为特定研究项目进行前期准备和讲解。

3. 会议

中心经常组织专家召开各类会议，旨在推动科学发展并使专家们共同分享学术成果。

（五）国内外合作项目

1. 国内领域（与国内研究机构合作）

该领域涉及以下主题：通过政府部门各类研究和顾问活动加强该领域学者间的合作；促进专家、学者、科技出版物和信息的交流；组织自然科学会议，建立工作室和设立培训项目，为相关科研项目立项。在做好充分准备的前提下，中心为多个课题立项，并为政府部门提供大量咨询报告。

此外，中心与王室研究机构保持密切联系，并与巴林议会签署了谅解备忘录，就提供咨询报告、交流信息等议题达成合作协议。中心还与巴林王国的不少国企和私企签署大量研究合同。

2. 国际领域

中心与国外大学、研究所以及地区性组织进行各种合作，通过签约或联合研究（如交换学者、专家出访、出版著作、信息交流）等方式与他们进行合作。此外，中心还与一些工作室和培训机构建立密切联系。

中心已与多家国际研究机构达成合作意向，它们有约旦皇家科学院（The Royal Scientific Society of the Hashemite Kingdom of Jordan）；阿拉伯埃及共和国科研部（Ministry of Scientific Research Affairs in the Arab Republic of Egypt）；科威特阿拉伯规划研究所（The Arab Institute for Planning in Kuwait）；伊朗伊斯兰共和国国际政治研究所（The Political and International Studies Institute in the Islamic Republic of Iran）；白俄罗斯国家科学院（The National Academy for Sciences, Republic of Belarus）；迪拜海湾研究中心（the Gulf Research Centre, Dubai）；土耳其战略研究中心（The Strategic Studies Center, the Republic of Turkey）。

（六）媒体活动

1. 实事通讯

中心定期出版实事通讯，以便用最快捷的方式反映中心的学术动态及活动。如第 84 期通讯包括 BCSR 在未来选举中的作用、与迪拜海湾研究中心签署的理解备忘录、英国穆斯林代表团访问札记以及中心与巴林大型公司签署的双边合作协议等内容。

2. 媒体报道

中心的研究人员在《海湾每日新闻》（Gulf Daily News）、《巴林讲坛》（Bahrain Tribune）等各期刊或媒体上登载文章，对国内外重大事件做出及时深入的评述。

第六节　伊拉克智库及其特点

伊拉克不仅是古代两河流域文明的诞生地，也是阿拉伯人开创中世纪伊斯兰文明最为重要的历史区域。历史上，中国与伊拉克作为古代丝绸之路的重要缔造方，推动了多元宗教在丝绸之路上的传播。在1958年8月25日双方建交后，两国关系长期平稳发展。"一带一路"倡议以来，作为中东地区的重要国家，伊拉克的区位优势及文化影响均决定了其在"一带一路"建设中独特而重要的战略地位。目前，伊拉克已成为中国在阿拉伯世界的第三大贸易伙伴和全球第四大原油供应国，中国连续多年是伊拉克最大贸易伙伴和原油买方。

本节的研究样本为幼发拉底河发展与战略研究中心。作为一家经济上独立核算的非政府组织，中心旨在维护人类自由和尊严，客观有效地引导公众舆论，增强政府决策过程中的公众参与。

幼发拉底河发展与战略研究中心（مركز الفرات للتنمية والدراسات الاستراتيجية）

地址：كربلاء قرب نفق العباس الاهلى
电话：00964 - 7812515381
邮箱：info@fcdrs.com
网址：http://www.fcdrs.com/

幼发拉底河发展与战略研究中心成立于2006年，是一所由伊拉克内阁办公室协助下组建的民间社会组织，总部设在卡尔巴拉。该组织以"发展与战略研究"为宗旨，致力于为本地区及国际发展问题研究作出贡献，并针对全球范围内人类发展面临的重大问题广泛开展学术研究，通过研究地区局势、开展民意调查以及其他学术活动来为政府部门提供决策信息及决策咨询服务。包括提供基础信息和数据、优化科学研究和发展、建立伊拉克学术机构内外部的有效联动机制、制订培训计划、按照专业领域提供科学技术研究和发展项目等。

（一）中心愿景

幼发拉底河发展与战略研究中心是一家独立的非政府研究机构。它以维护人类自由和尊严的法律为依托，建设和发展人类文明，尊重不同文化的多样性。其宗旨是通过汇聚人才，客观有效地引导公众舆论，增强政府决策过程中的公众参与。

（二）中心出版物

该中心学术期刊为半年刊，内容涵盖地区政治局势、国家经济和社会发展等重大问题。每月会在网站上发布大量的评论文章。此外，该中心还致力于翻译和发表有关本地区及国际局势的发展报告和评论型文章。如2017年6月的文章包括《伊拉克的治理》《卡尔巴拉省的贫困状况研究》《伊拉克的未来愿景》《第二次核战争》《伊拉克的经济发展》《21世纪人类基因工程的未来展望》《伊拉克经济政策的总体特点》《开放世界中的伊拉克妇女》《处于绿洲与沙漠间的伊拉克南部地区》及《政治制度和公共政策》等。

（三）中心目标

该中心专职研究人员有12位，兼职研究人员数十位。其主要活动聚焦于经济、政治、宗教与社会等方面：

1. 为推进公民参与搭建独立科学的研究平台；
2. 建设不同文化和各国人民之间合作对话的桥梁；
3. 促进公私部门的人才建设，开发、储备人力资源；
4. 增强中心在地区和国际决策环境下的影响力。

（四）中心活动

中心活动聚焦于经济、政治、宗教与社会等方面：

1. 统计和收集地区政治经济发展的最新成果；
2. 每月就国内外政治、经济及战略发展问题召开研讨会；
3. 运用科学方法进行民意调查，及时获悉舆论舆情。

（五）研究内容

该平台下设时事要闻、评论文章、出版物、研讨会和采访五大板块，内容涉及政治、经济、法律、宗教、社会等诸多方面。其中主要就伊拉克国内人权、政治和经济问题展开研究。

1. 人权议题

主要关注伊拉克国家粮食危机、招募儿童现象、难民问题、人权以及家暴问题。针对伊拉克国内粮食问题，有学者[1]撰文指出：目前国家面临着严重的人道主义危机。如何进一步增加粮食供给、为解放区居民提供必要的生活保障，以及为战后流离失所的灾民提供必要的生活住所已成为当局面临的重大挑战。尽管国内已经进入消灭恐怖主义组织残余势力的最后阶段，但本国人道主义问题却未引起足够重视，营养不良人数增加，人道主义危机急需解决，战争留下的恶果将逐步显现。

在反对招募儿童现象方面，有报告认为这是扼杀童年的暴力行为。对18岁以下的人进行武器训练是对儿童心理的暴力摧残，将会影响儿童未来的心理和生理健康；在反对逮捕拉夫哈难民营[2]被拘留人员方面，有报告认为这是破坏社会正义的违法行为；在反对家庭暴力方面，根据2007—2016年伊拉克家庭健康调查（IFHS）结果，每五名伊拉克妇女中就有一名遭受家庭暴力。其中，规划部的一项研究发现，至少有36%的已婚妇女坦言曾遭受其丈夫在心理和生理方面的暴力行为。

---

[1] ［伊拉克］陶菲格·哈兹：《伊拉克的冲突与粮食安全挑战：2017年全球粮食危机报告》（阿拉伯文），卡尔巴拉：幼发拉底河发展与战略研究中心，2018年版。

[2] 拉夫哈难民营是海湾战争和伊拉克民众起义后为伊拉克难民建立的一个营地，位于伊拉克和沙特边境附近。该营地在1991—2003年期间关闭后，有4万多名被拘留者。拉法难民营既不是前政权的监狱，也不是前政权的拘留中心，被拘留者不应受到任何形式的酷刑，应该在联合国的监督下将其转移到安全的国家。

2. 政治议题

中心关注的议题包括霍尔木兹海峡的安全、俄土关系、伊拉克外交及大国中东政策等。学者围绕这些议题撰文举例如下：

（1）穆拉德·阿巴迪：《霍尔木兹海峡的政治复杂性及其危机》[1]

在美国和伊朗之间的政治和军事升级之后，霍尔木兹海峡近期遭受到严重的安全威胁，尤其是在美国油轮和间谍飞机遭到轰炸以及伊朗革命卫队对一些油轮的拘留造成的多次安全事件之后，影响了海峡的正常通行。鉴于目前的政治复杂性以及美伊冲突升级，加之欧洲国家对德黑兰违反核协议的恐慌情绪不断增加，在霍尔木兹海峡成立欧洲联盟的协议似乎很难实现。

（2）艾哈迈德·赛义德：《俄罗斯—土耳其关系的过去和未来》[2]

2015年土耳其的F-16歼击机在土叙边境击落了一架俄罗斯苏-24战斗机，自此俄罗斯与土耳其关系陷入危机。经过外交协商与埃尔多安的主动配合，俄土改善了关系。不仅如此，土耳其因叙利亚紧张局势影响到自身安全，因而直接出兵叙利亚，不但保护了自身根本利益，而且间接帮助俄罗斯与叙利亚缓解压力，俄土关系迅速转向加强合作，总统互访不断。

（3）纳吉布·朱布里：《对"一带一路"倡议的积极评价》[3]

埃及受国内和地区局势的影响，经济发展速度相对滞后。而中国的发展经验对埃及具有极其重要的借鉴意义。中国"一带一路"倡议与埃及国内经济重振计划不谋而合，引起了埃及人民的共鸣。作者认为，"一带一路"倡议对包括伊拉克在内的中东国家具有积极意义。这一倡议是建立在尊重与合作基础上的，有助于推动地区发展，提高人们的生活水平。特别是对于包括伊拉克在内的中东国家来说，若要妥善解决恐怖主义、安全威胁、能源以及气候变化等问题，就需要敞开大门，与"一带一路"倡议积

---

[1]　[伊拉克]穆拉德·阿巴迪：《霍尔木兹海峡的政治复杂性及其危机》（阿拉伯文），卡尔巴拉：幼发拉底河发展与战略研究中心，2018年版。
[2]　[伊拉克]艾哈迈德·赛义德：《俄罗斯—土耳其关系的过去和未来》（阿拉伯文），卡尔巴拉：幼发拉底河发展与战略研究中心，2017年版。
[3]　[伊拉克]纳吉布·朱布里：《对"一带一路"倡议的积极评价》（阿拉伯文），卡尔巴拉：幼发拉底河发展与战略研究中心，2018年版。

极互动。

(4) 阿萨姆·哈基姆:《伊拉克议会选举后的外交新动向》①

2018年5月举行的伊拉克议会选举不仅是伊拉克战后政治重建的关键步骤,而且体现了国内不同政治集团的复杂博弈与较量,并在一定程度上牵动着中东地缘政治格局变化。其外交动向主要表现在:减少对美国的依赖以实现自主外交,新一届政府对于美国的施压由被动接受转为主动应对;为促进经济重建积极开展平衡外交,为与邻国关系的改善创造了有利条件;加强军事合作以共同防范恐怖主义势力的威胁,借助与法国等域外大国加强交往与军事合作之机,增强本国的反恐实力,促进地区局势的稳定。

(5) 哈桑·马吉德:《伊拉克"安巴尔联合运动"研究》②

伊拉克战争推翻了萨达姆·侯赛因政权后,什叶派政权登上伊拉克的政治舞台,使得曾经占据统治地位的伊拉克安巴尔省逊尼派部落为防止什叶派的报复行动,开始与美国政府就双方利益达成一致,结成了合作协议,共同抗击伊拉克"基地"组织。该运动在开始后迅速席卷了伊拉克全境,并且发展成为全伊拉克的逊尼派部落联合运动。在后期,由于种种原因,联合运动从内部开始瓦解分裂,伊拉克国内局势再一次急剧恶化。

3. 经济议题

(1) 侯赛因·杰布里:《中国继续参与伊拉克经济重建》③

伊拉克战争结束以来,中国企业一直积极参与伊拉克油气、电力、通讯和基础设施等各领域建设。即使在过去伊安全局势最为严峻的时候,仍有大量中国企业在伊坚持作业,为维护伊经济社会的正常运转作出了贡献,充分体现了中方对伊方的坚定支持。中方认为,共同积极参与和帮助伊拉克重建,对于促进伊拉克乃至整个地区的和平、稳定和发展具有重要意

---

① [伊拉克] 阿萨姆·哈基姆:《伊拉克议会选举后的外交新动向》,卡尔巴拉:幼发拉底河发展与战略研究中心,2018年版。
② [伊拉克] 哈桑·马吉德:《伊拉克"安巴尔联合运动"研究》,卡尔巴拉:幼发拉底河发展与战略研究中心,2017年版。
③ [伊拉克] 侯赛因·杰布里:《中国继续参与伊拉克经济重建》,卡尔巴拉:幼发拉底河发展与战略研究中心,2017年版。

义。中方希望国际社会加强在伊拉克问题上的合作,加大对伊拉克帮扶力度。

(2) 侯赛因·道尔曼:《约旦加强与伊拉克经济合作》①

约旦和伊拉克拟通过结对发展亚喀巴港和巴士拉港,推进在交通领域上的合作。双方讨论了两国港口结对、开通亚喀巴至伊拉克航线、亚洲铁路网可行性研究和对埃及开展卡车运输等议题。此举将为振兴伊拉克经济带来利好。

(3) 卡西姆·埃塞迪:《伊拉克经济重建之危机》②

战后重建中的民生问题是伊拉克政府面对的首要问题。由于基础设施破坏较大,加之资金缺乏,严重影响国家经济重建。石油价格走低、收入减少和打击"伊斯兰国"组织付出的高昂战争代价,加剧了政府的财政赤字,从而使伊拉克政府无法满足民众恢复经济、改善民生的需求,导致民众对政府的信任降低,国家凝聚力减弱。

本章小结

自20世纪90年代起,阿拉伯国家对智库的重视程度逐渐上升,智库已成为各国政府讨论的焦点之一,其数量、规模、贡献方式等不断扩大。③海湾国家智库发展情况与其他阿拉伯国家相比,虽然在数量上不具备优势,但在地区范围内发展程度较高。进入中东和北非顶级智库排名前列的智库占智库总数的比例(23%、22%和33%)远远高于阿拉伯国家的平均水平(2013—2015年先后分别为9%、10%和20%)④。

---

① [伊拉克] 侯赛因·道尔曼:《约旦加强与伊拉克经济合作》,卡尔巴拉:幼发拉底河发展与战略研究中心,2017年版。
② [伊拉克] 卡西姆·埃塞迪:《伊拉克经济重建之危机》,卡尔巴拉:幼发拉底河发展与战略研究中心,2018年版。
③ [黎巴嫩] 哈利德·瓦利德·马哈穆德:《阿拉伯国家智库的作用》(阿拉伯文),贝鲁特:阿拉伯政策研究中心,2013年版,第21页。
④ 数据来源:Global "Go To Think Tank" Report, 2013 - 2015, University of Pennsylvania.

海湾国家智库比较注重对外合作，它们大多数致力于打造双语或多语智库。不过，这些智库的规模相对较小。除了半岛研究中心和阿联酋战略研究中心拥有较大规模（近百人）的研究团队以外，其他大部分国家的智库规模停留在数十人左右，甚至十人以下。这些智库的研究范围主要集中在国际关系、能源、安全、战略等与地区发展密切相关的领域。根据服务对象和范围不同，海湾国家智库有的服务于地区与国际发展，有的则服务于本国内部发展。前者的服务范围延伸至海湾地区乃至整个中东与北非地区；服务本国内部发展的智库则专注为其所在的海湾国家或更小的区域提供支持，为当地的发展提供政策建议。此外，海湾智库的发展仍存在着许多问题：如组织框架不完整、缺乏内部审查机制、信息化建设不完善、对自身发展定位不明确等。这些问题是造成部分海湾国家智库在决策层及公众影响力方面仍有限的内在原因。

第五章
沙姆地区国家主要智库

在阿拉伯语中,沙姆指的是北方和左侧。在地理学上,它指的是汉志(Hejaz)以北、地中海东岸曾经为三大哈里发国所统治的新月形领土。而对阿拉伯民族主义者来说,沙姆是一片在近100年中从未获得过统一的疆域:北抵托鲁斯—扎格鲁斯山脉,南到红海,西及塞浦路斯,东到波斯湾,涵盖了今天叙利亚、黎巴嫩、约旦和巴勒斯坦的全部版图。

沙姆地区国家文化底蕴深厚,注重思想研究。约旦国内政局较为稳定,智库建设起步较早,侧重研究当代阿拉伯思想、经济发展、国家安全等;叙利亚智库侧重国家政治、经济、社会等战略和安全问题的研究;黎巴嫩现有智库近30家,偏重于阿拉伯国家的政治、经济、思想和文化研究;巴勒斯坦的智库数量较多,其目标是成为整个中东地区的意见领袖,为建设现代的巴勒斯坦国家和民主社会服务。

第一节 约旦智库及其特点

中约两国于1977年4月7日建交。两国自建交以来,在政治、经济、军事、文化等各方面的关系都取得稳步发展,双方友好往来不断增加。2011年5月,中约签署《中华人民共和国政府与约旦哈希姆王国政府2011—2014年文化合作执行计划》,为双方的文化交流提供了指导意见。2016年12月10日,首届"丝绸之路"中约文化研讨会在约旦首都安曼举行。100多位约旦作家、学者、文化评论家与首次访问约旦的广东作家代表团齐聚一堂,共商文化交流合作的美好前景。双方代表分别就中约关系、"丝绸之路"和"海上丝路"的宗教文化遗存、中阿新闻交流等主题进行了研讨,一定程度上为中约智库进一步合作开启了方便之门。

本节选取的约旦智库为皇家伊斯兰思想研究院和约旦大学战略研究中心。作为一家独立智库,皇家伊斯兰思想研究院的研究领域包括《古兰经》、伊斯兰教思想研究、伊斯兰传统艺术等,与各大学术机构、科研院所交流频繁且合作较多;约旦大学战略研究中心作为一家高校智库,专注研究国际关系、地区冲突、国家安全等问题。该中心与约旦政府关系密切,其最重要的工作之一就是提供具体数据和事实供政府决策参考,是开展中阿智库合作的理想伙伴。

一、皇家伊斯兰思想研究院（The Royal Aal al-Bayt Institute for Islamic Thought）

地址：P. O. Box：950361 / Amman，11195，Jordan
电话：（+962）65344981
传真：（+962）64633887
邮箱：aal－albayt@ rhc. jo
网址：http：//aalalbayt. org/en/index. html

（一）基本情况

皇家伊斯兰思想研究院是一家约旦政府下属的官方机构,总部设在首都安曼,在国内其他城市和国外设有分部和办事处。研究院的主要宗旨是服务于伊斯兰教和人道主义。其详细的目标与规划包括以下内容:促进伊斯兰教和伊斯兰思想的意识;修正关于伊斯兰教的谬误思想和错误观念;强调伊斯兰知识分子的贡献和对人类文明的影响;加强对话机制和培养伊斯兰法学学派之间的合作;强调研究院的成就和提倡节制和宽容的中间立场;促进穆斯林学者间的交流,加强他们之间的学术联系和思想交流;在符合该研究院目标的情况下，与其他调研中心、研究机构、学术机构和高校之间进行合作。

1. 历史概况

皇家伊斯兰思想研究院建立于 1980 年。1999 年 8 月 8 日，约旦国王阿卜杜拉二世委任储君殿下哈姆扎·本·侯赛因负责管理皇家伊斯兰思想研究院。在处理具体事务中，国王对储君殿下哈姆扎及其对研究院的卓越贡献表示衷心的信任和赞赏。研究院承载着国王的崇高目标和仁慈的信念，其优先目标是服务人类、解决人类面临的共同问题和挑战，同时规划可靠的解决方案和其他具体目标。国王对所有上述的目标和宗旨都尽可能地给予全力支持。

在 2000 年 7 月 16 日，储君殿下哈姆扎·本·侯赛因委任王子加齐·本·穆罕默德负责管理研究院，他是前任部落事务的顾问和现任国王的个人特使和特别顾问。由于他的智慧、学识和高尚的人品，令他有能力反思研究院的行政事务、金融事务和组织事务，使他成为值得信赖、尊重和赞赏的人。2000 年 7 月 19 日，王子加齐·本·穆罕默德被推举为研究院院长。在反思研究院的行政事务、金融事务和组织事务后，委员会上交给高等主席储君殿下哈姆扎·本·侯赛因一份报告。随后，研究院理事会决定在 2000 年 8 月 23 日的第 173 次会议中修改研究院的章程，将研究院的名称改为"伊斯兰思想研究院"。

2. 董事会构成

包括董事会主席加齐·本·穆罕默德王子，董事会副主席为教产和伊斯兰事务部长阿卜杜勒·法塔赫·萨拉赫，董事会其他成员有教育部长易卜拉欣·巴德兰博士教授、首席伊斯兰教大法官艾哈迈德博士、约旦哈希姆王国的大穆夫提谢赫·阿卜杜勒·卡里姆·哈苏奈以及大学校长和约旦武装部队准将等。

(二) 主要活动

1. 重点项目

(1)《古兰经》精评

专设一个网站，名为 Altafsir.com，这是一个专门研究《古兰经》的网站，它集合了全球所有《古兰经》评论、翻译、朗诵等重要资源。这个网站于 2001 年开始运作，以阿拉伯语和英语为载体包含 100 多种《古兰经》注释、解释和说明（塔费尔或经注）、朗诵教程、圣训集及其他领域的阿拉伯语原文文本。该网站还包括朗诵《古兰经》的音频文件、《古兰经》的语法资源、启示录的上下文资源，《古兰经》里的词语内涵的资源和其他与《古兰经》相关的作品，包含超过 100 万页的《古兰经》注释和翻译。

（2）图拉博委员会

图拉博（Turab）委员会是皇家伊斯兰思想研究院的一个部分，成立于在 2001 年 2 月。这是一个官方注册的、免税的慈善协会，由加齐·本·穆罕默德王子负责管理，其成立目的是为了"保护、保存和传播约旦、阿拉伯和伊斯兰传统文化和遗产"。

（3）联合翻译项目

由皇家伊斯兰研究院和巴卡尔大学（Al-Balqa' Applied University）的伊斯兰传统艺术学院合作的联合翻译项目，旨在丰富阿拉伯图书馆中关于伊斯兰艺术、哲学、伊斯兰起源，以及它与伊斯兰教关系的文献内容，为学习伊斯兰艺术的学生和研究人员在这个领域内出版作品，不但包括阿拉伯穆斯林思想家和学者，而且也包括非阿拉伯国家的学者撰写的文章和书籍。

（4）侯赛因国王专题研讨会

为了深化王室与社会民众的沟通，加强对伊斯兰群众特别是年轻人的教育，从 2004 年的年初开始，研究院主动组织侯赛因国王的研讨会。他们每月的讨论会主题都是由研究院的成员和其董事会成员提出或策划的，均围绕国家热点或伊斯兰相关主题。

2. 一般项目

（1）阿拉伯伊斯兰手稿目录汇编

（2）伊斯兰经济学文献汇编（萨利赫·卡迈勒库）

这个项目是由谢赫萨利赫·阿卜杜拉·卡迈勒库主持的，包括汇编一切有关伊斯兰经济学的论文或著作。

(3) 阿卜杜拉一世·本·侯赛因国王奖

研究院于 1985 年设立国王阿卜杜拉一世·本·侯赛因国际伊斯兰文明研究奖,颁发给由研究院委员会在各个项目中挑选出来的优质研究作品,奖金约为 3000 约旦第纳尔。

(4) 约旦历史编纂高级委员会

1987 年 6 月 16 日,已故侯赛因国王委托哈桑王子殿下成立一个独立的委员会。这个委员会的成员来自各大高校和学术研究中心,他们大多是优秀的思想家和历史学家。委员会以约旦历史典籍为对象,描述不同历史阶段的特点及其在发展进程中的相互影响和彼此渗透,研究和评价各个时期不同历史编纂学说或历史思想的产生、演变及其学术价值,具有十分重要的学术价值。

(5) 耶路撒冷 5000 年

以耶路撒冷的政治、经济、文化和宗教为主线编纂耶路撒冷的历史,有 19 位专家学者参与研究整理。

3. 下属科研中心

中心最主要的目标是保护、保存和传播传统的、正统的、温和的伊斯兰教,严格遵守 2004 年 11 月签订的国际伊斯兰"安曼信息三点共识"["安曼信息三点共识"(The Amman Message):无论是谁,只要坚持四大逊尼伊斯兰教法学派和两大什叶伊斯兰教法学派,伊巴底(Ibadi)伊斯兰教法学派和达希里(Thahiri)伊斯兰教法学派之一的,就是穆斯林;各伊斯兰教法学派之间同大于异;坚持八大伊斯兰教法学派的人在伊斯兰的基本原则方面是一致的;关于伊斯兰教裁定(Fatwas)方面坚持的一些根本方法。]的相关条约。通过传播 2004 年 11 月的"安曼信息三点共识"的内容和原则,中心努力矫正伊斯兰世界的正统思想。这些原则包括至今为止最能代表传统的、正统的"温和的"伊斯兰教。中心将致力于建立、传播和宣传关于现代世界生活主题的宗教和法律的立场、正统和"温和"的伊斯兰教。中心研究伊斯兰世界的发展趋势,为伊斯兰世界存在的问题和冲突提供建议和解决方案,还致力于解决穆斯林和非穆斯林之间无处不在的问题。中心努力研究世界上所有的宗教、宗教组织和宗教运动,尤其是他们对伊斯兰教和穆斯林的观点，监测和尽可能地协调与其他类似的国际智库的关系。中心具备信息资源和人才优势，以及图书馆、视频库、出版社、网站、信息数据等。

(三) 出版物

1. 伊斯兰教研究系列

(1) "安曼信息三点共识"

2004年11月9日，国王阿卜杜拉二世·本·侯赛因在约旦安曼公布了"安曼信息三点共识"。它公布了伊斯兰教是什么，伊斯兰教不是什么，什么样的行动代表了伊斯兰教和什么样的行动不能代表伊斯兰教。超过500名世界知名的穆斯林学者一致签名，表示赞同"安曼信息三点共识"。

(2) 圣训四十段

先知穆罕默德曾说，"谁为我的教民的宗教事务背记四十段圣训，真主于末日把他复活在学者的行列"。研究院特安排一批专家学者解读或分析这些内容。

(3) 伊斯兰"吉哈德"

"吉哈德"在阿拉伯语中是"作出一切努力"或"竭力奋斗"之意，其字面意思主要是"斗争、争斗"或"奋斗、努力"，并没有"神圣的战争"等意思，而国际社会对这个概念有不少误读和曲解，与恐怖主义更无任何联系。因此研究院专门组织学者研究和解释相关问题，以确保人们对事实的正确理解。

(4) 伊斯兰文化与环境保护

该研究从伊斯兰文化出发，向阿拉伯民众传递伊斯兰教关于环保的正确认识及其自然生态观。伊斯兰文化本身蕴涵着"人与自然的和谐相处，以仁爱之心保护珍贵动物，注重环境保护和卫生，把开发自然与环保紧密结合"等极具鲜明特色的生态伦理观，它在"协调人与自然的和谐关系"等方面表现出的环保观念和生态情感，无疑对世人起到示范和教育作用。

2. 约旦研究系列

包括约旦政治、经济、宗教、文化等内容。

3. 巴勒斯坦研究系列

约旦原是巴勒斯坦的一部分。1921年，英国以约旦河为边界，把巴勒斯坦分为东西两个部分，西部仍称巴勒斯坦，东部称为外约旦。具体包括约旦对巴勒斯坦问题的政策演变、约巴间的分歧与冲突、巴勒斯坦难民问题及巴勒斯坦局势变化对约旦的影响等内容。

二、约旦大学战略研究中心（Center for Strategic Studies, Jordan University）

地址：Jordan University, Aljubeiha, Amman-Jordan
电话：(+962) 65300100
传真：(+962) 65355515
邮箱：css@css-jordan.org
网址：http://css.ju.edu.jo/

约旦大学下设多个研究机构，包括战略研究，安全研究中心，女性研究中心，水、能源、环境研究中心等。在约旦大学的主页上，清晰地描述了大学的发展战略与目标：努力使约旦大学成为世界知名大学之一。具体包括以下内容：以多元主义、环境变化和技术导向为根基，培养优秀的学生使他们能够在社会竞争、人才市场以及研究生项目中超越他人；在本科生和研究生两个层面建立卓越的学术制度；在教工、行政人员、学生和校友中弘扬忠诚与自豪的精神；时刻准备承担上级教育官员分配的任务并保证项目、服务、程序的质量，同时不违背法律与规则；创造安全、健康、稳定的环境以鼓励约旦大学的科研人员和学生努力创新；服务当地、区域、全球社区，积累社会服务经验。

（一）基本情况

约旦大学战略研究中心（CSS）成立于1984年，专攻地区冲突、国际关系与安全研究。中心主任是穆萨·施坦维（Musa Shteiwi）教授，中心的主要目标是对影响约旦和阿拉伯世界利益和未来的事件进行政治、军事、经济、社会方面的研究。战略研究中心也组织公众投票为研究者和决策者提供必要的事实与数据支撑，同时组织研讨会和各类会议。

战略研究中心包括以下部门：政策研究部门；民意投票与调查部门；服务中心与公关部门。战略研究中心作为阿拉伯改革运动的成员之一，活跃于欧洲—地中海伙伴关系组织，该组织由27个欧洲联盟成员国及16个伙伴关系国组成，涵盖了这些国家的学术机构与研究中心。战略研究中心拥有一批来自各类国际学术中心的研究生，中心为他们提供学术资源便利，方便他们从事当地以及区域事物研究。

（二）主要职责

该中心的目标是研究约旦乃至整个阿拉伯世界主要的政治、军事、经济和社会问题，其目的在于维护地区安全，通过民意调查和召开会议等具体措施，为政策制定者提供必要的事实和数据。从1996年开始，约旦大学战略研究中心（CSS）在每届政府上任之初、100天、6个月和1年时都要进行一次民意调查。

中心的主要职责包括：重视区域研究，包括跨文明研究、跨国研究、全球史和全球研究；收集信息、调查报告和统计数据，实现中心的目标；建立与约旦和阿拉伯世界相关事件的文档；实施民意调查和实地调查；组织召开研讨会；建立与类似机构的合作；出版研究和调查报告；为毕业学生提供实习机会；策划项目方案，吸收社会捐助；发行专业期刊等内容。

（三）民意调查

1. 2013年9月30日—10月3日，针对法耶兹·塔拉瓦奈首相上任一年半来在工作中的功绩和过失而组织了民意调查。此外，CSS还就此调查做出详细的分析报告，供政府部门参考。

2. 2015年10月7日—21日，针对约旦国企和私企的腐败现象进行民意测验及分析报告。

3. 2016年民主测验。这是CSS每年都要进行的民意调查，通常包括公民自由和政治权利、公正和平等、发展、安全和稳定等主要内容。CSS不仅将民意测试的结果公布在网上，而且为读者提供详尽的分析报告。

4. 阿拉伯晴雨表分析（Arab Barometer Survey）

这是由CSS主持的一个地区性项目，该项目现覆盖约旦、巴勒斯坦、摩洛哥、阿尔及利亚和科威特等5个阿拉伯国家。分析报告先在各个国家内部进行整理然后汇总到CSS总部，中心人员随后对此进行详尽地解析。

5. 国际调查项目

CSS主持多个国际调查项目，如公共机构（国家机关、事业单位和团体组织）的服务标准（Service Delivery Standards in Four Public Institutions）。这份调查项目围绕三类公共机构的办事效率、行政和组织特点、工作人员服务态度等方面展开调查，旨在研究和分析广大市民的想法，以期用民意测验的形式来正面影响这些机构的活动，减少或消除其他方式可能造成的消极因素。

第二节　叙利亚智库及其特点

1956年8月1日，叙利亚与中国建交。2004年6月，巴沙尔总统对中国进行国事访问。总体来说叙利亚与中国关系十分友好，叙利亚人民对中国人民也十分友善。中叙两国政府高度重视开展双边经贸合作。2007年，中叙双边贸易额达到18.7亿美元，比2006年增长32.9%。自叙利亚危机爆发以来，叙方充分肯定中国对叙利亚问题的立场是"负责任的"，中国与叙利亚的经贸、文化等交流并未中断。随着叙利亚局势开始向着积极方向发展，中国与叙利亚的各方面交流也逐渐增多，为双方智库合作奠定了基础。

本节以叙利亚政治和战略研究中心为研究样本。作为一家独立智库，该中心总部在美国和阿联酋设有分支机构，其研究领域主要为叙利亚政治、经济和社会问题，在相关领域具有一定的影响力。

一、叙利亚政治和战略研究中心（Syrian Center for Political & Strategic Studies）

地址：1718 M Street NW, Suite 116, Washington D. C. 20036 - 4504, USA
电话：(+202) 7381202
传真：(+202) 3275499
邮箱：info@ scpss. org
网址：http://scpss. org/

（一）基本情况

叙利亚政治和战略研究中心（SCPSS）是一个独立的非营利性组织。由于国内战乱等原因，该机构从叙利亚搬迁到美国华盛顿。作为一个非政府的研究机构，SCPSS致力于通过研究、会议、刊物和研讨会来完成任务，并且提供资助支持理论的、实践性的和社会性的研究。此外，SCPSS还翻译大量经济、政治、社会科学和文化研究等领域的书籍和论文。

1. 主要成员

（1）执行董事、中心主任：拉德万·齐亚德（Radwan Ziadeh）博士

拉德万·齐亚德是乔治华盛顿大学伊利艾特国际事务学院中东研究机构（IMES）的访问学者，任华盛顿社会政策和理解机构（ISPU）院士。自从2011年3月15日叙利亚发生暴乱，他两次参与到在日内瓦的UN人权理事会关于违反人权的文件编制工作中。在2007到2008年期间，他曾是华盛顿美国和平研究机构（USIP）的高级研究员。他是叙利亚人权研究中心的建立者和理事，同时是位于华盛顿的叙利亚政治和战略研究中心的联合创始人兼执行董事。他是阿拉伯世界项目过渡时期司法的总编辑。

（2）中心主席：欧萨玛·盖迪（Osama Kadi）博士

欧萨玛·盖迪是叙利亚政治和战略研究中心的创立者和主席、经济顾问，同时担任叙利亚加拿大理事会SCC的主席，管理温莎、伦敦、密西沙加/多伦多、渥太华和蒙特利尔五个分部。

2. 咨询委员会

由9位成员组成，他们分别是中东历史学教授、南加州大学社会学客

座教授、乔治敦大学高级研究员、政治学家和记者。

3. 研究人员

专职研究人员有6位,他们均具有深厚的学术背景。

(1)埃姆拉·萨拉吉(AmralSarraj)

电子新媒体方面的专家,擅长于国际政治与经济领域的研究。此外,还从事媒体、政治、经济和管理方面的研究。

(2)巴沙尔·宰奈尔·艾布丁(Bashir ZeinalAbdeen)

曾任巴林战略、国际和能源研究中心的高级研究员。从英国伦敦大学获得近东中东历史研究学士学位以及政治历史博士学位。他是埃及阿拉伯历史联盟、皇家亚洲社团和伦敦历史研究机构的成员。

(3)马尔万·卡巴兰(Marwan Kabalan)

叙利亚学者与作家。他曾是叙利亚大马士革卡拉姆大学国际关系与外交学院的院长,曾在大马士革大学政治科学学院和英国曼彻斯特大学从事国际政治理论研究工作。

(4)侯赛姆·哈菲兹(Hosam Hafez)

曾任叙利亚外交部的外交与法学顾问,服务于大马士革、德黑兰和伦敦分部。

(5)哈桑·吉奥布兰(Hassan Jobran)

土耳其加济安泰普叙利亚自由学者联盟研究办公室主任,阿勒颇大学艺术与人文科学事务学院的副院长。

(6)穆罕默德·阿拉哈·内姆(Mohammed Alaa Ghanem)

华盛顿的叙利亚美国理事会的高级政策顾问、政府关系指导和战略家,参与过叙利亚革命早期的和平抗议活动。

(二)出版物

1. 有关声明

(1)联合国秘书长叙利亚问题特使德米斯图拉(Staffan de Mistura)的声明

2015年12月26日,德米斯图拉在日内瓦发表声明称,他正在全力加紧斡旋工作，力争依据安理会全新决议的要求，在2016年1月下旬召集叙利亚政府和反对派开始和平会谈，并进入在全国范围内实现停火止暴的阶段。德米斯图拉敦促叙利亚冲突各派充分合作，为结束叙利亚人民的苦难而摒弃分歧。他呼吁叙利亚各地避免发生破坏政治进程的事件，并呼吁国际社会继续给予支持。正在北京访问的叙利亚副总理兼外长穆阿利姆早些时候在与中国外长王毅举行会谈后向记者表示，叙利亚接受并将执行安理会第2254号决议；一旦叙利亚反对派形成统一名单，叙利亚政府愿即刻启程前往日内瓦参加同反对派的对话。叙利亚政府希望对话能够取得成功，以此推动成立民族共识政府和制宪会议，并制定新的选举法，最终实现在18个月时间内举行全国大选的目标。

（2）中英就叙利亚问题发表声明

2016年1月5日，外交部长王毅在北京同来访的英国外交大臣哈蒙德会谈后共见记者时宣布，两国共同发表《中国—英国叙利亚问题声明》表示："中国将继续积极参与叙国际支持小组工作，并同地区国家共同努力，确保完全基于日内瓦会议公报的'叙人主导、叙人所有'的政治过渡，以帮助结束战事，包括通过在各方同意的基础上建立一个包容各方和拥有完全行政权力的过渡管理机构，并确保政府机构的连续性。"[①] 两国致力于政治解决叙问题。我们强调，叙利亚人民将决定叙未来，联合国应发挥斡旋主渠道作用。停火和政治解决密切相关。我们重申支持安理会第2254号决议确定的全国停火安排。我们同意平行推进反恐和政治解决进程。两国均面临恐怖主义威胁，在打击叙利亚和伊拉克境内的、经联合国安理会认定的所有恐怖主义组织方面有着共同利益。我们强调一切形式和表现的恐怖主义都是对国际和平与安全的最严重威胁之一，任何恐怖主义行为，不论其动机为何、在何时何地发生、何人所为，都是不可开脱的犯罪行为。我们将继续支持在中东、北非及其他地区打击恐怖主义并消除其根源的努力，包括叙持续冲突。

---

① 新华社：《中英就叙利亚问题发表声明》，http：//www.gov.cn/xinwen/2016-01/06/content_5030847.htm。

(3) 俄土伊三国签署叙利亚问题联合声明

2017年11月22日，俄罗斯总统普京、土耳其总统埃尔多安和伊朗总统鲁哈尼在俄南部城市索契举行会谈。三方就叙利亚问题的最新进展、出路等一系列问题交换意见，并签署联合声明。声明中说，经过国际社会数年努力，盘踞在叙利亚的极端组织"伊斯兰国""征服阵线"等已经基本被消灭，未来俄土伊三国将继续致力于完全铲除叙境内极端组织。声明指出，阿斯塔纳和谈以及取得的成果已成为促进叙利亚和平与稳定的有效工具。实现叙利亚问题政治解决需要在建立包容、自由、平等、透明、叙人主导的政治进程以及举行自由、公正选举的条件下进行，俄土伊三国将对此予以协助。声明呼吁国际社会为帮助缓解叙利亚局势、促进稳定提供支持，包括为叙利亚人民提供额外援助，开展人道主义排雷，促进历史遗产保护，恢复经济设施和生活基础设施等。[1]

2. 学术论文

(1) 弗雷斯·勒格兰 (Felix Legrand)："叙利亚的反对派及其国家政治生态"

叙利亚的反对派大多由逊尼派构成。2012年11月，叙利亚反对派和革命力量全国联盟建立，该组织被海合会和阿盟国家承认并被视为"叙利亚人民的合法代表"。2013年8月14日，反对派在伊斯坦布尔举行了一场新闻发布会，颁布了一项关于"过渡时期路线图"的报告，旨在实现民族和解并建设一个现代化的国家。报告提出了一系列改革措施以及战后过渡时期的司法框架，并提议实施混合的总统议会制，从而更好地实现国家权力的平衡。2013年11月12日，叙利亚反对派建立了"临时政府"，向巴沙尔政府施加了不小的政治压力。可以说，叙利亚国家建构的前景存在诸多不确定性。

(2) 国际危机组织："北高加索叛乱和叙利亚：出口'圣战'？"[2]

自2009年以来，俄罗斯达吉斯坦共和国一直是北高加索地区叛乱活动

---

[1] 俄罗斯总统网站：《俄土伊三国签署叙利亚问题联合声明》，http://www.xinhuanet.com/world/2017-11/23/c_1121996820.htm。

[2] "The North Caucasus Insurgency and Syria: An Exported Jihad?", Brussels, March 16, 2016.

的中心，此地区存在着许多恐怖分子。这些恐怖分子中有一部分是种族民族主义者的残部，其余主要是效忠"基地"组织和"伊斯兰国"组织的"圣战"者。但在2014年，这里的暴力活动却以惊人的速度减少了。与2013年相比，2014年的冲突受害者减少了54%。一个重要的原因是，有数百人从这里前往叙利亚与恐怖分子一起战斗，这势必使叙利亚局势更加混乱，前景难测。

（3）穆斯塔法·哈里发（Mustafa Khalifa）：世界能容忍叙利亚国家分裂吗？[1]

叙利亚危机已经持续多年，国家分裂的结果是巴沙尔政权与库尔德领导的政权掌握着叙利亚最大的领土。该论文分析了叙利亚库尔德人问题。自2012年下半年以来，叙利亚境内的库尔德人开始表现出自主的倾向，加之伊拉克库尔德人给予了大量帮助，使得叙利亚库尔德人拥有了自己的独立武装。叙利亚库尔德人的主要诉求主要集中在谋求"地区自治"和"民族平等"两个方面。目前而言，叙利亚库尔德人已经演变为北部的政治实体。由于叙利亚政府需要借助库尔德人的力量解决南部战事，因此巴沙尔在库尔德问题上尽力保持着谨慎，现阶段不得不接受库尔德政权独立的事实。此外，库尔德问题还受到俄罗斯、土耳其等因素的影响，叙利亚的分裂局势似乎已成定局，前景更加扑朔迷离。

3. 专著书籍

中心每年出版近10部专著，举例如下：

（1）纳德尔·哈沙米（Nader Hashemi）、丹尼·珀斯特（Danny Postel）：《叙利亚的困境》[2]

2011年内战爆发以来，叙利亚局势几经动荡，现已形成"三足鼎立"之格局，分别由叙利亚政府军、反对派和极端组织"伊斯兰国"组成。在动荡之初，美国表示不会推翻叙利亚政权，但之后美国提出的对"内外政策进行调整"的建议遭到叙政府拒绝，美欧等国于是决定推翻巴沙尔政

---

[1] Mustafa Khalifa, "Can the World Afford to Condone the 'Divided States of Syria'?" *The International Spectator*, Volume 49, Issue 3, 2014.

[2] Nader Hashemi & Danny Postel, *The Syria Dilemma*, Cambridge: The MIT Press, 2014.

权。俄罗斯则继续向叙利亚提供武器装备，以帮助叙政府军打击恐怖主义。拉夫罗夫指出，推翻叙利亚现政权是不可行的。由此形成美俄立场迥异的大国博弈局面。与此同时，土耳其和沙特也是对叙利亚局势产生重大影响的地区国家。2011年土耳其公开为反对派提供支持和庇护。而在巴沙尔拒绝"改过自新"后，沙特等国则多次推动阿盟对叙制裁，并呼吁对叙军事干预。由此可以预见叙利亚的混乱局势还将持续。

（2）拉德万·齐亚德（Radwan Ziadeh）：《叙利亚的权利和政治：现代中东的情报机构、对外关系和民主》[1]

作者对于叙利亚两位阿萨德总统统治下的对外关系和权利架构进行了全面分析。老阿萨德在政治结构上不但兼顾各方力量的平衡，而且注意维护自己的核心力量。教派在国家最高权力的分配中，逊尼派和阿拉维派形成了均势，其比例各占一半，基本上维持了良好的秩序。小阿萨德对外持强硬态度，对内则努力发展经济并牢牢掌控军队，国家经济形势一度向好。作者分析了现代中东的情报机构及其对叙利亚外交和民主的影响后指出，叙利亚的情报机构在法律和政策等方面对国家决策有重大影响。情报机构不但有效挫败了多起恐怖袭击，而且对叙利亚外交和民主均产生影响。鉴于叙利亚与其他阿拉伯国家的专制政权没什么不同，因此其革命的成果不会带来任何改变，自由军的胜利"只是时间的问题"。

（三）叙利亚全国委员会

叙利亚全国委员会是叙利亚反对派的政治组织，2011年9月15日建立，总部设在土耳其的伊斯坦布尔，由叙境内外大约300名代表组成，他们都是流亡国外的反对派人士和叙利亚国内持不同政见人士。其中，战略研究中心的工作人员也在名单之列。该委员会的宗旨是推翻巴沙尔领导的现政府，它声称努力代表叙利亚人民的意志，坚持人民赞许的既定政治路线，抓住时机建立能够代表叙利亚人民的临时政府。委员会将叙利亚革命分为三个阶段，分别是政权更迭、政治过渡期和未来政治道路等时期。委

---

[1] Radwan Ziadeh, *Power and Policy in Syria: Intelligence Services, Foreign Relations and Democracy in the Modern Middle East*, I. B. Tauris, 2012.

员会坚决反对任何外国干涉或是通过国外军事行动来推翻阿萨德的统治，一致同意这将是一个和平的革命。为此，委员会设立10个分支机构，包括一个致力于"传播革命需求和人民对外界要求"的对外关系办公室以及一个可帮助推翻阿萨德政府的电视台。①

第三节 黎巴嫩智库及其特点

中国与黎巴嫩于1971年11月9日建交，双边关系长期平稳发展。2017年5月16日，双方签署《中华人民共和国政府和黎巴嫩共和国政府关于共同推进丝绸之路经济带与21世纪海上丝绸之路建设的谅解备忘录》。为了更好地了解中国、认识中国，2018年3月9日，贝鲁特美国大学就读国际关系专业的师生应邀来到中国驻黎巴嫩大使馆，与中国大使及其他工作人员进行了面对面的交流与互动。类似活动有助于深化双方的公共外交，不但有助于使馆人员了解黎巴嫩大学生对中国的看法，而且通过向他们详细介绍中国，增加他们对中国文化的兴趣和了解，也为智库的进一步合作提供了参照。

本节的研究样本之一为黎巴嫩政策研究中心。作为一家独立智库，中心对黎巴嫩的公共政策颇有研究。主要的工作内容围绕积极配合政府宣传方针政策、培训有关研究人员而展开。

本节的研究样本之二为阿拉伯统一研究中心。该中心非常重视与国外智库的合作，在阿拉伯国家政治、经济、思想和文化研究领域具有一定的影响力。近年来，中心与上海外国语大学中东研究所合作举办了研讨会，受到广泛的肯定与好评。

---

① "叙利亚反对派宣布成立全国委员会"，新华网，http://news.ifeng.com/world/special/zhongdongbianju/content-2/detail_2011_09/16/9220869_0.shtml.（访问时间：2018年6月17日）

一、黎巴嫩政策研究中心（Lebanese Center for Policy Studies）

地址：P. O. Box 55215/ Tayyar Centre Sin el-Fil, Beirut, Republic of Lebanon

电话：(+961) 1490561

传真：(+961) 1490375

邮箱：info@ lcps-lebanon. org

网址：http://www. lcps-lebanon. org/index. php

（一）主要情况

黎巴嫩政策研究中心（LCPS）成立于1989年，总部设在贝鲁特，是一个不以营利为目标的非党派研究中心。中心擅长于公共政策研究，除了从事研究和出版工作外，还积极配合政府宣传方针政策、培训有关研究人员。中心的工作重点包括整个中东和北非地区，其内容涉及国家治理、公众选举、社会和经济发展、司法改革、媒体改革等。中心除了聘用专职研究人员外，还有相当一部分兼职研究人员，他们多是来自阿拉伯国家的专家学者。此外，中心还与德国阿登纳基金会（Konrad Adenauer Foundation）和联合国计划开发署（UNDP）等机构有密切的联系与合作。

LCPS的活动经费来自国际捐款、黎巴嫩各类组织、出版物销售费用以及其他国际公共组织和个人的捐款。

1. 任务

主要任务是为政策制定提供独立的、高质量的研究，并通过给予支持和提高公民意识来促进积极的改革。多年来，中心提出了大量有建设性的主张，包括司法改革、预算过程透明化、权力下放与地方自治以及加强企业在决策中的作用。

2. 成员

管理层和研究人员主要包括：董事会主席哈依尔丁·哈希卜（Hayreddin Hashib），中心执行主任优素福·穆罕默德·萨瓦尼（Yusuf Mohammed

Savani），高级研究员兼出版社社长法若斯·艾比·萨卜（Fares Abi Saab），经济学高级研究员萨米尔·阿塔拉（Samira Atallah），科研项目总监阿卜杜拉·卡拉姆（AbdulaKaram），项目经理纳丁·凯亚特（Nadine Khayat），方案协调员戴亚娜·芭芭（Dayana El-Baba）等。

技术顾问包括：高级顾问萨利姆·纳赛尔（Salim Nasr）、信息系统顾问伊丽莎白·莫利（Elizabeth Bouri）。

行政人员有：财务总监、文本经营助理、行政助理、校对员和助理文书等6人。

3. 研究协会

中心旗下的研究协会由来自黎巴嫩各学术界的近80位学者组成，有黎巴嫩美国大学商学院院长，中央统计局局长，教育科学协会会长，黎巴嫩大学政治、经济、地理系教授，律师，圣约瑟夫大学政治系教授，社会科学研究所研究员等。

4. 实习计划

中心为本科毕业生或兼职实习生提供为期2—6个月不等的实习课程。课程设计包括行政和政治改革、公民和市民社会、宪政改革、文化政策、地方政府研究、经济、选举和国会改革、环境、财政与预算改革、政治民主化、全球化、信息和通信技术、国际关系、司法改革、贫困、民营化、劳动力市场和社会政策、社会科学和政策研究等内容。

5. 资金支持或外部联络

为了顺利完成研究和培训任务，中心得到全世界近20家基金会或相关组织的资金支持以及合作，其中有：加拿大国际发展署（Canadian International Development Agency）、国际私人企业中心①（Center for International Private Enterprise）、世界银行学会（The World Bank Institute）、欧洲委员会②（The European Commission）、福特基金会（The Ford Foundation）、哈佛国际发展研究所③（The Harvard Institute for International Development）、

---

① 其网站为http://www.cipe.org/。
② 其网站为http://ec.europa.eu/index.htm。
③ 其网站为http://www.hiid.harvard.edu/。

国际经济增长中心①（International Center for Economic Growth）、近东基金会（The Near East Foundation）、洛克菲勒基金会（The Rockefeller Foundation）、联合国开发计划署（United Nations Development Programme）等机构。

（二）研究范围及活动

中心定期组织研讨会，讨论分析政治、社会热点问题。参与者包括地方和国际专家、分析家、政治家。中心还以圆桌讨论和公共辩论的方式举办论坛，以此收集信息，分析国内与地区重要的和有争议的问题。

1. 行政和政治改革

（1）黎巴嫩行政改革方案及其挑战

会议的主题围绕黎巴嫩经济的可持续发展，通过吸取经验教训，制订一系列提高公共部门生产力和工作效率的计划。

（2）国家对话议程

会议的主题紧跟当前时事，主要研讨政府和民众普遍关心的问题。

（3）黎巴嫩的反腐败研究项目

该计划遵循2009年5月27日创立的"不贪污，加强黎巴嫩政府的透明度"组织的指导方针，增强公民社会的反腐力度，帮助制定国家反腐战略以及增加公共部门的责任性及透明度。②

此外，行政和政治改革研究还包括"北非地区司法和行政改革""展望2015年黎巴嫩发展前景""公共行政部门的反腐工作""战后黎巴嫩政治体制发展""公共部门服务透明化和制度化改革"等项目。

2. 公民和民间社会研究

该项目包括对贝鲁特的社会生活和公共团体的研究、黎巴嫩的外交及其挑战、阿拉伯国家的公民教育、民族问题研究、地方选举和黎巴嫩民主进程等议题。

---

① 其网站为 http://www.iceg.org/。
② 摘自"黎巴嫩行政改革国务部长办公室"（阿拉伯文）相关讯息，http://www.omsar.gov.lb/Cultures/ar-LB/Pages/default.aspx。

3. 全球化项目

该项目围绕阿拉伯世界如何面对全球化而展开：机遇与挑战、21 世纪的国际合作、全球化和地中海地区的社会改革、阿拉伯世界的全球化、社会政策与劳工问题、黎巴嫩面临的全球化挑战以及阿拉伯国家区域经济一体化等内容。

4. 国际关系

该项涉及阿拉伯世界各国的对外交往和国际关系，如巴勒斯坦定居点问题、民族宗教冲突及其监管模式、和平与冲突现状研究、伊拉克战后地区经济和社会重建问题、伊拉克危机的问题与后果、欧洲—地中海同盟国财政改革面临的挑战、地中海地区的全球化和社会变革、黎巴嫩水源和地区和平、黎巴嫩和欧洲—地中海伙伴关系、黎巴嫩与欧洲如何建立新的伙伴关系、黎巴嫩与中东和平进程等议题。

5. 经济事务

该项目包括黎巴嫩农业部门的前景分析和政策建议、黎巴嫩图书业、黎巴嫩的阶级差别、黎巴嫩纳入全球经济竞争、黎巴嫩经济发展进程中面临的选择、黎巴嫩与欧洲建立新的伙伴关系等内容。

此外，中心的研究项目还有"宪政改革""文化政策""地方政府""选举和国会改革""环境问题""财政与预算改革""政府和民主化""信息和通信技术""司法改革""贫困""民营化""动力市场和社会政策"以及"社会科学和政策研究"等内容。

（三）出版物

黎巴嫩政策研究中心致力于了解和解读发生在本区域和黎巴嫩的具有争议性的重大事件，以此为不同的社会政策挑战提供可信与相关的分析。中心开展客观、专业的学术研究，并及时准确地收集有关当前的实践、政策、立法的信息，以增加公众对经济、社会、政治核心事物的理解。中心的研究项目集中在以下 11 个核心领域：农业、工业和贸易；协商民主与宗派主义；权力分散；发展与增长；财政与预算；司法；石油、电力与环境；政党；政治代表；公共管理；社会议题。中心的出版物包括书籍、研究论文、政策简报、报告、定期的委托研究几大类，很多成果为分析家、实践家、决策者、教育家、企业家、媒体以及大众提供了重要参考。

1. 书籍

中心通过出版宣传研究成果和客观的分析结果，以此呈现事实并提供政策建议，从而鼓励公众和决策者在国家或地区政策中进行有意义的实际变革。为了便于读者购买，中心出版和销售的书籍在网上有详细的书讯。举例如下：

（1）萨米尔·阿塔拉（Samira Atallah）：《欧洲—地中海伙伴：金融挑战和机遇》[1]

（2）法迪·阿里·马基（Fadi Ali Makki）：《关贸总协定和世贸组织之间：黎巴嫩的最后期限》[2]

（3）萨米尔·阿塔拉（Samira Atallah）：《黎巴嫩经济预算和社会发展》[3]

（4）法若斯·艾比·萨卜（Fares Abi Saab）：《严格审查有关民族和睦的文件》[4]

（5）法里德·哈赞（Farid El—Khazen）：《黎巴嫩政党：民主的界限》[5]

（6）萨米·曼苏尔（Sami Mansour）：《黎巴嫩司法人员面临的挑战与展望》[6]

---

[1] Samira Atallah, *Euro-mediterranean Partnership: Fiscal Challenges and Opportunities*, Beirut: Lebanese Center for Policy Studies, 2000.

[2] ［黎巴嫩］法迪·阿里·马基：《关贸总协定和世贸组织之间：黎巴嫩的最后期限》（阿拉伯文），贝鲁特：黎巴嫩政策研究中心，2009年版。

[3] ［黎巴嫩］萨米尔·阿塔拉：《黎巴嫩经济预算和社会发展》（阿拉伯文），贝鲁特：黎巴嫩政策研究中心，2007年版。

[4] ［黎巴嫩］法若斯·艾比·萨卜：《严格审查有关民族和睦的文件》（阿拉伯文），贝鲁特：黎巴嫩政策研究中心，2012年版。

[5] ［黎巴嫩］法里德·哈赞：《黎巴嫩政党：民主的界限》，贝鲁特：黎巴嫩政策研究中心，2010年版。

[6] ［黎巴嫩］萨米·曼苏尔：《黎巴嫩司法人员面临的挑战与展望》，贝鲁特：黎巴嫩政策研究中心，2013年版。

(7) 阿卜杜拉·卡拉姆（AbdulaKaram）：《回归政党？阿拉伯世界政党政治逻辑与政治转型》①

2. 论文

除了专著以外，中心专家们还撰写大量学术文章，举例如下：

(1) 齐亚德·马继德（Ziad Majed）：《地中海的未来——欧洲和北非的方向》②

作为"国民问题研究论坛"的一部分，地中海的未来是学者们集中讨论的议题。在全球化时代，世界不断向多极化方向发展，这已经成为不可逆转的趋势。在这样的大环境下，欧洲国家与北非国家出于共同利益的考虑，有希望携手共同塑造地中海的未来。

(2) 法里德·哈赞（Farid El-Khazen）：《黎巴嫩战后的政党：追寻虔信者》③

黎巴嫩党派林立，但因力量分散，故目前无一党派占绝对优势。主要政党有"未来阵线"（Future Movement）、黎巴嫩长枪党（The Lebanese Kataeb Party）、自由国民党（The National Liberal Party）、"阿迈勒"运动（"Amal" Movement）等九大政党。文章对比了公民对各大政党的虔信度，分析了各大政党面临的问题及其前景。

(3) 萨米尔·阿塔拉（Samira Atallah）：《安全区的法律和政治，难民被迫遣返叙利亚：黎巴嫩的难民政策》④

自2011年叙利亚内战爆发以来，约100万难民涌入了邻国黎巴嫩。随着难民人数的不断增加，黎巴嫩人口不断超过负荷。从2015年1月起，黎巴嫩正式实行新的入境政策，叙利亚难民没有签证都被阻止入境。本文分析了相关法律及其影响。

---

① ［黎巴嫩］阿卜杜拉·卡拉姆：《回归政党？阿拉伯世界政党政治逻辑与政治转型》，贝鲁特：黎巴嫩政策研究中心，2013年版。

② Ziad Majed, "The Future of the Mediterranean-Which Way for Europe and North Africa?" *Europe in Dialogue*, Issue 1, 2011, pp. 36 - 54.

③ Farid El-Khazen, "Political Parties in Postwar Lebanon: Parties in Search of Partisans," *The Middle East*, Vol. 57, No. 4, 2005, pp. 605 - 624.

④ Samira Atallah, "Law and Politics of 'Safe Zones' and Forced Return to Syria: Refugee Politics in Lebanon", *Policy Paper of Lebanese Center for Policy Studies*, January 12, 2018, pp. 67 - 85.

此外，还有一些研究报告，如莫妮尔·叶合亚（Mounir Yehia）的《黎巴嫩权力部门的挑战与前景》（The Power Sector in Lebanon：Challenges and Prospects）；齐亚德·马继德（Ziad Majed）的《黎巴嫩的宗派主义问题》（The Issue of Sectarianism in Lebanon）等。

3. 期刊

（1）《黎巴嫩报告》（The Lebanon Report）

1995年上半年以前为月刊，之后为季刊，栏目有《个人见解》《政治焦点》《经济学》《政策研究》等。

（2）《视野》（Abaad），阿文季刊

专门探讨黎巴嫩及阿拉伯国家事务。该刊物通常分为若干章节，其中主要的章节涉及当前热点问题，包括政治、经济、文化和社会事务等论文。有时，针对一个或数个特定问题，该期刊会登载较长篇幅的论文，专门就这些问题进行深入和细致的讨论。其他还包括会议论文、书评、参考书目、事件年表、文档和漫画等内容。这份期刊的目的在于提供一个平台，供学者们讨论和研究黎巴嫩和阿拉伯世界面临的挑战和问题。

（3）《贝鲁特审查》（The Beirut Review）

年度英文刊物，1991—1994年每个季度出版一次。该刊内容涉及重要文章、书评、事件年表，以及其他有关黎巴嫩乃至中东国家的文件材料。1995年起，因故停刊。

（4）《黎巴嫩经济导刊》（Lebanese Economic Tribune，简称LET）

在国际经济发展中心（ICEG）和国际私人企业中心（CIPE）的配合与支持下，以黎巴嫩经济论坛的名义，组织了一个持续性研究和会议项目。该项目旨在推动公众对黎巴嫩战后经济问题的探讨，组建一个由经济学家、政府官员、商界人士、新闻记者构成的学术网络，通过指导科研、组织讲座和召开会议，为黎巴嫩制定经济发展战略服务。该项目聘请不同经济领域的专家进行研究后提出建议和方案，一方面可以对政府决策进行指导，另一方面还能够提高自身影响力。

二、阿拉伯统一研究中心（Centre for Arab Unity Studies）

地址：No. 113 – 6001，Hamra Beirut，Lebanon

电话：（+961）1801582

传真：（+961）1865548

邮箱：info@ caus. org. lb

网址：http：//www. caus. org. lb/

（一）基本情况

20 世纪 50 年代中期，阿拉伯民族解放运动风起云涌，逐步形成泛阿拉伯主义（Pan-Arabism）思潮。泛阿拉伯主义是指所有讲阿拉伯语的人都属于阿拉伯民族，这个民族应该实现政治上的统一，组成一个统一的国家或联邦。[①] 这一思想实际上是阿拉伯统一运动的思想理论基础。历史上，阿拉伯帝国从建立到辉煌，再到分裂和瓦解。第二次世界大战前，由泛阿拉伯主义者发起的阿拉伯统一运动曾经历过两次高潮。二战后，随着阿拉伯统一运动再次掀起新的高潮，阿拉伯国家联盟于 1945 年成立，这被视为阿拉伯统一运动所取得的最高成就。阿拉伯国家提出"用一个声音说话"的倡议，极大地提升了整个阿拉伯世界在国际关系格局中的地位，使阿拉伯各国的联合自强向前迈了一大步。不过此后半个多世纪以来，虽然阿拉伯各国在团结、融合、统一等问题上进行过无数次尝试，但都因各自利益不同而未取得成功。

1. 成立背景

在经历了 1967 年 6 月与以色列的战争后，很多阿拉伯知识分子和教育工作者认为，他们迫切需要一个统一的阿拉伯世界。为了振兴当时奄奄一息的泛阿拉伯运动，他们开始积极行动起来。几年过去了，这些努力仍然

[①] 关于泛阿拉伯主义的研究，详见 [美] 凯马尔·H. 卡尔帕特编：《当代中东的政治和社会思潮》，陈和丰等译，北京：中国社会科学出版社，1992 年版，第 89 页。

局限于个人和狭义的集体活动。直至1975年1月，几份贝鲁特报纸刊登了一份由32位来自阿拉伯世界的知识分子和教育工作者联名签署的宣言，呼吁成立一个阿拉伯统一研究中心。宣言指出，为了对抗来自犹太复国主义和帝国主义的政治、军事及经济危险，必须认真、深入地研究所采取的实际措施，以促进阿拉伯国家的团结统一。声明强调了阿拉伯国家统一带来的诸多积极影响，同时表示，鉴于工业化国家的快速发展，只有团结，才能彻底解决分裂和落后所带来的问题。

1975年3月18日，根据黎巴嫩贝鲁特87号新闻令，这个由32位宣言签署人呼吁建立的阿拉伯统一研究中心成立了，其总部设在贝鲁特。它"独立于政府，远离党派政治，致力于在阿拉伯社会和阿拉伯统一体的各方面开展独立的科学研究"。

2. 指导原则

在推行各类活动的过程中，研究中心遵守贝鲁特宣言中确定的原则：第一，阿拉伯世界的统一需要经历一个多方面和多阶段的过程，政治上的统一或许只能作为其最后的高潮阶段；第二，借鉴阿拉伯世界以外地区争取团结的经验，帮助政策制定者更透彻地了解统一的概念；第三，选择恰当的形式，尽可能多地吸引阿拉伯国家各个领域的知识分子和专家参与中心的活动；第四，以拥护阿拉伯国家的团结为宗旨，倾听来自各方的意见；第五，在筹资方面，中心主要依赖阿拉伯各国政府、机构及个人的捐款和物资援助。

3. 创办宗旨

该中心为泛阿拉伯研究中心，出版有关人文科学、社会科学和经济学方面的书籍、杂志及其他有关阿拉伯统一和未来战略的参考文献。其宗旨是："对阿拉伯社会和阿拉伯统一的各个方面进行纯粹的学术研究，远离政治活动，拒绝官方参与和党派加入。"1976年1月11日，中心邀请相关人士出席在科威特召开的大会，会议组织者以中心的宗旨为指导方向，制定出基本制度和相关内部制度。其中，基本制度旨在达成以下目标：收集有关阿拉伯统一和阿拉伯社会的文献、出版物、著作、手稿和印刷品；进行学术性研究并出版有关书籍；在中心声明所规定的范围内进行学术活动。而内部制度则明确了中心成员的职责范围,即规定中心成员的国籍为阿拉伯国家,成员任期为终身制。

4. 组织机构

该中心由理事会、执行委员会和行政机构等三大机构组成。理事会着重管理中心活动和执行委员会的工作,保障中心收入,监管其消费支出,维护收支平衡,每年至少召开一次会议,以多数成员投票的方式通过有关决议;执行委员会管理日常工作,在理事会成员缺席时主持工作。该委员会的五位成员由理事会选举产生,任期为3年。委员会主任负责中心每年的财政预算并交由理事会批准通过。理事会首先讨论中心的文化工作项目,然后委托执行委员会在中心声明的框架内主持和管理这些项目。委员会经过研究讨论后,分别为这些文化项目制定计划。每个项目周期为4—6年,包括研究、审核、出版等工作。这些工作分为现场实地考察和办公室研究。工作报告有直接面向政府的,也有面向广大社会群众的。

5. 工作主题

中心的工作重点是"针对阿拉伯统一事业,进行思想研究工作"。这些工作包括以下内容:

(1) 政治领域:民族统一,国家自卫,避免遭受犹太复国主义的危险,解放阿拉伯被占领土,统一和解放巴勒斯坦,统一阿拉伯国家军事、经济和政治力量;在现行国际政治和国际法范围内,完成阿拉伯民族统一和独立事业,从而影响超级大国的行为和政策;反对殖民主义,用澄清事实、制订条款和科学分析等方法揭示反对统一的殖民政策的根源;阿盟工作的成效渐微,如何改善它的工作效率,提高它的办事能力;分析当前各国取得统一的经验和途径;促进阿拉伯和少数民族的统一。

(2) 经济领域:经济发展和一体化;贸易往来与合作项目等经济问题;资本的借贷与流动;阿拉伯国家经济公司间的合作;阿拉伯共同市场;阿拉伯农业、工业和科技的互补性;阿拉伯联合公司;石油;民族经济。

(3) 思想和文化领域:评价阿拉伯国家中小学教科书中有关阿拉伯统一和阿拉伯民族性的文章;研究阿拉伯高校关于阿拉伯社会学科的教学书

籍；制订中小学历史教科书计划；重申阿拉伯统一的文化基础，即阿拉伯遗产、研究规划、新闻及其传媒等各方面；重视阿拉伯语及其教学方法，净化并保护它，提倡使用纯正的阿拉伯语，而不是方言；阿拉伯文学研究；回顾和讨论有关历史上阿拉伯政治思想的文章；对阿拉伯新闻事件进行分析。

（4）社会其他领域：实现统一需要哪些精神因素和哪种精神状态；发掘有助于实现统一的社会因素，即联络方式、移民、获得国籍、劳动力变更、通婚、教育和旅游等；利用阿拉伯现代联系网，即海、陆、空交通，电话、邮政等服务项目来展开工作。

（5）各类系列丛书：包括阿拉伯国家年度核算丛书；关于阿拉伯统一的系列文件；儿童系列丛书；军事研究系列；阿拉伯思想遗产等。

6. 基本活动

（1）中心活动年报。围绕当年工作主题，每年出版一份活动年报。

（2）会议。不定期召开工作会议，商讨重大问题。

（3）讲座。多利用报告会、研讨会等方式进行。

（二）主要出版物

1. 期刊《阿拉伯的未来》

创刊于1978年5月。在1978年和1979年为双月刊。从1980年开始，改为月刊。该刊涉及阿拉伯社会的各种问题与难题，是一份学术性很强的科研期刊。刊物内容分为重点研究、简评文章和固定栏目等几个部分。该刊紧紧围绕"阿拉伯统一意识"展开学术研究，其出版遵循以下两个原则：一是直接或间接地服务于中心的主要目标；二是尽可能使每篇刊登出的文章具有学术意义。也就是说，该刊力图表达阿拉伯统一的思想，为具有共同信仰的人服务，期待通过学术研究为统一事业尽心尽力。

2. 书籍

该中心出版的书籍涵盖阿拉伯政治、经济、文化、教育以及社会学、哲学等思想文化领域等各方面内容。举例如下：

（1）伊曼·艾哈迈德·拉加布（Iman Ahmad Rajab）：《美国撤军伊拉

克后的阿拉伯地区秩序》①

随着美军从伊拉克撤军计划的正式落实，奥巴马政府在中东的战略收缩意图已经十分明显，阿拉伯地区秩序出现新的变化。事实上，中东传统地区秩序由域外大国引进并主导，一定程度上反映域外大国与地区国家政权的层级关系。域外大国及地区国家间的复杂竞争是驱动地区秩序演进的直接动力。本书立足于分析影响阿拉伯地区秩序形成和演变的各种因素，详细探讨了国际环境、阿拉伯国家地缘关系、阿拉伯国家体制、地区民族冲突和宗派冲突等因素对阿拉伯地区秩序的影响。

（2）亚历山大·阿布登那（Alexander Abdennur）：《阿拉伯精神：抽象又具体的哲学》②

文化是人适应外界环境变迁的过程，是人与自然之间的一种关系。任何一个民族的文化都可以理解为历史的产物，其特性取决于各民族的社会环境和地理环境。"阿拉伯"这个概念不仅是种族概念和地理概念，同时也是国家概念和具有浓厚伊斯兰色彩的文化概念。本书从解决阿拉伯—伊斯兰文化的形成因素入手，通过分析阿拉伯精神的哲学思想及其特点，总结出阿拉伯精神与伊斯兰文化的相互影响与作用。

（3）里玛·哈拉夫（Rima Khalaf）：《阿拉伯一体化》③

本书分析了阻碍阿拉伯统一的若干因素，从意识形态来看，20世纪五六十年代盛行的阿拉伯民族主义现在已基本破产，阿拉伯地区兴起的意识形态都更推崇对超民族的全体穆斯林社团（Umma）的认同，淡化甚至排斥对阿拉伯民族的认同；从政治架构来看，缺乏监督机制使独裁者们在分配国内政治资源时尚且会严重偏袒自己的亲族、教派或者同乡，若与他国联合后更加不可能保证公平；从经济利益来看，产油国与贫油国经济发展水平之间的巨大差异也使得前者并不愿与后者联合。

---

① Iman Ahmad Rajab, *Arab Regional Order in the Post-American Occupation of Iraq*, Beirut: Centre for Arab Unity Studies, 2010.

② Alexander Abdennur, *The Arab Mind: An Ontology of Abstraction and Concreteness*, Beirut: Centre for Arab Unity Studies, 2017.

③ Rima Khalaf, Arab Integration, Beirut: Centre for Arab Unity Studies, 2015.

（4）穆罕默德·海尔米（Mohammed Helmi）：《阿拉伯统一：这可能吗?》①

1958年，埃叙两国合组"阿拉伯联合共和国"（UAR），尽管联合仅仅持续了三年半，但颁布于1973年的叙利亚《宪法》中至今仍保留第一章第一条："阿拉伯叙利亚地区是阿拉伯祖国的一部分，阿拉伯叙利亚的人民是阿拉伯民族的一部分。"已故的叙利亚哈菲兹·阿萨德总统在1980年也重申大马士革当局对阿拉伯各民族联合的承诺。本书还列举了1963年埃及、叙利亚和伊拉克之间的三方联盟，20世纪70年代利比亚、埃及和苏丹的联盟，1978年叙利亚和伊拉克的联盟。分析了促成联盟结束的内外因素，总结了这些联盟失败的经验。

（5）萨巴赫·亚辛：《传媒：价值秩序和力量霸权》

近年来，传媒业的伦理道德在经济全球化浪潮中越来越趋于薄弱，因此，有必要加强这方面的引导，而学术界应担负起更多责任。然而迫于权力威压，新闻传播的准确性多少会受到些影响，这就需要加强社会责任感和道德意识，帮助它找回自我个性，回归到文明建设的大家庭中。当然，这样做的目的在于保护人类自我解放和文明复兴的成果，而不是摧毁它们。

（6）CAUS专家集体编写：《2005年阿拉伯民族状况，阿拉伯体制面临的变革和挑战》

本书介绍了2005年阿拉伯民族问题发展情况，涉及阿拉伯体制的各个方面，重点论述了阿拉伯国家间不同体制的相互影响。作者探讨了阿拉伯民族问题产生的根源和面临的挑战，并从两个方面入手做深入分析：一方面，是从阿拉伯体制内部寻找根源；另一方面，从地区或国际环境的角度寻求答案。作者主张要给予巴勒斯坦人掌握自身命运的民主权利，以巴人的解放来推动阿拉伯的统一，支持伊拉克人反抗占领、反抗侵略。

此外，该中心出版的书籍还有：《约旦与英国关系1951—1967》（The

---

① ［黎巴嫩］穆罕默德·海尔米：《阿拉伯统一：这可能吗?》，《当代阿拉伯事务》（阿拉伯文），2008年第3期，第339—345页。

Jordanian-British Relations, 1951 – 1967）；查拉比博士（Dr. Suheila Sulaiman Al Chalabi）著，2011 年 6 月出版；《未来的国际关系中文化的冲突与碰撞》（The Future of International Relations from Clash of Civilizations to Humanization of Culture），穆罕默德·萨迪博士（Dr. Mohamad Saadi）著，2013 年 6 月出版；《阿拉伯青年与未来展望》（Arab Youth and Visions For The Future），CAUS 研究小组著，2013 年 5 月出版；《我们和我们的传统：阅读当代哲学遗产时的思考》（We and Our Heritage: Contemporary Readings in our Philosophical Heritage），穆罕默德·阿卜杜·杰比利博士著（Dr. Mohamed Abed El – Jabiri），2014 年 5 月出版等。

第四节 巴勒斯坦智库及其特点

中国与巴勒斯坦于 1988 年建交，两国始终相互信赖、相互支持、真诚合作。无论国际风云如何变幻，中国政府一直高度重视发展同巴勒斯坦的关系，不断加强两国各层次各领域交流与合作，为巴勒斯坦民族权力机构发展民族经济、改善人民生活提供力所能及的帮助。巴勒斯坦的智库有 30 多家，本节选取以下三个智库为样本进行深入分析。

Pal-Think 战略研究所是一家独立的学术研究机构，研究领域包括巴勒斯坦及地区政治、经济、社会问题。尽管成立时间并不长，但它建立起涵盖地区和国际组织的巨大网络，具有一定的影响力。

巴勒斯坦国际事务研究学会是一家独立的学术研究机构，主要关注政治、外交和巴以问题。为了让更多人了解巴勒斯坦问题的实质，学会一方面通过学术研究、思想对话和发行刊物等渠道来影响民众，另一方面在国际上与多家著名智库有密切的合作和联系。

阿拉伯思想论坛是一家独立智库，研究领域包括政治、经济、社会和耶路撒冷问题。该论坛为巴勒斯坦的决策者、民意领导者和公民提供了一个表达意志和交流思想的平台。它成功地在影响和塑造政策制定者的思想上发挥着重要作用。

一、Pal-Think 战略研究所（Pal-Think for Strategic Studies）

地址：4th Floor, Dream Building, Haboush Street, Al Remal, Gaza, Palestine
电话：（+970）82822005
传真：（+970）82827820
邮箱：info@ palthink. org
网址：http：//palthink. org

（一）基本情况

Pal-Think 战略研究所是一个独立的、非宗派的智囊机构，该机构于 2007 年由巴勒斯坦社会活动家倡议在加沙成立。其愿景是通过鼓励和激发国际社会对巴勒斯坦问题的理性讨论并在一定程度上达成共识，为建立自由和现代民主的巴勒斯坦社会做出贡献。目前，研究所已建立了涵盖地区和国际组织的巨大网络，同时与各阶层各行各业的专家学者一起工作。研究所的目标是要成为高度可信和有效的学术研究中心；吸引有追求更高研究和探索想法的群体；一个给宽松、自由和多元化的想法和意见提供孵化器的地方；一个制造政治建议来吸引私营部门、政府以及民间社会机构的地方。

研究所董事会由 18 人组成，欧马尔·沙班（Omar Shaban）任主席，专职和兼职研究人员有 200 多位，包括研究人、作者、政客和活动家。

（二）关注重点

1. 国家政策和政府工作

包括巴勒斯坦现在和未来的政治制度；巴勒斯坦—以色列争端；巴勒斯坦政治制度的民主化等。

2. 经济研究

包括推进自由经济、产权以及个体选择的价值；巴勒斯坦领土上的发展项目；如何最大化地利用发展援助；加强区域合作等。

3. 社会问题

包括加强与其他群体的合作与接受度；加强社会价值，比如巴勒斯坦人民之间的和解与宽容；儿童的娱乐项目等。

（三）主要活动

研究所的任务宣言如下：为了通过对公共事务的辩论，以及制造政策建议给决定者们，来推进在巴勒斯坦和中东地区的和平、自由和繁荣。Pal-Think 旨在公共讨论、思考和决策合理化过程中扮演具有建设性和促进作用的角色，并且通过促进创新发展解决办法以挑战政治、经济和社会事务的主流思想，从而保障或相应提高巴勒斯坦人民在各方面的权利。为此，研究所开展了以下活动：

1. 社团活动

一直以来，巴勒斯坦地区的稳定与和谐是关系到巴勒斯坦社会和影响政治发展进程的一项关键问题。社团活动每年召开数次。2007 年 7 月，Pal-Think 战略研究召开有关财政支持的一系列会议，并推出第一份政治论文"从内部危机中出现，和谐的路线图"。2008 年以来的主题有：动员社会加入和谐进程（2008）；继续致力于和谐"谈核心问题"（2008）；授权于巴勒斯坦国家和谐的社会（2009）；决策者和社会之间建立有影响力的信心（2010）；恢复社团之间致力于和谐文明社会的合作（2011）。

2. 面向公众

基于建立巴勒斯坦民主国家的基础目标，Pal-Think 成立了"面向公众"项目，聚集了决策者和巴勒斯坦社会各阶层在一起讨论和交换不同观点。参加此项目的重要人士包括：近东巴勒斯坦难民救济和工程处（UNRWA）在加沙的执行董事、中东问题有关四方特使、欧盟代表、埃及驻巴勒斯坦外交官以及联合国驻巴勒斯坦特使等。该项目包括巴勒斯坦政治体制改革（2010）、巴勒斯坦民主的前景（2011）等议题。

3. 青年和妇女权权益

青年和妇女权益保护被排在 Pal-Think 活动的首要位置，因为这些目标群体对巴勒斯坦在社会各领域的发展有重要意义。由于战乱和自然灾害等因素，巴勒斯坦的青年人口比例较高，而巴的社会经济及文化、政治发展水平都不能满足青年人对就业、教育等的需求。与此同时，青年在各种活动中也充当了急先锋的作用，因此，解决青年发展问题的急切性日益显现，它已成为影响国家政局稳定、社会进步及经济发展的重要因素。[1] 该活动包括青少年教育、青年就业、青年未来发展规划等议题。在妇女问题上，包括消除对妇女一切形式的歧视、保护妇女的生育权、关注妇女在家庭的待遇等。

4. 爱德华·萨义德（Edward Said）论坛

爱德华·萨义德出生于巴勒斯坦，生前就职于美国哥伦比亚大学。他十分关注在中东发生的或者影响中东局势的重大事件，被誉为中东问题在西方世界的代言人。[2] 这是 Pal-Think 举办的文化论坛，通过聚集知识分子和学者来讨论和解决巴勒斯坦面临的问题，探索相关问题的出路，寻找解决问题的方法，旨在完成萨义德先生的夙愿。

（四）出版物

Pal-Think 主要有三个研究范围：一是政治和治理。包括巴勒斯坦当下和未来的政治体制；巴勒斯坦—以色列争端；巴勒斯坦政治体制的民主化等。二是经济研究。包括推动自由经济的价值观，产权以及个体选择；巴勒斯坦境内的发展项目；有意援助益处的最大化；加强区域合作等。三是社会研究。包括教育、健康和社会、儿童和妇女、青年等。

政治论文的制造从目前的巴勒斯坦危机中显现：一条迈向出口的路线图（2007）；自 Sharm Elsheikh 捐赠会议的两年来加沙地区的重建尚未恢复（2011）；对于以色列现金政治气候的了解（2010）；第三种巴勒斯坦当前的可能性（2009）；国际社会对巴勒斯坦援助的影响（2009）；新的美国行政当局和实现和平中东的视野（2009）；重建加沙：深化分裂或治愈裂谷

---

[1] Jad Chaaban, "Youth and Development in the Arab Countries: The Need for a Different Approach," *Middle Eastern Studies*, Vol. 45, No. 1, 2009, pp. 33–36.

[2] 李意：《爱德华·萨义德与中东政治》，上海：上海人民出版社，2015 年版，第 23 页。

(2009); 即将到来的选举能否解决巴勒斯坦政治体制的危机吗？（2009）欧洲；与 Hamas 对话的视角（2009）；新以色列政府，和平有机会吗？（2009）；土耳其的埃尔多安，一个新的政治愿景（2009）等。

二、巴勒斯坦国际事务研究学会（Palestinian Academic Society for the Study of International Affairs）

地址：No. 18, Hatem Al-Ta'i Street-Wadi Al-Joz

信箱：P. O. Box 19545, Jerusalem / Al-Qudis

电话：（+972）2626 – 4426 / 628 – 6566

传真：（+972）2628 – 2819

邮箱：passia@ palnet. com

网址：http：//www. passia. org/

（一）基本情况

巴勒斯坦国际事务研究学会（PASSIA）位于圣城耶路撒冷，1987 年 3 月成立，发起人是以权威专家马哈迪·阿卜杜·哈迪（MahdiAbdulHadi）博士为首的巴勒斯坦知识分子和学者。该学会是一个非盈利性的阿拉伯研究机构，经济和法律地位独立，不隶属于任何政府、党派或组织。该学会的宗旨是在国内、阿拉伯国家乃至国际范围内，通过学术研究、对话和出版物来寻求解决当前巴勒斯坦问题的方法。学会本着和谐与合作精神，凭借自我批判的风格，进行开放的学术交流。学会主持的研究项目均具有专业性强、科学和客观的特点。研究项目包括一系列的座谈会，并就外交礼宾、战略研究、欧洲共同体、民主教育等展开讨论。这些由巴勒斯坦和外国专家主持的高品质的讲座和讨论，还为巴勒斯坦国际问题研究生提供了主要的学习素材。学会主要围绕耶路撒冷问题定期举办研讨会，每次会议的议题虽有不同，但都是相互联系的，如圣城获取信息的渠道、圣地、以色列定居点以及将来圣城该如何安置等问题。该学会与其他巴勒斯坦内外的研究机构合作和协调，不断努力以确保更多人了解巴勒斯坦问题。学会通过提供一个可自由表达观点和就此展开分析的论坛，就巴勒斯坦问题的前景和解决方式展开讨论，努力让人们了解在当前国际关系中，巴勒斯坦人为正义与和平付出的艰难探索。

（二）人员构成

1. 董事会成员

（1）马哈迪·阿卜杜·哈迪（Mahdi Abdul Hadi）。PASSIA 创始人和主席，在巴勒斯坦、阿拉伯和其他国际著名研究机构任兼职专家、专栏作家和创办者等职。

（2）戴安娜·萨菲（Diana Safieh）。耶路撒冷旅游公司经理、巴勒斯坦各妇女组织成员。

（3）阿德南·穆萨兰姆（AddnanMusallam）。伯利恒大学历史系副教授、伯利恒宗教和传统文化研究中心①创始人和副总裁。

（4）萨利·奴赛班（SariNusseibeh）。哲学教授、政治分析家、专栏作者、耶路撒冷圣城大学校长。

（5）伯纳德·赛博拉（Bernard Sabella）。伯利恒大学社会学教授、人口统计师、研究机构的专栏作家、耶路撒冷中东理事会执行秘书。

（6）萨义德·兹达尼（Said Zeedani）。哲学教授、比尔宰特大学（Birzeit University）艺术学院前院长、拉马拉巴勒斯坦公民权利独立委员会总干事。

（7）卡迈尔·阿卜杜·法塔赫（Kamal Abdul Fattah）。比尔宰特大学地理学教授、巴勒斯坦杰宁著名地理刊物的专栏作家。

2. 行政管理人员

PASSIA 员工全部采用合同制或兼职的形式，另有一批短期研究者、编辑等负责执行当前学会进行的各个具体项目。行政管理人员一共有 6 人，多具备社会学、计算机、会计学、工商管理学等学位。

---

① 这个研究中心的全名是 Al-Liqa'-Center for Religious & Heritage Studies in the Holy Land，网址为 http：//www.ariga.com/humanrights/al–liqa.shtml。

（三）主要活动

PASSIA 每年都会根据董事会的指导方针和学会标准制订项目计划，包括对话节目、通过培训和技能开发的民间社会委托计划、PASSIA 日记、宗教研究项目、国际事务教育和培训计划等。PASSIA 的日常活动主要分为四大部分：研讨会、对话项目、培训和出版物。

1. 会议和研讨会

2. 对话项目

此外，PASSIA 每年还通过开发对话项目，多次举行研讨会或小型讲座，这些项目包括：研讨会、耶路撒冷会议、宗教研究会议、巴勒斯坦政治面貌、巴以僵局、统治方式会议等。每个栏目的会议均有相应的活动简报，方便读者查询或者参与。

3. 培训

学会的培训项目有：人力资源开发计划；青年领袖训练项目；公民教育项目；通过技术培训市民社会的发展；国际问题的培训和教育及其他一些项目。

（四）出版物

PASSIA 自成立以来，一直从事各种各样的学术活动和科研项目，并尽可能地出版相关报告和其他文件。出版书籍和刊物已成为 PASSIA 年度研究计划的一个重要组成部分，目前已有上百部著作，内容涉及很广，在一定程度上丰富了巴勒斯坦图书馆的藏书量。出版这些具有实际意义的学术刊物的目的在于促进国际间的交流与合作，推动经常性的讨论，使学者们进一步表达不同的观点，从而更好地相互了解。根据日常工作和活动，PASSIA 印制的出版物包括专著、研究报告、耶路撒冷出版物、报告会、对话系列丛书、PASSIA 日记、宗教研究书籍、会刊、简报和年报等。举例如下：

1. 艾菲夫·萨菲赫（Afif Safieh）：《巴勒斯坦驻俄罗斯大使眼中的巴

俄关系》[1]

多年来，俄罗斯与巴勒斯坦一直保持良好和互信关系。俄罗斯致力于调解中东问题主要是因为与巴勒斯坦的关系对于俄罗斯来说有特别的意义。俄罗斯本着中东问题须通过和平途径解决的宗旨，希望帮助巴勒斯坦成为一个独立的国家。然而，俄罗斯帮助巴勒斯坦不过是维持双方之间的互利互惠关系，不是冷战时代的结盟关系，俄罗斯不会因为巴勒斯坦与以色列有矛盾而选边站队，俄罗斯与以色列也存在互利互赢关系。

2. 《巴以僵局：探讨解决巴以冲突的办法》，巴勒斯坦国际事务研究学会，2010年版

该书包括以下论文：Nick Kardahji 的《梦想共存：双重民族观简史》；AsadGhanem 的《解决以巴危机：当代理论背景和辩论》；Gary Sussman 的《巴以问题解决的可行性与以色列单方面的意愿》；Salim Tamari 的《两国论的暧昧诱惑》；Fadi Kiblawi 的《寻求持久解决：以巴和平的建设性选择》；Nasser Abufarha 的《巴方为重新配置巴以布局的提案》；Sari Hanafi 的《公正解决巴勒斯坦难民问题的对策》；Asher Susser 的《巴以冲突中的联邦选择》；Jeff Halper 的《越出中东联合的思维之框》；Ahmad Abu Lafi 的《伊斯兰教和两国论》；Jan de Jong 的《两国解决论的终结：地缘政治论的分析》。

3. 罗兰·弗莱德瑞驰（Roland Friedrich）：《巴勒斯坦被占领土上的安全部门改革》[2]

该书的写作背景是自2000年巴勒斯坦爆发第二次起义[3]以来，巴勒斯坦体制的全面改革，特别是安全部门的改革变得越来越紧迫，警察部队和情报机构在过去一直受到批评，因为它们不但无力保障巴国内的法律和秩序，而且也无法抵御以色列的攻击。因此，本研究报告着重研究巴勒斯坦

---

[1] Afif Safieh, *Palestine-Russia Relations: Ambassadors of Palestine to Russia*, Miami: General Books LLC, 2010.
[2] Roland Friedrich, *Entry-Points to Palestinian Security Sector Reform*, Baden: Nomos Verlagsgesellschaft, 2008.
[3] 2000年9月28日，沙龙强行进入阿克萨清真寺，引发巴勒斯坦第二次起义，中东和平进程再次严重受挫。

在后奥斯陆阶段中安全机构的改革,主要分为以下几个部分:"安全部门改革的构想";"巴勒斯坦安全部门的改革";"政治(外在政治环境和国内政治环境)、体制、经济以及社会层面的改革"等。

4. 帕拉·凯利迪(Paola Caridi):《哈马斯从反抗到执政》[①]

哈马斯于1987年创建,是巴勒斯坦一个宗教性的政治组织。该组织的前身是"伊斯兰联合会",它在伊朗、叙利亚、黎巴嫩等国家均设有分支。其策略既与伊斯兰教密切相关,又受到巴以和平进程的深刻影响。哈马斯以《古兰经》为立法基础,一方面强调"圣战"是实现工作目标的最重要手段,另一方面强烈抵制中东和平进程,同时主张消灭以色列,从而解放巴勒斯坦全部被占领土。在2005年巴勒斯坦大选中,坚持武装斗争的哈马斯以高票领先于其他党派并组建自治政府。就这样,哈马斯首次成为巴勒斯坦地区的执政党,并由哈尼亚出任总理职务。本书详尽描述和分析了哈马斯的斗争历程。

(五) 对外联络

1. 学会在国际上的主要合作伙伴和联系机构包括:伦敦皇家联合防务研究所(RUSI)、伦敦皇家国际问题研究所(RIIA)、英国莱斯特(Leicester)大学外交研究中心以及荷兰海牙国际关系学院等。

2. 学会是以下网络或协会的成员:

(1) 阿拉伯预防冲突和人类安全临时伙伴关系(APCPHS)

该组织2005年2月2日成立,旨在更好地推动联合国"民间社会预防武装冲突"(Gppac)这一全球性项目的发展。Gppac伙伴关系是由联合国、各国政府和市民社会共同制定的一项行动纲领,能有效地预防区域冲突扩散到全球范围。APCPHS则致力于加强对话、积极建设和维护人类安全,创始成员包括位于中东和北非的解决冲突和人类安全组织。

(2) 巴勒斯坦非政府组织(PNGO)

PNGO旨在加强巴勒斯坦非政府组织间的协调与合作,努力维护其生

[①] Paola Caridi, *Hamas: From Resistance to Government?* Jerusalem: PASSIA Publications, 2010.

存权，积极推进民主价值观，加强市民社会在巴勒斯坦的作用。

（3）欧洲—地中海研究委员会（Euro-MeSCo）

MeSCo 是非政府组织，成立于 1994 年，PASSIA 是创始成员之一。该委员会旨在为地中海国家提供一个论坛，从区域的角度讨论国际政策和安全问题。原则上，委员会成员处理国际关系和安全问题应首先进行政策性研究，获得国内和国际一致认可后方可执行。1996 年，MeSCo 开始吸纳非地中海国家的研究所入会，Euro-MeSCo 就是成功的一例。它努力促进成员间的对话和加强它们的信息交流，支持它们的制度建设和研究力量，促进成员国间市民社会的合作。

（4）阿拉伯非政府组织发展网（ANND）

ANND 成立于 1996 年 6 月，现有来自 12 个阿拉伯国家的 45 个成员和非政府组织。该组织最初由 1993 年突尼斯和黎巴嫩的一批市民社会组织创立，为加强和形成阿拉伯国家市民社会的作用做了许多工作。目前，该组织主要有三个研究计划：发展计划、民主计划、全球化和贸易计划。

（5）阿拉伯社会科学研究网络（ASSR）

ASSR 于 1996 年 8 月在贝鲁特成立，该网络涉及范围很广，囊括阿拉伯区域的各个研究所，旨在探索改善区域合作的方法，从而加强培训、研究和机构建设工作。

三、阿拉伯思想论坛（Arab Thought Forum）

地　址：No. 9, Beit Hanineh, Main Street, P. O. Box 19012
电　话：（+972）26289126
传　真：（+972）26264338
邮　箱：Abed@ multaqa. org
网　址：http://www. multaqa. org/

（一）基本情况

阿拉伯思想论坛于 1977 年在耶路撒冷建立。论坛一直坚持服务于社会公众并且努力对其需求做出积极响应等理念,其使命是在巴勒斯坦社会形成进步的、首创的思想以促进一个独立的、民主的和繁荣的巴勒斯坦国家的建立。基于公开、透明和自由表达等原则,该论坛为巴勒斯坦的决策者、民意领导者和公民提供了一个表达意志的论坛平台。它不隶属于任何政府、政府党派或者组织。论坛最初注重科学研究和调查,而后扩展为积极地发现、分析重要议题和公众辩论,以及为了促进巴勒斯坦人民的发展选择性地开始重要向导和长期的项目。

在初始任务的影响下,阿拉伯思想论坛成功地在影响和塑造政策制定者的思想上发挥重要作用。该论坛努力维系巴勒斯坦政府、当地的知识分子和在西岸和加沙地带的人民之间的交流关系。通过这些联系,该论坛能够促进巴勒斯坦政府宪法和法律草案的讨论。阿拉伯思想论坛致力于为巴勒斯坦人民建立一个独立的民主国家。其工作重心可以归纳为以下几个主题:一是耶路撒冷的未来;二是民主进程和国家建设;三是促进和平进程的发展意识。

(二) 人员构成

阿拉伯思想论坛有17名研究人员,所有活动都由董事长监督。论坛的目标由理事会设定,理事会是由25到40人的学者组成的。执行委员会拥有7名成员,包括董事长、两位副董事长、秘书长、财务主管和2位无职位者。所有这些职位都是由理事会以两年为一任期挑选的。理事会的成员有主席、副主席和汇报人。监管理事会是由理事会组成的,向行政部门和财务事务组织制定后续行动。

阿拉伯思想论坛非常荣幸地成为主要的巴勒斯坦和国际的积极参与者和保护组织:如巴勒斯坦问责与诚信联盟(AMAN)、巴勒斯坦非政府组织网络(PNGO)、慈善协会联盟、巴勒斯坦正义与和平协会、巴勒斯坦中央统计局咨询委员会(PCBS)、巴勒斯坦人权协会、公民选举监察委员会、公民社会协调委员会、阿拉伯透明度网络、耶路撒冷抵制毒品委员会、耶路撒冷政治囚犯国家委员会、耶路撒冷的保卫巴勒斯坦人民权力的公民联盟等。

此外，阿拉伯思想论坛还维持着与几个国际组织的特殊关系：如奥地利萨尔斯堡会议、透明国际组织、加拿大皇后大学等。

（三）活动计划

活动计划包括以下六大内容：

关于民主过程和国家建设，包括发展可靠和透明的当地政府模式、建立评价要素和标准投诉系统、关于耶路撒冷东部房屋的以色列规划和建设法规的212/5条的含义、加强当地政府的透明度和可靠性、巴勒斯坦的民主构建等。

关于选举，包括监管选举的行为准则、在巴勒斯坦建立一致的选举改革、建立承诺机制来继续跟进行为准则、鼓励积极参与巴勒斯坦的立法选举、立法选举在巴勒斯坦政治版图上的影响、当地选举项目、发展巴勒斯坦的选举行为准则、地方机关行为准则的准备工作等。

关于公民权利，包括耶路撒冷的以色列政策、促进反对以色列计划摧毁巴勒斯坦在耶路撒冷东部民宅的意识、支持在耶路撒冷东部的公民权利的宣传论坛、公民社会参与、捍卫在耶路撒冷居民的住房权等。

关于青年倡议、教育和领导力，包括青年宣传网络、青年领导力、盲人大学学生的计算机文化、东部耶路撒冷的教育政策；解决辍学问题等。

关于文化和意识发展，包括历史和解项目、耶路撒冷：阿拉伯文化之都、耶路撒冷身份会议、耶路撒冷艺术展览等。

关于论坛，包括公共辩论、公民大会、圆桌会议和政党会议、大会与座谈会、讨论会和特殊会议等。阿拉伯思想论坛意识到需要对引发公众兴趣和讨论的议题进行深入和细节的讨论。因此，举办了多次群体讨论会，头脑风暴会议和由主要参与的政治家、知识分子和受邀参加的公民组成的大会和峰会。这些论坛为阿拉伯思想论坛提供独有的机会跟进特定的推荐会产生的结果。该论坛也在它的期刊上和时事通讯中发表论坛的成果。

（四）出版物

阿拉伯思想论坛的专题报告和期刊如下：

1.《民主构成报告》

每年出版一期，围绕阿拉伯国家的执政与民主问题展开讨论。

2.《发展评论》

季刊，是由耶路撒冷的阿拉伯思想论坛为促进公民对不同的巴勒斯坦议题产生兴趣而出版的。该刊物包含广泛的社会经济主题：包括水资源、农业、工业、住房、旅游、基础设施、财务、管理和耶路撒冷的未来。自1997年以来，期刊开始重视民主主题。通过出版巴勒斯坦的民主构成的季刊，期刊监督和分析了政治家和公众对民主进程的看法。每个议题都有独特的关于民主活动的分析、视角和报告这些都是由主要参与者、学者和高级政治家准备的。

此外，由阿拉伯思想论坛编著、出版的书籍有《为解决东部耶路撒冷的辍学问题的政策报告》《画廊：艺术展览：多彩旅行新闻》《青年与当地选举训练手册》《耶路撒冷的公民机构手册》等。

相关专著或论文举例如下：

1. 阿拉伯思想论坛：《青年与地方选举》[①]

巴勒斯坦地方选举是指代表对于确定的候选人，可以投赞成票，可以投反对票，可以另选其他任何代表或者选民，也可以弃权，不受任何部门任何人员的干扰。本书着重分析了青年在巴地方选举中的主要作用。

2. 易卜拉欣·瑟克斯（Ibrahim Sirkeci）：《多元政治系统：机遇和障碍》[②]

从20世纪90年代初期，巴勒斯坦人民就度过了几个与其未来紧密相关的转折点。自从"多元性"被执政党迫于压力创造出来后，不同的权力组织之间进行竞争来采取改革行动。矛盾在于一党制政府会垄断权力，不管执政党是哪一方，它都不会觉得有必要实行改革或者控制内部环境。本书提出的问题包括多元政治考虑到现实的政治变量带来的机会了吗？多元政治实现的特征和要求是什么？政治伙伴关系的前景是什么？政党和派系

---

① *Youth and Local Elections*, Jerusalem: The Arab Thought Forum, 2007.
② Ibrahim Sirkeci, *Pluralistic Political System: Opportunities and Obstacles*, Jerusalem: The Arab Thought Forum, 2010.

有多热衷于这样做呢？巴勒斯坦派系和力量的主要人物的所有观点的前景和后果是什么呢？

3. 艾哈迈德·拉迪（Ahmad Rwaidy）：《关于修正巴勒斯坦选举法的主要评论》①

2007年9月，巴勒斯坦政府推出新选举法，为即将举行的大选制定新的"游戏规则"，使得法塔赫胜出的概率大为增加，他们甚至基本上勾勒出了法塔赫重夺政权、再返巴政坛中心的美好前景。考虑到这些因素，哈马斯决不肯将得之不易的权力丢在一旁。可以预见，如果双方没有通过对话和谈判来解决分歧，将有可能酿成更严重的对峙局面。本书围绕以上问题展开讨论，集结了社会评论家、学者、有关专家的诸多观点。

本章小结

沙姆地区国家以拥有多元文化观和多元宗教观而感到自豪，该地区不同国家的智库也各具特色。约旦皇家伊斯兰思想研究院十分重视王室与社会民众的沟通，强调对伊斯兰群众特别是年轻人的教育，从2004年开始起就专门组织侯赛因国王研讨会，努力搭建政府部门与民众对话的桥梁；约旦大学战略研究中心专攻地区冲突、国际关系与安全研究。为保证事实和数据的确凿性，该中心十分重视民意调查；叙利亚政治和战略研究中心由流亡国外的反对派人士组建，他们讨论的议题多围绕巴沙尔倒台后的政治安排而展开；黎巴嫩政策研究中心擅长于公共政策研究，与德国阿登纳基金会和联合国计划开发署等国际著名机构有密切的联系与合作；阿拉伯统一研究中心强调阿拉伯国家统一的积极影响，认为只有阿拉伯团结，才能彻底解决分裂和落后所带来的问题；Pal-Think 战略研究所自我定位是可信度高且有一定行动力的学术研究中心，为推进巴勒斯坦和中东地区的和

---

① Ahmad Rwaidy, *Main Remarks on The Amended Palestinian Elections Law*, Jerusalem: The Arab Thought Forum, 2005.

平、自由和繁荣而努力；巴勒斯坦国际事务研究学会本着和谐与合作精神，进行开放的学术交流，其主持的研究项目均具有专业性强、科学和客观的特点；阿拉伯思想论坛围绕耶路撒冷的未来、民主进程和国家建设等议题，推动巴勒斯坦政府、当地的知识分子和在西岸与加沙地带的人民之间的交流。

第六章

北非国家主要智库

北非国家智库主要分为两个部分：一是马格里布地区；二是其他北非国家。

马格里布地区地理位置特殊，该地区的文化受到非洲、欧洲、亚洲三大文化板块的影响，长期处于多重文化的浸润与渗透之中，表现出多重性的特点。尤其是1830年法国入侵马格里布之后，该地区国家的各个方面都具有法国殖民地的色彩。作为政府或非政府机构的智库也受到近代欧洲殖民的影响，研究语言大多为法语和阿拉伯语，部分智库网站只有法语版。这些智库的管理模式也一定程度上遵循欧洲国家的经验，颇具殖民主义色彩。

除了马格里布地区以外，北非阿拉伯国家还包括埃及和苏丹。埃及智库无论在数量还是在研究实力上，在整个阿拉伯世界都处于绝对领先地位。截至2016年，埃及有55家智库入选《2015年全球智库发展报告》。从研究风格来看，埃及智库注重与世界各国智库和研究机构保持密切往来，为政府决策提供智力支持，在保持埃及地区大国地位方面发挥着重要作用，其中最具代表性的官方智库有金字塔政治与战略研究中心。此外，埃及还有不少智库专门从事国家经济事务方面的研究，如埃及经济研究中心和经济研究论坛等。

苏丹问题是非洲的典型性问题，它既有种族与民族矛盾的交织，又有宗教与文化冲突的汇合，还有资源之争与地缘冲突并存。因此，苏丹智库大多注重地区民族宗教矛盾的研究，如达尔富尔危机、南北苏丹分裂问题等。在对外交流方面，苏丹智库已经积累了一定的经验。近年来，以"拉卡伊兹研究中心"为代表的苏丹智库与中国多家智库和科研机构联系密切，开展了一系列学术交流活动。

此外，其他3个非洲国家中，科摩罗目前暂无智库信息；索马里智库受西方国家资助建立，研究侧重索马里国内政治、安全和社会；吉布提智库总体数量较少，研究主要关注地区安全和治理，研究队伍的组建主要依托周边国家的专家学者，在财政上大多受西方国家资助。由于信息来源不完整，索马里和吉布提的智库仅简单罗列在附录中。

第一节　摩洛哥智库及其特点

中国与摩洛哥于1958年11月1日建交。建交60年来，两国关系持续、健康发展。中摩在文化、新闻、卫生、青体、旅游、教育、地方等领域的交流与合作十分密切，团组互访不断。2013年6月，摩洛哥—中国友协主席穆罕默德·哈利勒率领摩洛哥代表团应中国对外友协的邀请对中国进行了友好访问，其间他还访问了上海外国语大学。2016年5月，摩国王穆罕默德六世又应国家主席习近平的邀请赴华进行国事访问，两国领导人共同签署了《关于建立两国战略伙伴关系的联合声明》，为双方开展全方位的合作与交流提供了根本保障。

本节以皇家战略研究所为研究对象。该研究所是一家政府智库，与摩洛哥王室联系密切。它下设三个分支机构：IRES智库——从事国家战略问题研究；IRES观察——从事战略观察和监测；IRES论坛——从事战略思想推广和智库外交。研究所专门针对摩洛哥国家建设中遇到的问题进行战略性研究和分析，为摩洛哥王室和政府提供政策建议和参考。

皇家战略研究所（Royal Institute for Strategic Studies）

地址：Azzaitoune Avenue, Hay Riad, Rabat 10100, Morocco

电话：（212）537718383

传真：（212）537713799

邮箱：http：//www.ires.ma

（一）基本情况

皇家战略研究所 2007 年在摩洛哥拉巴特成立，属于政府智库。研究所针对摩洛哥国家建设相关问题进行战略性研究和分析，为摩洛哥王室和政府提供相关政策建议。研究所拥有 IRES 智库、IRES 观察和 IRES 论坛三个分支机构，研究涵盖政治、战略、社会、经济等领域，拥有社会联系、气候变化、整体竞争力三个研究项目，定期出版战略报告、专题报告和研讨会论文集。研究所拥有研究人员 40 余名，设立了指导委员会，成员由摩洛哥国王提名，其中既有国王顾问、大臣、外交人员、联合国教科文组织官员，也有大学教授、摩洛哥银行行长等。研究领域为政治、战略、社会、经济。目前机构领导有主任穆罕默德·陶菲克·穆莱茵、国王顾问阿卜杜·阿齐兹·马兹彦·巴尔法基赫、国王顾问祖利哈·纳绥里等。

研究所的使命是为战略决策做出贡献。它不仅分析摩洛哥国内的结构性问题，还从多个角度审视摩洛哥对外关系，同时十分关注全球性问题。研究所的主要目标如下：为处理国家的重大问题进行大量研究，采取跨领域和多层次的方法，放眼未来，具有前瞻性视野。其战略思想旨在了解全球、地区和国家环境的变化，并预测这些变化对于摩洛哥的潜在风险和利益，从而提出对应的创新性公共政策。作为一个面向全世界的研究机构，研究所采取国家合作和国际合作的方式，起到了联结公共决策者、学者和民间社会行为者的作用。在具体研究中，研究所特别侧重于以下结构性问题：摩洛哥国家和主要的社会行为者应该扮演的角色；气候变化对摩洛哥的影响以及全球性应对方案；全球竞争力与摩洛哥在全球化体系中的定位；摩洛哥的对外关系和外交；无形资本。

（二）主要活动

1. 研究范围

全球竞争力：宏观经济政策、微观经济政策、自由贸易协定与吸引外商直接投资政策、人力资源、改革与治理、绿色经济。

无形资产：国民财富、摩洛哥的国际定位、摩洛哥品牌。

全球事务：跨国威胁、能源转型、移民问题。

对外关系：摩洛哥软实力，与马格里布、非洲国家和欧洲国家的关系，与新兴国家及海合会的关系，大西洋和太平洋维度，经济外交、文化外交和气候外交。

社会联系：社会凝聚力；制度自信和人际信任；同一性认同和宗教紧张；不平等/团结；政治重组。

2. 战略观察

战略观察能在重大变化和转变发生前就发现其微弱信号及其根源，这也反映了一个机构在实践中的竞争优势。战略观察作为IRES的两项重要任务之一，特别重视收集和处理国内外公开的政治、经济、社会领域的信息和数据，从而为决策提供可靠信息。建立战略观察体系的方法基于以下几点：判断构成战略观察（AWS）的每个系统或子系统的情况和复合因素，并确定相关指标；具有评估中长期潜在风险和机遇的战略远见；找出应对当下或短期内出现的结构性问题的持久的或可能的解决方案。目前，研究所的战略观察已演变为一种新型观察，即一种兼具系统性和动态性的观察。

3. 气候变化

气候变化已经成为一个被普遍接受的事实。其影响和预期促使所有的政治和社会经济利益相关者积极制定战略和应对计划。由于温室气体增加而导致的气候变化已经成为一个需要全球共同响应的世界性问题。

摩洛哥受到了气候变化的严重影响。它位于地球上最干旱的地区之一，其影响也将越来越多地导致极端现象（干旱和洪涝）的严重和增多，同时也会导致生态系统退化、水资源日益稀缺、新疾病出现和更多的被迫性人口迁移等问题。意识到摩洛哥面临的挑战和威胁，IRES于2008年11月发起了一个有关气候变化复杂性的头脑风暴。它涉及了环境、政治、经济、社会和人类在内的多个领域。它通过整体方法探索适应路径，从整体出发解决问题，并做出政治界、经济界和社会可接受的回答。最终，它将为需要应对的来自安全、水利、食品、卫生、经济和环境等方面的挑战提供对应的解决方案。

这个名为"气候变化：对摩洛哥的影响和全球性应对方案"的研究项目最初旨在提高决策者对气候变化影响的认识，以便将其纳入公共政策。

4. 全球竞争力

对全球体系的前瞻性研究，揭示了在后危机时代世界的构形存在很大的不确定性，提出了新的地缘政治格局对比场景。摩洛哥尤其容易受到这些变化的影响，因为它把经济开放作为其战略选择。自1987年加入关贸总协定以来，摩洛哥一直希望通过获得一个重要的自由贸易协定的支持，以及通过提高自身基础设施、运输和物流部门的竞争力来逐步实现经济和贸易自由化。

考虑到中长期的结构性转变，自2009年以来，IRES已经通过了名为"全球化竞争力和摩洛哥在全球化体系中的定位"的研究项目，该项目是为了分析国家的竞争力状况，以及在国际定位中的优劣势。它旨在为国家提供战略方向，使摩洛哥在常年发展基础上增加其竞争优势，并确保其发展项目的建设。这一方案努力超越财政和经济决定因素，用综合和多层面的方式处理竞争力问题，旨在把握摩洛哥在全球竞争力方面的不同变化，而不仅局限于对国家情况进行推测性分析。

5. 对外关系

包括摩洛哥对外关系中的软实力研究，摩洛哥与邻国（西班牙、阿尔及利亚、毛里塔尼亚）的关系研究，摩洛哥与北美、南美、亚洲太平洋和"金砖"四国的关系研究。到2015年底，共有75名研究人员参与"摩洛哥的对外关系"研究项目，完成了相关战略报告和19份专题报告的撰写，并就此召开30多场研讨会进行讨论，外交人员、公共和私营部门的代表以及学术专家也一道参与会议。

6. 无形资本

从本质上看，无形资本是指在资本的发展过程中，不具备具体形态的资本。它与有形资本不同，通常以技术、品牌、专利或商誉为代表，实际上远比有形资本的价值增值能力更加强大，影响更为深远。由于无形资本使用的可重复性容易造成其产权被侵害,因此,IRES 专门成立项目组对无形资本进行鉴别和保护。

该项目组的研究主要包括三个方面:建立摩洛哥品牌战略的方法;摩洛哥在世界上的声誉;"全球财富与摩洛哥的无形资本"战略研究。

(三) 组织机构

根据皇家战略研究所创立的诏令,IRES 拥有一个由国王陛下任命组成人员的指导委员会。总干事由国王陛下任命,他不仅拥有管理研究所和执行任务的职责和权力,还要确保不断提高研究所在国内和国际层面上发挥战略作用的影响力。按照规定,IRES 成员职责分明,由总干事的决定任命与签约。管理团队由"特派团干事"和一名组织官员构成。负责研究和观察的人员包括项目和研究协调员以及官员。辅助性工作人员主要负责人力资源、财务、信息和档案系统、一般性服务和合作等工作。

机构在项目模式下运行,结构灵活,由学术单元、前沿观察单元和辅助性单元组成,通过整合的方式,使团队最优化,并使之能够引导战略思想。

(四) 出版物

2014 年宾夕法尼亚大学排名数据中,IRES 位列国际智库第 41 位,特别是在智库最佳政策研究/报告"中广受好评。IRES 的出版物主要包括以下类型:网络公告(Webography Bulletin)、研讨会论文集(Proceedings of Seminars)、综合报告(General Reports)和观点分析(Analysis and Points of View)等。

1. 哈利德·查格罗(Khalid Chegraoui):《中非共和国现状研究》[①]

报告主要研究了 2012—2013 年中非共和国发生的冲突,这次事件是由反对派指责中非共和国总统弗朗索瓦·博齐泽没有履行和遵守 2007 年签署的和平协议而引发的。其间,中非境内有多个地方接连爆发反政府武装联

[①] Khalid Chegraoui, *Current Situation in Centrafrican Republic*, Rabat: Royal Institute for Strategic Studies, 2008.

盟"塞雷卡"对抗民众自卫武装的冲突。随着"塞雷卡"占领全国大部分地区和首都班吉，中非共和国的内战逐步走向结束。2014年1月，"塞雷卡"多托贾将博齐泽赶下台，开始面临恢复国家秩序、组建新政权等严峻挑战，而"塞雷卡"内部的凝聚力如何尚不可知，因此可以说，中非共和国要想恢复国家秩序和社会稳定仍需时日。

2. 阿卜杜拉·巴索尔（Abdelhak Bassou）：《军事占领西撒哈拉后的局势》[1]

西撒问题指的是西班牙殖民统治结束后西撒哈拉地区的归属（独立或者并入摩洛哥）问题，该地区是二战后非洲历时最久、联合国耗资最大的殖民地问题。西撒问题一直是摩洛哥内政外交中的头等大事。在西撒问题发展的过程中，最有影响力的事件是哈桑二世于1975年策划的"绿色进军"游行活动。摩洛哥通过"绿色进军"赶走了西班牙老牌殖民势力，取得了西撒问题上的主动权。国际社会尤其是非洲为西撒问题的解决付出了艰辛努力和巨大代价，但大都无济于事。摩洛哥国王在此问题上如履薄冰，也难有突破，西撒问题的最终解决由于双边和多边关系的制约而显得前景黯淡。

3. 穆罕迈德·陶菲克（Mohammed Tawfik）：《摩洛哥撒哈拉以南非洲政策》[2]

21世纪以来，摩洛哥国内的政治稳定和经济发展为其扩大在撒哈拉以南非洲国家的影响力提供了良好条件。通过促进国家双边外交与地区组织外交相结合，摩洛哥为地区经济外交与安全合作提供了良好的环境。在经济外交方面，摩洛哥以高层互访引导中西非国家之间在农林牧副渔等各个领域加强合作；在和平安全合作方面，积极参与联合国框架下的维和行动，推动非洲地区维和力量建设。尽管目前已经取得了一定的成绩，但摩洛哥也面临着不少挑战。

---

[1] Abdelhak Bassou, *Situation in the Sahel after Military Intervention*, Rabat: Royal Institute for Strategic Studies, 2010.

[2] Mohammed Tawfik, *Sub-Saharan Foreign Policy in Morocco*, Rabat: Royal Institute for Strategic Studies, 2015.

第二节 突尼斯智库及其特点

中国与突尼斯于1964年建交以来，双方友好关系稳步发展，特别是在涉及彼此的核心利益和重大关切等问题上保持一致、相互支持。近年来，中突关系更是保持良好的发展势头，在各个领域上的务实合作均取得积极成果，极大地惠及了两国人民。借着"一带一路"倡议的东风，中突两国正进一步加强发展战略对接，双边关系呈现更加广阔的前景。

本节以阿拉伯经济社会发展研究协会为研究对象。该智库主要研究阿拉伯国家经济和社会发展，以培育和发展区域经济学、产业经济学、战略管理等新兴应用交叉学科为目标，其协调委员会下设六个组织，分别涵盖了阿拉伯国家经济社会发展、亚洲地区的专业培训、拉丁美洲社会科学研究、非洲经济和社会发展等领域。同时，该智库还谋求国际同行间的通力合作，在相关领域有不小的影响力。

阿拉伯经济社会发展研究协会（Association of Arab Institutes and Centers for Economic and Social Development Research）

地址：P. O. Box 1002, No. 27 Lebanon Street, Tunis, Tunsia
电话：（+216）71802044
传真：（+216）71787034
邮箱：aicardes. ieq@ aicardes. org
网址：http: //www. aicardes. org. tn/

（一）基本情况

阿拉伯经济社会发展研究协会于1973年在突尼斯召开的会议上宣布成立，当时参加会议的除了非洲协会和欧洲联盟以外，还有7个国家的阿拉伯研究机构。该研究协会与阿拉伯经济和社会发展密切相关，注重培育和发展区域经济学和产业经济学、战略管理等新兴应用交叉学科。在日常工作中，安排较多的研讨会、研究项目和培训活动，现已建成北非国家领先的应用经济研究平台。协会的口号是"为了响应阿拉伯经济和社会发展的当前和未来的需求，谋求国际同行间的通力合作"。

（二）主要任务

协会旨在促进研究和培训活动，为阿拉伯国家的经济和社会发展提供政策建议。在与其他阿拉伯机构和国际、区域机构建立密切合作的同时，协会还承担以下任务：全面跟踪监察研究项目，为科研人员进行相关培训；翻译相关领域的书籍和文献；出版专题报告，为科研人员发表学术论文提供便利和平台；鼓励机构间的合作研究和培训方案；促进发展研究中心的经验交流，为阿拉伯国家或相关委托方提供咨询服务；鼓励科研人员与其他组织机构进行交流和学习；掌握并努力统一阿拉伯经济社会发展领域的话语权；强调协会每位成员的重要性，充分发掘他们的潜力。

（三）组织结构

1. 全体会议

职权范围：这是由全体会员参与的代表整个机构的正式会议，会员和观察员一般每两年举行一次会议，会议主题有确定协会的主要路线和《行动纲领》、确认各个部门的具体工作、审议批准协会的议事规则、审核年度财务报表。

工作制度：至少每两年举行一次大会，在超过半数成员的情况下，出台正式的法律条例。定期缴纳规定金额的会费。根据具体需要，可以举行特别全体会议。

2. 执行委员会

主要任务：执行委员会的人员构成是暂时而非永久的，执行委员会编制的财务计划必须符合全体会议的《行动纲领》，负责编制财务预算计划审批和议事规则。

工作制度：执行委员会是协会的第二结构，由 6 名成员和秘书长负责管理。每六个月定期主持会议，议题围绕全体会议确定的主题而展开。相关决议一般要经过委员会全体成员通过。

3. 秘书处

秘书长代表协会做出重大决定，秘书处负责监督秘书长各种日常工作，同时为其他主要机构服务。此外，秘书处监督全体会议的大会决议和执行委员会的组织工作、行政活动和日常制定的方案与政策。

4. 区域协调委员会

自成立以来，协会一直努力在经济和社会科学领域加强与区域和国际机构开展研究活动。为了鼓励和促进国际合作，1976 年成立了协调委员会（ICCDA），下设六个组织，分别是阿拉伯经济社会发展研究协会、亚洲和太平洋经济发展研究和培训机构、拉丁美洲社会科学委员会、非洲经济和社会研究发展理事会、德国发展研究和培训委员会、东部和南部非洲社会科学研究组织等。

（四）合作伙伴

协会积极拓展学术交流领域，构建国际化、开放式的学术交流平台。除了邀请知名教授来讲学、外派研究人员去国外进修等形式外，还通过不断与国际高校和研究机构共同建立相对稳定的学术研究团队等形式，进一步加强合作，取得了多项学术合作的实质性成果。现有合作伙伴包括突尼斯计量经济院、埃及开罗国家规划院、科威特阿拉伯规划研究院、利比亚经济科学研究中心、约旦外交学院、阿尔及利亚人口与发展研究中心、（摩洛哥拉巴特）马格里布应用经济与统计学院、阿尔及利亚经济和管理科学院、（卡塔尔）海湾工业咨询组织、（叙利亚）阿勒颇大学经济学院等。

（五）出版物

定期出版刊物《宣告》（阿拉伯语为奈舍利亚），追踪学术前沿，对协会的日常工作、研讨会等进行深入报道。刊物旨在紧跟国内外同行在经济和社会发展领域的最新研究成果，利用现代通讯方式，达到交流学术经验之目的。与此同时，刊物还是协会了解全球相关行业发展趋势与热点、开拓国内外合作伙伴、增强自身影响力的最佳渠道。此外，研究协会专家还发表大量专著和论文，举例如下：

1. 道特·佛纳（Dorte Verner）：《阿拉伯世界的气候变化经济：以叙利亚、突尼斯和也门为例》[①]

近年来，阿拉伯世界成为受气候变化危害最严重的地区之一。科学家们正在敦促阿拉伯各国政府立即采取行动以防止潜在的灾难。解决水的问题将具有应对气候变化问题的双重效益，但对阿拉伯国家来说，首先要解决人口增长问题，到2050年，该地区人口将增加到6亿。本书以三个阿拉伯国家为例，对阿拉伯世界的气候变化现状经济、涉及的经济问题、结果及其影响进行了研究，同时也提出了一些建议。

2. 艾玛·莫非（Emma Murphy）：《突尼斯政治经济转变：从布尔吉巴到本·阿里》[②]

本书着重探讨了突尼斯政治经济的转变，特别研究了本·阿里政府面临的一系列困难和挑战：首先是如何对待境内外的恐怖主义组织及其活动问题；其次是如何克服经济危机，振兴经济，改善人民生活。本书详尽描述了两任总统在国家政治与社会经济等方面采取的不同政策，同时也尖锐地指出，随着地区国家政治民主化进程的向前推进，本·阿里政府正在失去对国家民主改革及其程度的有效控制。加之长期的威权统治制约着社会进步，导致突尼斯的社会矛盾日积月累并逐渐恶化。

第三节 利比亚智库及其特点

1978年8月，中国与利比亚建交。自此，两国在包括政治、经济、文

[①] Dorte Verner, *Economics of Climate Change in the Arab World Case Studies from Syria*, Tunis: Association of Arab Institutes and Centers for Economic and Social Development Research, 2013.

[②] Emma Murphy, *Economic and Political Change in Tunisia from Bourguiba to Ben Ali*, Tunis: Association of Arab Institutes and Centers for Economic and Social Development Research, 1999.

化等各个领域的合作不断提升，在国际事务和人权运动等重大问题上拥有共识。1981年，中国公司开始进入利比亚的劳务市场，在建筑施工和基础设施等领域开展业务。1982年，两国签署"关于中国派遣医疗队赴利比亚工作的协定"，此后10年间，中国不断派遣医疗队赴利工作。1985年，两国签署"文化合作协定"。1990年，两国签署"科技合作纪要"。2001年，两国签署"文化新闻合作执行计划"等。

本节以萨迪克研究所为研究对象。作为一家独立智库，萨迪克研究所的研究领域涉及经济、安全、卫生、法律、教育等各个方面，是世界上第一个专攻利比亚事务的研究所。研究所下设"萨迪克论坛"（Sadeq Forum），吸引真正志同道合的人来交流，有利于信息的分类整合和搜集，也有利于把专题性做到最细化。研究所向利比亚公众提供咨询的同时，凭借严谨的调查和深入的研究，为利比亚政府提供决策服务，具有重要影响力。

萨迪克研究所（Sadeq Institute）

地址：No. 651 Omar Almoktar Street, Tripoli, State of Libya
电话：(+218) 2135441
邮箱：anas. elgomati@ sadeqinstitute. org
网址：http://www. sadeqinstitute. org

（一）基本情况

萨迪克研究所是利比亚的一家独立智库，它是世界上第一个专攻利比亚事务的研究所。该所殷切盼望利比亚能够成为一个每个公民都能自由表达意志的国家，在那里的所有人都活得有尊严，受到尊重。为了帮助社会政治文化的进步，萨迪克研究所忠于以下三个道德观：即思想多元化、监督机制化、参与促改变。

萨迪克研究所的名字来自于一个利比亚历史上的名人，他的事迹至今仍鼓舞着利比亚人奋力争取民主和自由。萨迪克·哈米德（Sadeq Hamed

Shwehdi）曾是反对卡扎菲政权的利比亚人权和政治行动主义者，他于1984年6月被指控为恐怖分子和美国的代理人而被绞死。萨迪克研究所的创立深受萨迪克·哈米德自由思想的影响，该研究所致力于营造出兼具自由和正义的研究氛围与社会环境。

作为一个独立的无党派的智囊团，萨迪克研究所的使命是通过为整个利比亚社会提供参与政策决定的论坛，培育发达的公民社会，构建公民文化的社会基础。研究所向利比亚公众提供咨询，配合严谨的调查，从而为政府提供决策服务。这些服务代表利比亚公民的多元化需求，同时也对政府官员起到一定的监督作用。

（二）主要成员

1. 阿纳斯·戈迈迪（Anas El Gomati）

创立者、总负责人、调研负责人作为萨迪克研究所的创始人和总负责人，阿纳斯·戈迈迪担任几个欧洲智囊团关于利比亚事务的顾问和出版人。还担任在拉脱维亚举办的著名的里加会议的利比亚事务的发言人，以及EUISS在巴黎举办的2011年度会议上发表关于利比亚和南部地中海地区的政治、外交政策和安全议题。他经常在半岛电视台、法国24电视台（用英语、法语和阿拉伯语）、天空电视台和其他电视台担任利比亚和中东问题的评论员。

2. 奥萨马·布里（Osama Bouri）

奥萨马·布里，创始成员、高级顾问，其主要工作是制定研究所的发展方向和规划。他曾在利比亚投资权威机构的高级投资部门就职，以及在利比亚的巴斯夫公司的金融控制部门任职。

3. 莫艾兹·宰顿（Moez Zeiton）

创始成员之一、卫生部门调研负责人，曾担任利比亚卫生部国际合作部门的国家非政府组织协调人。

4. 穆罕默德·德巴什（Mohammed Debashi）

创始成员之一、网站开发者和信息技术管理。

5. 吉奥杰·马里亚尼（Giorgio Mariani）：高级编辑。

(三) 出版物

研究报告、政策文章和社论是萨迪克研究所活动的核心内容,主要报道在所刊上定期发表和宣传。通过提供和发布独立的分析和研究结果,研究所旨在成为以革新的方式解决国家面临的主要挑战。研究领域包括经济、健康、法律、治理、安全和教育等。举例如下:

1. 阿纳斯·戈迈迪:《八面玲珑的退役将军哈夫塔尔》[①]

摘要:2014年2月,退役将军哈利法·哈夫塔尔频频在电视节目中露面,他呼吁解散议会,重新组建一个总统委员会并将接手利比亚。这被社会舆论认为是"政变宣言"。哈夫塔尔在反对卡扎菲政权中的威望颇高。卡扎菲倒台后,150名军官推举他出任新政权武装的总参谋长。哈夫塔尔声称"只要给他物资和武器",他就能有所作为。然而,在利比亚过渡委员会看来,哈夫塔尔是个觊觎权力且野心勃勃的人,他很可能再次建立一个军事独裁政权。作者对这一事件的来龙去脉及其前景进行了深入的剖析。

2. 奥萨马·布里:《利比亚的安全局势》[②]

摘要:当2011年10月20日奥马尔·穆阿迈尔·卡扎菲最后的残余军事力量在首都的黎波里被打败之后,卡扎菲自己和他的儿子穆塔西姆被杀死,利比亚内战宣告结束。然而,和平与安全并没有降临利比亚,其安全局势反而不断恶化。特别是"基地"组织趁着利比亚局势动荡扩大实力,使得该国逐步成为全球恐怖主义活动的策源地之一。作者在分析利比亚安全困境的主要原因后指出,利比亚执政当局的失误和迟钝制约了安全环境的改善,过渡委员会重视政治重建而忽略安全重建,在一定程度上导致了当前的困境。

[①] [利比亚] 阿纳斯·戈迈迪:《八面玲珑的退役将军哈夫塔尔》(阿拉伯文),的黎波里:萨迪克研究所,2014年版。

[②] [利比亚] 奥萨马·布里:《利比亚的安全局势》(阿拉伯文),的黎波里:萨迪克研究所,2013年版。

3. 吉奥杰·马里亚尼：《武装组织对利比亚安全的影响》[①]

在利比亚政治重建的过程中，利比亚武装组织加大了活动力度，对国家安全的影响与日俱增。作者对利比亚的武装组织进行了盘点：被誉为哈夫塔尔嫡系部队的"国民军"、利比亚常规部队、最强的民兵武装米苏拉塔民兵、津坦民兵、利比亚革命者行动委员会、安萨尔旅等。事实上，在武装组织的问题上，利比亚当局面临着两难的困境：一方面无法解散所有的武装组织；另一方面，它只有通过解散武装组织才能够建立行之有效的全国军队。

4. 穆罕默德·德巴什：《北约对利比亚的军事行动分析》[②]

2011年3月17日，安理会授权联合国会员国可以采取除了任何形式的军事占领以外的其他措施来保证利比亚平民的生命与安全。然而，从同年的3月19日晚上开始，美、英、法就开始对利比亚进行了沉重的军事打击，随后，北约参与对利比亚的轰炸，并接管了美国在利比亚战事的指挥权。北约发动的战争实际上就是利益的战争，由于利比亚是中东石油大国，和沙特等国比邻，利比亚周边国家都是美国和西方的附属国，而利比亚是个独立的小国，加上之前国家内部叛乱，使得北约国家不顾国际法的限制，以人道主义的名义插手别国事务，其活动范围已经超越了自身边界。

（四）"萨迪克论坛"

萨迪克研究所致力于建立利比亚公民和国际团体之间的联系，旨在突破不同民族间的文化障碍，通过更多的信息和直接交流形成相互理解。研究所自建立以来，通过举办"萨迪克论坛"参与了许多国际著名的事件和会议。论坛一般由几个部分组成的系列研讨会组成，会议的参与者主要有政策制定者、学者、策划人和开发者，会议的内容主要围绕国家治理，国

[①] ［利比亚］吉奥杰·马里亚尼：《武装组织对利比亚安全的影响》（阿拉伯文），的黎波里：萨迪克研究所，2013年版。

[②] ［利比亚］穆罕默德·德巴什：《北约对利比亚的军事行动分析》（阿拉伯文），的黎波里：萨迪克研究所，2012年版。

家政策等最急需的问题而展开。论坛将自己定位为一个非政府组织下的交流平台，努力实现从政府监督控制走向培育发展的制度和政策，从而真正激发社会组织的活力，实现社会协调发展，实现社会善治。

第四节 毛里塔尼亚智库及其特点

中国与毛里塔尼亚于 1965 年 7 月 19 日建交。两国关系持续稳定发展。毛里塔尼亚历届政府均奉行对华友好政策。2013 年 6 月中毛就双边文化合作协定 2014～2017 年执行计划达成一致。2016 年 3 月 2 日，毛里塔尼亚争取共和联盟代表团访华，双方在亲切友好的会谈之后，正式建立了执政党关系。

本节以毛里塔尼亚战略研究中心为研究对象。中心作为一家政府智库成立于 2011 年，其研究领域涵盖国防、安全、国际关系、法治、经济、社会和能源等方面。主要使命是对国家各领域的发展问题、未来前景问题进行研究，并致力于观察社会变革趋势以及阻碍社会进步的深层原因等问题。中心被视为毛里塔尼亚学术思想的源泉，引领着社会未来发展的主流及先进的思想和精神。

毛里塔尼亚战略研究中心（The Mauritanian Center for Researches and Strategic Studies）

地址：Tavragh-Zeina，Nouakchott，Mauritania，Post Box 2039.
电话：(＋) 222 - 45243910，(＋) 222 - 22070750
传真：(＋) 222 - 45243910
邮箱：cmersmr@ gmail. com
网址：http：//www. cmers. org

（一）基本情况

毛里塔尼亚战略研究中心（MCRSS）成立于 2008 年，是一家独立智库。中心以"独立、客观、中立"为基本原则，通过学术研究和科技创新来促进毛里塔尼亚社会转型和国家复兴。在主任苏卜希·瓦莱德·瓦达迪教授的指引下，中心设立了政治制度研究组、经济发展研究组、科学环境研究组、教育科学研究组等学术部门。中心的研究活动涵盖了各个领域，包括发布年度战略报告、出版学术期刊、本科生科研训练、全国民意调查等。中心定期出版《毛里塔尼亚研究》（月刊）、《毛里塔尼亚战略报告》（年报）。

MCRSS 的愿景：旨在记录、收集、分析各种信息和数据，并在与国家生活紧密相关的各个重要方面展开研究。

MCRSS 的使命：对国家各领域的发展问题、未来前景问题进行研究，致力于观察社会变革趋势以及阻碍社会进步的深层原因等问题。

（二）机构设置

毛里塔尼亚战略研究中心下设 4 个机构：大会、董事会、行政办公室和专家委员会。

大会是 MCRSS 的最高级机构。大会除了包括另外三个机构的成员外，还包括资深的专家学者，其他智库组织的负责人以及根据内部规定确定的受邀人员。

董事会负责 MCRSS 的计划、监督和运行。它由依照学术标准选出的 9 名成员组成。

行政办公室负责管理和监督 MCRSS 的各项活动。它由 5 名成员构成：包括总裁（MCRSS 的主席）、副总裁、调查研究负责人，出版翻译的负责人以及培训和组织其他活动的负责人。

专家委员会由至少 7 名研究人员组成。它的作用是执行 MCRSS 的政策并且评估审核研究成果。

(三) 目标与方法

为了成功完成任务，MCRSS 致力于实现以下目标：为研究人员、知识分子和决策者提供准确的信息、数据和有用的分析；为制定政策和国家战略计划做出贡献，帮助决策者做出正确的决策，为公共部门和私人领域提供科学的咨询；促进经济增长，以服务于毛里塔尼亚的发展大局，并为其提供必要的数据支持以推进经济决策；监督社会运转，探索经济、道德和宗教方面的改革发展态势。观察这些转变对于社会的影响，降低这种转变可能带来的负面影响，转而促进其实现最大优势，并确定方案和可行的替代方案；促进学校课程的制定和全国教育系统的发展；重振科研精神，推进深入研究，重视研究者和学者，鼓励思想家和学者发表有益的著作，为科学研究和创作提供良好的学术氛围；促进有益的外来知识的转化，复兴翻译和出版业；对各种信息和数据进行记录、收集和分析，并在国民生活关切的各个重要领域进行研究；学习和研究发达国家的相关经验，并使其服务于本国利益。

为了实现上述目标，MCRSS 采取以下方法：进行民意测验、统计和调查；组织培训、开设课程、创办研讨会和论坛，并将其研究成果记录成册，以此作为未来研究和学习的科学依据；出版书籍、报告并创办期刊；发表重要的书籍和学术论文；组织研究竞赛，向杰出的研究人员授予年度奖项；协调国内外研究中心、机构和大学的奖学金和培训机会，以弥补国内科研短板。

(四) 出版物

1. 苏卜希·瓦莱德·瓦达迪：《毛里塔尼亚的文化外交》[1]

文化外交是以一国政府为主体，在思想、教育、文化等领域对他国开展的持续性的人员交流、文化传播和思想沟通，它以实现国家软实力和文化推广为主要目的。自 1978 年达达赫政府倒台之后，毛里塔尼亚的传统外

---

[1] [毛里塔尼亚] 苏卜希·瓦莱德·瓦达迪：《毛里塔尼亚的文化外交》（阿拉伯文），努瓦克肖特：毛里塔尼亚战略研究中心，2013 年版。

交开始衰落,但文化外交一直比较活跃。本书以毛里塔尼亚对非洲国家的文化外交为例,对毛塔的文化资源进行了分析,进而梳理了毛塔是如何以文化为契机,与非洲国家开展合作与交流的。

2. 伊德里萨·瓦力(Idrissa Walih):《毛里塔尼亚荒漠化问题及其对策》①

毛里塔尼亚素有"沙漠共和国"之称,加之持续的干旱使植被严重受损,而人口的迅速增长和经济全球化的负面影响,使大部分地区贫困化加剧。荒漠化已严重制约着人民的生存和发展,成为该国亟需面对和解决的问题。为了有效治理荒漠化,毛里塔尼亚政府把防治措施纳入全国可持续发展的总战略之中,同时制定了荒漠化防治的总体规划。本书对毛里塔尼亚荒漠化问题的现状、变化及其原因进行了分析,对毛里塔尼亚政府的举措进行了梳理。

第五节 埃及智库及其特点

中国和埃及于 1956 年 5 月 30 日建立外交关系,两国被誉为"全天候"的朋友。自从中埃两国于 1999 年发表建立战略合作伙伴关系的联合公报以来,两国签署了一系列合作协定,两国关系也进入了战略合作的新阶段。21 世纪以来,中埃两国不断拓展在各个领域的战略合作关系,在政治、外交、经贸和文化等方面都取得新的进展。

在所有阿拉伯国家中,埃及智库不仅数量多,而且质量高,影响大。本节以金字塔政治与战略研究中心和埃及经济研究中心为样本,对埃及的智库进行较为深入的介绍。

金字塔政治与战略研究中心是阿拉伯国家颇具影响力的智库。中心下设 10 多个研究组,包括政治制度研究组、经济发展研究组、社会安全研究组、阿拉伯问题研究组、国际关系研究组、历史研究组、军事研究组、媒

---

① [毛里塔尼亚]伊德里萨·瓦力:《毛里塔尼亚荒漠化问题及其对策》(阿拉伯文),努瓦克肖特:毛里塔尼亚战略研究中心,2013 年版。

体研究组、阿拉伯剧变研究和互联网研究组等。中心设立两项长期研究计划，包括以色列研究计划和海湾研究计划。中心有几位专门研究中国问题的专家如阿卜杜·穆奈姆·赛义德和艾哈迈德·甘迪勒，他们与中国学者的往来较多，关系十分友好。

埃及经济研究中心是一家独立的智囊机构。中心的使命是促进埃及经济发展，在参照国际经验的基础上，优先应对埃及当前所面临的经济挑战，制定适合埃及国情的最佳经济政策。中心还经常与国内、国际专家合作举办大型研讨活动，通过组织会议、研讨会、讲座和圆桌讨论等方式来宣传研究成果，旨在提供为决策者、私营部门、学术界和媒体建立起具有建设性的论坛。

一、金字塔政治与战略研究中心 [Al Ahram Center for Political and Strategic Studies (ACPSS)]

地址：Al-galaa st, Cairo, Egypt
电话：(0202) 7705262
传真：(0202) 7703229
邮箱：acpss@ahram.org.eg
网址：http://acpss.ahram.org.eg/

(一) 基本情况

金字塔政治与战略研究中心（ACPSS）创建于1968年，是埃及《金字塔报》报业集团所属的研究机构。自1972年开始，其研究工作从原来仅仅局限于针对犹太复国主义或巴以问题研究，逐步过渡到涉及全面的政治和战略问题，加强在国际秩序中的发展事业，强调阿拉伯国家和区域性组织及世界组织间相互交往的方式。中心的学术活动在管理方面是完全独立的，即鼓励在研究中采用批判的方法，不满足于引证和分析现有信息，重视对问题提出切实的观点。以遵守科研规则为出发点，提倡言论自由。中心的学术计划布局合理全面，完全遵照民主学术计划，通过涉及全球战略研究，致力于在埃及舆论界和整个阿拉伯世界传播学术思想和学术意识，不但做到启迪公众舆论，而且还帮助埃及政府正确决策。

中心共有35位工作人员，其中有19位是在各自领域的优秀专家。阿卜杜·穆奈姆·赛义德是金字塔政治与战略研究中心的主任，主持国际危机、美国对外政策、地区安全、国际关系的未来趋势研究等项目；穆罕默德·赛义德为副主任，研究领域为国际关系、国际经济学、阿拉伯国家特别是埃及事务；塔哈·阿卜杜·阿利姆副主任，研究领域为地区安全、恐怖组织研究；赛义德·尤赛因为学术顾问；赛义德·拉文迪擅长研究美国的中东政策；赛义德·叶辛教授任中心学术顾问；法拉哈特是亚洲项目负责人。

（二）主要部门

作为一家独立智库，中心倾向于出台符合战略意义的政策研究成果，充分利用国家力量和潜能，以实现整个民族的目标。研究工作除了国家军事领域以外，还十分重视经济、社会、文化问题，强调在这些领域中与国家当代历史遗产有关的历史因素。中心重视研究国际关系问题、全面反映中东问题特别是阿以争端问题。学术活动分三个部门：一是国际问题部。着重研究国际秩序所经历的重要变化、国际争端及其解决方式，以及有关国际政治、经济、军事的同盟、集团和组织等问题；二是阿拉伯问题部。着重研究阿拉伯地区的问题，包括地区安全、国家争端、政治变革、经济合作以及阿拉伯国家的社会转型等；三是埃及问题部。着重研究埃及国内的发展，包括政治、经济、社会、外交、军事、文化和历史等各方面。

三大部门又具体分为以下分支，包括阿拉伯问题研究组、政治制度研究组、国际关系研究组、经济研究组、社会问题研究组、军事问题研究组、历史问题研究组、新闻组、埃及革命研究组、以色列问题研究组、互联网中心国际信息网络组和公共舆论研究组等。

（三）学术活动

1. 研讨会

历届研讨会还有很多议题，如"埃及政党的经济纲领""埃及选举机构体系以及未来的监管部门""埃及—中国关系研讨会""埃及政治改革的挑战""缩小差距：对巴勒斯坦难民从保护到永久的解决""保护儿童权利，反对任何形式的暴力""达尔富尔危机的最新进展""中东民主面临的挑战""中东地区的能源安全：规模与挑战"等。

2. 时事评论

针对国内或地区问题进行的评论，包括对埃及局势的反思、对地区恐怖主义的思考、加强与中国的经贸合作等。

3. 调研活动

该项目通过民意测验进行调查分析出结果，由贾迈勒·阿卜杜勒·贾瓦德博士负责。它旨在研究公共舆论在埃及国内外事务中的态度，尤其是与经济、政治相关的问题，包括以下五大内容：政治参与，阿拉伯东部国家之间的地区合作，议会选举中的公民参与，埃及公民对全球问题的态度，埃及公众对埃及政治、经济和社会问题的态度等。

（四）出版物

1. 主要刊物

金字塔政治与战略研究中心出版的刊物较多，以下仅罗列其中的5种，它们分别对某一个专题或领域进行深入研究，在阿拉伯舆论宣传方面具有重要作用。

（1）《埃及评论》

主编为哈桑·阿卜杜拉·塔里布博士。该刊专门刊登中心专家和研究人员撰写的有关埃及、阿拉伯国家乃至国际上热点问题的评论。

（2）《战略论文》

每月出版，主编为艾哈迈德·伊卜拉欣·麦哈茂德博士。1991年创刊，为埃及乃至阿拉伯国家面临的挑战提供深刻的、有远见的解读，并为回答这些问题提供设想、决策和选择。从1995年起，该刊出版阿、英两种版本，以便于外国读者和研究者阅读到埃及人对各种问题的见解。

（3）《以色列研究文选》（月刊）

主编为阿马德·贾德博士，其前身为《以色列传媒方向》。该刊旨在提供解决以色列问题的方法和思路，协调以方观点和立场。该刊向读者介绍巴以争端等问题解决过程中以方的观点，表达阿拉伯国家对这一问题的观点和设想。

（4）《伊朗选集》

主编为穆罕默德·赛义德·伊德里斯博士。创刊于2000年8月，是第一份旨在全方位提供有关伊朗社会和国家事件的阿语学术性期刊。包括四个主要栏目：一是有关伊朗国内政治、安全、文化、社会、经济等各方面相互间的影响；二是关于伊朗与地区国家的关系；三是伊朗和域外大国的关系；四是"阿拉伯人视点"。

（5）《民主期刊》

主编为哈来特·穆斯塔法博士。创刊于1997年3月，原名为《议会事务》，2001年起用现名。介绍公众舆论特别是政治精英、议会议员关于埃及议会各方面事务的思考与研究，包括立法程序、人民议会、专门委员会、会议制度等。

2. 系列丛书

该中心出版了几十部丛书，涉及阿拉伯事业，阿以争端，巴勒斯坦问题，埃及政治、经济、社会问题，埃及和阿拉伯国家的近、现代史等丰富内容。

（1）《战略经济方向》

主编为艾哈迈德·赛义德·乃扎尔教授。该丛书分析研究了影响国际经济前景、阿拉伯经济、埃及经济等问题，特别重视埃及乃至阿拉伯世界的科技发展，同时重视体现埃及、阿拉伯世界乃至全球经济发展的不同观点，凸显阿拉伯思想在该研究领域的丰富性。

（2）《宗教状况研究报告》

政治伊斯兰思潮是包括埃及在内的所有阿拉伯国家面临的难题之一，为了达到以正视听之目的，自1974年以来，报告从个人的伦理、标准和行为转化到全社会的政治、文化领域等方面入手，涉及伊斯兰教的方方面面，指引读者对这类思潮加以正确认识和判断。

（3）《阿拉伯青年大百科》

主持这项工作的是瓦希德·阿卜杜·麦吉德博士。阿拉伯国家出生率的居高不下带来人口结构的急剧变迁，青年人口大量膨胀。阿拉伯青年面临如下挑战，如传统的农业社会向现代工业社会转型、社会阶层分化加剧、社会流动性减弱、社会价值观念的多样化等，该系列丛书围绕上述问题展开讨论，试图对相关问题给出答案。

(4)《埃及内阁的发展》

主编为哈尼·拉斯兰教授。丛书旨在考查埃及内阁的创立和发展，展示埃及内阁核心人物制定公共政策的方式。一方面考察政府官员如何为公众提供服务的，另一方面揭示不同职位的官员是如何影响公共政策的，从而达到适应埃及社会经济转型战略之目的。

(5)《埃及各党派系列丛书》

主编为阿姆鲁·哈什木·拉比尔博士。丛书梳理和分析埃及基本党派的产生、制度建设、内部关系、政治管理以及对国家事务的立场，包括民主联合党、工党、阿拉伯纳赛尔主义民主、2000年埃及党、社会主义阿拉伯埃及党、民族民主党等九大党派。[①]

(6)《埃及工会系列丛书》

主编为阿姆鲁·哈什木·拉比尔博士。该主题被列入市民社会（Civil Society）[②] 研究领域。随着近年来社会主义集团的崩溃，全球化的出现以及通讯革命的蓬勃发展，工会研究显得愈发重要。丛书以发展中国家的工会研究为例，介绍埃及工会的特点及面临的问题。

3. 专著

近年来，中心出版的专著包括阿德尔·阿卜杜拉·萨迪格的《网络恐怖主义与国家关系中使用武力》、哈桑·阿卜·塔里布博士的《阿拉伯国家联盟及其改革的挑战》、奥菲特·哈桑·阿迦博士的《走向参与性社会：欧洲—阿拉伯对话》、穆罕默德·卡迪瑞·赛义德博士的《全球变革中埃及的外交政治：埃及在地区与国际政治中的角色》《美国—埃及军事安全

[①] 埃及其他党派详见《阿拉伯埃及共和国2002年年鉴》，阿拉伯埃及共和国新闻部新闻总署，第167页。

[②] 相对于国家而言的一种社会存在，它所界定的国家与社会的关系是要在国家和社会的两个方面中，保证社会的独立存在，不受国家的干扰，即坚持政治国家和市民社会的二分法，强调市民社会系由非政治性的社会所组成。

关系评估》《埃及在和平进程中角色的演变：能力及 EMP 内合作前景》《对内与对外：新环境下埃及的安全政策》《埃及对海湾地区展开多边、规范性安全框架的潜在贡献》和《中东地区的安全与防卫困境：核武困境》等。以下罗列几部重要著作：

（1）艾哈迈德·班：《埃及恐怖袭击的新特点》[①]

2014 年以来，随着埃及军方加大对西奈半岛恐怖组织的清剿，加之周边恐怖主义外溢，恐怖袭击开始呈现新特点，埃及的反恐面临新挑战。作者认为，埃及国内恐怖势力的壮大体现了中东地区恐怖势力的外溢效应，"伊斯兰国"等外部恐怖势力渗入埃及。不仅如此，恐怖分子从过去主要以西奈半岛为基地发动袭击，转而在整个埃及版图内转移势力，转向西部偏远地区、尼罗河谷地和三角洲等反恐力度较小的地区。此外，恐怖分子开始使用威力较大的汽车炸弹，甚至主动挑衅并与军方交火。综合而言，埃及的反恐形势不容乐观。

（2）穆罕默德·卡迪瑞·赛义德：《埃及政府的"振兴计划"》[②]

埃及塞西政府的"振兴计划"旨在恢复引领（阿拉伯）世界的力量、实力及影响力，从而摆脱近年来面临的现实困境。作者认为，"振兴计划"以发扬埃及建国以来一直奉行的对外政策为出发点，将纳赛尔主义和穆巴拉克思想协调在一起，其主要目的是解决埃及当前面临的战略困局。具体内容分为两个部分：对内是通过各种手段稳定政治局势和社会秩序，对外是执行以国家利益为导向的外交战略。尽管目前在国内政治稳定和促进经济发展方面，政府已取得一定成效，但长期困扰埃及政府的不断攀升的人口增长率、失业率和通胀率等现象依然严重，真正完成"振兴计划"还需要加大努力。

（3）哈桑·阿卜·塔里布：《中国"一带一路"与埃及的发展道路》[③]

当今世界经济发展不平衡，不同文化之间需要进一步增进联系，而

[①] ［埃及］艾哈迈德·班：《埃及恐怖袭击的新特点》（阿拉伯文），开罗：金字塔政治与战略研究中心，2014 年版。

[②] ［埃及］穆罕默德·卡迪瑞·赛义德：《埃及政府的"振兴计划"》（阿拉伯文），开罗：金字塔政治与战略研究中心，2015 年版。

[③] ［埃及］哈桑·阿卜·塔里布：《中国"一带一路"与埃及的发展道路》（阿拉伯文），开罗：金字塔政治与战略研究中心，2016 年版。

"一带一路"倡议作为一种发展理念,犹如一座搭建在不同文化之间的桥梁,推动沿线各国在这一框架下协同发展。"一带一路"是一个涉及多领域全球发展的理念,它不仅是一个有关物流或交通网络的单纯项目,而且构筑了新的发展网络,是在新理念指导下推动全球发展的新实践。作者认为,中国政府提出的"一带一路"倡议是对全球化发展面临问题的针对性回应,是一条走向世界各国共同发展的道路。埃及可以在多个领域与中国展开合作,包括基础设施建设、能源、制造业和文化产业发展等。

二、埃及经济研究中心(The Egyptian Center for Economic Studies)

地址:Nile City, North Tower, 8th floor, Corniche El Nil, Cairo, Egypt

电话:(+202) 2461 9037

传真:(+202) 2461 9045

网址:http://www.eces.org.eg/

(一)基本情况

埃及经济研究中心(简称ECES)是一家独立的、非盈利性的智囊机构。中心董事会主席兼主任为欧姆尼亚·海勒米(Omneia Helmy),专职研究人员8名,编辑2名,财务和行政人员4名。该中心的使命是促进埃及经济发展,在参照国际经验的基础上,制定适合埃及国情的最佳经济政策。中心解决的问题涉及面很广,研究者优先选择埃及当前所面临的经济挑战等问题。近年来,中心着重解决的问题包括埃及的产业政策、埃及财政的可持续性、埃及补贴政策的改革、埃及私营部门的发展、公司治理、货币政策、区域一体化、税制改革、金融部门的发展、卫生部门的改革、减少贫困和收入再分配的问题以及埃及的能源安全和生产力。

为实现其使命,埃及经济研究中心根据年度工作计划进行运作。该计划由中心董事会批准,目标在于及时解答关于埃及经济的问题,从而使中心在应对突发事件方面保持一定程度的灵活性。中心还经常与国内、国际专家合作举办大型研讨活动,通过组织会议、研讨会、讲座和圆桌讨论等方式来宣传研究成果,旨在提供为决策者、私营部门、学术界和媒体建立起具有建设性的论坛。

(二)主要活动

1. 旗舰活动

旗舰活动是大型研究项目,通常是通过埃及经济研究中心以及其他国际和区域组织或个人共同来完成的。这类活动一般需要至少一年的提前规划,通常要召开数次研讨会,会后有相关出版物出版。包括埃及的私有化计划:评估及对未来的建议(2015年度)、埃及的人力资本:可持续发展之路(2013年度)、埃及经济改革的替代品:价格补贴(2015年度)等议题。

2. 专题讲座

讲座的意义在于世界著名演讲者用各自独特的方式探讨埃及经济问题。如德国发展研究所主任德克·梅斯纳教授的"全球低碳经济发展趋势及其对埃及的影响"、威廉姆斯学院教授彼得·J. 蒙铁尔的"埃及的宏观经济改革和抵御冲击:从大萧条中汲取的教训"、康乃尔大学国际应用经济学和管理系教授拉维·堪布尔(Ravi Kanbur)的"保护穷人,反对下一次危机"、阿拉伯经济和社会发展基金总干事阿卜杜勒·拉蒂夫·优素福·哈米德(Abdel Latif Youssef El Hamed)的"阿拉伯世界的发展:处于十字路口的地区"等。

3. 经济研讨会

这个年度研讨会召开的目的是提供一个场所,供经济学家们讨论问题、分享最佳经验。通常是由ECES与经济记者协会联合举办的。研讨会通过发表经济报告等形式,为专家们提供新思路,帮助他们更有效地完成有关经济研究工作。

(三)出版物

1. 法律草案及文书

该系列旨在根据国际经验,为埃及的经济改革提供及时的法律法规建议。如哈纳·希尔·埃尔丁主持的"房产税法律文书"、哈纳·希尔·埃尔丁的"消费者权益保护法草案"等。

2. 工作报告

为进一步开展相关研究,中心定时出版工作论文纪要。这些论文不是结论性的成果,而是表明研究工作正在进行中。它在总结早期研究结果的同时,也促进了思想的交流。如塔里克·加姆拉维主编的"伊斯兰银行业务模式:埃及经济发展的未来通道"、迈耶·哈博的"埃及劳动力市场的灵活性:以纺织业和服装业为例"、穆罕默德·阿卜杜勒·法塔赫的"埃及工人技能需求的两极化"、马拉克·瑞达的"加强埃及的竞争力:教育、创新和劳动"、索马亚·阿卜杜勒·莫拉的"埃及弱势群体的就业问题"等。

3. 政策咨询报告

政策咨询是为了促进埃及经济发展的思路,关于如何进行政策选择的讨论。该系列是经过中心董事会认可,在埃及经济研究中心相关研究的基础上进行的。举例如下:

(1)《最低工资在埃及生产力和社会正义之间取得平衡》(2013年12月)

编者:玛格达·坎迪勒。

2011年埃及"1·25"革命爆发后,出于对社会公正的考虑,许多人认为有必要建立最低工资政策,从而确保民众实际收入的不断降低。然而,该政策出台后,埃及的最低工资政策未能达到平衡的目标,并创造就业机会来确保民众有尊严的生活。反之,如果没有充分考虑到部门和地区的差距,提高最低工资可能会增加失业率和非正规性工作的就业率,从而加剧通胀压力。

(2)《关于在埃及筹集财政收入、促进经济活动的讨论》(2014年7月)

埃及"1·25"革命以来,关于社会公平正义的问题,已成为朝野关注的问题。尽管埃及的国民经济持续增长,但民众的财富并未随之增长。民众对于公共财政改革的呼声越来越高,他们希望削减政府开支中的浪费行为并围绕现行的税制，充分调动累进税的收入。辩论的重点在于，实现社会正义，促使更多的资源用于社会发展急需的各个方面。然而，反对者担心，超额累进税率会阻碍脆弱的经济进一步复苏，减少投资并导致政府收入减少。

(3)《在埃及创造就业机会：短期和中期前景》(2015 年 9 月)

编者：奥美尼亚·海尔米。

尽管埃及经济取得了显著的增长，但失业率持续走高，仍然需要吸收日益增长的劳动力。埃及劳动力逐年递增，每年约新增 70 万人进入劳动力市场。特别是埃及青年失业率为 26.3%，51.2% 的青年人处于贫困状态。[1]据估计，埃及经济的复苏还需要创造 100 万个就业机会，以吸收新进入劳动力市场的劳力并降低失业率。

(4)《货币政策在埃及面临的近期挑战与未来工作的重点》(2016 年 7 月)

编者：玛格达·坎迪勒。

货币政策在埃及调整和平衡国民经济结构中起着重要的作用。该研究探讨了埃及在中东剧变以来，货币政策的持续性及其对价格的冲击和挑战，通过分析包括相对价格冲击在内的多重冲击，得出结论：在足够的常规性货币政策工具的保证下，政府需要利用非传统工具，保证货币供应与需求之间平衡、稳定物价、保证货币供应量的增长与实际的国内生产总值增长保持协调。

除上述报告外，其他还有《竞争性货币贬值和埃及的出口潜力》《埃及补贴制度改革的替代品》《埃及的出口障碍与对策分析》《全球金融危机对埃及劳动力市场的影响》和《国际金融危机及其对埃及的启示》等政策咨询报告。

4. 商业晴雨表

商业晴雨表用来衡量埃及经济走势的真实图景。埃及经济研究中心每半年公布一次相关考查内容，包括过去和目前的供应及需求、产出及投入

---

[1] 摘自"埃及中央公共动员与统计总局"相关数据，2015 年 8 月 18 日。

价格、工资和就业趋势以及整体经济增长状况等。

5. 专著

该系列书籍是归埃及经济研究中心版权所有的出版物。举例如下：

(1) 阿卜杜·拉赫曼·穆罕默德：《塞西执政以来埃及经济改革研究》[①]

中东剧变以来，埃及经济面临困难，社会矛盾突出。塞西在稳定政局后开始进行经济改革，主要内容包括金融改革、财政改革以及基础设施建设。本书首先分析了埃及经济结构性问题的成因及其后果，然后梳理了塞西政府在国家经济改革中的主要措施，尤其是在金融改革方面的举措，包括放开汇率、提高埃镑利率、寻求贷款、实行银行私有化以及增加货币供应等方式；在财政改革方面包括开源节流、增加多项税收、减少各种补贴；在基础设施建设方面包括经济领域的十大建设项目，如建设苏伊士运河枢纽区、主干道路周边建设一批新城市等。此外还有加强产业投资，推进实体经济等。最后，作者对塞西政府的经济改革进行了评价与展望。

(2) 汉娜·希尔丁：《国际援助对埃及经济的影响》[②]

埃及于1952年独立后，作为发展中国家，走上了利用国外资本加快经济发展的道路。本书以1960～1972年为考察阶段，在这一时期，埃及通过加强贷款等方式，从国外各级机构吸纳了大量资金，缓解了埃及经济发展中的资金不足问题，极大地促进了埃及经济的发展。然而，由于国外资本经常与现有资金一起被划拨为非生产性政府支出，因此导致过度消费且产生对资本低效利用的问题，导致埃及的外债和偿债额急剧上升，对1972年以后的埃及产生了深远影响。

(3) 艾哈迈德·贾拉尔：《埃及经济发展现状研究》[③]

在2011年中东剧变之前，埃及经济一直保持较为平稳的增长态势。据

---

① [埃] 阿卜杜·拉赫曼·穆罕默德：《塞西执政以来埃及经济改革研究》（阿拉伯文），开罗：埃及经济研究中心，2016年版。
② [埃] 汉娜·希尔丁：《国际援助对埃及经济的影响》（阿拉伯文），开罗：埃及经济研究中心，2014年版。
③ [埃] 艾哈迈德·贾拉尔：《埃及经济发展现状研究》（阿拉伯文），开罗：埃及经济研究中心，2013年版。

有关数据统计，埃及人类发展指数在2007年已经高于中等国家发展水平，被列入"新钻十一国"行列。2008年，埃及更是被联合国开发计划署列为"全球最佳经济改革国家"。然而，受到2011年中东局势变动的影响，埃及近年来的经济增速明显放缓，外国直接投资相应减少，旅游业受到强烈打击，外汇储备出现缩水，再加上通货膨胀率持续走高、社会失业率不断上升，埃及的经济形势不容乐观。

（4）欧姆尼亚·海勒米：《恐怖活动对埃及经济重振的影响》[①]

自埃及军方2013年7月解除穆罕默德·穆尔西的总统职务后，西奈半岛安全局势不断恶化，恐怖分子多次发动针对军警的袭击，已造成数百人死亡。恐怖组织主要是"伊斯兰国西奈省"的"耶路撒冷支持者"。2016年8月，埃及军队击毙了"伊斯兰国西奈省"头目安萨里，该组织的报复行动也不断升级。作者认为，极端武装的活动更加靠近苏伊士运河，可能危及这一埃及主要外汇收入来源的安全。埃及近年来随着外来投资、旅游收入等锐减，政府财政捉襟见肘，但苏伊士运河收入没有受到显著影响。为进一步挖掘运河价值，现任政府启动第二苏伊士运河等大型项目。然而，安全局势的恶化会阻碍这些项目的外来投资，拖慢埃及经济重振步伐。

（5）萨拉·纳赛尔：《从〈投资保障和鼓励法〉到新〈投资法〉》[②]

2017年5月，埃及议会通过了新《投资法》，替代1997年8号《投资保障和鼓励法》，与现行法律并行使用。新投资法对投资范围、投资机制、外资审查、资本构成、外汇使用、国有化与征用、解决投资争议、刑事社会责任等内容进行了完善和更新，其中关于政策透明度和投资促进的条款体现了埃政府在吸引外资和鼓励私有部门发展方面的决心。新《投资法》有很多内容涉及行政管理，主要是为了简化审批程序，缩短审批时间，畅通投诉渠道。作者认为，政府推出多项投资激励措施，将有效提振埃及

[①] ［埃及］欧姆尼亚·海勒米：《恐怖活动对埃及经济重振的影响》（阿拉伯文），开罗：埃及经济研究中心，2016年版。

[②] ［埃及］萨拉·纳赛尔：《从〈投资保障和鼓励法〉到新〈投资法〉》，（阿拉伯文），开罗：埃及经济研究中心，2017年版。

经济。

6. 埃及的经济概况与统计

这一系列主要为埃及投资者和商界，提供一年一度的经济概况。该手册每年的八九月份公布，包括埃及经济各个方面的最新汇总数据和信息。

第六节 苏丹智库及其特点

中国同苏丹自1959年2月4日建交以来，两国政府和人民长期友好。苏丹政府在许多相对敏感的问题上坚决支持中国。自建交以来，双边重要往来不断。2015年9月，中国、苏丹共同发表了《中华人民共和国和苏丹共和国关于建立战略伙伴关系的联合声明》，并签署了一系列关于科技领域的合作文件。本节以苏丹战略研究中心和拉卡伊兹研究中心为样本，对苏丹的智库进行较为深入的介绍。

苏丹战略研究中心是一家独立智库，其研究领域涉及政治、宗教和文化。研究中心下设理事会、主任办公室、战略研究部、出版和研讨会部、公共关系和民意调查部、人权和妇女部、经济部、非洲研究部、行政事务部、培训部、艺术部和印刷部等部门。近年来，中心与中国的智库和高校交流十分密切，双方围绕"一带一路"等相关话题进行了深入的研讨。

拉卡伊兹研究中心是一家独立智库，其研究领域涉及政治、战略、外交、经济、社会和宗教。中心致力于为官方和民间社会提供最优质的智力支持和咨询服务，研究专长为国际政治经济学和社会学研究。中心举办的学术研讨会，如"苏丹—马格里布关系论坛"在区域国际关系界有较大的反响。中心与中国政府和学术界关系较好，如2016年7月在苏丹举行的首届"中苏友谊文化周"活动中，该智库是主要筹备方之一。

一、苏丹战略研究中心（Sudan Center for Research and Strategic Studies）

地址：No. 221, Khartoum-wad Madani Road, Sudan
电话：00249122003129
邮箱：info@sudacenter.org
网址：http://sudacenter.org/

（一）基本情况

苏丹战略研究中心2006年在苏丹喀土穆成立，是一家独立智库。该智库的研究涵盖政治、宗教、文化等领域，致力于实现各种文明、文化和信仰间的对话与和平共处，旨在为政府制定战略和决策提供智力支持。

（二）组织架构

研究中心共有专职研究人员18名，兼职研究人员若干，主任为阿里·伊萨·阿卜杜拉赫曼。理事会由7人组成，主席为哈立德·侯赛因。

研究中心下设理事会、主任办公室、战略研究部、出版和研讨会部、公共关系和民意调查部、人权和妇女部、经济部、非洲研究部、行政事务部、培训部、艺术部和印刷部。其中，战略研究部包括以下中心：非洲研究中心，专门从事非洲事务的研究，涵盖政治、经济、社会和文化；达瓦党社区发展中心，指导公民从事各领域的工作，如诵读《古兰经》、社区服务活动、伊斯兰教伦理培训班等；妇女问题研究中心；阿拉伯语言研究所以及灾难管理和难民研究所等。

（三）重要活动

研究中心的日常活动包括各种研讨会、圆桌会和出访任务。举例如下：

（1）苏丹—埃塞俄比亚关系研讨会

苏丹与埃塞俄比亚因两国政府相互支持对方反对派而长期交恶。在

1996年7月非统组织第32届首脑会议期间，两国总统表示愿意定期召开研讨会，从而有助于改善双方的关系。该研讨会于2016年3月10日召开，会议主题为地区局势变动下的苏丹—埃塞俄比亚关系。主讲人有来自亚的斯亚贝巴大学的教授、苏丹—埃塞俄比亚非洲之角地区问题专家及政治学教授等。

（2）苏丹—沙特关系研讨会

在尼迈里执政期间，沙特曾是阿拉伯国家中对苏丹援助最多的国家。在萨迪克执政期间，由于苏丹同利比亚和伊朗交好，沙特冻结了对苏丹的经济援助。2002年初，两国成立了部长级混委会，签署了政治、经贸合作的框架协议，沙特表示支持苏丹政府的和平努力并积极重启在苏投资。近年来，两国更是签署了多项协议，其中"包括在红海州建立10亿千瓦容量的发电厂，2015—2020年期间为苏丹农村地区提供饮用水，为卡加巴尔（Kajabar）等大坝融资，以及上阿特巴拉农业灌溉项目等。"[①] 该研讨会于2015年11月19日召开，会议主题为苏丹—沙特的经贸合作。

（3）加强与中国的文化交流

近年来，苏丹和中国的文化交流与日俱增。2017年10月24日，西北师范大学阿拉伯语系邀请苏丹战略研究中心专家苏瓦勒·马尤姆做了题为"'一带一路'框架下中国和阿拉伯国家的文化交流"的学术讲座。苏瓦勒简要地介绍了苏丹的地理位置等国家概况，指出苏丹是非洲东北部的关键海运枢纽之一，更是海上丝绸之路中重要的交通节点；专家从丝绸之路的历史渊源、广义内涵以及对沿线国家的影响等方面对这一主题进行了全方位的阐述。他强调到，只有在国家与百姓层面实现和平与稳定，才能更好地在"一带一路"的机遇下与周边各国进行经济来往与文化交流，从而使本国得到更大的发展。另外，专家也充分肯定了中国在"一带一路"的历史舞台上所发挥的重要角色，并高度赞扬了中国一如既往坚持的外交政策与原则。

---

① 《苏丹与沙特签署多项协议》，苏丹《视点报》，2015年11月4日。

(四) 出版物

1. 学术刊物

(1)《文明冲突与当代世界》(月刊)

探究文明与思想联系、不同主义和不同信仰的思想争论等问题，努力实现世界各国不同文明、文化和信仰间的对话交流与和平共处。

(2)《伊斯兰教与西方》(双月刊)

探究穆斯林与欧洲关系的历史演变、欧洲伊斯兰化的发展脉络等问题，从伊斯兰文明与西方文化关系入手，探索双方的和解之路。

(3)《选举》(双月刊)

苏丹是多种族、多文化、多宗教的国家，政治上实行的是建立在联邦制基础上的非中央集权制；苏丹总统是国家主权的最高代表和国家军队的最高统帅，他拥有立法、司法和行政等最高裁决权，由全民选举产生，可连选连任。该刊主要围绕这些问题展开讨论。

2. 专著

(1) 哈利德·侯赛因·穆哈迈德：《南苏丹共和国面临的挑战》[1]

就政府机构而言，南苏丹共和国政府由苏丹人民解放运动演化而来，它实际上是一个游击组织。南苏丹共和国建国后，由于缺乏管理经验，加之不断泛滥的腐败问题严重阻碍经济的进步。作者认为，在政府高官贪污成风的同时，南苏丹共和国却成为世界上最贫穷、最不发达的国家之一。这个脆弱的经济体目前面临诸多挑战，包括政权稳定、经济发展、食品安全、行政管理不善等问题。

(2) 苏瓦勒·马尤姆：《中国和南苏丹的合作领域》[2]

南苏丹独立后遭遇的多次大规模冲突导致大量设施毁坏以及人员伤亡，并对南苏丹的石油产业造成沉重打击，大量的油田开发与生产被迫停

---

[1] [苏丹] 哈利德·侯赛因·穆哈迈德：《南苏丹共和国面临的挑战》(阿拉伯文)，喀土穆：苏丹战略研究中心，2015年版。

[2] [苏丹] 苏瓦勒·马尤姆：《中国和南苏丹的合作领域》(阿拉伯文)，喀土穆：苏丹战略研究中心，2016年版。

滞。作者认为，石油资源丰富的南苏丹在基础设施方面较弱，特别是炼油厂、石油管道和港口等。而与此同时，中国石油天然气集团有限公司（简称中石油）在南苏丹进行了大量的投资，并在中国的"一带一路"倡议带动下与南苏丹在石油领域进行合作，共同发展南苏丹。在中国的援助下，南苏丹朱巴国际机场已升级到国际标准，中国的医疗队在南苏丹政府官员和百姓中的影响也越来越大，水利工程建设也取得成效，中国和南苏丹的合作领域十分宽广。

（3）哈桑·穆罕默德：《南苏丹公投之观察》[1]

2011年7月9日，南苏丹共和国独立。战乱加贫困使得这一进程十分艰难缓慢。自2011年1月以来，南苏丹就开始为公投活动做准备。公投活动持续一周，从投票、点票、汇总和制表总过程来看，这次公投十分顺利。作者指出，公投过程透露出诸多隐患，南苏丹各地不同派系武装力量之间的博弈严重影响国家的政治稳定，政府机构的腐败无能和贫富差距的不断加大都成为南苏丹社会动荡不安的重要根源。

二、拉卡伊兹研究中心（Rakaiz Al Marifa for Research and Studies）

地址：Station 7 Road, Khartoum, Sudan
电话：(+249) 183-155155851
邮箱：info@rakaiz.org
网址：http://rakaiz.org

（一）基本情况

拉卡伊兹研究中心（Rakaiz Al Marifa for Research and Studies）于2009年在苏丹喀土穆成立，是一家独立智库。"Rakaiz Al Marifa"在阿拉伯语中的意思为"知识的支柱"。中心致力于为官方和民间社会提供最优质的智力支持和咨询服务，研究专长为国际政治经济学和社会学研究。研究范围

---

[1] [苏丹] 哈桑·穆罕默德：《南苏丹公投之观察》（阿拉伯文），喀土穆：苏丹战略研究中心，2012年版。

包括政治制度、国际战略、外交政策、经济发展、社会和宗教等领域。其主要任务是为决策者献计献策、提供咨询，推出各种方案；反馈信息，对正在实施的方案进行跟踪调查，把运行结果及时反馈到决策者那里；进行诊断，深入研究产生问题的原因，寻找解决方法和出路；预测未来，站在不同的角度运用多种方法，提出多个预测方案供决策者选用。

（二）组织架构

拉卡伊兹研究中心的主任是卡米勒·穆斯塔法·艾敏。中心下设理事会、主任、执行主任、政治研究部、国际关系部、经济研究部、社会研究部、宗教与教派研究部等14个分支机构。中心有16位专职研究人员和大量外聘的兼职人员。

（三）重要活动

1. 研讨会

中心不定期举办各类学术研讨会、论坛和工作坊。

北非马格里布国家是苏丹的近邻，是苏丹外交政策的重要组成部分。中心专设"苏丹—马格里布关系论坛"，围绕地区安全形势、经济合作展开讨论。第一届论坛于2012年12月召开，主要围绕苏丹和利比亚的关系展开讨论。21世纪以来，利比亚积极调停并于2004年10月和2005年5月就达尔富尔问题召开了两次小型非洲领袖会议。2009年，利比亚积极参与达区否决派整合，鼓舞部分否决派构成"的黎波里小组"参与多哈和谈。2010年6月，由于苏丹和利比亚两国在引渡"正义与同等活动"领导人易卜拉欣的问题上出现分歧，两国关系出现重要转折。此次论坛主要分析了摩洛哥地区的形势，讨论了苏丹—利比亚关系的未来走向。第二届论坛于2015年12月召开，主要围绕苏丹和阿尔及利亚的关系展开讨论。阿尔及利亚和苏丹都是阿拉伯国家联盟的成员国，他们拥有丰富的石油资源，是非洲两个重要的石油生产国。多年来，两国的石油公司在石油勘探和生产方面密切合作。阿尔及利亚还提供了不少技术支持，帮助苏丹发展炼油工业和培训石油行业的管理及技术人员。在此次论坛上，双方还在矿业领域交流了经验，表示要加强合作，探索开展其他合作项目的可能性。

2. 特别工作坊

苏丹与中国有着深厚的传统友谊，两国于1959年建立了正式的外交关系。经过半个多世纪的发展，两国已经达成长期稳定、内容广泛的友好合作关系，在政治、经贸、文教、卫生等领域的合作收获颇丰。在全球化浪潮中，中国逐步深度参与了苏丹的经济事务，帮助苏丹实现了经济腾飞和国内持久和平。研究中心设立了特别工作坊，专门研究中国经验，探索苏中进一步合作的途径。

2015年8月11—12日，主题为"中国农业发展对非洲粮食安全的启示"特别工作坊在苏丹首都喀土穆举行，吸引了来自中国、苏丹、埃及、摩洛哥、乌干达和埃塞俄比亚等国以及非盟相关领域的专家学者到会，就非洲未来粮食安全和中非农业合作的经验及前景展开广泛的交流和探讨。会议首先描述了两国农业合作的现状，指出两国政府大力支持苏中农业合作，两国间不但高层往来频繁，而且学术交流颇多，中国专家不仅为苏丹麻风树项目提建议，帮助苏丹成立了南南合作数据库，还到各州考察并为其农业发展献计献策。其次，会议梳理了中苏农业合作已取得的成效，认为它不但推动了双边农产品贸易的增长，而且为中苏农业合作深入发展奠定了基础。最后，会议讨论了双边合作存在问题与对策建议，双方一致认为要加强研究制定规划，在广泛总结现有的经验与教训的同时，制订符合苏丹实际情况的双边农业合作规划。此外还要重点突破、打造品牌，注重舆论、加大宣传等。工作坊会议结束后，将论文集结成册由中心代为保管和宣传。

3. 重要出访

拉卡伊兹研究中心非常重视对外交流工作，仅以对中国的访问为例，该中心代表团曾多次访问中国。如2012年7月6—9日，包括该中心在内的苏丹智库考察团对宁夏进行了考察访问。考察团参观了银川市金凤区良田镇和顺新村移民安置点，并了解了宁夏移民扶贫的政策、具体做法以及所取得的成绩。双方围绕在苏丹联合办厂、石油化工人才培养、海上油品交易等问题与集团公司高层进行了座谈并期待进一步开展合作。

(四) 出版物

1. 期刊

《拉卡伊兹》，月刊。涉及苏丹的政治、战略、外交、经济、社会和宗教等领域。

《政治文件》，研究报告。不定期出版，就苏丹国内外的重大事件进行研究并提出对策。特别关注马格里布地区国家的政策与动态。

《苏丹经济》，期刊。苏丹由于经济结构单一，工业基础相对薄弱，因此对自然及外援的依赖性较强。该刊涉及的主题包括国内财经政策、国家优先发展的战略项目、推进私有化进程和国际发展援助等主题。

2. 学术专著

（1）侯赛因·易卜拉欣·凯尔舒姆：《达尔富尔危机及外国干涉的影响》[1]

达尔富尔地区位于苏丹西部。该地区自然资源贫乏，由于长期内战导致政府无力进行有效的行政管理和经济开发，使其沦为苏丹境内最贫困最落后的地区之一。该地区部落众多，它们形成"阿拉伯人部落"和"黑人部落"两大部落集团。由阿拉伯人主导的喀土穆政府比较偏袒阿拉伯人，致使达尔富尔地区的阿拉伯人与非阿拉伯人的部族矛盾不断激化，并自2003年以来迅速上升为国际热点问题。国际社会为此采取多重手段，并决定向达尔富尔地区派驻军队和干涉苏丹内政。作者认为，联合国安理会执意实施有关向苏丹西部达尔富尔地区派遣国际维和部队的第1706号决议，使该地区"成为侵略者的坟墓"。随着苏丹政府的妥协和让步，达尔富尔危机渐渐趋于平静，但反叛武装组织的问题并没有得到彻底解决。

（2）艾哈迈德·埃米勒：《南苏丹共和国部族问题的现状与前景》[2]

2011年7月9日，南苏丹脱离苏丹独立，自治区主席萨尔瓦·基尔正

---

[1] ［苏丹］侯赛因·易卜拉欣、凯尔舒姆：《达尔富尔危机及外国干涉的影响》（阿拉伯文），喀土穆：拉卡伊兹研究中心，2010年版。

[2] ［苏丹］艾哈迈德·埃米勒：《南苏丹共和国部族问题的现状与前景》（阿拉伯文），喀土穆：拉卡伊兹研究中心，2015年版。

式就任总统。由于对权力、资源的争夺及在国家发展路线上的分歧，部族的政治化较之以前更加突出。2013年12月15日，忠于里克·马查尔的士兵发动政变，从而引发两大部族混战。战争持续时间长，给南苏丹带来严重的人道主义危机。作者指出，从表面上看，这次战争是丁卡族与努维尔族之间的冲突，但实际上是更为深刻的政治冲突和利益冲突。特别是政治家们将个人利益置于人民利益之上，利用部族之间的差异，企图消灭政治反对派，从而实现自己的政治图谋。

（3）卡米勒·穆斯塔法·艾敏：《苏丹经济现状及其转型》[①]

自1999年开始出口石油后，苏丹进入经济发展最强劲的时期。但2011年南苏丹独立后，原苏丹58%的石油贮备被划归南苏丹，苏丹石油产量因而大幅减少，经济受到较大冲击。为应对消极影响，苏丹经济面临转型，政府将发展农业作为长期战略，从过去高度依赖石油的经济模式转型为以农业为主导的发展模式。作者指出，经济多元化是苏丹走出经济困境的唯一出路；加强与中国和海湾国家的经济合作是最佳选择；要寻求社会和经济协调发展、可持续发展，真正实现包容性经济增长。

本章小结

马格里布国家的智库总体来看数量不多，发展的空间比较有限。摩洛哥皇家战略研究所与王室有着密切的关系，它是一个由国王陛下任命组成人员的指导委员会。研究所针对摩洛哥国家建设相关问题进行战略性研究和分析，为摩洛哥王室和政府提供相关政策建议。研究所下设的指导委员会成员由摩洛哥国王提名，其中既有国王顾问、大臣、外交人员、联合国教科文组织官员，也有大学教授、摩洛哥银行行长；突尼斯的阿拉伯经济社会发展研究协会与阿拉伯经济和社会发展密切相关，一直努力在经济和

[①] ［苏丹］卡米勒·穆斯塔法·艾敏：《苏丹经济现状及其转型》（阿拉伯文），喀土穆：拉卡伊兹研究中心，2015年版。

社会科学领域加强与区域和国际机构开展研究活动,现已建成北非国家领先的应用经济研究平台;利比亚的萨迪克研究所是全球第一个专攻利比亚事务的研究所。为了推动社会政治文化的进步,萨迪克研究所坚守思想多元化、监督机制化、参与促改变等原则;毛里塔尼亚战略研究中心秉持"独立、客观、中立"的原则,努力通过学术研究为促进毛里塔尼亚社会转型和国家复兴提供智力支持。

在北非阿拉伯国家中,埃及和苏丹的智库数量最多,智库建设相对完善。金字塔政治与战略研究中心不仅是埃及的著名智库,在国际范围内也是赫赫有名。它一方面专注于对埃及社会的政治、经济、军事和社会等各领域的学术研究,倾向于出台符合战略意义的政策研究成果;另一方面充分利用国家力量和潜能,关注地区热点问题和国际时政事件,针对这些问题出台战略性分析报告,从而实现整个阿拉伯民族复兴的目标。埃及经济研究中心的使命是促进埃及经济发展,在参照国际经验的基础上,制定适合埃及国情的最佳经济政策。为实现埃及经济复兴的目标,中心会提前制订年度工作计划,从而确保埃及经济政策的精准到位。苏丹战略研究中的研究领域涵盖政治、宗教、文化,致力于实现各种文明、文化和信仰间的对话与和平共处,旨在为政府制定战略和决策提供智力支持。拉卡伊兹研究中心致力于为官方和民间社会提供最优质的智力支持和咨询服务,研究专长为国际政治经济学和社会学。该中心非常重视对外交流工作,尤其和中国关系很好,其代表团曾多次访问中国。

第七章
"一带一路"倡议与中阿智库合作

进入21世纪以来，人类社会步入信息时代和知识经济时代，世界各国的竞争已不仅仅是军事上的"硬实力"竞争，而是演变为以思想、观念和文化为核心的"软实力"竞争。而智库作为各国"软实力"竞争的有力依托，凭借其创新思想和智慧源泉，逐渐成为各国间公共外交的主要角色。特别是智库具有"一轨半"的特色与定位，可以有效化解矛盾和避免误解，在政府外交之外给双方提供一个相互交流、达成共识的平台。

中国阿拉伯研究的智库建设始于20世纪60年代初，起初是建起了一批专门研究中东地区阿拉伯问题的单位。20世纪末以来，中国与阿拉伯国家逐渐发展成为新型的合作者，双方不断加强战略协调与沟通，延续着几十年的好朋友、好兄弟、好伙伴关系。中阿的文化、学术交流如雨后春笋一般，不断生长、开花、结果。在诸如语言、历史、经济、绘画、医药、教育和建筑等诸多领域进行交流与合作。而智库的非官方角色又让它能站在民众的视角，冷静观察政府出台的方针政策，及时评估实施效果，反馈给政府机构，形成良性循环。截至2015年底，中国已经有研究中东问题的专业研究机构近20家，专设院系教授阿拉伯语专业的院校有40多所。随着2013年9月和10月，中国政府提出"一带一路"倡议以来，中国与阿拉伯国家以智库交流为依托，不断加强协调与合作。借用对方智库来观察地区形势，在帮助我们讲好中国故事的同时，进一步推动着双边关系有目标有节奏地向前发展。本章主要分析了"一带一路"倡议对中阿智库合作的要求，梳理了中阿智库合作在"一带一路"中的现有成果，进而指出其存在问题与面临的困难。

第七章 "一带一路"倡议与中阿智库合作

第一节 "一带一路"倡议对中阿智库合作的要求

"一带一路"建设的内容非常丰富,主要包括政策沟通、设施联通、贸易畅通、资金融通、民心相通,简单地说就是"五通",涵盖了中国与沿线国家的重点合作领域。这些领域相辅相成、互为支撑。只有做好了"五通",才能充分调动沿线各国的积极性,发掘沿线各国的合作潜力,营造更广阔的合作空间,以开放包容、合作共赢的姿态,携手共谋发展、共创繁荣。鉴于此,"一带一路"倡议对中阿智库合作的要求将围绕"五通"而展开,特别是在政策沟通和民心相通方面。

在政策沟通方面实现战略对接、优势互补。政策沟通及其带来的战略对接是促进全球化健康发展的必由之路。政策沟通是"一带一路"建设的重要保障,也是沿线各国实现互利共赢的根本前提。目前,在"一带一路"政策沟通方面,中国和沿线国家需要在总结与部分国家合作经验的基础上,健全长效化政策沟通机制和全方位政策沟通平台。在民心相通方面有助于加深各方对"一带一路"建设的理解,帮助各国对"一带一路"整体架构和发展规划形成更全面、更立体的认识,夯实各国友好民意基础。具体而言,"一带一路"倡议对中阿智库合作的要求可以分以下三个方面来解读:

一、通过智库合作增进理解,构建中国特色的中东研究话语体系

20世纪末期,国际上掀起"西强我弱"的传播格局。在这一传播语境中,中国话语的影响力一直处于弱势。这种状况恰似萨义德在《东方学》中描述的那样:"他们无法表述自己;他们必须被别人表述。"[1] 21世纪以

---

[1] [美]萨义德:《东方学》,王宇根译,北京:三联书店,1999年版,第1页。

来，党中央把提升中国话语权作为重要工作来抓。特别是十八大以来，党中央高度重视获取国际话语权的问题。2015年12月11日，习近平同志在全国党校工作会议上明确指出："落后就要挨打，贫穷就要挨饿，失语就要挨骂。长期以来，我们党带领人民就是要不断解决这三大问题。如今，前两个问题基本得到解决，但'挨骂'问题尚存。争取国际话语权是我们必须解决好的一个重大问题。"① 在2017年10月召开的党的十九大上，习近平总书记再次强调，中国应"加强话语体系建设，着力打造融通中外的新概念新范畴新表述，加强国际传播能力；要推进国际传播能力建设，讲好中国故事，展现真实、立体、全面的中国"。② 事实上，这些重要论述勾勒出了建设中国哲学社会科学话语体系的路径框架。要进一步加强国际传播能力建设，增强相应的国际话语权，首先要精心构建对外话语体系，有效发挥新媒体的作用。在加强对外话语感召力的同时，讲好中国故事，宣扬好中国声音，诠释好中国特色。由于中国社会科学话语体系的建设涉及到中国文化软实力建设及其国际地位等问题，因此，要实现中国梦，首先要加强包括中国道路、中国理论、中国制度在内的话语体系和话语权建设。

自党的十八大后正式提出走中国特色大国外交道路以来，中国不断打造具有中国特色、中国风格、中国气派的话语体系。③ 从"探索中国特色大国外交之路"到"构建以合作共赢为核心的新型国际关系"，再到"积极推动构建新型伙伴关系"，中国的大国外交话语不断递进，明显提升，不但具有鲜明的中国特色，而且具备明确的战略目标。至此，以"和平发展、合作共赢"理念为基本核心的中国外交国际话语体系已经基本构建出来了，中东外交话语构建也被推上了中国外交的议事日程。④

在具体操作中，中国要赢得国际话语权，就必须善于创建和用好中外交流平台。党的十八大以来，中国特别重视借助中外交流平台来扩大话语

---

① 习近平：《在全国党校工作会议上的讲话》，《求是》，2016年第9期，第3页。
② 王伟光：《建设中国特色的哲学社会科学话语体系》，《中国社会科学报》，2013年12月20日。
③ 岳亮：《构建中国特色话语体系三要素》，《学习时报》，2016年8月8日。
④ 李伟建：《中国在中东：话语与现实》，《西亚非洲》，2017年第5期，第5页。

权。在一系列重要的国际场合中，习近平总书记凭借富有亲和力而又自信的态度和语调向国际社会阐明中国共产党、中国政府和中国人民的价值观及其主张。以王毅、傅莹、陆慷、华春莹等同志为代表的优秀外交官在发布会和国际会议上，也都阐明了中国对国际国内事务的正确主张。[1] 然而，获取国际话语权不仅仅是领导人和外交官的责任，应该有更多元的主体参与其中，特别是为学者和专家们提供更多的交流机会。为此，搭建更多的民间外交平台就显得尤其重要，而智库就是这样一个现成的平台，智库专家们的交流无疑是拓宽中国话语权的有力途径。有的智库专家被当做媒体上发言的权威人士，甚至被誉为"意见领袖"。在中国特有的传媒体制和舆论环境中，这些意见领袖通常拥有较多的社会资本，在一定程度上能够胜任把关人的角色。

然而，中国智库一直以来比较关注国内民生问题，对全球性和国际性问题关注尚不足够，从而导致中国智库在国际上几乎没有知名度，话语权更是无法掌握在自己手中。近年来，随着中国的崛起，这一状况逐渐改变，包括"和平发展""和谐世界""一带一路"等由中国智库提出的话题已经成为国际社会争相讨论的焦点。然而，从整个国际化水平来看，中国智库的人才储备、研究能力和国际影响力仍然十分有限，无法在国际上提出中国倡议，讲好中国故事，形成与中国改革发展成果相适应的软实力支撑。[2] 此外，由于信息不对称等原因，国际社会包括阿拉伯国家在内都对中国的看法比较片面，甚至还存在不少猜疑和误解。虽然央视阿语频道等媒体努力在阿拉伯国家发挥重要的舆论引导作用，但由于宣传形式和渠道不佳等原因，加上中国智库专业人士不善于利用阿拉伯媒体发出声音，因而导致当地民众只能通过欧美媒体了解中国，致使中国的国家形象和外交政策动机经常受到歪曲。与此同时，中国也需要进一步客观、理智地认识阿拉伯国家，进而妥善处理中国崛起进程中与阿方关系中出现的各种问题。

事实上，上述问题可以通过加强交流，特别是智库间的交流得以缓

---

[1] 张传鹤：《赢取国际话语权工作的基本规律》，《理论学刊》，2017年第5期，第135页。
[2] 王健：《中国智库发展与中阿智库合作》，《宁夏社会科学》，2015年第6期，第106页。

解。智库交流与合作不仅能够促进中阿双方的理解,而且能够以中国的主流人文理念为指导,有利于构建具有中国特色的中东研究话语体系。与美欧国家盛气凌人、居高临下的话语体系相比,中国平和委婉的话语体系更能为中东伊斯兰国家接受,也理应得到从事中东研究的中国专家和学者们的重视和珍惜。[①] 在具体外交中,除了需要中阿高层友好往来之外,民间的广泛交流与沟通则显得更为重要。为此,我们接下来的目标如下:加强与阿拉伯国家智库的交往,深入剖析对象国的政治诉求、文化认同和战略决策,深刻了解阿拉伯国家对中东问题的具体立场,从而粉碎西方媒体对中东话语权的垄断,并在此基础上塑造具有中国特色的话语权。

近年来,中国与一些阿拉伯国家智库在交流与合作方面进行了有益的尝试,初步实现了各个主要层面的对接,建立起一定的互动关系。有些阿拉伯国家智库在本地拥有较高声望,每当重大热点问题出现后,他们及时有效地利用网站、社交平台和媒体发出声音,不仅快速掌握了话语权,而且有助于避免西方媒体歪曲事实。具体事例如下:2012年3月,摩洛哥皇家战略研究院院长陶菲克·穆利内应邀在东方讲坛上做了一场关于"阿拉伯世界转型:摩洛哥模式的关键经验"的演讲。东方讲坛由上海市委宣传部和上海市社会科学界联合会举办,陶菲克院长指出:"摩洛哥是2010年年底爆发的中东国家革命浪潮中的特例,摩洛哥政府对革命示威的处理方式被看作是中东北非国家社会转型的新路径。"[②] 2012年4月,中国商务部调研组访问埃及内阁信息与决策支持中心,双方进行了亲切的交流与访谈。埃方表示:"埃及政府将结合自身区位优势继续发展旅游业,不但促进中转贸易的发展,而且欢迎更多的中资企业前来投资。"[③] 2012年11月,在沙特费萨尔国王伊斯兰研究中心的盛情邀请下,外交部前副部长、"中阿合作论坛研究中心"理事会顾问杨福昌先生率领"中阿合作论坛研究中

[①] 朱威烈:《理解与尊重:关于构建我国对中东研究话语体系的思考》,《西亚非洲》,2007年第12期,第31页。

[②] 姜泓冰:"摩洛哥王国皇家战略研究院院长为上海领导讲学",搜狐新闻,http://news.sohu.com/20120309/n337266740.shtml。

[③] 驻埃及使馆经商参处:"商务部调研组拜会埃及内阁信息与决策支持中心",中华人民共和国商务部,http://eg.mofcom.gov.cn/aarticle/i/201204/20120408092280.html。

心"的专家学者代表团访问沙特。访问期间,中国代表团与费萨尔国王伊斯兰研究中心、沙特外交学院、沙特《利雅得报》的专家学者进行座谈,就中阿关系、西亚北非局势、地区热点等问题进行了广泛而深入的交流。①为了进一步加深友谊、扩大合作范围友好关系,北京第二外国语学院阿拉伯研究中心于2014年5月和埃及《金字塔报》政治与战略研究中心签署了相关合作协议,为两国学者和研究人员进行深入交流与合作奠定了基础。随着一系列智库交流活动的展开,中阿智库合作不断开创新的局面,在加深双方全方位关系的同时,无疑有助于推动中国的中东话语体系成功构建。

二、通过智库合作加强沟通,践行"一带一路"全球治理理念

自20世纪90年代以来,随着经济全球化的迅猛发展,世界经济得到前所未有的发展,全球各国各地区越来越像一个"你中有我、我中有你"联系紧密的地球村。然而,全球化带来经济发展的同时,也造成不少弊端:一方面,民族国家业已形成的边界被打破,国际贸易和金融不断分化、消解着各国政府手中的权力;另一方面,经济难民、宗教冲突之类的问题愈演愈烈,随着发展中国家的大量劳动力涌入发达国家,南北发展差距进一步扩大,全球治理赤字难题日渐突出。在这一紧要时刻,"一带一路"倡议成为解决全球重大问题的最佳方案之一,它不但是充满中国智慧的全球治理方案,而且通过地区和国家优势互补,进一步强化了国家间发展战略的互动,推动了沿线国家的和平合作与共同发展。

为了有效推进"一带一路"倡议的执行,沿线国家需要智库提供足够的智力支持。正如习近平同志在"一带一路"国际合作高峰论坛上强调的那样:"一方面,'一带一路'的互联互通工程需要充分发挥智库作用,在建立多层次的合作机制与交流平台的同时,为'一带一路'建设提供主要的核心支持;另一方面,'一带一路'沿线国家应该重视智库对话,不但

---

① 《"中阿合作论坛研究中心"专家学者代表团访问沙特》,中阿合作论坛,http://www.fmprc.gov.cn/mfa_chn/zwbd_602255/wshd_602258/t992941.shtml。

发挥智库的重要作用，还应构建智库联盟和交流合作网络"。① 毫无疑问，这已经成为推动"一带一路"智库建设的主要指导原则，将为智库间的交流与合作提供广阔的空间和舞台。

从价值理念上看，"一带一路"倡议不仅仅是中国的中长期发展战略，而且也是中国引领全球治理的美好愿景。"一带一路"方案倡导平等协商，主张增信释疑。这既是中国丝绸之路人文外交的重要任务，也是中国同其他各国增加信任、消除疑虑的基本原则。作为一个新兴大国，中国不但努力参与全球经济治理，而且积极推动文化交流，在彻底消除障碍和误解的基础上，更好地推进世界各国的合作和发展。由于增信释疑的起点和关键是"释疑"，因此，智库在其中可以发挥首要作用。特别是智库通过信息交流、政策沟通、经验互鉴、方案研究、舆论引导以及人才培养等渠道，有助于促进沿线国家对"一带一路"倡议的深入了解，从而达到凝聚共识之目的，这无疑对"一带一路"建设具有重要意义。

近年来，在中国加强智库建设思想的指引下，智库在推动中外学术交流、加强中国对其他国家的公共外交等方面发挥了卓有成效的作用。由于"一带一路"沿线国家情况复杂且需求各不相同，因此他们在政策沟通、战略对接以及民心相通等方面都面临艰巨的任务。不过，智库合作有助于在理念传播、政策解读和民意传达上做好桥梁工作。通过获取不同国家的信息，智库分析和研究各国的治国理念与方针政策，从而打破思想隔阂，达到营造和谐的投资环境之目的。可以说，中国与沿线国家为了深化"全面合作、共同发展"的战略合作关系，通过积极搭建智库间的交流平台，不但可以增进双方友谊，而且能够推动中外文化的交流与合作，实为双赢互利之举。

在与阿拉伯国家智库合作方面，近年来中国研究机构逐步与阿拉伯国家智库、学术机构建立了常态化的合作交流机制，不断鼓励和支持优秀专家学者及其优秀学术成果"走出去"，促使中阿学术交流的范围和规模不断扩大。与此同时，中国政府坚持"请进来"与"走出去"相结合，邀请

---

① 习近平：《习近平谈治国理政（第二卷）》，北京：外文出版社有限责任公司，2017年版，第506页。

阿拉伯专家或在中国期刊上发表文章，或参加学术会议，或共同参与课题研究，从而增加中国智库的国际话语权和影响力。2015年1月4日，阿联酋战略研究中心的一名学者在中心发布的"每日要闻"中发表题为《加强中国与海合会关系》的文章，积极评价了中国经济建设成就，并呼吁加快中海自贸区谈判。这份报告指出："中国和海合会国家之间牢固的经贸关系长达十多年，双方贸易额已达1550亿美元，并以年均超过15%的速度快速递增，预计2020年双方贸易额将达2790亿美元。"[①] 可以说，在当前国际经济极其不稳定的形势下，中国与海合会国家都是高水平的贸易和投资伙伴，双方对彼此的重要性都与日俱增。特别是面临动荡的地区形势和国际经济局势，中海双方都意识到必须提升在全球经济版图中的地位，从而为双方签署自贸协定并进而实现经济融合提供了难得的机遇。以这位学者为代表的阿拉伯国家智库表达的思想反映出，"一带一路"倡议不仅会推动双方经贸关系继续高速发展，而且会带给双方更多互利共赢的机会。

在新时期，世界形势发生深刻复杂的变化，中阿双方共同语言在增多，共同利益在增加，共同需求在增强。"一带一路"的建设不但十分符合中阿合作的现实需求，而且为中阿关系的发展创造了新的机遇。特别是自中东剧变发生以来，阿拉伯国家的社会政治力量、不同政党之间的分歧和社会思潮的多元化趋势不断凸显。由于这些社会思潮来源于大众性的思想潮流，它必然会随着国家经济、政治形势和国际关系的变化而变化，具有较大的不稳定性和流变性，因此，反映不同政治派别、政党和社会阶层的社会思潮就成为中国开展公共外交的重要目标。阿拉伯国家智库是阿拉伯国家社会思潮的集中体现，适合扮演公共外交方面的中间人角色，他们有能力在中阿民众的民心相通、提升中阿人民的友好度、加强中国对阿拉伯世界的人文交流等重要事务上发挥纽带作用。

相互交流汇集智慧，彼此合作聚合力量，中国加强与阿拉伯国家智库的交流与合作，无疑是践行"一带一路"全球治理理念的有效途径。在"弘扬丝路精神，深化中阿合作"的主题下，积极开展中阿智库的交流与

---

① 《阿联酋战略研究中心呼吁海合会加强对华关系》，中华人民共和国外交部，http://www.fmprc.gov.cn/ce/ceae/chn/sgxws/t1225724.htm。

合作，不仅有助于双方政策沟通和民心相通，而且有利于深化双方人民友谊、夯实各领域合作关系。从而为进一步弘扬"和平合作、开放包容、互学互鉴、互利共赢"的丝路精神，也为促进共同发展、增进各国人民的福祉而树立良好典范。[1] 通过智库交流与合作的平台，双方可以完成信息共享和对话沟通，在促进接纳异己之能力，使公众更加全面地认知其他国家的利益诉求和各国人民的情感诉求的同时，有效化解沿线国家对"中国方案"的曲解误判，减少国家间的认知差距，从而凝聚共识，增强沿线阿拉伯国家对"一带一路"倡议的熟悉度和认同感。

三、通过智库合作达成共识，帮助中国制定中东政策

近年来，加强智库建设被提上国家社会科学工作的日程。2015年1月20日，中共中央办公厅、国务院办公厅印发的《关于加强中国特色新型智库建设的意见》指出，要充分发挥中国特色新型智库在咨政建言、理论创新、舆论引导、社会服务、公共外交等方面的重要功能。[2] 不可否认，以外交与国际关系为主要研究对象的智库，原本就是公共外交的行为主体，这是由其研究领域的特殊属性所决定的。事实上，无论是否存在公共外交的目的和意识，这些智库的国际交流合作本身就是公共外交行为。作为国家外交的补充，智库是国家公共政策的研究与传播机构，智库公共外交大多首先以外国智库为目标或受众，它们尤其重视与相同或相关研究领域的智库进行交流与合作。因此，加强与相同或相关研究领域的智库之间的交流与合作是国际智库合作的首要选择。

从地缘政治的角度来看，"一带一路"沿线各国具有文明文化多样、意识形态各异等特点。不同的文化背景难免会产生思想隔阂，而通过智库交流则有助于进行实时的舆论动态监测。不仅如此，加强与沿线阿拉伯国家智库之间的合作，还有利于整合不同国家的资源信息优势，通过交流不

---

[1] 王健：《中国智库发展与中阿智库合作》，《宁夏社会科学》，2015年第6期，第107页。
[2] 新华社："中共中央办公厅、国务院办公厅印发《关于加强中国特色新型智库建设的意见》"，http://www.gov.cn/xinwen/2015-01/20/content_2807126.htm。

同国家在治国理政方面的经验,进而积极探索符合自身国情的发展之路。毫无疑问,阿拉伯国家智库是新时期中国开展对阿拉伯国家公共外交的宝贵财富和珍贵资源,对这些智库进行深入研究并与之开展充分合作,有助于通过智库沟通达成共识,帮助中国及时制定行之有效的中东政策。具体表现在以下几个方面:

首先,在达成共识方面,相互了解、增进信任是发展国与国之间关系的前提,也是国家间合作的前提。唯有相互了解,才能增进信任,加强合作。信任作为国际冲突的治疗方案,是我们为了应付未来不确定性与风险的一种策略。波兰学者彼得·什托姆普卡在其著作中指出:"信任就是相信他人未来的可能行动。根据这种定义,信任有两个主要的组成元素,信心与承诺。"[①] 在这个关于信任的定义中,主要强调了主客体双方信任的良好预期,在信任主体的预设中,信任客体既不会侵害自己,也不会在合作中背叛自己。

20世纪以来,中国与阿拉伯国家的关系取得不小的进展,在政治层面,政府通过发表政府公报和声明等方式为中阿关系定位,通过中阿合作论坛等组织形式开展合作;在安全层面,中国派特使斡旋巴以冲突和苏丹达尔富尔问题,派军舰参与索马里海域护航,体现了国家对安全问题的积极作为;在经贸层面,中阿经贸往来大多是在有官方背景的公司之间进行的,各方政府在经贸合作上扮演了重要角色。近年来,以学者为核心的智库专家们的地位不断提升。特别是由于电视媒体、报纸和杂志等大众传媒的不断发展,智库专家的评论在很大程度上起着引导公众舆论的作用,因此,双方智库的交流作用得到了很大发展。

在新时期,智库在推动中阿政府沟通方面的作用日益增强。当前,全球化面临与日俱增的严峻挑战,逆全球化暗流不断风起云涌,反映出原有国际贸易投资体系的严重弊端,导致全球化红利及其成果不能够在各个国家之间、社会各阶层之间得到合理公正的分配。与此同时,保护主义、孤立主义会使大家的利益进一步受损,无法使各国发展真正走出困境,而政

[①] [波兰]彼得·什托姆普卡:《信任——一种社会学理论》,程胜利译,北京:中华书局,2005年版,第33页。

策沟通和战略对接则成为促进全球化健康发展的必由之路。① 中阿智库无疑在推动政府间沟通方面发挥着举足轻重的作用，通过掌握沿线各国社会经济的发展状况，有效对接各国国情和合作需求，从而确定适合投资开发的产业、领域或项目。不但有效提高贸易和投资自由化，而且着力推动沿线阿拉伯各国开展范围更大、水平更高、层次更深的区域合作，进而实现沿线国家经济社会民生发展的总目标。

其次，在研判形势方面，从全球治理、经济发展、安全局势来看，国际形势将继续呈现新旧秩序复杂更替的过渡性特征，伴之以不确定性与不稳定性，致使中国和平发展面对全新考验。全球性挑战防不胜防，全球治理更难推进，相关博弈更趋复杂。一方面，全球变暖、极端天气、各种灾害、重大疫情、恐怖袭击、难民危机、网络黑客等因素相互叠加，频繁发作，危害加剧；另一方面，西方发达国家将主要精力与资源转向国内，对外推卸责任，新兴大国的"责任压力"随之增大。尤其是美国新政府对多边主义和应对气候变化的《巴黎协定》态度消极。与此同时，联合国迎来新"掌门"——新秘书长古特雷斯将给联合国带来新气象，但也面临内部管理、自身改革、国际和地区热点等难题"扎堆"的考验。

就中东地区而言，随着2010年中东局势出现动荡以及2017年美国总统特朗普上台，导致中东地缘政治格局急剧变化，特别是美国新总统的中东新政策对中东地区局势、全球反恐战争和阿拉伯国家关系等产生了长远影响。具体而言，一是俄罗斯强势出击，对美国在中东利益构成挑战，坚守"美国第一"信条的特朗普予以反制。与此同时中东盟友的离心倾向却日增，俄沙一夜之间从"宿敌"变成"哥们儿"，而土耳其、卡塔尔、以色列等美国的中东传统盟友也越来越看重俄罗斯；二是沙特、伊朗恶斗，致使地区形势持续动荡，该地区原有的地缘政治格局被打破，从而激化了中东国家间的矛盾；三是极端组织在伊、叙濒临覆灭。除了深度融合在叙反对派武装之中的"征服阵线"部分战斗人员外，绝大多数极端分子已被赶出伊拉克和叙利亚，持续3年多的伊、叙反恐战争基本画上句号。不过，

---

① 李慧莲、赵海娟：《发挥智库优势，深化政策沟通与发展战略对接》，《中国经济时报》，2017年5月15日。

极端组织虽在伊、叙失去领地，但极有可能转战他国，全球恐怖主义威胁依然严峻；四是沉寂多年的库尔德问题提上了中东议事日程。伊拉克库尔德自治区举行独立公投并获得通过。尽管库区政府由于多种原因未宣布独立，但以库尔德人为主体的叙反对派"叙利亚民主军"，借助反恐战占领了拉卡市及周边地区，极有可能效仿伊库区模式实行自治；五是巴以问题重回国际视野。特朗普宣布承认耶路撒冷为以色列首都一事，激起巴勒斯坦以及阿拉伯国家和伊斯兰世界的强烈反对，国际社会也纷纷表示谴责。随着中东地区各国势力消长，分化组合，地缘政治格局呈现新的发展态势，中东地区"碎片化"的趋势已经变得越来越明显，出现越来越的棘手的问题。

面对这一系列难题，仅仅依靠一两个国家的力量是难以凑效的，它需要聚集全球力量和智慧。作为拥有"第二轨道"外交美誉的智库，恰好可以利用自身的灵活性和与政府的密切联系等优势，在民间的互动与交流中开展活动，在提高全球性议题设定等方面影响力的同时，积极有效地推动各国间的合作。中阿智库有不少属于官方，具有站位高、人才多、资源广、研究成果质量上乘等优势。面对来自国际社会各方面的考验，中阿携手合作，无疑极大提升了相关政策的决策能力。在发挥智库专家的智力优势、理论优势和实践优势的同时，不断开展对策性、战略性和前瞻性研究，为服务于决策机构、服务于国家发展表真言、出良策、献实招，形成一批高质量的研究成果，进而有助于制定出中国的中东政策。

最后，有利于中国制定及时有效的中东政策。中东地区是国际热点的聚集地，而中国和中东国家在诸多方面拥有共同利益和互补之处，加之能源需求、投融资市场、安全利益以及"一带一路"规划等，中东逐渐成为中国"大周边外交"的重点所在。2011年中东剧变以来，中国对中东国家中的政策做出了较大的调整：一方面，中国加强双边交往，积极参与地区多边外交进程，主动与西方国家合作，共同维持中东国家的政治和社会稳定；另一方面，以智库等非政府组织为媒介，大力开展公共外交，加强与中东国家的民间交流，增进国家间的相互理解。事实证明，这些非政府组织为中阿双方提供了交流场所和合作平台，有利于推进双方关系和增进彼此间的相互信任。特别是随着经济和科技的快速发展,包括智库在内的非政府组织的影响力与日俱增。可以说,通过这些组织与中东国家开展"第二轨道"外交,有助于为中国在中东地区营造一个良好的外交环境。

60多年以来,中阿关系可谓全面发展、硕果累累。近年来,中国更加重视对阿拉伯国家的关系。2016年1月13日,中国政府发布了首份对阿拉伯国家政策文件——《中国对阿拉伯国家政策文件》,充分展现了阿拉伯国家在中国外交中的重要地位,进一步确定了中阿战略合作关系的定位。文件充分展现了中国对阿拉伯国家的重视,它不仅是新时期开展中阿关系的行动指南,对推动建立"全面合作、共同发展"的中阿战略合作关系具有重大意义,而且为中阿关系稳定的未来发展指出了方向。文件特别提到了"密切双方专家学者交流,积极研究建立中阿智库长效交流机制。"[1] 可见,中国在推动"一带一路"国际合作的过程中,不仅提供了资金支持,而且十分注重加强知识分享、文化交流和智库之间的合作,推动"一带一路"倡议与相关区域及国家重点发展战略规划等对接。中阿智库通过加强交流合作,有望形成更多高端研究成果,不但有利于建设好智库联盟和合作网络,而且为"一带一路"更好惠及各国人民提供智力支持。

目前来看,智库的研究成果能否在"一带一路"沿线国家和地区进一步被接受,是摆在中国智库面前的复杂问题,也对其内部的运作机制提出不少挑战。不仅如此,由于"一带一路"倡议在对接方面还有不少盲点,因此智库科研成果的有效转化较难实现,从而导致其带来的相关效益不能令人满意。加之多数智库目前还普遍缺乏对外合作机制或对接平台,尚无能力构建与沿线国家的沟通渠道及磋商机制,缺乏营造良性竞争与合作环境的手段,导致对外推广渠道相对闭塞,在一定程度上削减了智库的决策影响力和公众影响力。由此可见,中阿智库的交流显得十分重要。由于这些智库能够在公共治理体系中行使相对独立的权力,并以专业、客观的方

---

[1] 《中国对阿拉伯国家政策文件》,http://www.fmprc.gov.cn/web/zyxw/t1331327.shtml.(访问时间:2016年1月13日)

式为决策者在制定政策过程中提出战略性、前瞻性和可操作性建议，因此，智库的政策分析专家互相合作，使研究成果变成政府行动，从而尽快出台符合双方利益的政策。

四、结语

近半个多世纪以来，中国对阿拉伯国家的人文外交不断发展和巩固。从最初以人民外交为主要内容，到后来将公共外交、文化外交和民间外交等方式加以重组与整合，逐步形成了具有中国特色的人文外交战略，并在阿拉伯世界渐渐描绘出美好的中国形象。随着新时期中国"一带一路"构想的逐步落实，中国与丝路沿线国家的人文关系越来越紧密，同时促进了与阿拉伯国家的友好关系。事实证明，中国与阿拉伯国家在科学、教育、文化、艺术等方面的合作潜力巨大，双方的交流与合作也随之不断深化。特别是双方的智库交流，被看作是智慧的互相砥砺和文明的交互成长。作为"一带一路"政策沟通和民心相通工作的重要组成部分，中阿智库交流与合作在近年来蓬勃发展，为推动政策沟通、增进民心相通、促进务实合作发挥了独特作用，日益成为"一带一路"建设中不可或缺的积极因素。目前，中国智库和有关"一带一路"研究平台已经超过300家，外国知名智库也有50多家参与"一带一路"研究，双方推出了一大批研究成果。与此同时，"一带一路"建设对智库的需求是全面、广泛而长期的，由于涉及国家众多，每个国家国情各不相同，即使一个国家在不同时期的情况也会有很大差别。因此，这就要求有大量的"阿拉伯通"等智库人才，及时有效地为国家决策提供智力服务。反之亦然，"一带一路"倡议的启动和逐步推进，实际上也为中国智库的发展创造了有利时机。当然，这同时要求智库产品必须能够满足现实需要且能解决实际问题。

对中国来说，阿拉伯国家不仅是保护发展中国家的共同利益、推动建立公正合理国际新秩序的重要力量，而且也是共建"一带一路"、对接国家发展战略、深化务实合作的天然伙伴。外交部长王毅指出："当前的中东处在变化和调整中，存在许多不确定和不稳定因素。中东乱局的原因虽然有很多,但破解中东难题的密码只有一个,那就是坚持通过政治途径,找到符合地区实际、兼顾各方利益的解决方案和根本出路。"① 这正是中阿智库交流与合作的意义所在。面对错综复杂的中东局势,中国不会选择激化矛盾,而是采取既不卷入,又不偏袒的原则,在不干涉别国内政、尊重各国现状的同时,适时适度地做一些号召或劝和的工作。在《中国对阿拉伯国家政策文件》的指导下,一方面,中国将提升与阿拉伯国家智库的合作水平,加强智库能力的建设,联合知名国际组织和高端智库,加强重点问题研究,分享科学知识和发展经验;另一方面,中国将助力"一带一路"沿线国家的政策沟通以及推动各国发展战略的有效对接,促进国际社会的人文交流,共建"一带一路"长效合作和发展机制。

第二节 中阿智库合作在"一带一路"中的成果

由于"全球治理"是一项复杂的系统问题,没有任何一个国家能独立应对,这就要求国际社会进一步携手合作,形成更大合力,做出更大贡献。正如华侨大学校长贾益民在"金砖国家"智库国际研讨会上指出的那样,"国家间的国际合作模式需要创新,首先要推动建立国家间智库的合作联盟,发挥智库在全球治理问题与全球治理机制建设方面的作用,并通过智库平台开展相关问题的沟通、交流与合作。"②

很长一段时期以来,大多数阿拉伯国家智库在很大程度上依附于政府提供的资源,因此智库专家的言论自由受到一定限制,他们通常保持相对的政治中立,从而导致学界和政界之间仿佛有一道鸿沟。然而,随着国际和地区问题的日益增多和剧烈演变,政府不得不越来越多地倚重智库的力

---

① "王毅外长谈中国的中东政策",http://www.mesi.shisu.edu.cn/5a/25/c3711a88613/page.htm。

② 王高飞、梁生文:"'金砖国家'智库国际研讨会举行 聚焦全球治理新未来",国际在线,http://world.huanqiu.com/hot/2017-06/10893303.html。

量来进行决策。随着知识与政策之间的鸿沟不断被填补，一定程度上实现了智库与政府、媒体和社会的多维良性互动。自20世纪90年代起，阿拉伯国家对智库的重视程度逐渐上升，智库明显成为讨论的焦点之一，其活动范围从数量、规模、贡献方式等方面不断扩大。特别是2010年底以来的中东剧变促使阿拉伯世界剧烈的社会转型，大量的智库和政治研究机构应运而生，在引领社会话语、为国家政策提供智力服务等方面的作用不断凸显。① 而中国"一带一路"倡议在中东国家的布局也有助于中阿智库深入交流与合作。智库专家和国家领导人通过有效的沟通互动机制，为阿拉伯各国政府的决策提供大量的智力支持和政策建言。特别是在阿拉伯社会转型和政治改革时期，智库通过专题研讨会、工作报告和协商会等方式，在改革议程的核心要点上进行充分交流，从而统一官民思想，为出台政策方案做准备。

一、中阿智库合作的现有机制

早在新中国成立后不久，中国政府即展开对阿拉伯国家的人文外交。这一时期的阿拉伯文化在中国的传播主要围绕政治导向展开，政治上的相互扶持和互信互利打开了文化交流的初期繁荣。改革开放以来，阿拉伯文化在中国的传播出现了新局面，这是一个多层次、多形式、多渠道、官民商并举，双边往来与多边交流相结合的局面，其合作范围之广、交流规模之大、涉及领域之宽、协作层次之高、往来项目和人员之多，都是史无前例的。通过与阿拉伯各国签订的文化合作协定与年度执行计划，开始全面在文化领域与阿拉伯国家发展关系，重视文化交流本身所具有的增信释疑、沟通心灵的作用。通过公众最喜闻乐见的形式，介绍中阿的真实情况。

21世纪以来，随着"中阿合作论坛"的成立和发展壮大，以此为平台的一系列机制性活动逐步展开，并在近年里衍生出更多的交流平台。这些

---

① ［卡塔尔］哈利德·瓦利德·马哈穆德：《阿拉伯国家研究中心的作用》（阿拉伯文），多哈：阿拉伯政策研究中心，2013年版，第57页。

平台主要包括"中阿关系暨中阿文明对话研讨会""中阿友好大会"、孔子学院、"中国—阿拉伯国家博览会"和"专家学者代表团互访"等多种形式。本节主要以"中阿关系暨中阿文明对话研讨会"和"中阿友好大会"的工作入手,展示中阿现有交流机制的主要特点和影响。特别是在阿拉伯国家发生剧烈社会转型的背景下,中国依托上述平台开展对阿公共外交活动的新举措,毫无疑问对加强中阿民间交往、促进中阿相互理解和夯实中阿传统友谊具有积极作用。

1. "中阿关系暨中阿文明对话研讨会"①

中国和阿拉伯国家都拥有悠久的文明,都创造了辉煌灿烂的文化。该研讨会有助于推动世界不同文明之间的交流,有利于促进不同文明之间的平等相待、团结互助、和谐共处、共同发展。

第一届研讨会于2005年12月12—13日在北京召开,会议重点围绕"中阿关系"和"中阿文明对话"两个议题进行了深入探讨和交流。代表们从进一步加强中阿友好关系的角度出发,就今后如何进一步发展中阿关系、加强各领域交流提出了建议;第二届会议于2007年12月1—3日在沙特首都利雅得召开。与会者就"发展中阿文化关系""发挥中阿文明在应对全球化挑战中的作用"以及"加强两大文明间的相互理解"等议题深入研讨,并提出了加强中阿文化、教育、新闻、翻译、出版等领域合作的具体建议;第三届大会于2009年5月11—12日在突尼斯科学、文学和艺术学院举行。研讨会围绕"阿拉伯文化中的中国和中国文化中的阿拉伯""中阿文化中的共同价值观"和"现代通讯、科学技术和中阿关系"三个议题展开了热烈讨论,并通过了会议成果文件。文件强调进一步加强中阿文明间的对话,加深彼此间的了解,共同迎接挑战,为世界的和平与发展做出贡献。此外,会议期间还举行了"阿拉伯作品中文译著展";第四届研讨会于2011年12月27—28日在阿联酋首都阿布扎比举行。代表们一致表示,在当前国际形势和地区局势发生复杂变化的环境下,双方应加强文明间的对话与交流,倡导不同文明间的包容和理解,真正做到和谐共处,

---

① 相关资料来源:"中阿合作论坛",中方秘书处官网,http://www.cascf.org/chn/jzjs/wmdhyths/.(访问时间:2019年3月26日)

进而达到深化中阿友谊、促进共同发展之目的。与会代表强调应通过对话来促进不同文明间的和平、宽容和理解，有效利用"中阿合作论坛"及其相关机制提供的平台，进一步强化其对于促进中阿文明对话、深化中阿集体合作的核心与主导作用；第五届会议于2013年6月27—28日在新疆乌鲁木齐举行。与会者重申中华文明和伊斯兰文明作为人类文明宝库中的珍宝，它们都对人类社会文明的进步做出过重大贡献。与会者呼吁双方要努力增强中阿合作论坛等相关机制建设，支持并重视"论坛"的引领作用，并提出一系列具体建议；第六届大会于2015年11月10—11日在卡塔尔首都多哈举行。与会代表围绕"现代丝绸之路：未来十年合作与对话的基础和挑战""现代丝绸之路沿线文化和青年合作的新目标及新机制""民间交往和公共外交"等议题进行了深入对话和讨论。代表们一致认为，中阿关系延续上千年，各自具备独到之处，现已成为不同文明间友好关系相处的典范。在当前国际形势发生剧烈变动的背景下，双方加强文明对话和交流，倡导文明间的和谐共处，对深化中阿传统友谊、推动共同发展具有重大意义；第七届研讨会于2017年8月15—16日在成都举行。会议重点讨论"中阿合作共建'一带一路'背景下的文明对话""去极端化的治理与中阿去极端化合作""中阿文明中的中正（中庸）思想"和"社会包容问题"等议题。与会者表示，中国文明与阿拉伯文明虽然地处不同，但两者都崇尚开放与和平，开展中阿文明对话不但有利于增进双方的理解与尊重，而且有助于打击极端思想与恐怖主义。

中阿交流与合作涉及双方文明对话的多个方面。特别是改革开放以来，阿拉伯文化在中国传播进入了一个具有里程碑意义的全新时代，中国改变了以往发展与阿拉伯国家的关系偏重于政治方面，而是通过与阿拉伯各国签订的文化合作协定与年度执行计划，开始全面在文化领域与阿拉伯国家发展关系，重视文化交流本身所具有的增信释疑、沟通心灵的作用。由此可见，中阿文明对话研讨会不仅是中阿文化交流的具体表现，而且一定程度上推动了中阿文化交流。

由研讨会的参与者来源可知，中阿文明交流的主体队伍有专业化趋势，智库成为研讨会的主要参与者。有学者指出："不同文明的交往与整合需要具备一些必要条件,其中包括良好的社会环境、良好的舆论环境、良好的文化氛围以及健康的文化心态等。然而,只有这些条件还不够,还需要具备以下条件,即全面的了解、透彻的观察、准确的把握、深入的体验和深刻的领悟。"[1] 中阿智库的专家们从事社会科学研究工作,在日常工作中积累了充分的观察与思考,相关专业知识更为全面,有能力将中阿文明对话从宏观研究转向具体的形式和内容研究,把美好的愿望变成切实的效果。

阿拉伯国家对这种文明交流机制也十分赞赏。卡塔尔埃米尔文化顾问哈迈德·本·库瓦里（Hamad bin Khuwali）强调指出思想和文化多元的重要意义,以及文化交流对促进人类社会进步的重要作用。他指出,"中阿关系自古以来就克服了相互间的文化差异,彼此互相尊重与理解,正是这种独特的文化多样性给予阿拉伯和中国文明以极大的养分。"[2] 2014年5月,中卡签署了共建"一带一路"的合作备忘录。可以说,丝绸之路蕴含着中国和阿拉伯文明的共同遗产,它对该地区人民的经济、社会和文化发展起到重要的作用,而文明对话使得双方更加认识到这一关系的重要性,对增进双方的情感,拉近双方的心理距离十分有益。

2. "中阿友好大会"[3]

中阿两大民族自汉武帝时期以来就开始发展友好关系,双方目前在各个领域的合作已经全面展开,很好地体现了两千多年以来的友好交往史。本着"架起中阿民间友好桥梁,弘扬和平友好合作精神"之目的,第一届"中阿友好大会"于2006年11月28—29日在苏丹首都喀土穆举行。友好协会会长铁木尔·达瓦买提率领中阿友协代表团参会,阿拉伯国家的对华友好组织负责人及阿盟代表团近60人与会。会议通过了《中阿民间友好宣言》,不但确定每年的11月29日为"中阿友好日",而且成立了总部设

---

[1] 马明良:《伊斯兰文明与中华文明的交往历程和前景》,北京:中国社会科学出版社,2006年版,第99页。

[2] 陈璐:《卡塔尔埃米尔文化顾问库瓦里谈中阿文明对话》,《中国文化报》,2016年10月17日。

[3] 相关资料来源:《"中阿合作论坛"机制建设:民间交流》,http://www.fmprc.gov.cn/zalt/chn/jzjs/mjjl/.（访问时间:2018年3月21日）

在喀土穆的阿拉伯中国友好协会联合会;第二届会议于2008年10月27—31日在叙利亚大马士革举行。大会讨论了工作报告,就中阿民间友好关系发展的前景以及如何提升阿拉伯国家对华民间友好组织的地位等议题进行了讨论。不仅如此,大会还通过了阿拉伯—中国友好协会联合会章程,选出了由10人组成的执委会,成立了"友好大会后续行动委员会",签署了《2008—2010年中国阿拉伯民间行动计划》,并且发布了新闻公报;第三届会议于2010年10月23—26日在利比亚的黎波里召开。中阿友协会长铁木尔·达瓦买提率领的由中国外交部、地方政府、友好组织、学术机构、企业家、媒体代表和新疆艺术家组成的中阿友好代表团一行117人,和阿盟、阿中友联及10个阿拉伯国家对华民间友好组织的代表,以及科威特、阿曼、沙特、科摩罗等国驻利使节共同出席了大会。大会主题是"共创中阿友谊的美好未来",与会者从民间的角度就中阿各领域合作的方式和途径交换了意见,并通过了《新闻公报》和《2010—2012中国阿拉伯民间行动计划》。双方共同商定,要进一步在经贸、文化、教育和地方政府等领域开展实质性的交流与合作;第四届会议于2012年9月13—14日在宁夏银川市开幕,大会主题是"以友谊促合作,以交流谋发展"。会议除了评估《2010—2012年中国阿拉伯民间行动计划》的执行情况以外,还讨论通过了《第四届中阿友好大会新闻公报》和《2012—2014年中国阿拉伯民间行动计划》等;第五届于2014年11月6—7日在北京召开。会议围绕"民间合作助力中阿共建'一带一路'"的主题,就推动中国与阿拉伯国家开展面向未来的民间友好合作进行了坦诚深入交流,达成广泛共识,通过了大会宣言。

"中阿友好大会"是"中阿合作论坛"框架下的重要民间交流机制。由于阿拉伯国家的国情、政治制度、经济结构、社风民情各不相同,与中国在文化传统、政治体制、经济发展水平等方面也差异甚大,中阿之间在各自的发展过程中难免出现一些矛盾与误会。但双方关系在本质上是互利共赢的,因此中阿双方要努力克服内外阻力,避免受西方的离间和干扰,互相理解包容,增信释疑,趋利避害,从而丰富双方文化交流的内涵。从外部看,双方关系遇到的阻力主要来自西方文化霸权的干扰与误导。"9·

11"事件之后,阿拉伯人因不但成为恐怖主义最大的受害者,而且成为霸权主义的牺牲品,伊斯兰教也成了众矢之的。西方文化价值观被强行楔入不同的文明体系而压制其他非西方民族的自我表达,严重影响着中国与阿拉伯国家间的正常交流与深入合作。从内部看,这种阻力来自中阿意识形态差异产生的误会与矛盾。由于对阿拉伯—伊斯兰文化缺乏基本的了解与尊重,导致双方民众产生不必要的误会与误解。特别是在今天的新形势下,国际环境日趋复杂,不稳定因素在增多,阿拉伯部分国家政治局面不稳,基础设施落后,经贸法规薄弱,双方在谈话交往的过程中免不了有一些矛盾。

鉴于此,有不少学者认为:"面对这些困难,我们应该妥善应对、扬长避短、趋利避害。那些正在转型的国家可以考虑加强双边人员往来,以请进来为主,通过增进了解,消除误解,从而在可能的情况下开展互利合作。"[①] 中国的阿拉伯研究智库、相关学术机构、外交官员、专家学者都应该及时捕捉到对方的需求,着力加强对国内和阿拉伯国家受众的研究,促进需求与供给的对接,努力致力于异质文明间的沟通理解和互补共荣,辨析文化误读,还原文化真相,促进文化交流。通过"中阿友好大会"这一交流平台,进一步丰富双方文化交流的内涵,将媒体和民间机构作为文化交流的重要路径,从而使中阿间的文化交流更为快捷、有效、及时。这既符合全球化信息时代的发展势头,又拓展了两国交流合作的内容,还能识破西方人混淆视听的伎俩,使双方民众看到真实的世界。不仅如此,这类交流平台不仅能使中阿双方和广大发展中国家获益,而且有助于推动国际话语格局朝着更加公平、更加积极的方向发展。

二、中国智库对接阿拉伯智库的现有成果

在上文提及的大背景下,中国与阿拉伯国家部分智库进行了有益的尝试,已经实现了初步对接,并建立了一定的互动关系。然而,不可否认的

---

① 《学者关注中东剧变下的中国与阿拉伯国家的关系》,中国社会科学在线,http://www.csstoday.net/Item.aspx?id=37287.(访问时间:2018年3月21日)

是，这些交流大多局限于"迎来送往"的双边接触阶段，多边智库交流和实质性合作仍不多见。目前来看，中国智库对阿拉伯国家的交流主要有以下特点：第一，中国智库人员在阿拉伯国家高校和智库学习、交流，从而建立人脉关系，进而为智库之间的交流搭建了合作平台；第二，中国智库的研究逐步向国际议题扩展。高校智库是最早进行国际化领域研究的智库组织，北京、上海、武汉和南京等地的研究型大学纷纷成立专门的政策研究机构，开展对国际区域问题的研究；第三，受政府部门委托，智库具体安排出访、接待和公共外交活动等。近年来，中国与阿拉伯国家智库在双边交流层面联系较多，具体事例如下：

中国社会科学院西亚非洲研究所与阿联酋海湾研究中心长期保持良好合作关系，早在1995年，该所就成立了海湾研究中心。2009年10月，受到埃及开罗大学、沙特费萨尔国王伊斯兰研究中心和阿拉伯联合酋长国海湾研究中心的邀请，中国社会科学院代表团对埃及、沙特和阿联酋三国进行了学术访问，积极响应"拓展学术合作渠道，推动学术'走出去'"战略。西亚非洲所所长杨光研究员还成为2013年海湾研究中心在剑桥大学召开学术会议的召集人；中国社科院西亚非洲所还与沙特费萨尔国王伊斯兰研究中心建立了密切的联系。在2015年习近平主席访问沙特、埃及和伊朗前夕，中国社科院中东问题专家还派出代表团，走访中东智库，产生了良好效果。

外交部下属的中国国际问题研究院（原"中国国际问题研究所"）与约旦阿拉伯思想论坛往来密切，双方曾经于2004年在约旦首都安曼联合主办第二届阿拉伯—中国对话研讨会。摩洛哥皇家战略研究院代表团也多次访问该所。2012年3月，摩洛哥皇家战略研究院院长陶菲克·穆利内率团访问该研究所并达成友好协议，董漫远副所长就中东与非洲地域中的地缘问题与中国角色等议题和来宾进行了交流。中联部当代世界研究中心与突尼斯战略研究所关系密切，2011年11月，该所著名地缘政治学者麦赫迪·塔吉拜访了研究中心并被聘为中心的国外特约研究员。国务院发展研究中心与埃及信息与决策支持中心合作密切，2012年4月，以穆罕默德·埃尔科利主席为团长的中心代表团访华，李伟主任会见了尊贵的客人，双方就双方交流与合作等问题充分交换了意见。

上海有不少智库近年来不断强化与阿拉伯国家智库的合作与交流。于2013年9月成立的上海社科院西亚北非研究中心与美国布鲁金斯多哈中心长期保持合作关系；上海国际问题研究院与阿拉伯各国智库也有密切往来，曾经多次率团访问摩洛哥、埃及、黎巴嫩等国的智库，并与上海外国语大学中东研究所共同接待了以拉卡伊兹研究中心和苏丹战略研究中心为代表的苏丹智库代表团。上海外国语大学中东研究所被誉为一支高水平的人文社科研究"国家队"，与叙利亚中国和亚洲问题研究中心、美国卡内基中东中心（贝鲁特）、沙特费萨尔国王伊斯兰研究中心和黎巴嫩战略与咨询研究所等阿拉伯智库建立了较为密切的联系。受外交部亚非司委托，上外中东所曾于2012和2013年相继组建智库代表团出访阿拉伯国家智库。2012年上外中东所接待了阿拉伯青年代表团；2013年接待了阿拉伯精英代表团；2013年、2014年和2015年先后接待了三批阿拉伯专家学者代表团等。中东所积极响应智库"国际化"发展战略，于2014年访问黎巴嫩期间与美国卡内基中东中心签订了《合作备忘录》，并邀请阿拉伯智库专家参加2014年在上外举行的"第四届亚洲与中东国际论坛"。其他还有2016年5月出席第16届"多哈论坛"；2017年2月与黎巴嫩智库阿拉伯统一研究中心共同举办"中阿关系研讨会"；2017年11月出席由非洲国际大学、非洲研究中心和阿拉伯—中国友好协会联合会共同主办的"'一带一路'背景下的阿拉伯—非洲—中国合作前景"国际研讨会等，通过积极参与多层面、多种形式的国际交流，中东研究所的国际化水平和研究人员的国际学术对话与沟通能力与日俱增，进而推动了具有中国特色的阿拉伯学、伊斯兰学的整体构建。

在西北地区，宁夏伊斯兰国际经济友好促进会于2002年12月中旬在银川成立，与会的有6位阿拉伯国家大使和一些伊斯兰国家外交使节。该协会加强了宁夏与阿拉伯国家的公司、企业、团体的信息交流和经济往来，促进了宁夏与阿拉伯伊斯兰国家的政治、经济与文化交流，被誉为宁夏同阿拉伯国家发展交流与合作的新的良好开端。为了进一步满足日益增长的需要，宁夏大学于2014年12月19日成立了中国阿拉伯研究院。研究院除了承担科学研究和人才培养等任务以外,还努力在国家决策咨询、国际交流合作、建设综合信息平台等方面创出业绩。截至目前,研究院以科研组织模式创新为突破口,整合了相关领域研究力量,不仅打造了一支高水平研究团队和决策咨询队伍,而且取得了一批标志性研究成果,为宁夏乃至全国经济文化建设服务的同时,逐步成为有重要影响力的中阿国际交流的重要平台和高端人才培养基地。

三、阿拉伯智库对接中国智库的现有成果

随着中国经济的快速发展和综合国力的迅速提高,世界的目光转向了中国,阿拉伯国家对中国的关注也逐渐增多。进入21世纪以后,特别是中东地区经历剧变以来,阿拉伯民众也开始对照"中国梦"的概念,谈论和研究"阿拉伯梦"。毫无疑问,这种对接既包含着精神上的赞许认同,也包含着现实中的行合趋同。其中,在阿拉伯智库对中国的交流与合作实践中,最为突出的有以下几个:

1. 阿联酋战略研究中心

自1997年起,研究中心就开始了对中国的关注。近年来,阿联酋战略研究中心出版多部有关中国的学术书籍,涉及中国的经济改革、国内政治、国际关系、能源、外交和环境等诸多领域;开办以中国为主题的讲座、论坛、会议等学术活动,并邀请中国相关领域的学者参加活动、发表意见。以2007年10月30—31日举办的研讨会为例,此次研讨会的主题为"中国、美国与中东:外交、战略与三边关系",是在研究中心承担的项目"活力三角:中国、美国与中东"的框架下开展的。该项目研究了中东局势变化的战略环境及其对中、美两国的影响,由中国、美国和中东国家的专家或学者共同参与合作完成。

阿联酋战略研究中心十分关注中国市场。一方面,中国作为全球石油消费增长最快的市场,已经吸引了全球石油和能源生产者的注意力;另一方面,海湾合作委员会国家作为世界经济中的重要上升力量,特别是在当前国际经济不稳定的形势下,主观上十分需要加强与中国的贸易和投资活

动。因此,动荡的国际环境和频发的经济困境使双方认识到彼此的重要性,这将给双方进一步协同合作、实现经济融合带来千载难逢的机遇。

2. 卡塔尔半岛研究中心

半岛研究中心自 2013 年起开始关注中国的经济改革与社会发展,出版了有关中国的研究报告,报道了相关学术活动。这些活动主要涉及中国政治、经济政策、外交、民族和国际关系等领域。研究中心举办的有关中国的讲座与研讨会等学术活动也邀请了来自中国的有关官员和学者参加。2015 年 1 月 18 日,中心开办以"中国与其国内挑战"为题的讲座,由中共中央委员会组织部副部长主讲。1 月 21 日,中心以举行"中国国内变化与政策发展"为主题的研讨会,中共中央委员会组织部副部长出席活动并发表讲话。2016 年 2 月 4 日,"中国:内忧外患"半岛研究中心定期研讨组活动,中国社会科学院原副院长李扬在活动中发表讲话,中国驻卡塔尔大使李琛及部门来访的中国学者出席了活动。

2017 年 4 月 23 日,卡塔尔半岛研究中心主任萨拉赫丁·宰因(Salah Eddin Elzein)对西北大学中东研究所进行访问,同行的还有半岛电视台驻北京分社社长伊扎特。中东所所长黄民兴带队接待。黄民兴所长对萨拉赫丁一行来访表示欢迎,并介绍了中东所基本情况,表示愿同中心共同努力,推动双方开展更多的交流与合作。[①] 萨拉赫丁在会上介绍了研究中心的科研现状,并表达了与西北大学中东所开展合作、扩大交往的意愿。双方进行了详尽的讨论,达成合作意向。会后,双方签署了学术合作备忘录,为进一步开展合作奠定了基础。

3. 摩洛哥皇家战略研究所

中国与摩洛哥在文化、新闻、卫生、青体、旅游、教育、地方等领域的交流与合作十分密切,团组互访不断。2012 年 3 月,摩洛哥皇家战略研究院在院长陶菲克·穆利的带领下访问上海高校和有关部门,就可再生能源(风能、太阳能)、核电、气候变化、全球环境标准等方面的问题进行了交流。摩方赞赏中国在适应气候变化方面所做的工作,并期望在可再生

---

① "卡塔尔半岛研究中心主任访问中东研究所",西北大学中东研究所,http://www.nwuimes.com/index.php? m = Article&a = show&id = 185. (访问时间:2018 年 3 月 21 日)

能源领域进一步加强交流与合作。为了让上海市相关部门的领导干部对中东局势有了更科学的判断，陶菲克院长为上海市相关部门的领导干部做了一场关于中东北非阿拉伯国家转型发展的精彩演讲。演讲的主题是"阿拉伯世界转型：摩洛哥模式的关键经验"，陶菲克院长强调，"摩洛哥王国是中东剧变浪潮中一个特例，政府对革命示威的处理方式被誉为开创了中东北非国家转型的新道路。"[1] 2018 年是中摩建交 60 周年，中方表示将通过推动学者互访、人才交流培训等方式支持摩皇家战略研究所与中方研究机构开展合作，进一步发挥智库交流在推动中摩关系中的作用。

4. 埃及金字塔政治与战略研究中心

2016 年 10 月 31 日，中国驻埃及大使馆在埃及首都开罗与埃及金字塔政治与战略研究中心共同举办了研讨会，以"中国与中东热点问题"为核心议题。中国社会科学院等机构派代表与会，他们与埃及金字塔政治与战略研究中心的学者共同围绕中东政治与安全、地区反恐局势等话题进行了深入研讨。研究中心主任迪亚·拉什万在开幕式上发表演讲指出："埃及学界十分重视与中国学界的交流与合作，而本次研讨会就是证明，它表明埃及金字塔政治与战略研究中心首次成功地与中国大使馆合作并举办了学术交流活动。"[2] 与会专家纷纷指出，当前中东局势错综复杂、盘根错节，美俄在地区的博弈使得地区局势进一步恶化。后"阿拉伯之春"时代的风云变化对地区局势影响非常大，新旧秩序转换更迭，在短时期内难以找到针对当前乱局的恰当举措。鉴于此，增强与阿拉伯各国人民的文化交流，有利于双方以"全面合作、共同发展"为宗旨，进一步开拓和强化新型的中阿战略合作关系的内涵。

对阿拉伯国家的智库来说，中国的发展成就举世瞩目，中国的发展经验自然成为各大智库研究的重点。埃及金字塔政治和战略研究中心亚洲研究项目负责人穆罕默德·法拉赫特（Muhanmode Falahete）在参加 2017 年

---

[1] 姜泓冰：《摩洛哥王国皇家战略研究院院长为上海领导讲学》，搜狐新闻网，http://news.sohu.com/20120309/n337266740.shtml.（访问时间：2018 年 3 月 21 日）

[2] 王雪：《"中国与中东热点问题"研讨会在埃及举行》，东方网，http://news.eastday.com/w/20161102/u1ai9881450.html.（访问时间：2018 年 6 月 13 日）

5月14—15日的"一带一路"国际合作高峰论坛时指出:"近年来,我们一直聚焦在中国,因为我们认为,中国和平发展的理论与实践具有较强的借鉴意义,它对发展中国家特别是对阿拉伯国家一定能产生重要影响。埃及政府十分了解'一带一路'倡议,埃及的智库和研究机构对相关话题的研究也刚刚起步,阿拉伯民间的认知有待进一步深入。据悉,不仅是在埃及,在许多其他阿拉伯国家中,人们对'一带一路'的讨论正在升温,相关合作也正在逐步推进。"[①] 中埃"一带一路"合作之所以令人期待,主要原因如下:一方面,这是由"一带一路"互利共赢的特性决定的。埃及的苏伊士运河是联结亚非欧三大洲的重要节点,也是"一带一路"的必经之地。从根本上说,一个和平稳定的中东环境对"一带一路"至关重要,而埃及正是维护该地区和平与稳定的支柱。与此同时,"一带一路"对埃及来说是一个巨大发展机遇,埃及可以从丝路基金或亚投行获得经济发展所需的资金。另一方面,这是由"一带一路"深厚的历史根基决定的。古代丝绸之路已经成功联接起几十个国家,而沿线国家只要回顾历史都会发现彼此间同呼吸、共命运的相似经历,进而肯定"一带一路"是现实可行的伟大工程。这对沿线国家来说,无疑是个巨大的发展机会。

除了以上十分关注中国问题的研究中心以外,其他还有海湾研究中心在2007年出版了题为《如果中国慢下来:对世界经济的影响》的学术专著(英文);巴林国际战略与能源研究中心在2015年发布的题为《石油价格回落对中国能源安全的影响》的研究报告等,在此不一一展开。

四、结语

随着中国经济的发展、国家对文化"软实力"建设的重视,对文化多样性的认同,阿拉伯国家对现代经济发展与社会现代化的追求,推动了中阿双方在更广阔的领域建立起越来越紧密的合作关系。21世纪以来,"中阿合作论坛"成为中阿间加强对话与合作、促进和平与发展的平台,由

[①] 郑凯伦:《穆罕默德·法拉哈特:"一带一路"天生具有互利共赢的特征》,http://www.xinhuanet.com/silkroad/2017-05/03/c_129586959.htm. (访问时间:2018年6月13日)

此，双方关系的形式、内容与规模开始呈现出全面拓展与提升的态势。"论坛"下设若干机制，其中的中阿文明研讨会和互办文化节等机制为中阿间的文化交流提供了强大的平台支撑，不仅有助于推进中国和阿拉伯国家之间的交流互鉴与合作共赢，而且有助于联合维护世界文化的多元性和多样性，从而进一步深化和拓展"全面合作，共同发展"的中阿战略合作关系。

从以上阿拉伯国家智库有关中国的研究和学术交流中可以发现，阿拉伯智库对中国的发展经验、中国与大国的关系、中国对发展中国家的外交与政策、中国崛起的影响等外交、政治、经济领域的问题兴趣浓厚。这些智库有关中国的研究成果形式一般都以主题分散的研究报告或专著为主，尚未有专门研究中国问题的研究中心设立，专题项目组也较少出现。这与中国智库对阿拉伯国家的研究形成较大反差，中国相关研究机构每年的学术交流频繁，著作不断，大有百花齐放之态势。鉴于此，中国媒体的任务更显艰巨，如果能加强和改进新形势下的对外宣传工作，努力构建全方位、多层次、宽领域的大外宣格局，将有可能改善这一宣传力度不够的局面。

第三节　中阿智库合作在"一带一路"中的挑战

随着中阿文化交流的日益频繁，中阿人民间的相互了解逐步深入，友谊越发巩固。近年来，中阿智库相互派代表团互访，交流与合作与日俱增并取得较好的反响。然而，与中国同欧美大国的智库合作相比，中阿智库合作仍处于浅层次。由于对彼此的了解和认识尚浅，因此双方的智库合作还存在不少问题，如多边对话与交流平台十分有限，包括在交流与合作的层级、内容、平台等方面还存在不足；重学术交流而忽略政策影响力，导致合作难以有效对接国家政策等。

一、外交行为主体意识不强，交流层级不高且范围有限

中阿智库合作是双方国家公共外交的重要组成部分，对其进行全面认识和客观评价，有利于中国更好地落实"走出去""引进来"政策。目前来看，双方智库交流与合作存在外交行为主体意识不强、双方智库层级不高且交流范围有限、双方国家智库内部缺乏整合等问题，从而导致多边对话机制不成熟、交流平台不足等现象。

第一，双方智库外交行为主体意识不强。从目前中阿智库合作的现状来看，它仍然具有主体意识薄弱、影响途径单一等特点。已有的中阿智库公共外交实践的对象基本局限在对方国智库，针对更广范围的媒体与公众的外交活动很少，并存在重"交往"轻"外交"的现象。中阿作为公共外交行为主体的意识比较薄弱，尚未能作为独立的行为主体，积极主动地开展面向目标国公众、以引导舆论和影响公共政策制定为明确目的的公共外交。并且，目前已有中阿智库公共外交实践主要表现为智库间代表团的互访，互访活动内容以学术研讨会与座谈交流为主要形式，智库在公共外交领域发挥影响的途径较为单一，智库的角色仍停留在"偶然参与者"的层面。

一般而言，智库的工作重点主要是提升国家软实力及其国际影响力。智库最好能够做到"服务决策"，在研究上"适度超前"，并以提高国家外交政策质量、增强国家外交政策的外部穿透力和国内支持力为目的。[1] 事实上，智库必须具备外交决策服务、公共外交服务和培养外交人才等三项服务功能，才能承担起最起码的责任。为外交决策服务要求智库不能只是提供简单的咨询与顾问，还需要进一步介入政策制定的前沿并参与前期建言或后期完善等工作。智库在专业的基础上，以客观且独立的方式，协助决策者对拟出台的政策进行论证与评估，从而体现外交决策机制中的科学化。特别是随着国际竞争的日趋激烈，智库不但要从事政策研究，而且要

---

[1] 何亚非：《中国智库要多方位为外交服务》，《环球时报》，2016年11月2日。

广泛参与全球事务，在全球层面设计、研究与推动国家的对外战略，从而获得更大的国际话语权和国际影响力。

第二，双方智库层级不高，交流范围有限。从目前来看，中阿民间和半官方智库的交流与合作相对较多，官方智库直接开展交流与合作的比例较小。不仅如此，中阿智库的交流与合作活动缺乏整合，内容比较分散，各个智库往往根据自身需要举办专题性的研讨会和论坛，不但缺少实现的规划和系统的调度，而且较少具备前瞻性和国际性的重大议题，每年能够定期在对方国家举行的大型智库交流论坛更是少之又少。这一系列问题导致双方智库交流范围的局限性较大且深度不够，特别是在具备国际影响力的重大问题上缺乏话语权。因此，亟待提高双方智库的层级，通过思想领域的对话互动，逐步提升智库交流与合作的广度与深度，进而推动中华文明和阿拉伯文明更加广泛的传播。

由于缺少足够的对话机制与平台，中国相关智库的国际化程度不够，与阿拉伯国家相关机构的制度化交往更是相对缺乏。一直以来，中国智库较少有宽广的全球研究视野和鲜明、突出的研究课题，很多全球性战略议题都是借鉴国外智库的相关研究，因此在话语权上得不到先机，影响力自然也落后于欧美智库。正如有学者描述的那样，欧美智库主导着国际社会事务的话语权，而中国智库多专注于自身发展问题，致力于国内公共政策研究，较少参与国际性、全球性事务，更少有机会在国际组织或会议中表达观点，因而普遍缺乏国际影响力，甚至在世界舞台上处于一种集体"失语"的状态。[①] 相比之下，欧美国智库则注重吸纳各国人才来从事战略性、综合性的课题研究。例如在美国，研究中国政治的学者有不少美籍华人；但在中国，几乎没有美国学者为中国外交智库工作，更不要说阿拉伯人了。当然，这种情况在阿拉伯国家也是如此。从这一点可知，吸引外籍雇员加盟有助于推动中阿智库跨国交流的进步。

第三，双方国家智库内部缺乏一定程度的整合。以中国智库为例，迄今为止，中国有关阿拉伯问题研究的智库大多采取"单线联系"的方式，

---

① 王辉耀：《中国智库国际化的实践与思考》，《中国行政管理》，2014年第5期，第27页。

有选择性地与阿拉伯国家智库建立双边联系。这些智库主要是借助论坛、研讨会等学术交流渠道来进行日常工作，尽管现已建立起基本的沟通机制，但有效整合程度尚显不足，且智库交流平台的选择常有对等性、局部性考虑。与此同时，由于国内中东研究智库之间在客观上存在一定的利益和资源竞争关系，加之国内有关阿拉伯研究的智库隶属于不同的部门、位于不同的城市，故信息沟通并不通畅，国内各智库之间缺乏与其他中东研究智库"资源共享、信息共享"的机制和动力，造成了当前"各自为政、单线联系"的尴尬局面。若能扩大交流，不再只关注对等性，而是采取交错性及辐射性的原则来处理相关问题，将会有助于双方智库的全面整合，从而促进智库间的交流与合作。

随着现代信息化进程的飞速发展，美国智库越来越多地注重加强交流合作，通过借用外脑、成果共享的方式，提升协同研究能力，加快研究步伐。如新兴议题研究院和国家人文中心就乐于邀请外部研究人员进行课题研究。① 在中国，"中非合作论坛"机制的运作也值得一提。在这一框架下，"中非10+10合作伙伴计划"克服各种现实难题，已经取得不少成效，尤其在促进中非智库交流、人文外交和青年人员互访等方面。近年来，"中非合作论坛"机制有效运转，中非外长联大政治磋商和论坛高官会按期举行。论坛框架下的分论坛建设取得较大进步。中非民间智库和法律智库等分论坛日渐成熟，中非卫生合作部长级会议、环境合作部长级对话会、文化产业圆桌会议以及媒体论坛和产业园区等新的分论坛不断涌现，推动中非合作的内涵不断丰富、"中非合作论坛"的影响持续扩大，在国际对非合作中继续发挥示范和引领作用。② 而阿拉伯世界由于长期处于分裂状态，中阿智库合作的多边机制迟迟未能建立起来，一定程度上影响了中阿双方智库交流的多边化和机制化建设。

---

① 王鲁宁：《美国智库的运作经验和运行机制》，《群众决策资讯》，2016年8月，第12页。
② 宋方灿、欧阳开宇：《"中非合作论坛"机制建设不断完善，论坛旗帜效应更加凸显》，中国网，http://www.chinanews.com/gj/2015/12-03/7654964.shtml.（访问时间：2018年4月9日）

二、重视学术交流，忽视政策影响力

众所周知，当今世界具有信息来源复杂且相互依赖等特点，各国政策制定者的需求不断升级，不但需要相关政策运行的解决方案，而且需要政策实施的成本及其效益等信息，而对这些信息的收集、整理和分析加工则来自专业部门的专业知识。[①] 由于智库能够凭借自身的专业知识为各国政府提供决策中需要的信息，因此它们在决策中的地位越来越重要。如果说早期智库的工作较关注社会问题的科学探究，那么，随着智库作用的提升，其任务和功能也日益多元化。当今世界的"智库已经可以参与国家政策进程的所有阶段，包括议程设定、草拟文件、制定政策和评估政策等阶段。"[②] 就这样，随着越来越多的智库积极参与政策进程，它们对国家的政策制定的影响与日俱增。

在现实中，智库的交流与合作首先要处理学术性和政策性统一的问题。以高校智库的交流与合作为例，高校智库属于学术型智库，它主要致力于传播科学研究和教书育人等工作，除此之外也参与公共政策的讨论。为了获得政策制定者的肯定与青睐，特别是提高其研究成果的采纳率，高校智库通常会召集某一领域的学术专家撰文或承包课题。当这些学术专家成为高校智库的成员时，他们的主要使命是帮助政策制定者对当前的重大问题有更深刻的理解。这同时也要求高校智库的专家学者从关注学术旨趣转向关注国家政策，他们必须对政府或政策制定者的政策需求保持敏感，从而进一步完善从科研成果向国家政策制定的相关流程。

毫无疑问，智库的竞争优势来源于它们对政策分析的学术深度、广度和远见，因此，智库经常会通过综合分析和重新包装现有知识和信息等方式来影响国家决策，当然，其立足之本离不开科学调查和理性分析的原创研究。有的智库是以某个专门的学科为基础组建的，它们以学科优势为特

[①] 吴合文：《中国特色高校智库运行的政策定位》，《高教探索》，2017年第7期，第12页。
[②] Jiri Schneider, *Globalization and Think Tanks: Security Policy Networks*, Istanbul: SAREM International Seminar, 2003, pp. 23–45.

长，在一个或几个领域重追求专门化和影响力，从而帮助智库构建良好的声誉。随着国家政策问题的复杂性和交互性不断增强，许多智库开始探索多学科或跨学科研究模式，智库间的交流与合作不再是可有可无，而是成为必须。由此可见，现代智库不再只关注学术研究，而是同时关注政策定位研究，换句话说，它们在学术生产和政治政策之间已经搭建了知识与政策的桥梁。

智库交流是国家间加强沟通、应对挑战不可或缺的一环。智库不但可以推动人文交流，更能够在政治、安全等领域扮演"二轨外交"的角色，起到平台、缓冲和相互影响的作用。以中美智库交流为例，中美智库的沟通渠道非常顺畅。在一些活动、论坛中形成的观点以及掌握的信息，已经能比较及时地反映到美国官方高层。特别是近年来，双方的交流全面覆盖了中美关系、南海问题和国际治理体系改革等方面议题，更为重要的是，合作的及时性也在加强，比如，"一带一路"也成为热点话题。[1]与以往相比，中美智库的合作正在越来越平等化，过去美国智库更多扮演的是知识出口方的角色，在议题设置上更有主动权，现在双方更加对等。美国智库也越来越需要中国方案，可以说，双方的交流早已突破了学术交流，它们越来越偏重于政策影响力方面，其交流方式与运作流程可提供给中阿智库借鉴。

事实上，在中国推行"一带一路"倡议的过程中，存在多种风险与挑战：沿线国家情况十分复杂，有些国家政局不稳，甚至涉及各国主权问题，从而形成政治风险；有些项目可能造成不同社会人群的收益不均衡，甚至有人会认为对自己不利而极力反对该政策的实施，从而形成社会风险；有些项目不具备持续的盈利能力，甚至依靠过度借债度日，从而形成经营风险；有的项目对生态环境问题不够重视，影响了生态平衡，导致生态系统的功能和结构出现失调，从而形成生态风险；此外，有的国家对发展的接纳度和吸收力不强，还有的项目体量和当地能力不够匹配，都会带来不少难以预见的风险。鉴于此，沿线智库应该重视加强交流与合作，做

---

[1] 徐颖：《智库交流提速：中美关系"新桥梁"》，《瞭望东方周刊》，2017年第44期，第12页。

好"一带一路"沿线国家民心相通工作,为政策制定者提供早期预警方案,而不能仅仅停留在学术层面上。

然而,中阿双方目前以交流与合作为主题召集的各种形式的论坛和研讨会,仍然基本上停留在智库专家和学者进行学术交流与探讨的层面,虽然在一定程度上提升了双方智库的学术及公众影响力,但政策影响力相对较弱。不仅如此,这些智库尚未在跨领域、跨区域、跨国界方面展开合作研究。特别是跨国界合作研究的体制和机制均不成熟,审批手续烦琐、具体限制过细等问题层出不穷。因此,双方智库的交流与合作首先应充分增强政策建议的交流,进而达到促进各国政府之间交流的目的,真正凸显学术交流和民间联谊交流的不可替代性。

近年来,随着中国在全球影响力的日益增加,除了原来传统意义上的纯粹外交以外,公共外交也逐步成为中国外交的重要组成部分。中阿智库公共外交可谓恰逢其时,特别是阿拉伯国家作为"一带一路"倡议响应最为热烈的沿线国家,"加强与它们的政策沟通是'一带一路'建设的重要保障,而民心相通更是'一带一路'建设的社会根基。"[1] 中阿智库公共外交可以为实现"一带一路"构想在阿拉伯地区乃至整个中东地区构筑起"民心相通"之路和"政策沟通"之桥,成为深化务实合作,不断开拓创新的智力支点。因此,中阿智库必须通过积极的智库交流与合作,深化"一带一路"的知识分享与合作机制,加强重点问题研究和发展经验共享,通过开展国别研究、举办国际论坛、提供项目咨询等方式,助力国家间的政策沟通及有关方面的战略对接。

三、缺乏认知和理解,难以达成共识

在不同人群纷繁复杂的交往中,最难的是相互认知与理解。由于人们各自秉持的价值观不尽相同,当这些不一致的观念被夸大时,就会给相互认知和彼此理解带来极大的困难。事实上,认知本身对两国的双边关系可

---

[1] 《中国"一带一路"规划正式公布》,和讯网,http://www.zj.xinhuanet.com/2016-04/23/c_1118714208.htm.(访问时间:2017年3月4日)

以起到重塑作用，它来源于双边关系，反过来对双边关系产生反作用力。然而，文化传统、意识形态和国际地位上的差异，会带给中阿双方对彼此在认知和理解上的偏差。从阿方来看，不少国家对中国崛起的战略期望值过高，它们希望中国扮演平衡地区势力或对抗美国霸权的国际角色等；从中方来看，中国目前对阿拉伯世界的社会文化、战略地位尤其是发展现状等仍然缺乏足够的了解。不仅如此，西方国家对国际舆论的强势主导地位，也对中阿的相互认知构成十分消极的影响。

在现实政治中，跨国智库合作要在敏感的问题上达成一致，首先应事先了解对方的难处和思想观念，而这些内容总会受到智库本身的意识形态、价值偏好以及国别立场等因素困扰。特别是在中阿关系不断取得新成果的今天，高效准确地研究中阿双边关系中的认知问题，不但有助于建构自身的良好形象，而且有助于双方人民的了解与沟通。与中阿文化交流和经济合作等领域相比，中阿智库的交流与合作还处于起步阶段。截至目前，中阿智库交流可以用"常态机制未立、典型案例罕有"来描述，其仍局限于短期、零星的专家代表团互访活动，智库与智库间的人员交流机制和其他长效合作机制远未形成，且上述互访活动所取得的成果多数仅限于"增进了解"、在一定程度上"加深友谊"这样的浅层面，缺少较为成功的典型案例。

在西方文化霸权主义仍然横行其道的今天，中阿双方通过努力基本上摆脱了外部压力，进一步拓宽了文化交流领域。然而，与快速发展的中阿经济关系相比，双边关系发展中的其他层面仍然存在较为突出的障碍或矛盾。有阿拉伯学者指出，中国目前已经和以色列在高新技术层面开展了深度交流，但与阿拉伯国家的交流仍然停留在原材料、基础设施建设等层面，不但没有建立高新技术企业，而且没有实现中国技术在阿拉伯的本土化或者发展阿拉伯本土的生产力。[①]不仅如此，双方在文化交流方面取得的进展也不尽相同，如在作品译介方面，中国精通阿拉伯语的专家很早就担负起译介阿拉伯经典作品的重任，而阿拉伯国家的学者基本上还是要通过

---

① ［黎巴嫩］马苏德·达希尔：《中阿合作论坛与国际、地区变革》，陈越洋译，《阿拉伯世界研究》，2014年第4期，第12页。

英语、法语等第三方语言转译中国作品，直接影响了双方文化进一步互动的效果与成效。

具体到智库合作方面，一方面，中国智库对阿拉伯国家智库的了解和认识尚浅。中国中东智库研究人员的主体是六七十年代和80年代出生的，这些中青年中东问题研究者掌握的第一外语是英语而不是阿拉伯语或其他中东地区语言；受自身语言优势和阿拉伯国家访学条件不佳的影响，大多数中国中东问题学者出国访学的首选地是美国和欧洲，访学单位通常是乔治敦大学、哈佛大学、战略与国际研究中心（CSIS）、牛津大学、剑桥大学和伦敦大学亚非学院等，造成中国中东研究队伍的主体缺乏对阿拉伯国家国情和智库现状的直观认识。美国布鲁金斯学会、卡内基国际和平基金会、兰德公司、英国国际战略研究所（IISS）、英国皇家联合军种国防研究所、法国当代马格里布研究所等欧美重要智库均在阿拉伯国家设立了分部或办事处，与当地阿拉伯国家智库的交流频繁；而中国迄今无一家中东研究智库落地阿拉伯国家，与阿拉伯国家的智库交流存在相互缺乏了解的障碍。

另一方面，阿拉伯国家智库对中国智库的了解才刚刚起步。阿拉伯国家智库中能够直接使用中文进行研究的人员寥寥无几；相比之下，中国智库虽然拥有一批能够使用阿拉伯语进行研究的专职人员，但也并未实现"研究人才"和"外语人才"的合二为一。同时，双方智库都较少聘请对方国家母语者研究人才。这给智库间的合作和智库在公共外交领域发挥作用造成了不小的障碍。因此，双方智库之间的交往大多浮于表面，尚处于"试探"的初级阶段，智库间的实质性合作尚未落实。可以说，通过智库交流平台可以让中国的"一带一路"倡议得到更多国家的参与和支持，不但有助于参与国保持长期性的可持续发展，而且能帮助双方了解利益集团的困难或阻力。就目前来看，中阿双方在认知、理解和共识的水平方面尽管还有一定的上升空间，但已经具备了较好的基础：中阿双方彼此信任，不把对方看作是政治上的竞争对手，而是把对方作为政治上的合作伙伴，在事关切身利益的重大问题上互相支持；中阿政治制度不同，意识形态也有差异，但并不妨碍双方以和平共处为原则开展政治往来，互相理解和认识对方；中阿都认为经济合作，特别是能源合作有惠于双方，可使彼此获利，中方可以获得对经济发展至关重要的能源，阿方可以获得重要的能源出口市场；中阿双方都在不同程度上面临西方文化入侵的挑战，都有向民众传播自身传统文化的迫切需要；中阿双方都意识到在安全形势剧烈变化的当今社会，共同携手面对挑战极为重要。这些共识现已成为中阿智库合作的基础，若双方都能充分意识到其重要性和迫切性，将会进一步提升智库合作的有效性。

四、结语

智库站在理论最前沿，不但产生理念，也擅长传播理念。尽管近年来中阿不断加强智库的交流与合作，但整体来看，中阿智库交流与合作的层级不高、范围较小、影响有限，智库交流与合作等相关工作的深度、广度和参与度均有待加强。可以说，双方的智库公共外交离达到增强国家的文化吸引力和政治影响力，塑造有利于国家发展的国际舆论环境，维护国家利益，促进和平发展等根本目标还有不小的距离。中阿双方有必要通过创新智库合作模式、建立常态化合作机制，深化各领域智库间的交流合作，从而产生更多有价值的智力成果，为双方的政治合作与经济建设提供政策建议和咨询服务。只有勇于承担引导责任，正确解读双方的相关倡议与政策，有效传播中阿文明的核心理念，客观宣介合作交流中遇到的问题和困难，才能不断增进双方的了解和互信，切实推动智库合作与交流，从而更好地为国家政策服务。

本章小结

21 世纪以来，中阿智库的交流与合作虽然已经起步，但与中国同欧美大国的智库合作相比，仍处于浅层次，特别是缺乏多边对话与合作平台，还不能满足"一带一路"倡议提出的需求。从合作过程来看，一方面，双方交流、合作的级别还不够高；民间智库和半官方智库交流与合作比较多，官方智库较少开展直接的交流与合作；另一方面，双方的交流、合作活动内容比较分散，双方智库通常只是根据临时需要举办专题性的论坛和研讨会，缺少持续性、前瞻性和国际性的重大议题。从交流目标来看，以学术交流为主，忽略政策影响力。中阿双方以交流与合作为目的展开的各种形式的论坛或研讨会，大多数只停留在智库专家和学者进行学术交流与研讨的层面，对政策的影响微乎其微。从交流条件来看，中阿双方智库对彼此的了解和认识尚浅。阿拉伯国家智库很少有学者能够直接使用中文进行研究；中国智库虽然拥有一批能够使用阿拉伯语进行研究的专职人员，但远未实现"研究人才"和"外语人才"的有效结合。因此，中阿智库的交流与合作还有许多拓展空间。

2015年中共中央办公厅、国务院办公厅联合印发的《关于加强中国特色新型智库建设的意见》将公共外交列作中国特色新型智库的第五项功能，并提出"建立与国际知名智库交流合作机制，开展国际合作项目研究，积极参与国际智库平台对话"等要求。2016年1月，习近平主席在阿盟总部系统阐述了中阿合作发展理念，宣布了一系列重大合作倡议，为中阿关系发展绘制了宏伟蓝图。事实证明，在"弘扬丝路精神，深化中阿合作"的主题下，积极开展中阿智库合作，不仅有助于政策沟通和民心相通，进一步推动中国同阿拉伯国家和世界其他地区国家的交流与合作，深化人民友谊、提高合作水平，而且将进一步弘扬和平合作、开放包容、互学互鉴、互利共赢的丝路精神，为促进共同发展、增进各国人民的福祉而树立良好典范。[1]对阿拉伯国家智库及其在中阿公共外交中的角色进行研究有助于加深我们对该地区智库发展情况的具体了解，更有针对性地拓展对海湾地区阿拉伯国家乃至整个阿拉伯世界的公共外交。

---

[1] 王健：《中国智库发展与中阿智库合作》，《宁夏社会科学》，2015年第6期，第106页。

第八章
中阿智库合作的未来前景

中国和阿拉伯国家的友好交往延续了2000多年,著名的陆上和海上"丝绸之路"把两大民族紧紧地联系在一起,它们相互影响、相互借鉴,在结成深厚友谊的同时,也为人类文明的发展做出了重要贡献。从2004年"中阿合作论坛"的成立到2014年第六届部长级会议的召开,中阿关系的发展经历了"黄金十年",中阿贸易额已经突破2511亿美元,中国从阿拉伯国家进口原油高达1.46亿吨,现已成为阿拉伯国家的第二大贸易伙伴。之后,中阿关系发展将有望迎来"钻石十年"。2016年是中国开启同阿拉伯国家外交关系60周年,中阿贸易额已经达到2100亿美元,有望在未来10年内达到6000亿美元。双方经济互补性日益增强,贸易发展前景广阔,合作领域将扩展到铁路、公路、港口、航空、电力、通信、核能、建筑等各个方面。到目前为止,已有埃及、阿尔及利亚、沙特、阿联酋、卡塔尔、苏丹、约旦、伊拉克等8个阿拉伯国家同中国建立起或提升了双边战略合作(伙伴)关系,未来还会有更多国家加入这一行列。

随着中阿共建"一带一路"的深入推进,中阿合作新丝路、新模式不断涌现。人文交流做桥,民心相通做脉。只有以民心相通为基础,中阿政策沟通、设施联通、贸易畅通、货币流通等方面的交流才得以源远流长。民心相通深化人文交流协议,人文交流共铸中阿合作项目。可以说,在这样一个历史阶段,阿拉伯国家智库在双方民心相通、信息沟通、互联互通中将起到重要的推动作用。通过"借船出海",塑造有利于中阿关系构建与发展的舆论环境,并通过引导阿拉伯国家的舆论走向来引导整个中东地区的舆论,从而增强中国文化吸引力的广度和政治影响的深度,更清晰、更准确、更有效地传递"中国声音"。因此，加强与阿拉伯国家智库的交流与合作势在必行。

从全球层面来看，智库的最大功能就是携手共建人类命运共同体。近年来，中阿各国政府越来越重视智库交流与合作。不可否认，政府引领中阿智库合作的意义十分重大：一方面，政府引领有利于中阿智库合作的长期发展；另一方面，政府引领有利于提高中阿智库合作的层次。在合作主体上，应坚持适度有序开放，主体参与多元化；在合作目标上，应坚持可持续性发展，以此推动政治经济的合作；在合作策略上，应坚持抓大放小，牢牢把握主导权；在合作形式上，应坚持积极探索，多种途径并行推进。

第一节　加强政府引领，组建智库联盟

智库本身是一个开放体系，它要站在时代的最前沿，就必须具备内容上和机制上的创新。因此，在开放和创新的前提下，只有加强合作，智库才能够担当历史与时代赋予的责任和使命。智库机构之间开展联合研究实现资源共享，是未来智库发展的趋势。对中国和阿拉伯国家来讲，智库之间的协同与合作有助于深化彼此的认知、增强好感度、增加正能量、引导中阿舆论话语甚至影响外交决策。在智库协同合作过程中，只有坚持"平等、开放、包容"的原则，才能稳步推进不同范围智库之间的合作。一般而言，为了加强智库之间的协同与合作，双方可以考虑建立中阿智库联盟等平台和机制，具体可以分为两步：第一步是国内阿拉伯研究以及中东研究智库之间的协同，其中包括官方相关机构的参与；第二步是中阿智库之间的合作，举办"中阿智库论坛"，建立智库联盟，从而推动中阿"一带一路"的共商与共建。

一、参与国际智库对话，加强人文交流

近年来，随着综合国力的上升，中国人文外交影响越来越大。在中国与其他国家建立的新型双边外交关系当中，政治互信、经贸合作、人文外交是三大支柱。在此背景下，中国积极参与国际智库平台对话，创新"一带一路"人文交流机制。其主要作用体现在以下三点：一是为中国自身的全面发展和升级转型提供良好的舆论环境；二是为当今世界的紧张关系和利益格局提供一定的平衡机制；三是为中国进一步参与全球治理奠定坚实且持久的基础。[1]

第一，为中国的全面发展和升级转型提供有利的舆论环境。习近平总书记指出："做好舆论引导工作，关系道路和方向，关系人心和士气，关系中心和大局，是新闻宣传工作的重中之重，是意识形态工作的重要内容。"[2] 可见，舆论导向事关道路方向和人心向背，事关社会稳定和社会进步，因而舆论安全关乎党的执政安全和国家安全。由于在经济全球化时代，政府虽然在塑造自身形象方面起着主导作用，但由于无法完全控制影响国家形象的诸多复杂因素，因此，国家形象的塑造还需要借力跨国企业或非政府组织。

从某种角度来看，社会舆情的走向有可能左右社会发展的走向。在社会舆论环境中，由于政府公信力或宣传方式等原因，政府与公众的沟通普遍存在一些问题，公众对政府出台的公共政策常常会持怀疑甚至否定态度，他们更愿意相信第三方的意见。在这一情况下，基于智库专家学者的研究成果而推出的宣传效果则比较容易被接受。可以说，作为调整国家社会矛盾的重要工具，智库专家的工作被看作是反映民间意愿、补充和完善政府决策的重要保障。特别是随着政府决策的日趋复杂，若想获得科学

---

[1] 李颖科：《积极参与国际智库平台对话 创新"一带一路"人文交流机制》，《中国社会科学报》，2017年6月29日。

[2] 习近平：《胸怀大局 把握大势 着眼大事 努力把宣传思想工作做得更好》，《人民日报》，2013年8月21日。

化、民主化、法治化之结果，首先要广泛征集社会各阶层特别是智库专家和学者的意见。与此同时，中国智库通过与阿拉伯国家智库进行合作与交流，无疑将有助于提供有利的舆论环境，充分发挥智库在信息传播过程中的理性思考功能，从而引导人们正确认识社会、理性看待各种社会现象。

第二，为紧张关系和利益格局注入平衡机制。不可否认，中东地区之所以与国际体系总是处于对抗，主要是因为该地区一直受到冲突或战争的不利影响。从政治上来看，该地区国家自独立以来爆发了多次中东战争，同时伴有诸多低烈度的地区冲突；从经济上来看，虽然大多数中东国家的油气蕴藏丰富，但总体上难以融入经济全球化，石油资源甚至成为某些国家和组织反抗现有世界经济秩序的手段；从文化上来看，"伊斯兰威胁论"和"文明冲突论"不绝于耳，西方妖魔化伊斯兰文明的文化偏见与文化敌意仍在加深，一定程度上体现出伊斯兰文明与西方文明的敌视与隔阂。

21世纪以来，中东地区的紧张局势进一步加深，不少国家面临社会转型和政治变革的难题，表示希望获得中国的改革经验和发展智慧。鉴于此，中阿智库应担负起历史使命，"站在引领中阿文明之先、构建全人类文明共同体的高度，进一步优化双方人文交流的内容：既要积极利用现有的平台和传统文化资源，进一步加强文化合作和交流；又要充分阐扬相关文化交流主体的重要作用，形成巨大的合力机制；还要恰当利用话语体系，构建最广泛的共识，突出开放包容、和平发展的理念"。[①] 在具体操作上，通过"中阿文明对话研讨会""中阿友好大会""中阿文化节""中阿新闻合作论坛"等一系列人文活动，在中阿人民之间架起一座座相互了解和沟通的桥梁。

第三，为中国进一步参与全球治理奠定基础。2015年10月12日，在中共中央政治局第27次集体学习时，中国明确提出"共商共建共享"的全球治理理念。其中，共商就是集思广益，由全球所有参与治理方共同商议。正如联合国副秘书长吴红波在2015年6月26日召开的"第四届全球智库峰会"上指出的那样："各国政府当前面临着不同的困难，需要找到

[①] 李颖科：《积极参与国际智库平台对话 创新"一带一路"人文交流机制》，《中国社会科学报》，2017年6月29日。

一个国家规划以及政策制定的全面方法。和以往相比，我们更加需要专家、科学家和智库的参与和智库间的通力协作，从而大大加速可持续发展的进步。"① 因此，中阿智库合作有助于双方更快更好地加入全球体系，从而从容应对来自各方的挑战。

不仅如此，习近平同志还多次在重大的外交场合阐述中国关于全球治理的新理念和新思想，提出中国解决全球治理重要议题的新方案和新举措，旨在推动全球治理体系向更公正合理的方向发展。特别是"构建人类命运共同体"的理念已经渐渐深入人心，并逐步被国际社会接受。2017年2月，联合国社会发展委员会首次将"构建人类命运共同体"的理念载入联合国决议；同年9月，第71届联合国大会通过了关于"联合国与全球经济治理"的决议，把中国提出的"共商共建共享"理念纳入其中；同年11月，第72届联大负责裁军和国际安全事务的第一委员会再次将"人类命运共同体"理念纳入联合国决议，进一步说明该理念已经基本得到国际社会的普遍认同，为中国进一步参与全球治理奠定基础，也为中阿智库的交流与合作指出方向。

二、将研究重点放在对方，探索共同发展路径

在相当长的时间里，无论是中国学者，还是阿拉伯国家的专家，都纷纷将目光集中于西方及其发达经济体上。这与一定环境下或一段时期内双方的国家战略和总体规划有关。然而，单纯效仿西方并没有让阿拉伯世界走出困境。双方逐渐意识到，以资本主义为主导的全球化给当前的世界秩序带来不少负面影响，导致一些发展中国家被边缘化、经济发展与其他方面的发展严重脱离、经济过程给社会环境造成破坏、西方的发展援助附加政治条件等。这些西方国家不仅缺乏尊重发展中国家的政治制度和发展道路，而且无视他们与生俱来的文化背景、历史传统、社会习俗和宗教信仰

---

① 吴红波：《加大全球智库的交流》，《全球化》，2015年第8期，第6页。

中的特殊性和差异性。① 毋庸置疑，亲近西方造成的负面后果，在阿拉伯国家表现得尤其突出。

长期以来，中国和阿拉伯国家在许多涉及双方重大利益和长远利益的问题上，采取相互依靠和相互扶持的立场。随着时间的推移，中国和阿拉伯国家的友好关系在不断深化：一方面，中国和阿拉伯国家正在打造一个能源安全的共同体。对中国来说，从中东到东亚地区的国际石油输油管道是最经济、最便捷的石油运输线，因此，中东特别是阿拉伯国家一直是中国石油的主要供应来源地。当然，随着全球市场竞争的日益激烈，中东阿拉伯国家的石油出口也越来越依赖亚洲市场；另一方面，中国和阿拉伯国家在经济发展和对外贸易上都面临新的发展机遇。中国通过"一带一路"倡议大力发展产能合作，无疑为推动中阿经贸关系注入了强劲的动力，也为解决阿拉伯国家严重的失业问题和民生问题开辟了道路。② 由此看来，中阿关系在新形势下不断取得进展，在新形势下面临着推动共同发展的新机遇。

近年来，越来越多的阿拉伯专家开始将目光投向日益崛起的中国，并将中国的发展经验与阿拉伯国家的振兴紧密地联系在一起。埃及金字塔政治和战略研究中心亚洲研究项目负责人穆罕默德·法拉赫特指出，埃及政府对"一带一路"熟悉且非常感兴趣。智库和研究机构对此话题的兴趣和研究已经开始，但民间的认知还需要进一步深入。③ 不仅在埃及，在许多其他沿线国家，社会层面对"一带一路"展开的讨论都已升温，合作正逐步丰富、深入。2017年7月7日，第五届"突尼斯—中国论坛"举行，突尼斯发展、投资和国际合作部长穆哈迈德·法迪勒·凯菲致辞指出，突尼斯面向欧洲、背靠非洲，战略意义明显。中突两国各有优势，与中国拓展合作，有助于推动突尼斯经济发展和转型。突尼斯经济发展需要改革，需

---

① 薛庆国：《对阿拉伯世界讲述"一带一路"需精细化传播》，《光明日报》，2015年7月21日。
② 杨光：《中阿关系与中阿智库建设》，《宁夏社会科学》，2015年第6期，第103页。
③ 郑凯伦：《穆罕默德·法拉赫特："一带一路"天生具有互利共赢的特征》，中国金融信息网，http://finance.jrj.com.cn/2017/05/03162422421023.shtml.（访问时间：2018年6月17日）

要扩大与中国等新兴经济体合作，可以在"一带一路"倡议下发挥更大作用。[1] 可以说，顺应和平、发展、合作、共赢时代潮流，秉承"共商共建共享"原则的中国方案越来越受到阿拉伯国家的欢迎。在这一形势下，中阿智库进一步交流与合作就显得尤其重要。

毋庸置疑，中阿智库的核心任务就是为中国和阿拉伯国家的共同发展提供智力支撑。因此，中阿智库只有深入研究对方，才能了解对方，中国智库要更多地关注如何推动阿拉伯振兴事业，深入了解研究不同国家的发展战略规划，然后分析其需求和愿望。事实上，阿拉伯政界和知识精英对中国的"一带一路"倡议大多有所耳闻，他们总体上对这一倡议抱有积极态度，并支持各自国家参加"一带一路"建设。有学者指出，阿拉伯大多数民众对华十分友好，他们普遍认为中国的强大是符合阿拉伯人利益的。与此同时，阿拉伯人一方面担心因为中东乱局而被"一带一路"排斥在外，另一方面，他们还很重视中国倡议的"一带一路"能否修正全球化的不公。[2] 因此，在针对阿拉伯国家传播"一带一路"倡议时，我们应该主动回应他们的焦虑与关切，从而建立具有建设性的话语体系。通过中阿双边合作机制、中阿双方高层互访、中阿经贸合作等因素来提高阿拉伯媒体对"一带一路"的关注度和正面报道。在突出中阿双边关系和经贸合作成就的同时，对阿拉伯各国的不同诉求作出回应，并加强对重点国家的宣传，不仅有助于中国巩固和提升"一带一路"倡议在阿拉伯世界的认可度，而且也为推动中阿共建"一带一路"创造有利条件。

为了达成这一目标，在中阿"一带一路"的共建上，首先要聚焦双方关切的研究话题，围绕这些议题开展智库合作工作，包括建立危机管控、风险评估和安全形势预测等。通过提出解决问题的出路和方法，进一步减少或避免项目实施过程中有可能发生的损失。鉴于"一带一路"规划涉及众多国家和地区且运筹的资金巨大，因此有必要事先对目的国风险与挑战

---

[1] 刘锴、马迪：《"一带一路"建设是突尼斯的机遇》，环球网，http://world.huanqiu.com/hot/2017-07/10953006.html.（访问时间：2018年6月17日）

[2] 薛庆国：《对阿拉伯世界讲述"一带一路"需精细化传播》，《光明日报》，2015年7月21日。

进行客观评估。这些风险包含了"安全局势、法律及监管、政府效能、政治稳定性和基础设施等在内的十大风险。"[①] 其中,政治风险尤其值得重视,它主要包括政策变化、政局变动、反动势力干扰、以及由经济利益、领土争端、宗教矛盾或民族冲突等问题而引发的国家内部或国家之间的冲突。在现实外交中,它对"一带一路"规划的影响有可能大于其他风险。在中东地区,由于许多"一带一路"项目都备受关注,这意味着目的国政府会大量参与其中,因此必须预见到可能的政治变故,借助中阿智库产生智慧来有效化解难题。

目前,中国研究机构在鼓励和扶持优秀的专家学者及其成果"走出去"的基础上,已经逐步与阿拉伯对象国的智库或学术机构建立起一定的交流合作机制,对外学术交流的范围和规模正在不断扩大。同时,这些机构坚持把"请进来"与"走出去"结合在一起,它们有的邀请阿拉伯专家在中国各大期刊上发表文章,有的邀请阿拉伯智库专家参加学术会议或参与课题研究,这些举措已经有效地推动了中国智库的国际话语权和影响力。与此同时,阿拉伯国家及其民众也对"一带一路"倡议表示出极大热情与合作愿望。在近年来中阿双方举行的各层次互访中,共建"一带一路"总是双方重点讨论的核心话题之一。可见,中阿双方不仅会继续发展经贸关系,而且将进一步拓宽领域、扩大范围,真正获得互利共赢的有利局面。

三、选择重点智库,加强与阿智库精英的交流

由于阿拉伯各国的社会经济发展并不同步,因此其智库在机构规模、国际影响力、与政府关系、研究成果的战略性与前瞻性等方面,差异甚大。埃及智库处于阿拉伯世界的领先地位,无论在智库数量还是在研究实力上都拔得头筹。截至2016年,埃及有55家智库入选《2015年全球智库发展报告》。从研究特色来看,埃及智库比较重视与世界其他国家智库和

---

① 《"一带一路"规划机遇和风险并存》,中国网,http://www.china.com.cn/opinion/think/2015-04/24/content_35407838.htm. (访问时间:2018年4月19日)

研究机构的密切联系，它们努力为政府决策提供智力支持，从而保证了埃及在中东地区的大国地位。在这些智库中，最具代表性的智库有金字塔政治与战略研究中心和隶属于埃及内阁的信息与决策支持中心等。此外，还有约旦皇家伊斯兰思想研究院、阿联酋海湾研究中心、卡塔尔半岛研究中心等，它们都是国际社会极具影响力的智库。这些智库的研究成果不但能够影响执政者的决策，而且对地区形势的舆论导向能力也很强。从研究重点来看，这类智库可以大概分为战略性、经济性和文化性研究智库。

在战略研究方面，比较有名的包括阿联酋战略研究中心和阿卜杜·阿齐兹国王大学战略研究中心、巴勒斯坦 Pal-Think 战略研究所、摩洛哥皇家战略研究所等。以阿联酋战略研究中心为例，该中心归属于阿联酋外交部，一直努力为国家外交决策提供及时有效的咨询和建议。该中心主要关注阿联酋和海湾地区的安全局势、经济发展、社会转型等课题的研究。该中心拥有雄厚的技术力量，经验丰富的专业研究人员和国家财政支持。可以毫不夸张地说，加强与这类研究中心的沟通，有助于以点带面、从线到面，逐步形成与区域智库合作的局面。

在经济方面，比较有名的包括埃及经济研究中心和经济研究论坛、科威特阿拉伯规划研究所等。以阿拉伯规划研究所为例，它是根据多个阿拉伯国家政府共同签订的特别协议而组建的，旨在通过各类活动和项目支持阿拉伯国家社会经济管理与发展规划。这些活动和项目包括培养建设国家人才的能力，特别是为政府和企业提供经济问题上的咨询服务与智力支持，从而改善阿拉伯国家经济社会发展的现状。在推进"一带一路"倡议的过程中，中阿智库可以携手前进，一方面，通过聚焦经贸领域，按照"共商、共建、共享"的原则，搭建更多合作平台，开辟更多合作渠道，提升贸易投资便利化水平，共同推动多层次、宽领域、大范围的经贸往来；另一方面，通过深化务实合作，找到发展的结合点和突破口，达成更多合作项目，结出丰硕的合作成果。

在文化方面，比较有名的包括巴勒斯坦阿拉伯思想论坛、约旦皇家伊斯兰思想研究院等。这些智库在阿拉伯学术领领域拥有较多的研究成果、著述和科学见解，可以利用它们的影响力扩大阿拉伯朋友圈，从而发掘更多的人脉关系。如约旦皇家研究院在吸引穆斯林学者方面的成效十分显著，该研究院由院士、通讯院士和名誉院士组成。这些院士从全世界的著名学者中遴选，他们几乎涵盖了整个阿拉伯世界。其中，通讯院士既可以从穆斯林学者中遴选，也可以从研究客观公允、课题与伊斯兰文化紧密联系的非穆斯林学者中遴选。上海外国语大学中东研究所名誉所长朱威烈先生就被聘为该研究院的通讯院士。名誉院士的称号则授予那些为皇家研究院基金会慷慨提供物质援助，或为该院某一重大科研项目承担费用的人士。院士们研究所涉及的范围包括企业管理、行业发展、社会兴盛、地区内外投资环境、中小型企业发展等，是中国智库进行交流与合作的理想对象。

此外，在阿拉伯国家的智库中，区域一级的智库网络格外引人注目，是有待研究且十分值得研究的课题。这些智库不仅拥有相似的历史境遇和跨国界政策问题，而且在语言和种族上有许多共同点。[1] 其中，海湾地区、沙姆地区和马格里布地区等区域级智库就具有这样的特点并承担着相应的角色。海湾地区的智库可以分为两类：一类是经济实力较强的智库，如在沙特、阿联酋和卡塔尔，这些国家的智库大多具有王室背景，它们受到国王或埃米尔的鼎立支持，使得智库本身发展较快且影响力较大，在伊斯兰世界积累了较高的声望。阿联酋的主要战略型智库受到阿联酋总统的直接资助，卡塔尔部分智库直接由卡塔尔埃米尔领导，巴林智库倾向于采用"旋转门"机制，王室和学术界一直保持着长效交流机制；另一类是重视民意与学术的智库，如伊拉克作为文明古国，重视学术研究，智库多以高校为依托。也门智库多具有非政府属性，部分智库集民意调查和基础研究为一体，独具特色。沙姆地区的智库也可以分为两类：一类是政局较为稳定的国家，如文化底蕴深厚、注重思想研究的约旦。约旦智库建设的起步很早，它们都比较关注当代阿拉伯思想、国家经济发展和国家安全等；另一类属于动荡型国家，这些国家的智库更关注本国安全与政治，如巴勒斯坦的智库主要关注巴勒斯坦问题的发展和解决，以及地区和平的动态与趋

---

[1] Diana Stone, "Recycling Bins, Garbage Cans or Think-tanks? Three Myths Regarding Policy Analysis Institutes," *Public Administration*, Vol. 85, No. 20, 2007, pp. 259 – 278.

势。叙利亚部分智库负责人是叙境外反对派重要人物，侧重国家政治、经济、社会等战略和安全问题的研究。马格里布联盟由摩洛哥、阿尔及利亚、突尼斯、毛里塔尼亚和利比亚等五个国家组成，这些国家的智库比较关注地区局势，特别是注重区域问题研究。由于拥有共同的历史经验，这些国家都曾受到法国的殖民统治。殖民者实施语言文化同一政策的影响延续至今，使得马格里布地区国家使用法语比标准阿拉伯语的现象更为普遍，有部分智库的网站甚至只有法语版。近年来，该地区国家智库开始关注国家和地区的前瞻性问题和战略性问题研究，包括文化教育的可持续发展问题，以及社会转型、区域内国家关系问题等。只有厘清不同阿拉伯国家智库各自的特点，对它们进行深入了解，才能做到知己知彼，与它们开展更好的交流与合作。

当然，与阿拉伯国家的智库交流不宜片面追求覆盖面，而应突出重点，抓住战略支点国的主要智库和代表人物。在与阿方智库进行合作的过程中，既要密切联系智库的主要负责人，利用这些人的人脉关系和社会资源，又要善于发现有潜力的中青年智库精英。这些智库中的精英大多是20世纪七八十年代出生的，他们受过良好教育，具有国际化视野，具备成为未来阿拉伯国家意见领袖的潜力。他们中有许多善于利用新媒体，在脸书、推特及各大媒体上经常撰写评论性文章、已经成为网络写作能手和时事评论新秀的中青年人才，是我们合作与交流的最佳人选。

与此同时，在中阿智库论坛框架下，可考虑在阿拉伯世界选拔具有社会影响力、喜爱中国文化、精通中文、深谙社交媒体的专家学者担任"中国文化大使"。也可以从当地孔子学院或阿拉伯智库当中挑选候选人，作为今后"中国文化大使"的重点培养对象。同时，可在中国高校、智库或研究机构中选拔精通阿拉伯语、了解阿拉伯国情、熟悉阿拉伯国家和文化的"阿拉伯文化大使"，丰富中阿智库交流的内涵。随着阿拉伯国家智库精英阶层与政界的往来日益频繁，以及阿拉伯政界和学界"旋转门制度"的不断完善，这些智库精英中有不少人对阿拉伯国家政治充满兴趣，有望通过参与阿拉伯国家选举成为未来的政府要员。与他们保持良好的关系，不但有利于我们开展对阿拉伯国家的各项工作，而且有助于我们出台完善的外交政策。

四、结语

一直以来，包括阿拉伯国家在内的国际社会对中国的看法有些片面，甚至存在不少猜疑和误解。其中，有些阿拉伯学者甚至没有实地考察过中国，对中国经验的研究仅仅局限于阅读和分析西方国家的文献史料，还有少数是从中文翻译成阿拉伯文的资料，因此具有很大的局限性。事实上，中国经验是在中国当代特有的国情下形成并发展起来的，没有实地考察作为基础，就很难正确把握理论与客观现实间的关系，更无法获得对中国经验研究的客观性和科学性。同样的，中国也需要客观且理智地认识阿拉伯国家，妥当安排中国崛起过程中在对阿关系上出现的各种问题，坚决实施"始终从战略高度看待中阿关系，巩固和深化中阿传统友好"[①] 这一外交方针。不可否认，解决这些问题除了需要双方高层增进友好往来和战略协商外，还需要中阿民间的广泛交流，而智库正是在这一过程中起到纽带作用的机构。在新时期，中阿可以通过参与国际智库对话、探索共同发展的路径、加强与对方智库精英交流等方式组建智库联盟，从而进一步加强协同合作。特别是智库交流不具备完全的官方身份，自由性比较大，工作方式比较灵活。双方智库通过互相交流，将实用的信息进行总结和反馈，不但可以为政府的决策、国家的外交提供另一个层次、另一个领域的思考，而且有助于汇聚智力丝绸之路，为"一带一路"增添亮点。

第二节 开展公共外交，提升合作水平

随着世界信息技术的快速发展，各国对国际问题的关注度空前高涨，

[①] 《中国对阿拉伯国家政策文件》，《人民日报》，2016年1月22日。

公共外交因此呈现出新的内涵，其重心逐渐从间接影响国家外交向直接塑造国家形象转移。如果说前者的外交行为类似于以政府间互动为主的防御性外交，那么，后者的外交行为主体则更加多元化、模式更加立体化。有学者指出："防御性的公共外交以政府为主体构建积极的国家形象来保障或优化国家发展的外部环境，而建设性公共外交则着眼于长期目标，它借助政府主导的多元主体参与模式，为国家对外战略的实施营造良好和稳定的国际环境。"[1] 可以说，建设性外交由于内涵更广、效用更大，已经成为当今各国政府青睐的外交选择。

一般而言，国家间的智库交流要以开展公共外交为支撑。长期以来，中国对阿拉伯国家开展的公共外交一直被当作防御性公共外交，其主要目的是为中国的和平发展与经济增长营造一个稳定的外部环境。21世纪以来，中国的国家政治形象在国际上发生了较大的变化，从最初的被边缘化，逐步得到更广泛关注。尽管如此，中国在阿拉伯世界的认知度仍有待提高。2014年3月，察哈尔学会发布了《中国国家形象全球调查报告2013》显示，"阿拉伯国家的民众对中国的政治与国情缺乏了解，尤其对中国经济模式的认知尚缺乏共识。其中，只有20%的阿拉伯受访者认同中国模式。"[2] 近年来，虽然这一情况有所改善，但还是有较大的阐释和展现空间。可以说，在"一带一路"的大背景下，如何开拓公共外交的功能，真正从"应急防御"转变到"积极建构"，将对中国不断加强和进一步完善新时期的中阿关系具有重要意义。

与此同时，2010年底阿拉伯剧变以来，埃及、突尼斯、利比亚、叙利亚、也门和伊拉克等阿拉伯国家均处于转型时期，各种突发事件不时发生，不确定因素陡然增加，影响中国准确研判中东形势、制定中东政策的时效性和正确性。与此同时，阿拉伯国家智库作为开展对阿公共外交的财富和资源，可以有助于避免这些情况的发生。这些智库不但是知识精英、

---

[1] 张弛：《"一带一路"战略视角下构建中阿公共外交体系初探》，《回族研究》，2015年第2期，第113页。
[2] 侯湘："中国智库发布《中国国家形象全球调查报告2013》"，长大导航，http://www.chddh.com/xindetihui/20180302/1850681.html。

政治精英和舆论精英的汇聚之地,而且是联结"智力""财力""权力""影响力"的重要纽带。对它们进行深入研究并与之开展合作,将有助于中国应对挑战。

一、借用对方的"眼"观察地区形势

阿拉伯国家各国的国情各异,政治制度和经济发展水平也不尽相同,加上长期以来,这些国家政党、宗教派别、非政府组织不停转换和变化,其复杂性不言而喻,对中国准确分析、研判和决策增加了一定难度。特别是区域内外各种势力或者盛衰起伏,或者合纵连横,都成为影响中东局势、决定阵营归属或改变地缘版图的主要要素,其可塑性、复杂性和多变性常常令人措手不及。尽管前方使馆和各地的中东研究智库可以及时跟踪中东形势的变化,但限于人手不足和原始资料匮乏等条件限制,造成中国对中东形势的研判出现不少偏差。尽管"中国在中东地区一直以实施兼顾实力与道义的公正平衡外交,并根据每个国家的不同特点及其与中国利害关系的亲疏程度,按照普遍优惠和廓清差别的原则,有针对性、有侧重点地开展外交工作"[①],但截至目前,虽然中国对阿拉伯国家的外交已取得显著进展,但中国对该地区的外交活动并不积极。相比之下,美欧国家在该地区有着深厚的历史渊源和广泛的利益关系,而中国在这一地区的外交资源显得稀薄、人脉基础相对孱弱,在区域热点问题上甚至更多地扮演旁观者角色。

阿拉伯国家的智库是学术界专家、政治精英和意见领袖的聚集之地,它们熟悉本国情况,与当地政府、政党、媒体建立了紧密联系,对阿拉伯国家政治走向和社会思潮的认识更加直观,对阿拉伯国家形势、外交政策的分析更加具体,提出的对策建议相应地更富有前瞻性和可操作性。特别是在一些宗教组织当政后,它们会立刻将自己的意识形态与国家政策理念相结合,有的甚至强调以纯粹的宗教原则来调整国家的政治制度和社会习

[①] 丁工:《中东变局与土耳其崛起的前景当代世界与社会主义》,《外交评论》,2013年第6期,第151页。

俗,甚至在科学文化、教育制度和风俗习惯方面也出现相应的变化。这些宗教政党组织强调本教派的意识形态,竭力影响那些具有相同宗教情感和共同历史境遇的国家,甚至不惜损害其国家主权,导致国际冲突不断,进而影响了地区稳定。[①] 以巴勒斯坦哈马斯为例,它向来坚持武装抵抗以色列,执政后更是助推了巴以双方的对抗与冲突,中东和平进程严重倒退;埃及最大的伊斯兰团体穆兄会一直以来与世俗派的冲突焦点就在于政权,尽管目前埃及已对穆兄会领导人进行了拘捕,导致其上层建筑瘫痪,但坚持活动的人可能裂变为更激进的极端组织;于2015年宣布建国的极端组织"伊斯兰国"目前化整为零,从一个占据领土的哈里发国再次回到了恐怖组织和游击队的状态,还在全世界各个角落发布着恐怖的消息,从梵蒂冈到缅甸,从圣诞老人到足球明星,都被纳入其威胁对象。不但给本来就很脆弱的中东局势埋下祸患,导致中东地区的格局进一步碎片化和冲突化,而且增加了国际社会解决中东问题的难度。

目前,美、英、法等智库均在阿拉伯国家建立了分部和研究中心,美国高校如乔治敦大学、美利坚大学等也在中东建立了分校或分部,有助于欧美大国搜集当地的情报,及时了解社会舆论的变化,接触阿拉伯国家政要、议员、反对派高层和主流媒体负责人。这些分支和研究中心就好像母国用来观察地区形势的双眼。例如,美欧一些享誉世界的顶级智库都设有中东研究机构和专题研究项目,并将有些分部设在阿拉伯国家,实现了智库建设的本土化。较有代表性的包括布鲁金斯学会萨班中心旗下的多哈中心、卡内基国际和平基金会中东中心、兰德—卡塔尔政策研究所、英国国际战略研究所巴林分部等。这些智库虽对欧美国家的总部负责,但因其设在阿拉伯国家,因此对阿拉伯各国政府、媒体和学界也有一定影响。

一直以来,中阿智库的发展并不十分同步。阿拉伯方面一直在不断探索中国的经济发展经验、政治发展模式及外交政策,也曾发表和出版了不少文章和著作,在它们的政治类刊物上还不时出现"中国专刊""中国专栏"等专题;与之相比,中国方面对阿拉伯国家的研究则明显不足和滞

---

① 代金平、殷乾亮:《宗教政治组织合法化、政党化现象分析》,《当代世界》,2009年第8期,第49页。

后，对阿拉伯国家的发展模式，出现的新思潮、新作品介绍和研究都十分有限。① 鉴于此，中国有关部门特别需要借助阿拉伯国家智库及时了解情况。例如，由叙利亚前驻华大使瓦迪及其子肖克等人创办的叙利亚"中国和亚洲问题研究中心"与黎巴嫩真主党高层保持密切往来，有助于中国了解更多有关黎巴嫩真主党的情况；政治与战略研究中心则是中国观察埃及塞西政府未来政策走向的重要窗口；阿联酋和约旦智库与当地情报部门联系密切，也有助于中国掌握地区局势和欧美中东政策走向。

二、借用对方的"口"扩大舆论宣传

20世纪90年代初，美国政治学家约瑟夫·奈教授提出了国际关系中的"软实力"概念，受到国际社会学术界的广泛认可。他认为：一个国家的"成功不仅取决于谁的军队赢得胜利，也取决于谁的故事赢得胜利"②。可以说，"软实力"的核心宗旨就是"人随我欲"，即让其他人（包括外国人和本国人）自愿跟随自己的意愿产生思想和行为上的改变。一旦这一文化被人们接受并转化为自己的观念，那么就意味着产生了"软实力"。在这一过程中，舆论宣传起到很重要的作用，如以信息传递为主要手段的隐性舆论宣传方式和软性舆论调控手段，具体包括设立官方机构，统一舆论宣传口径；开展媒体公关，强化舆论引导；借助民意测验，塑造舆论共识；发挥首脑影响力，树立舆论方向标；设置媒体议程，抢占舆论先机；高举道义旗帜，实施对外舆论渗透等。

当今世界，只有传播手段先进和传播能力强大的文化才能对世界产生较大的影响力，其思想文化和价值观念也因此能更广泛地传播。③ 为了"讲好中国故事"，让世界认识真正的中国，中国正在努力贴近各国媒体和受众，从而加强舆论宣传力度，特别是在新时期，"讲好中国故事"具有

---

① 朱威烈：《深化人文交流 夯实中阿战略合作底蕴》，人民网，http://world.people.com.cn/GB/57507/11534706.html.（访问时间：2018年4月19日）
② 约瑟夫·奈：《软实力》，马娟娟译，北京：中信出版集团，2013年版，第89页。
③ 郭可：《"讲好中国故事"传播中国声音》，《文汇报》，2013年9月25日。

一定的战略意义。首先，此举可以让全世界了解中国在国际格局中的多重角色和自我定位。采取主动的方式向外界讲述中国故事，不但可以使外界准确地领会中国在国际格局中的角色定位，而且有助于避免国际社会对中国的盲目抵制。其次，"讲好中国故事"有助于让世界了解一个更加全面和立体的中国，进而加强中国的文化软实力。最后，"讲好中国故事"有助于引导中国的未来发展。不仅要总结当前中国取得的成就，也要客观讲出中国社会未来发展中面临的问题与挑战。鉴于此，中国政府和相关部门正在不断努力地加强舆论宣传的力度，将中国的思想文化和价值观念完整地展现出来。

多年以来，中国与阿拉伯国家的友好关系稳步发展。在政治方面，阿拉伯国家在一系列重大问题上，对中国明确表示支持态度；在经贸方面，阿拉伯国家是中国重要的投资合作伙伴，恰逢中国通过"一带一路"大力发展产能合作，为鼓舞中阿经贸关系灌输了新的动力，为双方的发展带来新机遇；在文化方面，由于中阿文化关系是巩固全面合作、建立相互谅解与互补桥梁、加强中阿人民友好关系的基点，因此双方都极为重视并取得了一系列成果。特别是在中国推出"一带一路"倡议以来，双方智库发挥着指引舆论宣传的重要作用。

一方面，阿拉伯国家和民众近年来对中国加深了解的愿望日益迫切和强烈。阿拉伯国家不仅希望了解中国政府的主要战略，特别是国防、经济建设和社会管理等政策，而且希望了解中国在中东热点问题上的政策与立场，特别是在巴勒斯坦问题、伊朗核问题、叙利亚危机、中东反恐等问题上的政策主张。中国智库可以利用知华、友华或亲华人士，请他们帮助我们宣传中国的政治主张，因为他们是最有资格或有能力成为外界了解中国、介绍中国、宣扬中国立场的主要力量。与此同时，这些友好人士还有利于中国加大对阿宣传力度，"增信释疑"，从而在阿拉伯世界构建话语体系。

一直以来，友华阿拉伯人士为中阿两国加深彼此的了解做出了贡献。2014年10月28日，位于塞上江南的宁夏大学成立了中国阿拉伯研究院。2015年6月10日，宁夏大学举办了阿拉伯国家大使论坛。约旦驻华大使、阿曼苏丹国驻华大使、巴勒斯坦前驻华大使兼阿拉伯信息中心主任及阿盟驻华大使参加了论坛，与会者表示："习近平主席2014年6月在中阿合作论坛第六届部长级会议上的讲话为中阿合作打开了崭新的一页，阿拉伯国家对习主席的讲话十分关注，也特别欢迎中阿的合作将迅速扩展到各个领域和各个地区。"① 巴勒斯坦前驻华大使兼阿拉伯信息中心主任穆斯塔法·萨法日尼在中国已经居住了40多年。他现在不仅是北京大学的兼职教授，而且担任中阿博览会的顾问，退休后继续为中阿合作及双方文化的交流与传播做着贡献。他认为："中阿合作与交流应该是全方位的，它不仅局限于能源和经贸，而且涉及科技、文化、教育等广阔领域。毫无疑问，这样的合作不仅会让中国受益，也会让阿拉伯国家受益"。② 摩洛哥正义与发展党代表萨凯勒也在多种场合肯定中国的政策，他指出，"我们今天看到的现实并不像拿破仑所言的令世界震动，也没有出现亨廷顿所说的文明之间的冲突。与之相反，中国的崛起使当今世界的发展更加均衡、更加完善。"③ 这些阿拉伯知华、友华人士的声音应该被我们保护，并在必要时及时调动来引导舆论和维护形象。

另一方面，在中国境内出现暴恐事件及其他突发事件时，阿拉伯国家民众希望在第一时间了解事实真相。尽管央视阿语频道（通过尼罗河电视台和阿拉比亚电视台播放）、中国国际广播电台、《今日中国》（阿文版）、新华网、人民网、中国网阿文版等在阿拉伯世界发挥着举足轻重的舆论引导作用，然而，由于宣传形式僵化、宣传渠道迟滞等原因，中国智库的研究人员利用阿拉伯媒体发出"中国声音"、讲好"中国故事"的能力明显不足，使得当地民众通常只能借助美欧媒体了解中国，导致中国的国家形象及中东政策的动机常常被曲解。特别是随着中国经济不断向好发展，国际社会对中国的关注度与认可度与日俱增，国际各大媒体上越来越多地报道中国及其相关事务，如"一带一路""中国崛起""人类命运共同体"

---

① 庄电一：《中阿合作交流对双方都很重要》，《新商务周刊》，2015年第10期，第25页。
② 同上。
③ ［摩洛哥］萨凯勒：《阿拉伯世界巨变与中阿合作》，《国际问题研究》，2013年第4期，第17页。

"中国在非洲""中美关系"和"人民币汇率"等。中国智库专家有责任对此保持高度重视,及时反馈有关信息并解答有关疑问,从而推动双方关系的顺利发展。

与此同时,阿拉伯国家智库在当地一般拥有较高声望,长期与中国打交道的阿拉伯智库往往会成为知华、友华和亲华力量。每当中东地区出现重大热点问题的时候,阿拉伯智库总是利用当地国家的网站、社交平台、新闻媒体及时发出声音,既有助于避免西方媒体歪曲事实,又可避免当地民众对中国产生误解、发难甚至攻击。可以说,利用阿拉伯智库和地方语言讲述"中国故事"、解释中国的中东政策,这在阿拉伯受众中间更具有说服力,宣传效果也更好。

三、借用对方的"手"推动双边关系

一直以来,中国十分重视加强同发展中国家的关系,特别是把同阿拉伯国家的关系当作外交基石和战略依托。在现实政治中,中阿在国际事务中具有不少共同利益,在诸多问题上保持相同或相近的立场,中阿关系的发展符合双方的共同利益。特别是在经济全球化不断深入发展的当今世界,双方的经济发展依存度不断提升,双方都更加重视维护这一关系。通过不断化解矛盾,努力把这一关系提高到新水平。上文提及的萨凯勒先生认为,阿拉伯国家和人民十分关注中国在国际政治舞台上扮演的重要角色,对中国在保持稳定的国际秩序、维护阿拉伯人民权益、维护主权和领土完整方面的立场表示赞同和肯定,同时希望吸收中国经济飞速发展的经验和教训。[①] 中阿关系的发展需要借助阿拉伯世界各种积极力量,包括政府官员中的友华人士、阿拉伯国家政党、主流媒体和青年精英等。

首先,可以借用阿拉伯驻华大使的积极力量,推动双边关系向前发展。他们中的许多人都对中国十分友好且一直保持这份情感,有的甚至与中国结下了特殊友谊。如上文提及的阿拉伯国家大使论坛上,阿曼苏丹国

---

① [摩洛哥]萨凯勒:《阿拉伯世界巨变与中阿合作》,《国际问题研究》,2013年第4期,第18页。

驻华大使阿卜杜拉·萨利赫·萨阿迪对中阿关系及其友好合作的前景十分看好。他认为："中阿如今的合作，既有政府支持的，也有民间自发的。可以预见，这些合作会越来越完善，发展空间会越来越宽广。"① 目前，中国与阿曼之间科技、文化合作的领域在迅速扩大，投资不断增加。例如，中国在阿曼工作和学习的农业专家在很大程度上帮助阿曼提升了农业的科技含量，推动了阿曼农业的进步。两国历史上的交往为目前双边关系的发展打下了牢固的基础。特别是在国际形势和地区局势日新月异的背景下，两国都希望加强友好关系和各领域合作，这对于增进理解、扩大共识、加强交流、促进中阿全方位、宽领域、多层次的合作具有重要意义。

巴勒斯坦前驻华大使穆斯塔法·萨法日尼也是一位不折不扣的友华人士，他于1992—2002年曾任驻华大使。这位大使在其任期的第一年就同阿拉伯其他国家的驻华使节合力启动了阿拉伯大使委员会的工作，成立了隶属于委员会的阿拉伯文化新闻委员会。该委员会专门协助安排和管理阿拉伯各国驻华使馆的相关活动。萨法日尼大使认为："尽管大使们来自不同的阿拉伯国家，但大家都应该做到求同存异。在加强阿拉伯国家团结的同时，共同发展与中国的友好关系。"② 在团结合作等原则的基础上，阿拉伯大使委员会突破重重困难启动了一系列工作，其宗旨在于排除大家的分歧与异见，为推动和发展阿拉伯国家与中国的关系而献策出力。在具体工作中，阿拉伯大使委员会成员致力于加强与中国政府部门的友好合作关系，他们分别与中国外交部、中国商务部和中共中央对外联络部建立了例会机制，为中阿双方在经济、政治、文化等各个领域的合作排除了困难、铺平了道路，从而推动中阿关系不断向前发展。

其次，可以借用包括埃及《金字塔报》、沙特《中东报》在内的众多阿拉伯知名媒体人的力量，推动双边关系向前发展。如2016年6月，《人民日报》社召开了题为"命运共同体，合作新格局"的2016"一带一路"

---

① ［阿曼］阿卜杜拉·萨利赫·萨阿迪：《新中国与阿曼关系的历史与现状》，《阿拉伯世界研究》，2012年第4期，第56页。
② 孔寒冰：《搭建沟通阿拉伯世界和中国的友好桥梁——巴勒斯坦前驻华大使穆斯塔法·萨法日尼口述实录》，《江西师范大学学报》，2016年第6期，第162页。

媒体合作论坛。在会议期间,各个代表踊跃发言,表达了对"一带一路"倡议的肯定与支持。[①] 埃及金字塔门户网总编辑希沙姆·尤尼斯(Hisham Younis)在接受专访时表示,"一带一路"沿线国家之间的合作有望汇聚成强大的"东方力量"。埃及《共和国报》副总编辑阿卜杜勒·穆奈姆·法齐(Abdul Munem Faouzi)认为,中国依托"一带一路"倡议,不但创立了互利共赢的合作平台,而且实现了商品与人员的自由流通,通过加强沿线国家基础设施建设和科学技术创新,使广大人民摆脱贫穷与苦难。沙特《中东报》副总编辑艾德鲁斯·阿卜杜·阿齐兹(Adreas Abdul Aziz)认为,"一带一路"媒体合作论坛的举办恰逢其时。如今,世界很多地区和国家都遇到了前所未有的问题和危机,而中国的"一带一路"却为各国指明了发展与和平的新方向,它有望给沿线国家和人民带来福祉,同时也可以引领全世界走向和平、发展和繁荣的新世界。阿曼《观点报》总编辑哈提姆·塔伊(Hatim Taye)指出,"一带一路"构想以"平等与发展"为基本原则,致力于增强经贸与文化交流。丝绸之路原本是全人类的共同财富,为沿线各族人民带来福祉。在"一带一路"倡议的架构中,一系列旨在加强世界和平与发展的重要举措逐步出台。《约旦时报》总编辑萨米尔·巴尔霍姆(Samir Balholm)表示,众多媒体人充分利用论坛提供的宝贵机会进行交流,积极探讨实现媒体工具一体化的方法。他特别强调,"一带一路"倡议将带来新的合作领域,加深中国与沿线国家在各领域的合作,进而成为提升双方关系的根基。由此可见,阿拉伯重要媒体人一致表示看好中国的"一带一路"倡议及其外交政策,他们的支持成为推动双边关系的有利条件。

在 2017 年 10 月中国共产党第十九次全国代表大会召开期间,多名阿拉伯国家知名媒体人士给予了高度关注,并表达了他们对十九大的赞赏和期待。[②] 约旦作家兼记者马尔旺·苏达哈表示,希望中国将成功经验传播

[①] 王晶、翟转丽:《阿拉伯媒体人眼中的 2016 "一带一路"媒体合作论坛》,人民网,http://business.sohu.com/20160802/n462230439.shtml.(访问时间:2018 年 4 月 19 日)
[②] 曾书柔、王晶:《阿拉伯国家媒体人士聚焦中共十九大》,网易新闻网,http://news.163.com/17/1018/14/D11OFRMP00018AOQ.html.(访问时间:2018 年 4 月 19 日)

到全世界，尤其是第三世界国家，使后者能够从中国的开放发展中获益。苏丹通讯社驻北京记者穆斯塔法·侯赛因·哈桑·易卜拉欣对中国共产党取得的伟大成就表示赞赏，他强调苏丹人民期盼同中国人民增进友谊，苏丹执政党和其他政党也非常重视保持和发展同中国共产党的友好关系。

最后，政党是国家政策与大众舆论的桥梁，他们不但可以影响政策，而且可以影响民意，其在各国政治与外交中的作用举足轻重。阿拉伯国家政治情形复杂，政党状况不一，有的国家政党实力较弱，还有的国家政党实力很强。目前，阿拉伯国家比较活跃的政党包括阿尔及利亚的民族解放阵线党、埃及的自由埃及人党和华夫脱党、巴勒斯坦的法塔赫、黎巴嫩的未来阵线、摩洛哥的公正与发展党、苏丹的全国大会党、突尼斯的前景党、伊拉克的伊斯兰达瓦党、吉布提的争取进步人民联盟以及科摩罗的科摩罗发展联盟等。这些政党在推动国家政治生态建设、社会经济发展、传达民众诉求等方面发挥着重要作用，与他们内部的友华人士加强交流与合作，无疑会有力地推动双边关系。

2016年4月，应中国共产党的邀请，16个阿拉伯国家的政党负责人参加了在宁夏举行的中国—阿拉伯国家政党对话会。中方系统梳理了中共执政经验，介绍了中国共产党发挥的引领作用。如阿方代表中科威特日报社前董事长兼首席执行官安瓦尔·谢里雅尼表示："中国共产党成功的奥秘就在于坚持自己选择的道路，注重自身的发展实践。不仅如此，中国不像其他国家那样强硬介入中东事务，而是积极致力于中东的和平稳定，力争劝和促谈与化解矛盾，因此得到了中东国家的广泛信任。我们希望中国在中东和国际社会中发挥更多更好的作用。"[①]

在新时期，阿拉伯国家政府和智库之间已经建立了"旋转门制度"。尽管阿拉伯国家智库大多自称是独立智库，不受政府影响，但实际上都不同程度地获得了政府和某些政党的重要资助，甚至智库中的主要领导层和研究员还是现任或前任政府官员。这些智库研究人员熟悉政府决策模式，替政府出谋划策，与现任政府、政党、媒体和宗教派别建立了千丝万缕的

---

① 岳菲菲：《阿拉伯政党大佬如何赴华攒"人脉"？》，《北京青年报》，2016年4月25日。

联系。特别是自2010年底中东剧变以来，阿拉伯国家的社会政治力量逐步分化、政党和社会思潮更加多元化和复杂化，为中国对阿拉伯国家的外交带来诸多不可控因素。因此，中国开展公共外交的重要对象可以优先考虑各阿拉伯国家驻华大使、著名媒体人士和政党代表，从而借用他们的"手"推动中阿关系得到更大的发展。

四、结语

透过中阿文明上千年的交往史可知，起步于"丝绸之路"上的中阿民间交往一直通过宗教之旅、学术之旅和商贸之旅等方式绵延不断，进而形成了独特的丝路交往模式。[①] 不可否认，中阿间教旅、商旅、学旅的"三旅模式"不但是以往民间外交的典范，而且是未来中阿公共外交的坚实基础。在新形势下，中国应充分发挥双方国家智库的作用，真正做到密切关注阿拉伯国家的知名智库，深入挖掘其全方位、跨学科、综合性的人才资源，充分利用其专业优势和科研成果。通过不断深化中阿智库间的合作与交往，快速准确地制定出相关政策，从而推动双边关系良性发展。当然，智库交往也不是"包打天下"，而是既要重视"面"（领域）、"线"（国别和地区），又要着眼于"点"（智库和个人），对有潜力的"新生代"力量更是要量体裁衣、把握分寸。[②] 总之，阿拉伯国家智库在推动中国开展公共外交上扮演的重要角色不言而喻，它们无疑在中阿之间实现民心相通、提升双方人民的亲密度、加强双方的人文交流和公共外交的过程中发挥着不可或缺的桥梁作用。

[①] 姚匡乙、马丽蓉：《丝路新篇——"中阿合作论坛"十周年论文集》，北京：世界知识出版社，2014年版，第187页。

[②] 赵明昊：《引智、借力与谋势：中国外交的"战略转进"与智库对外传播》，《对外传播》，2013年第10期，第25—27页。

第三节 利用多个平台，扩大合作范围

新时期，中阿人文交流的内容不断丰富，人文交流的主体也日渐多样化，包括媒体、智库、教育、文化、体育、卫生交流等内容。中阿友协、中国在阿拉伯国家的12家孔子学院、央视阿语频道以及中国社科院西亚非洲所、中国国际问题研究院、中央党校战略研究所、新华社世界问题研究中心、北京大学、北京外国语大学、上海外国语大学中东研究所、上海国际问题研究院、上海社科院、西北大学、西北民族大学、宁夏大学等高校和科研机构均不同程度地参与了中国对阿拉伯国家的人文交流。但是，与其他区域与国别研究的智库相比，国内中东智库之间信息沟通不畅，内部资源尚未整合，"小、散、弱"的条块分割状况还未得到根本改善，未能在对阿人文交流中形成合力。

一、中阿智库交流的现有平台

自21世纪以来，中阿双方友好关系稳步发展，随着合作水平的不断提高，双方在各个领域的合作均取得成效。近年来，双方打造了多层次、多级别的交流平台，其中，以"中阿合作论坛"（论坛）和"中国—阿拉伯国家博览会"（博览会）的成效最为显著。

为了推动双方的合作关系迈上新台阶，进一步充分发掘合作潜力，中阿各国政府决定建立新的双边合作机制。2004年1月30日，时任中国国家主席胡锦涛同志访问了设在埃及开罗的阿盟总部，会见了阿盟秘书长阿姆鲁·穆萨（Amr Moussa）和其他22个阿盟成员国代表。会谈结束后，李肇星外长与穆萨秘书长共同宣布成立"中国—阿拉伯国家合作论坛"（China-Arab States Cooperation Forum），同时发表了《关于成立"中国—阿拉伯国家合作论坛"的公报》，"中阿合作论坛"由此诞生，为中阿关系的

发展注入了新动能。十几年来，双方已建立起涵盖政治、经济、文化等诸领域的近20项合作机制，成为中国同阿拉伯国家开展集体对话与务实合作的重要平台。

"中阿合作论坛"被誉为"阿盟同地区组织和有影响力国家间建立的最有效率和影响力的"论坛。成立十几年来，"中阿合作论坛"除了加强中阿的政治互信和经济互惠以外，还通过加强社会、文化和新闻等人文领域的合作，夯实了中阿友好关系的民意基础。截至目前，"中阿合作论坛"已经完成了正规化和机制化的建设，创设了部长级会议、高官会议、企业家大会暨投资研讨会等10余种机制，覆盖内容几乎包括政治、经济、文化、人文等各个领域的合作。可以说，这一系列活动不仅充实了中阿合作的内涵，而且创新了中阿合作的模式，推动中阿关系逐步构成多边与双边、官方与民间彼此促进、相互补充、良性互动与发展的有利格局。在部长级会议的引领下，中阿精心制定双方的合作规划。经过多次深入磋商，在2010年第四届部长会议上最终决定正式建立中阿全面合作、共同发展的战略合作关系。从这一时刻起，中阿关系由之前的新型伙伴关系上升到现今的战略合作关系，可谓是进入到一个崭新的历史阶段。

如果说"中阿合作论坛"重视政治交往和人文交流，那么"中国—阿拉伯国家博览会"则在经济合作方面颇具建树。中阿博览会的前身是"中国（宁夏）国际投资贸易洽谈会暨中国·阿拉伯国家经贸论坛"，即宁洽会。从2010年起，宁洽会每年举办一次盛会，逐步发展成为具有国际影响力的国家级、国际性经贸合作的重要平台。经国务院于2012年9月10日批复，"中国（宁夏）国际投资贸易洽谈会暨中国·阿拉伯国家经贸论坛"正式升格为"中阿博览会"。博览会由商务部、贸促会和宁夏回族自治区人民政府共同主办，每年举办一届，后改为每两年举办一届。

在历届"中阿博览会"上，中国与阿拉伯各国的高层交往频繁，互动机制建设不断完善，政治互信也进一步增强。如约旦国王阿卜杜拉二世、巴林国王哈马德曾应邀参加了2013年博览会的开幕式；2014年的主宾国科威特派遣由工商大臣安纳斯·萨利赫（Annas Salihe）率领800余人的"庞大"阵容参会参展；2015年博览会期间，主宾国约旦和摩洛哥高教与科研部部长与会，他们表示，中阿双方在通讯基础设施、互联网、卫星等高新技术方面的合作未来有望得到进一步加强；2016 的博览会暨第二届中阿智库论坛期间，埃及《金字塔报》政治与战略研究中心专家、黎巴嫩贝鲁特大学与阿拉伯翻译家协会、摩洛哥哈桑一世大学代表都积极参加了博览会。

除了"中阿合作论坛"和"中国—阿拉伯国家博览会"等交流平台外，中阿智库学者还有一个专门的交流平台，即"中阿智库论坛"。在"中阿合作论坛"和"中阿博览会"搭建的良好平台的基础上，2015 年 8 月，第十一届西部社会科学院院长联席会议暨首届"中阿智库论坛"在宁夏银川召开。首届智库论坛以国内从事"一带一路"与中阿关系研究的智库建设和合作为重点，推动中阿研究从宏观研究向实证研究转型。2016 年 9 月，第二届"中阿智库论坛"升级为中国社会科学院、自治区政府主办。会后，智库论坛及时编撰并出版了相关成果《中阿蓝皮书》。这套丛书是以中阿经贸关系为研究对象的蓝皮书，为目前中国首创。该书对中国—阿拉伯国家经贸关系的发展进程进行了详细梳理和系统分析，通过实证研究中阿经贸合作的专业问题和国别认识，为"中阿合作论坛""中阿博览会"以及从事中阿经贸合作的企业、政府和社会各界提供决策咨询服务。

在未来的发展中，"中阿智库论坛"应抓住中阿关系快速发展的有利时机，增强使命意识，把握时代特性，坚持"摸着石头过河"的原则，将工作重点放在阿拉伯国家主要智库方面，兼顾智库的重要性和代表性。可以吸收"中非智库论坛"的经验，通过"10 + 10 计划"提升双方智库交流与合作水平。[①] 双方智库学者通过加强对中阿关系和涉阿、涉华问题研究，为中阿关系发展提供智力支撑，同时在国际上争取更多的话语权，更好地满足双方关系的发展需要。在具体操作环节上，建议优先邀请关注当前重大现实问题、与中国智库有密切往来、对加强与中国智库有强烈愿望的阿拉伯智库代表与会，使"中阿智库论坛"能够为双方智库自由组合、开创"融智"新举措、进行长期学术交流搭建一个友好合作的平台。

---

① 毛莉：《中非智库"结对子"开创"融智"新举措》，中国社会科学在线，http://news.hexun.com/2013 - 10 - 23/158995503.html。

可以说，从"中阿合作论坛"到"中国—阿拉伯国家博览会"再到"中阿智库论坛"，这一系列活动和举措通过有助于加深各国间的友好合作关系，不断深化中阿关系的战略性、坚持创新性、突出实效性，[1] 有助于扩大和加强与阿拉伯各国的双边、多边人脉关系，增进互信，借政促经，以政治上的良好关系拉动与地区国家的经济合作和人文交流。

二、有效利用"中阿智库论坛"平台

随着智库在中阿双方交流中地位的不断增加，"中阿智库论坛"有希望将与中阿文明对话研讨会、中阿艺术节和中阿企业家大会等机制一样，成为中阿战略合作关系的重要组成部分。近年来，通过智库论坛建设，以双边带动多边，以多边促进双边，已经逐渐实现了中阿智库在基础研究和政策研究领域的功能对接与全面合作。然而，如何有效利用"中阿智库论坛"平台，还有许多工作可做。

第一，中阿智库可以在"论坛"的框架下，加强学术合作。由于双方智库凝聚了一批具有较强实力的学术人才，在各自国家社科领域占有重要地位，具有较强的人才优势、政策优势和平台优势。加强智库间的学术合作，通过整合人才和学科资源，达到共享资源、共同发展。优势互补，合作空间广大。有合作意向的双方或多方甚至可以考虑签订《合作备忘录》，将未来智库之间的交流与合作内容写入文本中，在基础研究、中阿经典著作互译、智库研究人员互访、阿拉伯人才培养、互派访问学者（学生）等方面加强中长期合作。例如，目前中国没有一本阿文学术期刊，"中阿智库论坛"的建立，有望促进双方智库在阿文期刊或其他研究报告撰写方面实现零的突破。

第二，新时期中阿智库跨国联合攻关是重要合作内容。在人类历史上，科学研究属于一种脑力劳动方式，其组织结构经历了由个体到集体、由小集体到大协作的发展道路。随着科学技术的快速发展，科学内部催生

---

[1] 姚匡乙:《"中阿合作论坛"十年回顾与展望》，《阿拉伯世界研究》，2014年第5期，第7页。

了更多的分支。许多新的学科纷纷建立，不仅使科学劳动的专业化分工愈来愈细，而且导致科学研究所面临的课题日趋复杂，从而迫切需要一种"协调"的方式来解决。智库可以充当为中阿智库跨国联合攻关提供了理论基础。当然，公关项目的选择不仅要集中在国民经济和国防建设中的薄弱环节以及急需解决的战略性重大科学技术问题上，而且应统筹国民经济发展规划及国家重点建设、重点技术改造中提出的科学技术难题。例如，中阿智库专家可以从最基础的研究起步，在国内外媒体上联合发表文章，在国际顶尖期刊共同撰写学术论文，联合培养硕博士研究生，合作申请科研项目等，从而为中阿智库合作带来新尝试。

第三，适时召开中国、阿拉伯和西方智库三边对话与交流研讨会。全球阿拉伯问题研究智库主要分布在阿拉伯国家、西方大国和中国，三者成为全球阿拉伯学的三大"重镇"。尽管中国与西方大国中东智库之间客观上存在一定的竞争关系，但应尽力从"合作共赢"的新思维出发，探索三方合作的可能性。目前来看，中阿、阿拉伯与西方、中国与西方智库之间的双边交流已经起步，但这些智库的三边对话和交流机制尚未建立。特别是西方国家著名机构在阿拉伯国家设立的站点已经与当地智库形成了较为密切的互动关系，与这些智库加强合作与沟通，不仅有助于提升中国中东智库的国际化水平和话语权，而且有利于推动中国参与中东地区治理的能力建设。

第四，中阿智库应从"人才培养"入手，通过智库交流增强双方文化软实力。新时期的智库交流是中国大外交、大外事的重要组成部分。对内，中国应积极培养全国主要中东智库中的人才，尤其是精通阿拉伯语和英语、有阿拉伯国家留学背景、与阿拉伯智库有较密切人脉关系的专家学者，吸收部分智库精英到前方使馆挂职锻炼，丰富其开展智库工作的实践经验。对外，通过中阿智库交流增强中国文化软实力。实践证明，凡是与中国智库保持良好合作关系的阿拉伯智库往往都是亲华派和友华派；凡是对我缺乏了解、与我智库往来较少的阿拉伯智库容易对中国中东政策产生误解并横加批评。因此，应尽量淡化中阿智库交流的政府主导色彩，而是坚持"政府搭台、智库唱戏"的方针，尤其是要让双方智库"唱主角"，本着"平等、自愿、共赢"的原则,建立长期合作机制。

三、峰会对中阿智库交流的促进作用

峰会是高手与高手之间的对决,一般特指涉及多国或多边国际性问题的、由各国最高领导人参加的、预计会达成某些共识或某些共同纲领性文件的国际会议。它是不同国家之间重要的、有效的交流平台,它在国际社会中主要发挥以下两大作用:一是有助于维系文化交流与经济合作的纽带;二是有助于协调会员国经济关系,调节争端和异见。由于峰会是各国政府的首脑或元首层级的人物或者部长级别的官员参加的会议,与会的官员层级较高,因此会议所讨论问题达成共识的可能性较大,未来的执行更有保障。

事实上,在国际局势大调整、政治格局大变动时期,峰会的召开为迅速有效地解决现实问题提供了平台。[1] 其主要原因如下:一是因为许多国际冲突或国家争端仅靠联合国已经无法解决。随着世界政治格局的深刻变化,国际安全与和平的内涵已经发生了重大变化,联合国也面临着新的挑战。深化联合国体制改革的呼声越来越强烈,而联合国在很多国际事务上只有呼吁权,没有决定权,从而促使各类峰会成为其有力的补充。二是因为许多国际冲突或国家争端仅靠传统势力已经无法解决。八国集团曾经为缓解国际矛盾发挥过重要作用,但随着集团部分成员在世界力量组合中的地位日渐衰微,目前已不能充分发挥全球治理中心的重要作用。而 G20 则日益成为解决世界经济问题的最重要平台。作为一个国际经济合作论坛,G20 势必与各国的智库交流有不少交融与共通之处,如各国智库提出议题、探讨方案、实施计划等工作,无疑为会议的筹备和规划奠定了基础。三是当今世界面临许多非传统安全威胁,需要崭新的国际机制加以有效解决。包括金融安全、生态环境安全、气候威胁、信息安全、核恐怖主义威胁、资源安全等,为了解决这一系列难题,专业峰会由此诞生。如 2009 年 7 月

---

[1] 李扬:《"金砖四国"与国际转型:BRICS 智库巴西峰会的思考》,北京:社会科学文献出版社,2011 年版,第 23 页。

2日首次在北京举办的"全球智库峰会",来自全球30多家顶级智库代表、100多名前政要与会。可以说,这些峰会有助于各国领导人建立新的政治格局,从而解决日益复杂的国际政治问题。

随着信息时代和知识经济时代的来临,全球化进程不断促进多边经济合作发展。2016年12月17日,"中国—海湾国家经济合作智库峰会"在北京举行。峰会设置了三个单元的讨论环节,包括"中国—海湾国家经济合作战略对话与智库作用""中国—海湾国家能源合作"以及"'一带一路'背景下中国—海湾国家产业与金融合作"等。此次峰会的目的在于充分发扬中阿智库在国际经贸合作中的引领和推动作用,让海湾国家更全面地了解中国。通过联合中国和海湾国家的政府部门、行业组织和企业界,创立一个大型论坛或交流平台,进而丰富中国与海湾国家在经济合作与发展战略中的国际研究活动。此举不仅将有力推动中国和海湾阿拉伯国家在经济、贸易、投资、技术等多领域方面的交流与合作,也标志着中国与海湾国家的合作和发展步入新的历史时期。

为了推进中阿务实合作、丰富中阿关系战略内涵,"中阿经贸文化交流峰会"从2014年开始举办,现已成为双方交流的重要平台。2017年4月1日,第四届"中阿经贸文化交流峰会"在成都举行。参加此次峰会的有来自33个国家和地区的国际知名企业的代表、海外华商、海外侨界青年以及国内企业代表等。会议期间,80余家外商、海外华商与四川近百家企业进行了深入对接,双方在金融投资、服务贸易、生态旅游、生物医药、健康医疗、机械制造等领域展开了交流与探讨。主题峰会的召开受到阿拉伯国家代表的大力赞扬与肯定,阿联酋经济部副部长穆罕默德·谢希(Mohamed al-Shehhi)表示,"中国目前已是阿联酋的最大贸易伙伴,在阿华侨华人在推动中阿经贸往来中扮演了重要角色。阿联酋与四川近年来在多领域开展了合作,随着此次峰会的召开,双方今后的合作机会将不断增加。"[①]

2017年9月5日,"中国—阿拉伯国家工商峰会"在宁夏银川举行。

---

① 陈淋:《2017"中阿经贸文化交流峰会"在成都举行》,四川新闻网,http://scnews.newssc.org/system/20170401/000765675.html.(访问时间:2018年4月19日)

该峰会不仅是中国与阿拉伯国家工商界进行深入对话与务实合作的高峰盛会，而且是国家政要与智库专家的聚首盛会，同时还是开展能源、投资、贸易、金融领域洽谈合作的具有专业性、权威性、综合性特点的盛会。在会议期间，600余名中国和包括阿拉伯国家在内的"一带一路"沿线国家派出政府部门、国际组织、工商协会、企业界代表参加了会议，他们围绕"创新合作模式、促进联动发展"等大会主题，进行了多项活动，其中包括成果发布及签约、特别论坛、主题研讨、接洽会议、综合展示和参观考察等内容。峰会以把脉中阿战略合作走向为出发点，通过研究和洞察中阿之间的商业机遇，着力彰显中阿工商界精英领袖的先驱典范，从而切实建设中阿"全面合作、共同发展"的战略合作关系。

阿拉伯地区是实施中国"一带一路"倡议最主要的地带之一，发展同阿拉伯国家的经贸关系是共建"一带一路"的重要基础工作。近年来，中国和阿拉伯国家一直保持密切的经贸合作势头，在阿拉伯国家看来，中国已经成为阿第二大贸易伙伴国和重要的原油出口市场；在中国看来，阿拉伯国家已经成为其第七大贸易伙伴和最大的原油供应商及承包工程市场。哪怕是在全球经贸形势疲软、中国的出口也有一些下降的情况下，中阿经贸合作还是保持一个健康良好的发展势头。[①] 目前来看，双方已具有诸多交流机制和平台，无论是"中国—海湾国家经济合作智库峰会"，还是"中阿经贸文化交流峰会"，抑或是"中国—阿拉伯国家工商峰会"，它们都为中阿智库提供了交流与合作的平台，打造了双方交流的多领域阵地，从而更进一步促进了中阿关系的稳步发展。

四、结语

毋庸置疑，中阿智库交流本身就是中国对阿拉伯国家公共外交的重要组成部分。若要顺利实施"一带一路"规划，首先要获取阿拉伯公众对中国中东政策的支持与理解，这不但有助于树立中国的"负责任大国"形

---

① 辛闻：《发展中阿经贸合作是"一带一路"重要组成部分》，中国网，http://news.china.com.cn/2015-08/17/content_36325953.htm.（访问时间：2018年4月19日）

象，而且有利于中国实施和平外交、构建和谐世界。然而，阿拉伯世界长期以来处于大动荡、大分化和大改组的环境中，固有的问题尚未得到解决，新的矛盾和冲突却又层出不穷，不断出现的问题深刻地改变着阿拉伯国家的政治生态，无疑也给中国的中东政策提出更加严峻的考验。[①] 这些难题无疑需要智库专家出谋划策、指点迷津。鉴于此，中阿智库可以建立更加密切的交流关系，利用现有的三大平台，积极组织峰会活动，不断扩大交流范围并深化人文交流。此举不但有助于提升中国在阿拉伯世界的文化软实力，而且必将推动新时期双方的友好交往与全方位合作，从而深化"全面合作、共同发展"的中阿战略合作关系，使中阿战略合作关系更加稳固，前景更为广阔。

本章小结

在当代复杂多变的国际关系中，人文因素日益彰显其重要性。文化交流与沟通是不同民族间实现相互理解、彼此信任、真诚合作的重要桥梁和主要纽带。纵观中国与阿拉伯国家长期以来的文化交流，其呈现出交流日趋频繁、开放包容、互学互鉴等特点。在新形势下，中国和广大阿拉伯国家既面临加快发展的难得机遇，也会遭遇纷繁复杂的新问题和新挑战。随着双方共同利益的不断扩大，合作愿望更趋强烈。双方都本着坚定维护不同文明的原则，通过互学互鉴，共创和谐世界。中国始终把发展与阿拉伯国家关系作为外交的优先方向和重点，与此同时，阿拉伯国家也视中国为其可靠的战略合作伙伴。[②] 随着"一带一路"倡议的不断推进，中国将"增信释疑"作为人文外交的出发点，不但积极参与全球经济治理，还努

[①] 刘欣路：《中国对阿拉伯国家的公共外交：使命与挑战》，《当代世界》，2013 年第 3 期，第 58 页。

[②] 姚匡乙：《"中阿合作论坛"十年回顾与展望》，《阿拉伯世界研究》，2014 年第 5 期，第 8 页。

力推动文化交流，做到人对人、心对心，真正做到认真倾听、互相尊重，在消除障碍和误解的同时，更好地推进国际合作与发展。

近年来，在加强智库建设的大背景下，中阿智库在促进学术交流、促进中国对阿公共外交等方面发挥了积极作用。双方就如何发挥各自优势、探寻最大合作领域、实现互利共赢等问题上迈出了坚实的步伐，为进一步交流合作打下了良好基础。毫无疑问，构建伙伴关系是中国外交的主要特色，共建"一带一路"也已成为中国与阿拉伯国家深化"全面合作、共同发展"战略合作关系的重要内涵。通过积极搭建智库间的国际交流平台，中阿各国既可增进友谊，又能极大地促进学科建设，将极大地推动中阿关系更快更好地发展。

结　论

在推动"一带一路"高质量发展的新形势下，如何更好发挥民心相通作用以及探究其实现目标、方法和路径等，是一个重要课题。智库间的交流与合作作为国家间公共外交的主要渠道之一，为推动政策沟通、增进民心相通、促进务实合作发挥了独特作用，日益成为"一带一路"建设中不可或缺的元素。中国政府早在2009年就把智库建设与公共外交发展提升到国家战略的高度，"智库公共外交"迅速成为相关行业重点关注的话题。中国著名公共外交刊物《公共外交季刊》2013年冬季号专设"智库与公共外交"专题，邀请学者们对这一问题进行阐释。王莉丽认为，"中国智库要与世界各国智库建立起密切的合作及交流机制，此举既有助于拓展国际影响力和话语权，为国家大外交战略建立重要通道，又有利于全球化背景下全球性问题的战略应对。"[①] 王文指出，"中国首先要建设一批高水平智库并将它们打造成有效的国际交流平台，然后通过公共外交的手段吸纳各国智慧作用于中国发展，进而达到宣传中国理念并影响他国社会之目的。"[②] 张春提出，"中国智库为了开展公共外交，首先要建立一个有重要影响力的国际性网络，大力提升中国的国际话语设定能力和道德权威地位。"[③] 不可否认，智库间的交流与合作不但可以分享不同国家的发展理念和经验，而且有利于各国政府间的政策沟通，其重要性不言而喻。在"一带一路"相知相交、互学互鉴理念的指引下，本研究以中国—阿拉伯国家

[①] 王莉丽：《中国智库建设与公共外交拓展》，《公共外交季刊》2013年第4期，第27页。

[②] 王文：《公共外交上策是影响他国智库——以二十国智库会议为例》，《公共外交季刊》，2013年第4期，第37页。

[③] 张春：《中国智库开展公共外交的四策》，《公共外交季刊》，2013年第4期，第33页。

智库合作为例，通过分析其合作意义，梳理其合作机制，进而探索其合作路径。

一、中阿智库合作的意义

十九大以来，中国特色社会主义进入了新时代。党的十九大报告明确指出要加强中国特色新型智库建设，为新时期中国智库建设指明了发展目标和方向。其中，开展公共外交、提供中国智慧、增强国际影响力，成为中国智库为国家发展贡献力量的重要方式。中阿智库是中阿思想界精英的桥梁，其交流与合作本身就是中国对阿拉伯国家公共外交的一部分。在逐步成为国际社会负责任大国、构建和谐世界的过程中，中国一定程度上获得了阿拉伯公众的理解，树立中国"负责任大国"形象。然而，由于阿拉伯世界各国长期处于"大动荡、大分化、大改组之中，旧有问题尚未解决，新的矛盾和冲突又层出不穷，不但深刻地改变着阿拉伯世界的政治生态，同时也给中国的中东政策提出了严峻的考验。"[①] 这些难题无疑需要双方智库专家出谋划策、指点迷津。具体而言，中阿智库合作的意义主要体现在以下三点：一是为中国参与中东事务提供有利的舆论环境；二是为地区紧张关系注入中国改革经验和发展思路；三是为中国参与全球经济治理、贡献中国智慧奠定基础。

首先，为中国参与中东事务提供有利的舆论环境。习近平总书记指出："做好舆论引导工作，关系道路和方向，关系人心和士气，关系中心和大局，是新闻宣传工作的重中之重，是意识形态工作的重要内容。"[②] 可以说，舆论导向事关道路方向和人心向背，事关社会稳定和社会进步，因而舆论安全关乎党的执政安全和国家安全。在全球化时代，政府虽然主导着国家形象的塑造，但又往往无法及时解决某些突发事件或者控制影响国

[①] 刘欣路：《中国对阿拉伯国家的公共外交：使命与挑战》，《当代世界》，2013 年第 3 期，第 58 页。

[②] 习近平：《胸怀大局 把握大势 着眼大事 努力把宣传思想工作做得更好》，《人民日报》，2013 年 8 月 21 日。

家形象的各种因素,因此,国家形象的塑造还需要仰仗跨国企业或非政府组织。目前来看,中国学术界从事国家形象研究的学者与日俱增,他们大多集中在新闻传播学、国际关系学、外交学等领域。这些智库专家身体力行,正在不断改进旧有的思维方式和传播模式,通过加强国际沟通能力的建设,采用新概念、新范畴、新方式传播中国国家新形象,从而改善现有的传播语言体系。

近年来,中东在中国利益格局中的份量越来越重,"一带一路"倡议促使中国从有限参与中东事务转型到全方位参与,中国理念已经赢得了包括阿拉伯国家在内的许多中东国家的肯定。社会舆情的走向会左右社会发展的走向。在社会舆论场中,由于政府公信力或与公众的沟通普遍存在一些问题,公众对政府出台的公共政策多少持一些怀疑态度,导致他们更愿意相信第三方的意见,而来自智库专家和学者的宣传效果则会好。中阿智库合作为中国参与中东事务提供了有利的舆论环境。通过利用智库有效沟通政府和民意的功能,改善中国参与中东事务的舆论环境,发挥智库在信息传播中的理性思考功能,引导人们理性看待双方交往中产生的种种问题,从而有利于官方的外交宣传。

其次,为地区紧张关系注入中国改革经验和发展思路。近年来,随着中东地区国家社会转型的不断深入,新的社会阶层逐步成长,他们的政治诉求也越来越宽泛,而既得利益集团又不可能放弃已经获得的社会地位。与此同时,文化利益的冲突也随着各种文化及文化要素之间分歧的不断加大而更加凸显。面对一系列困境,阿拉伯国家普遍采取了现代化的赶超战略,各国政府担负起促进增长、社会动员、公平分配、政治参与等多重任务,而这种"超负荷"运转导致供给能力下降并造成新一轮风险和危机产生。[①] 为了动员社会力量来化解危机,统治者往往通过加快经济增长、促进政治变革来取信于民。但事实上,许多"政治体系不能很快地提高满足要求的能力以适应来势快得多的政治抱负和民众期望的高涨,这样就使政

---

① 李意:《中东国家政治转型期的不稳定因素分析》,《现代国际关系》,2011年第7期,第56页。

治体系陷于困难"①，从而造成国家局势动荡并殃及地区安全。

随着地区紧张局势的不断加深，不少阿拉伯国家面临社会转型和政治变革的难题，他们肯定中国的改革成就并希望获得相关经验与智慧。与中国政府注重智库建设一样，阿拉伯国家智库近年来也受到多方支持，呈现出积极的发展态势。如阿联酋战略研究中心在阿联酋总统的支持下获得了重要政策和财政支持，已成为中东地区的顶尖智库之一；沙特阿拉伯的费萨尔国王伊斯兰研究中心受到沙特王室成员资金的大力支持，在伊斯兰世界颇具影响；隶属于埃及内阁的信息与决策支持中心注重与埃及各部委、国家组织、地区和国际智库建立合作伙伴关系，与中国国务院发展研究中心保持着交往。鉴于此，中阿智库应本着引领文明之先、构建人类文明共同体的思想理念，通过"中阿文明对话研讨会""中阿友好大会""中阿新闻合作论坛""中阿文化节"等一系列人文活动，在中阿人民之间架起一座座相互了解和沟通的桥梁。

最后，为中国参与全球经济治理、贡献中国智慧奠定基础。习近平总书记指出，"随着国际力量对比消长变化和全球性挑战日益增多，加强全球治理、推进全球治理体制变革是大势所趋。"② 2015年10月12日，在中共中央政治局第27次集体学习时，中国首次在公开场合明确提出"共商共建共享"的全球治理理念。其中，共商就是集思广益，由全球所有参与治理方共同商议，而智库是共商的主体。2015年6月26日，联合国副秘书长吴红波在"第四届全球智库峰会"上指出："各国政府当前面临着不同的困难，需要找到一个国家规划以及政策制定的全面方法。和以往相比，我们更加需要专家、科学家和智库的参与和智库间的通力协作，从而大大加速可持续发展的进步。"③ 因此，中阿智库合作有助于双方更快更好地加入全球体系，从而从容应对来自各方的挑战。

不仅如此，习近平总书记多次在重大外交场合阐述中国关于全球治理

---

① Larry Diamond, "Why Are There No Arab Democracies?" *Journal of Democracy*, Vol. 21, No. 1, January 2010, pp. 93–112.
② 习近平：《习近平谈治国理政（第二卷）》，北京：外文出版社有限责任公司，2017年版，第448页。
③ 吴红波：《加大全球智库的交流》，《全球化》，2015年第8期，第6页。

的新理念新思想，提出中国解决全球治理重要议题的新方案新举措，推动全球治理体系向更公正合理的方向发展。特别是追求本国利益时兼顾他国合理关切的"人类命运共同体"理念，已经深入人心，获得了国际社会的广泛关注与肯定。2017年2月和11月，"人类命运共同体"理念分别载入联合国相关决议，表明该理念已经得到国际社会的普遍认同，不仅为中国进一步参与全球治理奠定了基础，也为中阿智库的交流与合作指明了方向。

二、中阿智库合作的平台

文化交流本身就具有增信释疑、沟通心灵的作用。中国与阿拉伯国家智库的合作起源于双方的人文外交。新中国成立后不久，中国政府即展开对阿拉伯国家的人文外交。这一时期的阿拉伯文化在中国的传播主要以政治为导向，政治上的互信互利、互相支持带动了文化交流的初期繁荣。改革开放以来，阿拉伯文化在中国的传播迎来了大好局面，多层次、多渠道、多形式的交流，伴随着双边往来与多边交流相结合的趋势，在交流范围、合作领域、涉及项目与人员方面，都达到了史无前例的规模。21世纪以来，随着"中阿合作论坛"的成立和发展壮大，在其框架下的一系列机制性活动逐步拉开，并在近年里形成了更多的平台。这些平台主要包括"中阿关系暨中阿文明对话研讨会""中阿友好大会"、孔子学院、"中阿博览会"以及"中阿智库论坛"等多种形式。

2015年中共中央办公厅、国务院办公厅印发的《关于加强中国特色新型智库建设的意见》将人文外交列为中国特色新型智库的第五项功能，并提出"建立与国际知名智库交流合作机制，开展国际合作项目研究，积极参与国际智库平台对话"等要求。2016年1月，习近平主席在阿盟总部系统阐述了中阿合作发展理念，宣布了一系列重大合作倡议，为中阿关系发展绘制了宏伟蓝图。事实证明，在"弘扬丝路精神，深化中阿合作"的主题下，积极开展中阿智库合作，不仅有助于政策沟通和民心相通，推进中国同阿拉伯国家全方位的交流合作，提高务实合作关系水平，而且有利于弘扬以"和平合作、开放包容、互学互鉴、互利共赢"为核心的丝路精神,[①] 为促进共同发展、增进各国人民的福祉而树立良好典范。"中阿智库论坛"作为专门为中阿智库学者搭建的交流平台,是中国为推进与阿拉伯国家合作进程迈出的坚实步伐,也是完善与巩固中阿合作机制建设,构建更广泛伙伴关系的战略举措。[②]

2015年8月,第十一届西部社会科学院院长联席会议暨首届"中阿智库论坛"在宁夏银川召开。首届智库论坛以国内从事"一带一路"与中阿关系研究的智库建设和合作为重点,推动中阿研究从宏观研究向实证研究转型。2016年9月,第二届"中阿智库论坛"升级为中国社会科学院、自治区政府主办。会后,智库论坛成功编撰并出版了《中阿蓝皮书》。该书是中国首部以中阿经贸关系为对象的蓝皮书,对中国与阿拉伯国家经贸关系发展进程进行了系统分析。通过实证研究中阿经贸合作的专题问题和国别认识,为"中阿合作论坛""中阿博览会"以及从事中阿经贸合作的企业、政府和社会各界提供了决策咨询服务。

可以说,从"中阿合作论坛"到"中阿博览会"再到"中阿智库论坛",这一系列活动和举措通过有助于加深各国间的友好合作关系,为中阿关系深化战略性、坚持创新性、突出实效性夯实了基础,[③] 有助于扩大和加强与阿拉伯各国的双边、多边人脉关系,增进互信,以政促经,依靠政治上的良好关系拉动与地区国家的经济合作和人文交流。通过智库论坛建设,以双边带动多边,以多边促进双边,目前已经初步实现了中阿智库在基础研究和政策研究领域的功能对接与全面合作。然而,如何有效利用"中阿智库论坛"的平台,实现共商共建、群策群力,在论坛现有机制下开展合作,还有许多工作可做。

第一,中阿智库需要加强学术合作。双方智库凝聚了一批具有较强实力的学术人才,他们在各自国家社科领域占有重要地位,具有较强的人才

---

① 习近平:《习近平谈治国理政(第二卷)》,北京:外文出版社有限责任公司,2017年版,第507页。
② 王健:《中国智库发展与中阿智库合作》,《宁夏社会科学》,2015年第6期,第106页。
③ 姚匡乙:《中阿合作论坛"十年回顾与展望"》,《阿拉伯世界研究》,2014年第5期,第7页。

优势、政策优势和平台优势。加强智库间的学术合作，通过整合人才和学科资源，可以达到共享资源、共同发展。有合作意向的双方或多方甚至可以考虑签订《合作备忘录》，将未来智库之间的交流与合作内容写入文本中，在基础研究、中阿经典著作互译、智库研究人员互访、阿拉伯人才培养、互派访问学者（学生）等具体领域加强中长期合作。

第二，中阿智库需要跨国联合攻关。在人类历史上，科学研究经历了由个体到集体，再由小集体到大协作的发展道路。随着科学技术的蓬勃发展和科学水平的快速提高，科学劳动的专业化分工越来越细致，科学研究的课题也越来越复杂，人类共同面临的不少问题迫切需要一种强调"协调"的联合攻关方式来解决。在这样的背景下，公关项目的选择大多数情况下集中在双方国家国民经济和国防建设中的薄弱环节以及急需解决的战略性重大科学技术问题上，同时兼顾国民经济发展规划中的关键性项目和国家重点建设和技术改造中提出的科学技术难题。[1] 在这些理念的指导下，中阿智库可以从最基础的研究起步，在国际知名期刊上联合发表文章，联合培养硕博士研究生，合作申请科研项目等，从而为中阿智库合作带来新尝试。

第三，中阿智库应适时召开中国、阿拉伯和西方智库三边对话或交流会。全球阿拉伯问题研究智库主要分布在阿拉伯国家、西方大国和中国，三者成为全球阿拉伯学的三大"重镇"。尽管中国与西方大国中东智库之间客观上存在一定的竞争关系，但应尽力从"合作共赢"的新思维出发，探索三方合作的可能性。目前来看，中国与阿拉伯、阿拉伯与西方、中国与西方智库之间的双边交流已经起步，但这些智库的三边对话和交流机制尚未建立。如果能在这方面实现突破，不仅有助于提升中国中东智库的国际化水平和话语权，而且有利于推动中国参与中东地区治理的能力建设。

第四，中阿智库应从人才培养入手，通过智库合作增强双方文化软实力。新时期的智库交流是中国大外交、大外事的重要组成部分。对内，中

---

[1] Armin Heinzl, "Trans-National Joint Research Projects," *Business & Information Systems Engineering*, Vol. 59, No. 4, 2017, p. 205.

国应积极培养全国主要中东智库中的人才，尤其是精通阿拉伯语和英语、有阿拉伯国家留学背景、与阿拉伯智库有较密切人脉关系的专家学者，吸收部分智库精英到前方使馆挂职锻炼，丰富其开展智库工作的实践经验。对外，通过中阿智库交流增强中国文化软实力。实践证明，凡是与中国智库保持良好合作关系的阿拉伯智库往往都是亲华派和友华派；凡是对我缺乏了解、与我智库往来较少的阿拉伯智库容易对中国中东政策产生误解并横加批评。因此，应尽量淡化中阿智库交流的政府主导色彩，而是坚持"政府搭台、智库唱戏"的方针，尤其是要让双方智库"唱主角"，本着"平等、自愿、共赢"的原则，建立长期合作机制。

在未来的发展中，"中阿智库论坛"可以抓住中阿关系快速发展的有利时机，增强使命意识，把握时代特性，坚持"摸着石头过河"的原则，将工作重点放在对方国家的主要智库上。通过开展深入研究，坚持独立、客观的核心价值，拿出高水准、有分量的思想产品，在国际上争取更多的话语权。可以预见，"中阿智库论坛"能够为双方智库自由组合、开创"融智"新举措、进行长期学术交流搭建一个友好合作的平台。随着智库在中阿双方交流中地位的不断增加，"中阿智库论坛"将会与"中阿文明对话研讨会""中阿企业家大会""中阿艺术节"等机制一样，成为中阿战略合作关系的重要组成部分。

三、中阿智库合作的路径

随着中阿共建"一带一路"倡议的深入推进，中阿合作新丝路、新模式不断涌现。在这样一个历史阶段，中国与阿拉伯国家智库的交流与合作在双方民心相通、信息沟通、互联互通中将起到重要的推动作用。中国智库既要"走出去"也要"请进来"，通过"借船出海"，塑造有利于中阿关系构建与发展的舆论环境，并通过引导阿拉伯国家的舆论走向来引导整个中东地区的舆论，从而增强中国文化吸引力的广度和政治影响的深度，更清晰、更准确、更有效地传递"中国声音"。因此，加强与阿拉伯国家智库的交流与合作势在必行。

结　论

1. 借用当地智库的人脉关系观察地区形势

阿拉伯智库影响公共政策可分为决策影响力、学术影响力和大众影响力三个层次，分别对应政策制定者、社会精英和普通大众，它们从不同渠道对不同的社会阶层产生影响。[①] 决策影响力是阿拉伯智库发挥作用最直接、最有效的方式，智库组织专家将专业知识转化为政策语言，通过与决策机构之间建立正式或非正式的联系，把关于政策的分析、观点和主张传递给政策制定者，以专题调研报告、内部政策建议、决策咨询等方式使研究方案成为政策现实，从而铸就智库影响力。如巴勒斯坦的 Pal-Think 战略研究所，它以促进巴以和平为己任，通过对公共问题的辩论形成政策建议，为巴勒斯坦和中东地区的决策者提供参考。学术影响力仅次于决策影响力，学者们采用间接或迂回的方式提出学术主张和政策构想，通过形成学派和学术共同体来影响决策。如约旦的皇家伊斯兰思想研究院定期召开具有前瞻性的伊斯兰思想研讨会，在中东伊斯兰学术界具有重要的影响力。而大众影响力亦发挥着不小的作用，如阿联酋的米斯巴尔研究中心作为新兴智库，经常通过电视、广播、网络等传媒，将研究成果及时传播到整个阿拉伯世界，引起公众讨论，在中东伊斯兰国家民众中具有一定的影响力。

近年来，共建"一带一路"已成为中阿进一步深化"全面合作，共同发展"战略合作关系的重要内涵。中国先后同埃及、沙特、阿尔及利亚、阿联酋和卡塔尔等国家建立了战略伙伴关系，通过加强与战略支点国智库的交流，有助于研判阿拉伯国家局势走向，为中央、外交部亚非司、政策规划司及论坛办提供决策咨询服务。然而，相比于美、欧、俄等与该地区有着深厚历史渊源和广泛利益联结的国家，中国的外交资源并不雄厚、人脉基础还较薄弱，在区域热点问题上有时甚至只能扮演旁观者角色。而阿拉伯国家的智库是各国政治精英和意见领袖的聚集之地，拥有不可小觑的话语权和影响力。如摩洛哥皇家战略研究所与摩洛哥王室关系十分密切，它专门针对国家建设进行战略性研究和分析，为摩洛哥王室和政府提供相

[①] 李意：《阿拉伯国家智库：发展态势与特点》，《西亚非洲》，2017 年第 4 期，第 138 页。

关政策建议。约旦大学战略研究中心与政府部门联系紧密,它着重研究约旦乃至整个阿拉伯世界的主要政治、军事、经济和社会问题,促进地区安全,通过民意调查和召开会议等方式,为政策制定者提供可靠的事实和数据。这些智库对阿拉伯国家政治和社会思潮的认识更加直观和深刻,对阿拉伯国家形势走向、外交政策选择等分析更加具体,更富有前瞻性,提出的对策建议也更具可操作性。

目前,美、英、法等智库均在阿拉伯国家建立了分部和研究中心,美国高校如乔治敦大学、美利坚大学等也在中东建立了分校或分部,有助于欧美大国搜集当地的情报,接触阿拉伯国家政要、议员、反对派高层和主流媒体负责人,从而及时了解社会舆论的变化。这些分支和研究中心就好像母国用来观察地区形势的双眼。如美欧一些享誉世界的顶级智库都设有中东研究机构和专题研究项目,并将有些分部设在阿拉伯国家,实现了智库建设的本土化。较有代表性的包括布鲁金斯学会萨班中心旗下的多哈中心、卡内基国际和平基金会中东中心、兰德—卡塔尔政策研究所、英国国际战略研究所巴林分部等。这些智库虽对欧美国家的总部负责,但因其设在阿拉伯国家,因此对阿拉伯各国政府、媒体和学界也有一定影响。

中国在中东地区尚未建起类似的机构,相比较而言,阿拉伯方面一直积极探索中国的经济发展经验、发展模式和外交政策,发表出版了不少文章和著作,在它们的政治类刊物上还不时出现"中国专刊""中国专栏",而中国方面对阿拉伯国家的研究则比较有限,[①] 因而特别需要借助阿拉伯国家智库及时了解情况。例如,由叙利亚前驻华大使瓦迪及其子肖克等人创办的中国和亚洲问题研究中心与黎巴嫩真主党高层保持密切往来,有助于中国了解更多有关黎巴嫩真主党的情况;金字塔政治与战略研究中心则是中国观察埃及塞西政府未来政策走向的重要窗口;阿联酋和约旦智库与当地情报部门联系密切,也有助于中我们掌握地区局势和欧美中东政策走向。

2. 借用当地智库的舆论宣传树立中国形象

当今世界,传播手段和传播能力的重要性与日俱增,它关系到一个国

---

① 朱威烈:《中东研究管见》,北京:世界知识出版社,2017年版,第182页。

家思想文化和价值观念流传的广泛程度，也关系到该国的思想理念在国际社会上的接受程度。[①] 为了"讲好中国故事"，让世界认识真正的中国，中国正在努力靠近各国媒体和受众，从而加强舆论宣传力度，特别是在新时期，"讲好中国故事"具有一定的战略意义。首先，主动向外界"讲好中国故事"，让世界了解中国在国际格局中的思想理念和角色定位，从而有效避免国际社会盲目抵制和误解中国；其次，主动向外界"讲好中国故事"，展现真实、立体、全面的中国，能够提升中国的文化软实力，让外部世界了解并认同中国文化；最后，主动向外界"讲好中国故事"，不仅要介绍取得的成就，还要客观讲出中国社会发展所遇到的困境与问题，从而让世界了解一个全面、立体的中国，掌握中国发展的清晰图式。这既是中国对外宣传工作中的重要思想，也是中国与阿拉伯国家智库合作的主要目的。鉴于智库发挥着引领舆论宣传的重要作用，因此双方智库的交流与合作显得尤为重要。

一方面，阿拉伯国家和民众近年来对中国加深了解的愿望日益迫切和强烈。阿拉伯国家不仅希望了解中国政府的主要战略，特别是国防、经济建设和社会管理等政策，而且希望了解中国在中东热点问题上的政策与立场，包括在巴勒斯坦问题、伊朗核问题、叙利亚危机、中东反恐等问题上的政策主张。中国智库可以利用阿拉伯国家的知华、友华或亲华人士，请他们帮助我们宣传中国的政治主张，因为他们是最有资格或有能力成为外界了解中国、介绍中国、宣扬中国立场的主要力量。长期与中国打交道的阿拉伯智库是知华、友华和亲华的主要力量，他们利用当地的网站、社交平台、媒体及时发出声音，通过利用阿拉伯智库和地方语言讲述"中国故事"、解释我中东政策，在阿拉伯受众中间更加有说服力，其宣传效果也更好。

另一方面，在中国境内出现暴恐事件及其他突发事件时，阿拉伯国家民众希望在第一时间了解事实真相。尽管央视阿语频道（通过尼罗河电视台和阿拉比亚电视台播放）、中国国际广播电台、《今日中国》（阿文版）、

[①] 郭可：《"讲好中国故事"传播中国声音》，《文汇报》，2013年9月25日。

新华网、人民网、中国网阿文版网络等已在阿拉伯世界发挥着舆论导向作用，但由于宣传渠道不够畅通、宣传形式不够灵活，加上中国智库对此事重视不足，利用阿拉伯媒体发出"中国声音"、讲好"中国故事"的能力相对较低，造成当地民众只能通过西方媒体了解中国，导致中国国家形象及其中东政策的动机常受到歪曲。特别是近年来随着国际社会对中国关注度的提升，国际媒体上出现越来越多与中国相关的词汇，如"一带一路""中国两会""中国经济""中非关系""中美关系"和"人民币汇率"等。中国智库专家有责任对此保持高度重视，及时与阿拉伯国家智库交流并解答有关疑问，以新发展理念塑造中国形象。

目前来看，阿拉伯国家政府和智库之间已经建立了起"旋转门制度"。尽管阿拉伯国家智库大多自称是独立智库，不受政府影响，但实际上它们多少会接受政府和某些政党的资助，有些智库中的主要领导层和研究员还是现任或前任政府官员。这些智库研究人员熟悉政府决策模式，替政府出谋划策，与现任政府、政党、媒体和宗教派别建立起千丝万缕的联系。中东剧变以来，阿拉伯社会政治力量、政党派别和社会思潮的多元化趋势进一步凸显，中国开展公共外交的重要对象可以优先考虑阿拉伯国家的主要智库，通过协同举办研讨会，开发联合研究，加强互访互派机制等方式，在大力开展学术交流的同时，不断加强和扩大各国间的合作共识。

3. 借用当地智库的友华人士推动双边关系

曾任外交部副部长的杨福昌大使认为："中国把发展中国家当作外交基石和战略依托，十分重视加强和发展同阿拉伯国家的关系。"[①] 毋庸置疑，中国与阿拉伯国家在许多国际事务中具有共同利益，在一些重大问题上持有相同或相近的立场，因此，发展友好关系符合双方的利益。通过不断化解小矛盾，解决小分歧，双方关系已经达到一个新水平。特别是近年来，阿拉伯民众不但关注中国在经济改革中取得的巨大成效，也关注中国在国际政治舞台上扮演的重要角色，他们希望中国帮助阿拉伯各国在世界

---

① 杨福昌：《中阿关系的历史和现实》，《国际问题研究》，2013年第4期，第15页。

经济危机中保持经济发展与社会稳定。① 中阿关系的发展需要借助阿拉伯世界各种积极力量,包括政府官员中的友华人士、阿拉伯国家政党、主流媒体和青年精英等。当然,这些友华人士一般具有多重角色,他们大多拥有阿拉伯国家智库专家的身份。

第一,可以借用阿拉伯驻华大使的积极力量,推动双边关系向前发展。由于长期居住在中国,他们大多数都对中国非常友好,有的甚至与中国建立了特殊的友谊。如阿曼苏丹国驻华大使阿卜杜拉·萨利赫·萨阿迪对中阿关系的前景十分看好。他指出:"中国与阿拉伯国家的合作,有的是政府支持,有的是民间自发,两国历史上的交往为双边关系发展打下了坚固的基础。我相信其发展空间还会更加广阔。"② 目前,中国与阿曼在科学技术、文化交流等领域加强合作,投资额不断增加。中国农业专家亲赴阿曼指导工作,提高了阿曼农业的科技含量,促进了阿曼农业的进步。2017年4月,位于阿曼杜库姆经济特区内的中国—阿曼产业园举行奠基典礼和企业入驻签约仪式,为双方进一步开展经济合作打下了基础。

第二,可以借用包括埃及《金字塔报》、沙特《中东报》在内的众多阿拉伯知名媒体人的力量,推动双边关系向前发展。2016年6月,由《人民日报》社主办的"一带一路"媒体合作论坛召开,其主题为"命运共同体,合作新格局",为海内外媒体搭建了高端对话平台。埃及金字塔门户网总编辑希沙姆·尤尼斯表示,"一带一路"沿线国家之间的合作将汇聚成"东方力量",为人类的进步做出贡献。③ 参加论坛的其他阿拉伯重要媒体人一致表示看好中国的"一带一路"倡议及其外交政策,他们普遍认为丝绸之路是全人类的共同财富,将会为沿线人民带来福祉。不仅如此,阿拉伯智库还专门召开"一带一路"研讨会,讨论中国道路对人类发展与和

---

① [摩洛哥]萨凯勒:《阿拉伯世界巨变与中阿合作》,《国际问题研究》,2013年第4期,第18页。
② [阿曼]阿卜杜拉·萨利赫·萨阿迪:《新中国与阿曼关系的历史与现状》,《阿拉伯世界研究》,2012年第4期,第56页。
③ 王晶、翟转丽:《阿拉伯媒体人眼中的2016"一带一路"媒体合作论坛》,2016年8月2日,人民网,http://business.sohu.com/20160802/n462230439.shtml。(访问时间:2017年11月17日)

平的引领作用。如隶属于开罗大学政治经济学院的亚洲研究中心,是一家以学术研究和政策研究为导向的研究机构,长期致力于亚洲各国政治、外交、经济和文化等领域的研究。它积极推动埃及与亚洲各国特别是与中国的交流与合作,重视与亚洲国家高校和科研机构建立合作关系,曾举办过中国问题、中埃关系和"一带一路"等专题研讨会。

第三,阿拉伯国家的政党在政治生态建设、经济社会发展、民众意愿诉求等方面负有使命和职责,与这些政党内部的友华人士加强交流与合作,无疑会有力地推动双边关系。2016 年 4 月,在宁夏举行的中国—阿拉伯国家政党对话会中,来自 16 个阿拉伯国家的 30 多个政党的负责人与会。与会代表们围绕"和平稳定与国际反恐""道路选择与政治引领""'一带一路'与政党作用"等主题进行交流,为推动双边务实合作积极建言献策,使中阿合作更具政治和民意基础。在会上,中方系统梳理了中共执政经验,介绍了中国共产党发挥的引领作用。特别是阿拉伯国家有不少智库与政党互动频繁,如利比亚的萨迪克研究所下设"萨迪克论坛",与决策者、政治家、外交官、军事专家、政党领袖、媒体人士、专家学者均保持密切联系。在智库合作中,中方应凭借阿拉伯智库与政党的关系,加强阿拉伯政党的引领作用,从而在中东地区发挥更多作用。

阿拉伯友华人士已经在为推动中阿关系贡献着力量。2014 年 10 月 28 日在宁夏大学召开的阿拉伯国家大使论坛上,在中国居住了 40 多年的巴勒斯坦前驻华大使兼阿拉伯信息中心主任穆斯塔法·萨法日尼认为:"中阿合作交流不应仅限于能源和经贸,而是关涉到各个方面,如科技、文化、教育等领域。不可否认,这种合作不仅会让中国受益,更会让阿拉伯国家受益"。[1] 摩洛哥正义与发展党代表萨凯勒也在多种场合肯定中国的政策,他指出,"我们今天看到的现实并未如拿破仑所言令世界震动,也并未出现亨廷顿所说的文明之间的冲突。相反,中国的崛起使当今世界发展更加均衡、更加完善。"[2] 这些阿拉伯知华、友华人士的声音应该被我们保护,

---

[1] 郭可:《"讲好中国故事"传播中国声音》,《文汇报》,2013 年 9 月 25 日。
[2] [摩洛哥] 萨凯勒:《阿拉伯世界巨变与中阿合作》,《国际问题研究》,2013 年第 4 期,第 17 页。

并在必要时及时调动来引导舆论走向和维护中国形象。

四、结语

深化与"一带一路"沿线阿拉伯国家智库的交流与合作,充分发挥智库的学术研究能力及其民间外交的影响力,对促进中阿各国间政策沟通、民心相通具有重要意义,也是加强现代丝绸之路建设的基础和保障。截至目前,中阿智库的交流与合作虽然已经起步,但与中国同欧美大国的智库交流相比,仍处于浅层次,缺乏多边对话与交流平台。从合作过程来看,一方面,双方交流、合作的层级还不够高;民间智库和半官方智库交流与合作比较多,官方智库较少开展直接的交流与合作;另一方面,双方智库往往根据需要举办专题性研讨会和论坛,较少涉及有持续性且具有重大影响力的议题,尚未涉及具有前瞻性和国际性的重大议题。从合作目标来看,中阿智库应发挥协商性平台的作用,其合作要快于、先于、深于政治或经济领域的合作,并对其起到引领作用。然而目前以相关交流与合作为主题展开的各种形式的研讨会和论坛,基本上停留在智库专家、学者进行学术交流与探讨层面,相比较学术及公众影响力而言,其政策影响力较弱。从合作条件来看,尽管"中阿智库论坛"的平台已经建立,但双方智库对彼此的了解和认识尚浅。阿拉伯国家智库很少有学者能够直接使用中文进行研究;中国智库虽然拥有一批能够使用阿拉伯语进行研究的专职人员,但远未实现"研究人才"和"外语人才"的有效结合。因此,中阿智库的交流与合作还有许多拓展空间。

附录

《阿拉伯智库目录》一览①

（按国家英文名首字母顺序排列）

一、阿尔及利亚

1. 妇女儿童权利信息和文献中心

机构名称： Centre d'Information et de Documentation sur les Droits de l'Enfant et de la Femme (CIDDEF)

研究领域： 妇女和儿童

智库类型： 政府组织

联系方式： 电话：(+213) 21743447

邮箱：iddefenfant@yahoo.fr

地址：05, Rue Alfred Lettelier, Sacré Coeur Alger

网　　址： http://www.ciddef-dz.com

2. 人类社会文化研究中心

机构名称： Center e Recherche en Anthropologie Sociale et Culturelle (CRASC)

研究领域： 社会人类学、历史、城市和地区、教育人类学等

成立时间： 1992 年 5 月

---

① 该目录由《阿拉伯智库目录》(Arab Think Tanks Directory) 由未来基金会 (The Foundation for the Future, FFF) 和联合国开发计划奥斯陆治理中心 (The UNDP Oslo Governance Centre, OGC) 共同发布。本附录除了原有的 200 多个目录外，还增加了阿曼塔瓦苏勒研究所、也门战略研究中心、中国和亚洲问题研究中心、毛塔三智库、苏丹二智库、索马里二智库、吉布提智库等。

智库类型： 政府组织
机构领导： Said Bouamama
工作语言： 阿拉伯语、法语
联系方式： 电话：(+213) 21743447
邮箱：iddefenfant@yahoo.fr
地址：05, Rue Alfred Lettelier, Sacré Coeur Alger
网　　址： http://www.ciddef-dz.com

3. 经济发展研究中心

机构名称： Centre De Recherche en Economie Appliquée pour le Développement (CREAD)
研究领域： 经济、资源、环境、外贸、卫生、人力资源
智库类型： 政府组织
工作语言： 阿拉伯语、法语
联系方式： 电话：(+213) 21942367 或 (+213) 21941174
传真：(+213) 21941716 或 (+213) 21941716
邮箱：cread@cread.edu.dz 或 dib.salah@yahoo.fr
网　　址： http://www.cread-dz.org/

4. 国家人口与发展分析研究中心

机构名称： Centre National D'études et D'Analyses pour la Population et le Developpement
研究领域： 人口、区域经济、教育、卫生
成立时间： 1963 年
智库类型： 政府组织
机构领导： Makboul El Hadi
工作语言： 阿拉伯语、法语
联系方式： 电话：(+213) 21542982/83 或 (+213) 215430 86
传真：(+213) 21542149
邮箱：ceneap@wissal.dz 或 enmakboul@ceneap.com.dz
地址：98, Rn1 Bp34 Birkhadem Alger

网　　　址：http://www.ceneap.com.dz/Home.htm

5. 国家资源与城市研究中心

机构名称：Centre National d'Etudes et de Recherches Appliquees en Urbanisme

研究领域：国家资源和城市变迁

工作语言：阿拉伯语、法语

联系方式：地址：30, rue Hassen Ben Naamane. Bir Mourad Rais Alger 16005

电话：(+213) 21542257

传真：(+213) 21542265

网　　　址：

6. 国立全球战略研究所

机构名称：Institut National d'Études de Stratégie Globale (INESG)

研究领域：国际关系、国防政治、内部安全

成立时间：1985年

智库类型：政府组织

联系方式：地址：Route les Vergers, BP 137 Birkhadem, Alger Algérie

电话：(+213) 21540707

网　　　址：http://www.ciddef-dz.com

二、巴林

1. 巴林战略国际能源研究中心

机构名称：Bahrain Center for Strategic International and Energy Studies (BCSIES)

研究领域：战略研究、国际视野、能量、网络空间

成立时间：2005年

智库类型：政府组织

机构领导：董事长 Mohamed Abdulgafar

工作语言： 英语、阿拉伯语
联系方式： 地址：PO Box 496, Manama
电话：(+973) 17754757
传真：(+973) 17 754 678
邮箱：Info@ bcsr. gov. bh

2. 巴林政治发展研究所
机构名称： Baharin Institute for Political Development (BIPD)
研究领域： 国家建设、政治变化、现代化问题
工作语言： 法语
联系方式： 电话：(+973) 17821444 或 (+973) 17821440 \
邮箱：info@ bipd. gov. bh
网　　址： http://www. bipd. gov. bh

3. 国际战略研究所巴林中东办公室
机构名称： International Institute for Strategic Studies Middle East Office in Bahrain (IISS – Middle East)
研究领域： 国防安全与冲突、国家发展战略
成立时间： 2010 年
智库类型： 非政府组织
机构领导： John Chipman
工作语言： 英语、阿拉伯语
联系方式： 地　址：14th Floor, GBCorp Tower, Bahrain Financial Harbour, Building 1411, Road 4626, Manama 346
电话：(+973) 17181155
传真：(+973) 17100155
邮箱：IISS – middleeast@ iiss. org
网　　址： http://www. iiss. org/middle – east

三、埃及

1. 金字塔报政治和战略研究中心

机构名称： Al Ahram Center for Political and Strategic Studies（ACPSS）

研究领域： 国际问题研究、国际政治、国家战略

成立时间： 1968 年

智库类型： 非政府组织

机构领导： Dr. Abdel Monem Said

工作语言： 英语、阿拉伯语

联系方式： 地址：Al‐galaast. Cairo

电话：（+202）25786037

传真：（+202）27703229

邮箱：acpss@ahram.org.eg

网　　址： http://acpss.ahram.org.eg

2. Almishkat 研究与培训中心

机构名称： Almishkat Centre for Research and Training（ACRT）

研究领域： 人文发展（集中在知识、收获、就业、贫穷与管理）

成立时间： 1991 年

智库类型： 非政府组织

机构领导： Nader Fergany

工作语言： 英语、阿拉伯语

联系方式： 地址：14 Ramez, 12411, Almohandiseen, Giza

邮箱：nfergany@gmail.com

手机：（+20）1001445599

网　　址： http://www.ciddef‐dz.com

3. AUC 论坛—开罗美利坚大学

机构名称： AUC Forum—The American University in Cairo

研究领域： 国际关系、社会问题、发展问题

成立时间： 2007 年
智库类型： 非政府组织
机构领导： Bahgat Korany
工作语言： 英语、阿拉伯语
联系方式： 地址：开罗美利坚大学研究中心大楼 2 楼 2010 和 2012 室
电话：（+202）26151381
邮箱：mwilliam@aucegypt.edu
网　　址： http://www.aucegypt.edu/research/forum/Pages/default.aspx

4. Anna Lindh 基金

机构名称： Anna Lindh Foundation（ALF）
研究领域： 教育和青年、文化和艺术、和平与共存
成立时间： 2005 年
智库类型： 非政府组织
机构领导： Andreu Claret
工作语言： 英语、阿拉伯语
联系方式： 地址：Anna Lindh Foundation P. O. Box 732 El Mansheia Alexandria 21111
手机：（+202）34820342
传真：（+202）34820471
邮箱：info@euromedalex.org
网　　址： http://www.ciddef-dz.com

5. Baseera-政治观点埃及研究中心

机构名称： Baseera - Egyptian Center for Public Opinion Research
研究领域： 政治思想、政治意识、政治现象
成立时间： 2012 年
智库类型： 非政府组织
机构领导： Magued Osman
工作语言： 英语、阿拉伯语
联系方式： 地址：5 Lebanon Street, Mohandesseen, Giza

电话：（+202）33451395

传真：（+202）33451392

邮箱：info@ baseera. com. eg

网　　址： www. baseera. com. eg

6. 开罗人权研究研究所

机构名称： Cairo Institute for Human Rights Studies（CIHRS）

研究领域： 人权问题

成立时间： 1993 年

智库类型： 非政府组织

机构领导： Magued Osman

工作语言： 英语、阿拉伯语

联系方式： 地址：21 Abd El‐Megid El‐Remaly St. , 7th Floor, Flat No. 71, Bab El Louk, Cairo

电话：（+202）27963757 或（+202）27963726

传真：（+202）27921913

邮箱：info@ cihrs. org

网　　址： http://www. cihrs. org

7. 加拿大国际发展研究中心

机构名称： Canada's International Development Research Centre（IDRC）

研究领域： 国际资本、私有化

智库类型： 政府组织分支机构

工作语言： 法语

联系方式： 电话：（+213）21743447

邮箱：iddefenfant@ yahoo. fr

地址：05, Rue Alfred Lettelier, Sacré Coeur Alger

网　　址： http://www. ciddef‐dz. com

8. 移民与难民研究中心

机构名称： Center for Migration and Refugee Studies（CMRS）

研究领域： 难民与移民问题

智库类型： 政府组织
机构领导： Ibrahim Awad
工作语言： 英语、法语和阿拉伯语
联系方式： 地址：移民与难民研究行政中心2楼，研究中心大楼
P. O. Box 74 新开罗 11835
邮箱：iawad@aucegypt.edu
电话：(+202) 26151398
网　　址： www.idrc.ca/mero

9. 经济、法律和社会研究文献中心

机构名称： Centre d'Études et de Documentation Économiques, Juridiques et Sociales
研究领域： 经济、法律及社会问题
工作语言： 英语、法语、阿拉伯语
联系方式： 地址：1, Madrassat Al-Huquq Al-Frinsiya Street, Al-Munira Cairo
电话：(+202) 279303 50/51/52/54/55
传真：(+202) 27930353
邮箱：cedej@cedej-eg.org
网　　址： www.idrc.ca/mero

10. 经济研究论坛

机构名称： Economic Research Forum (ERF)
研究领域： 国家发展问题
成立时间： 1993年
智库类型： 非政府组织
机构领导： Ahmed Galal
工作语言： 英语
联系方式： 地址：21 Al-Sad Al-Aaly St., Dokki, Cairo, P. O. Box: 12311
电话：(+202) 33318600/603

                  传真：（+202）33318604
                  邮箱：erf@ erf. org. eg
网　　址： http：//www. erf. org. eg

11. 埃及人权倡议信息与咨询中心

机构名称： Centre d'Information et de Documentation sur les Droits de l'Enfant et de la Femme（CIDDEF）

研究领域： 公民自由、社会公正、民主和政治权利

成立时间： 2002 年

智库类型： 非政府组织

机构领导： Hoossam Bahgat

工作语言： 英语、阿拉伯语

联系方式： 地址：6 Dar El – Shefa St, Cairo
          电话：（+202）27933371/72/73
          邮箱：eipr@ eipr. org

网　　址： www. eipr. org

12. 埃及预防腐败计划小组

机构名称： Egyptian Initiative for the Prevention of Corruption（EIPC）

研究领域： 法律、腐败

智库类型： 非政府组织

机构领导： Ziad Bahaa – Eldin

工作语言： 英语、阿拉伯语

联系方式： 邮箱：zbahaa@ aucegypt. edu

网　　址： http：//www. ciddef – dz. com

13. 埃及政策中心

机构名称： Egyptian Policy Center（EPC）

成立时间： 2012 年

智库类型： 非政府组织

工作语言： 法语

联系方式： 电话：（+202）37487248

　　　　　　　　电　话：（+202）199992945
　　　　　　　　邮箱：media. eda@ gmail. org
网　　　址：　http：www. egyda. org

14. 国际环境质量组
机构名称：　Environmental Quality International（EQI）
研究领域：　社会经济和市场调查、生态环境、社区发展
成立时间：　1981 年
机构领导：　Mounir Soliman Neamatalla
工作语言：　英语、阿拉伯语、法语
联系方式：　地址：政策与管理副主席办公室，社会经济研究部门，
　　　　　　　　18 El Mansour Mohamed Street，11211 扎马雷克，开罗
　　　　　　　　传真：（+202）27351924 或（+202）2735 3797
　　　　　　　　邮箱：info@ eqiegypt. comg
网　　　址：　http：www. eqi. com. eg www. siwa. com

15. 全球事务和公共政策
机构名称：　Global Affairs and Public Policy（GAPP）
研究领域：　公共政策、行政管理、新闻学与大众传播
成立时间：　1981 年
智库类型：　政府组织
工作语言：　英语、阿拉伯语
联系方式：　地址：AUC Avenue P. O. Box 74 New Cairo，11835
　　　　　　　　电　话：（+202）26152670
　　　　　　　　邮件：gapp@ aucegypt. edu
网　　　址：　http：//www. aucegypt. edu/GAPP

16. 伊本·赫勒敦发展研究中心
机构名称：　Khaldun Center for Development Studies
研究领域：　公民社会与民主化
成立时间：　1988 年
智库类型：　非政府组织

机构领导： Dalia Ziada
工作语言： 英语、阿拉伯语
联系方式： 电话：（+202）25081030／（+202）26670974
传真：（+202）26670973
邮箱：dalia. ziada@ ibnkhalduncenter. org
网　　址： www. ibnkhalduncenter. org

17. 非洲研究所

机构名称： Institute of African Research and Studies（IARS）
研究领域： 法律、公共政策、行政管理、大众传播
成立时间： 1981 年
工作语言： 英语、阿拉伯语
联系方式： 联系地址：AUC Avenue P. O. Box 74 New Cairo，11835
电话：（+202）26152670
邮件：gapp@ aucegypt. edu
网　　址： http：//www. aucegypt. edu/GAPP

18. 未来与战略研究中心

机构名称： Center for Future and Strategic Studies（CFSS）
研究领域： 社会文化、区域安全、媒体和信息
成立时间： 2004 年
智库类型： 非政府组织
机构领导： 执行董事 Adel Sliman
工作语言： 英语、阿拉伯语
联系方式： 电话：（+202）5739197／5734144／5731913
传真：（+202）5675592
邮箱：inafrs@ idsc. net. eg
网　　址： http：//www. icfsthinktank. org

19. 国际中心未来与战略研究

机构名称： International Center for Future and Strategic Studies（ICFSS）
研究领域： 政治参与、妇女人权、社会暴力、安全策略

成立时间： 2005 年
智库类型： 非政府组织
工作语言： 英语、阿拉伯语
联系方式： 地址：14 El – Saraya El – Kobra Street（formerly Fouad-Serag El – Din），4th Floor, Garden City, Cairo, Egypt.
电话：(+202) 27958833
传真：(+202) 27942436
邮箱：info@ nazra. org
网　　址： http://nazra. org

20. 同一个世界发展与社会人文关怀发展基金会
机构名称： One World Foundation for Development & Civil Society Care
研究领域： 妇女权力、公民教育和民主自由
成立时间： 2005 年
智库类型： 非政府组织
机构领导： Maged Sorour
工作语言： 英语、阿拉伯语
联系方式： 地址：7 Mohamed Mahmoud ST, Downtown Cairo , Egypt.
电话/传真：(+202) 2 27955918
手机：(+202) 1007572370
邮箱：msorour75@ yahoo. com
网　　址： http://www. aucegypt. edu/GAPP

21. 发展合作小组
机构名称： Partners in Development
研究领域： 经济、社会和文化发展
智库类型： 非政府组织
机构领导： Mustapha Kamel Al – Sayyid
工作语言： 英语、阿拉伯语
联系方式： 电话：(+202) 33053078 ext：101
传真：(+202) 33035019

邮箱：ingy@pidegypt.org 或 pid@pidegypt.org

网　　　址：http://www.pidegypt.org

22. 可再生能源和能源效率区域中心

机构名称：Regional Center for Renewable Energy and Energy Efficiency（RCREEE）

研究领域：可再生能源和能源效率

成立时间：2010 年

智库类型：非政府组织

工作语言：英语、阿拉伯语、法语

联系方式：地址：Al Mosul 大学

网　　　址：http://regionalstudiescenter.uomosul.edu.iq

23. 阿拉伯人权信息网

机构名称：Network for Human Rights Information（NHRI）

研究领域：人权和言论自由

成立时间：2004 年

智库类型：非政府组织

机构领导：Gamal Eid

工作语言：英语、阿拉伯语

联系方式：邮箱：gamaleid@anhri.net 或 rawdaahmed@anhri.net

网　　　址：www.anhri.net

24. 埃及内阁信息与决策支持中心

机构名称：Egyptian Cabinet's Information and Decision Support Center（IDSC）

研究领域：政治、经济、全球趋势、能源和环境

成立时间：1985 年

智库类型：政府组织

工作语言：英语、阿拉伯语

联系方式：地址：1, Magless El Shaàb st., Kasr El Einy, Cairo

电话：(+202) 27929292

传真：（+202）27929222

邮箱：info@ idsc. net. eg Toll

网络电话：07773040

网　　址：http：//www. idsc. gov. eg/default. aspx

25. 埃及经济研究中心

机构名称：The Egyptian Center for Economic Studies（ECES）

研究领域：经济发展

成立时间：1992 年

智库类型：非政府组织

机构领导：Omneia Helmy

工作语言：英语、阿拉伯语

联系方式：地址：The Egyptian Center for Economic Studies Nile City Towers, North Tower, 8th floor, Corniche El Nil, Cairo 11221

手机：（+202）24619037

传真：（+202）24619045

邮箱：eces@ eces. org. eg

网　　址：http：//www. eces. org. eg

26. 埃及公共政策研究中心

机构名称：The Egyptian Center for Public Policy Studies（ECPPS）

研究领域：法律和经济改革

成立时间：2007 年

智库类型：非政府组织

机构领导：Mahmoud Farouk

工作语言：英语、阿拉伯语

联系方式：地址：21 Abd EL - Mgeed El - Ramaly st, Eighth Floor, Flat 81, Falaki Square, Downtown, Cairo, Egypt

电话：（+202）7958861

传真：（+202）7958861

邮箱：info@ ecpps. org

网　　　址： http：//www. ecpps. org

27. 社会研究中心

机构名称： The Social Research Center（SRC）

研究领域： 全球化和妇女、宏观经济政策

成立时间： 1953 年

机构领导： Dr. Hoda Rashad

工作语言： 英语、阿拉伯语

联系方式：　地址：Social Research Center Building Parcel 4. AUC Avenue，P. O. Box 74. New Cairo 11835

电话：（+202）26151412/3

传真：（+202）27974926

邮箱：src@ aucegypt. edu

网　　　址： http：//www. aucegypt. edu/research/src/Pages/default. aspx

28. 阿拉伯妇女智囊团

机构名称： Think Tank for Arab Women（TTAW）

研究领域： 女性权利和性别平等

成立时间： 2010 年

智库类型： 非政府组织

机构领导： Hibaaq Osman

工作语言： 英语、阿拉伯语

联系方式：　地址：Avni Shah

邮箱：avni@ el – karama. org

网　　　址： http：//www. thinktankforarabwomen. org

四、伊拉克

1. 卡尔巴拉大学幼发拉底河发展和战略研究中心

机构名称：　1Al Furat Center for Development & Strategic Studies

成立时间： 2006 年
智库类型： 非政府组织
机构领导： Khalid Al Jiad
工作语言： 阿拉伯语
联系方式： 电话：(+964) 781251538
邮箱：dr_khalid@fcdrs.com khalidchyad@yahoo.com info@fcdrs.com
网　　址： http://www.fcdrs.com

2. 穆斯坦西里亚阿拉伯和国际研究中心

机构名称： Al Mustansiriya Center for Arabic and International Studies
工作语言： 阿拉伯语
联系方式： 地址：The University of Mustansiriyah
邮箱：aas@uomustansiriyah.edu.iq 或 sfs@uomustansiriyah.edu.iq
网　　址： http://uomustansiriyah.edu.iq

3. 拉法丁研究与战略学习中心

机构名称： Al Rafedein Center for Researches and Strategic Studies
工作语言： 阿拉伯语
联系方式： 邮箱：alrafedein@hotmail.com
网　　址： http://www.alrafedein.com

4. 东方学研究中心

机构名称： Asharq Center
研究领域： 社会、文化、政治思潮
成立时间： 2007 年
智库类型： 私人实体
机构领导： Haitham Numan
工作语言： 英语、阿拉伯语
联系方式： 电话：(+964) 7704446660 或 (+964) 7901107640
邮箱：pollasharq@yahoo.com

网　　　址： http：//asharqcenter.com

5. 巴士拉和阿拉伯海湾研究中心
机构名称： Center of Al Basra and the Arab Gulf Studies
工作语言： 阿拉伯语
联系方式： 地址：University of Basrah
　　　　　 邮箱：info@ uobasrah.edu.iq
网　　　址： http：//www.uobasrah.edu.iq

6. 巴格达大学国际问题研究中心
机构名称： Center of International Studies – Baghdad University
研究领域： 政治问题、外国事务、外交、各国政策。
工作语言： 阿拉伯语
联系方式： 地址：巴格达大学
网　　　址： cis.uobaghdad.edu.iq

7. 伊拉克国际发展合作组织
机构名称： Development Cooperation International of Iraq
成立时间： 2010 年
智库类型： 私人实体
机构领导： Ali Taha
工作语言： 英语、阿拉伯语、库尔德语
联系方式： 邮箱：ataha@ dci – iraq.com
网　　　址： http：//www.dci – iraq.com

8. 因玛斯研究与发展中心
机构名称： Enma's Center for Research and Studies
研究领域： 政治、社会和经济问题
成立时间： 2001 年
智库类型： 非政府
机构领导： Salah Al – bedry
工作语言： 英语、阿拉伯语
联系方式： 电话：（+964）7800200392 或（+964）7704900250

邮箱：enmaacrs@gmail.com

网　　址：　http://www.enmaacenter.org

9. 性别研究和信息组织

机构名称：　Gender Studies and Information Organization（GSIO）

研究领域：　妇女-性别、人权和法律

成立时间：　2005年1月27日

机构领导：　Ramzia Abdulwahab Amin

工作语言：　库尔德语、阿拉伯语、英语

联系方式：　电话：（+964）7504632261

　　　　　　邮箱：ramziya_zana@yahoo.com

网　　址：　http://www.gsio-iraq.org

10. 研究与发展信息中心

机构名称：　Information Center for Research and Development（ICRD）

研究领域：　政治、人权和社会问题

成立时间：　2004年

机构领导：　Jasim Mohammed Sehrab

工作语言：　英语、阿拉伯语

联系方式：　电话：（+964）7801620704 或（+964）7702685201

　　　　　　邮箱：info@infocenteriq.com 或 iraqinfo.center@yahoo.com

网　　址：　http://www.infocenteriq.com

11. 伊拉克经济改革研究所

机构名称：　Iraqi Institute for Economic Reform（IIER）

研究领域：　统计调查、经济分析与预测、项目评估

机构领导：　Dr Kamal Field Al-Basri

工作语言：　英语、阿拉伯语

联系方式：　地址：Building No. 54, Street 31, Area 913, Aljadriah, Baghdad

　　　　　　电话：（+964）17788842 或（+964）7901668198

邮箱：info@iier.org

网　　址： http://www.iier.org

12. 伊拉克库尔德斯坦的非政府网络组织

机构名称： Iraqi Kurdistan NGOs Network (IKNN)

研究领域： 库尔德问题

工作语言： 英语、阿拉伯语、库尔德语

网　　址： http://www.iknniraq.net

13. 库尔德选举研究所

机构名称： Kurdish Institute for Election (KIE)

研究领域： 选举、民主、政治参与和人权

成立时间： 2011年3月22日

智库类型： 非政府组织

机构领导： Aram Jamal Sabir

工作语言： 英语、阿拉伯语、库尔德语

联系方式： 地址：Iraq - Sulaimany, Bakhtiaree Q., Hakaree street No113, House No 44

电话：(+964) 7701573210 或 (+964) 533187111

邮箱：info@kie-ngo.org, aram.jamal@kie-ngo.org

网　　址： http://www.kie-ngo.org

14. 区域研究中心

机构名称： Regional Studies Center (RSC)

智库类型： 非政府组织

机构领导： Aram Jamal Sabir

工作语言： 英语、阿拉伯语、法语

联系方式： 地址：伊拉克摩苏尔大学

网　　址： http://regionalstudiescenter.uomosul.edu.iq

15. SARENJ研究和调查中心

机构名称： SARENJ Center for Studies and Survey

研究领域： 政治经济研究、和平建设、性别差异

成立时间： 2005年9月28日
智库类型： 非政府组织
机构领导： Jotiar Mahmood
工作语言： 英语、阿拉伯语、库尔德语
联系方式： 电话：（+964）7504563485 或（+964）662549144
网　　址： http://www.sarenj.org

16. Tammuz 社会发展组织

机构名称： Tammuz Organization for Social Development（TOSD）
研究领域： 社会发展、选举制度
成立时间： 1997年
智库类型： 非政府组织
机构领导： Jotiar Mahmood
工作语言： 英语、阿拉伯语、法语
联系方式： 电话：（+964）7904796031
　　　　　 邮箱：tammuzftsd@yahoo.com
网　　址： http://www.aucegypt.edu/GAPP

五、约旦

1. Adaleh 人权研究中心

机构名称： Adaleh Center For Human Rights Studies
研究领域： 人权、民主与公正
成立时间： 2003年
智库类型： 非政府组织
工作语言： 英语、阿拉伯语
联系方式： 地址：Behind the Ministry of Agriculture Al Mawardi Street, Bldg No. 4 Tla'a Al Ali Amman
网　　址： http://www.adaleh-center.org/

2. Al Badeel 中心

机构名称： Al Badeel Center

研究领域： 民主、公民社会、经济事务、国际事务、环境保护

成立时间： 2006 年

智库类型： 非政府组织

机构领导： Jamal Al-khatib

工作语言： 英语、阿拉伯语

联系方式： 地址：Al-Hidab Building no. 27, Ghazi Arabiat St. Tela' Al-Ali, Amman

电话：(+962) 5674804 或 (+962) 5673840

邮箱：Info@albadeeljordan.org

网　　址： http://albadeeljordan.org

3. 公民社会发展"生活"中心

机构名称： Al-Hayat Center for Civil Society Development

研究领域： 法律、公共政策、行政管理、新闻学与大众传播

成立时间： 2006 年

智库类型： 非政府组织

工作语言： 英语、阿拉伯语

联系方式： 电话：(+962) 65377330

传真：(+962) 6 5377230

邮箱：info@hayatcenter.org

网　　址： http://www.hayatcenter.org/

4. Al Mashreq Al Jadid 研究

机构名称： Al Mashreq Al Jadid for Studies

研究领域： 社会、公民、青年、妇女、人权

成立时间： 2004 年

智库类型： 非政府组织

机构领导： Jihad Al-Mheisen

工作语言： 英语、阿拉伯语

联系方式： 地址：Daboq, Kher Aldin Alma'ny Str., Jersat Trading Complex 3rd floor, Amman
邮箱：info@ mjderasat. org

网　　址： http://www. mjderasat. org/

5. Al Quds 政治研究中心

机构名称： Al Quds Center for Political Studies
研究领域： 民主与改革
成立时间： 2000 年
智库类型： 非政府组织
机构领导： Oraib Al – Rantawi
工作语言： 英语、阿拉伯语
联系方式： 地址：7 Haifa Str. Jabal AL – Hussein, Amman
电话：(+962) 65651932/1 (+962) 65690567
传真：(+962) 65674868
邮箱：Info@ alqudscenter. org

网　　址： http://www. alqudscenter. org

6. Amman 人权研究中心（ACHRS）

机构名称： Amman Center for Human Rights Studies（ACHRS）
研究领域： 人权和国际法
成立时间： 1999 年
智库类型： 非政府组织
机构领导： Nizam Assaf
工作语言： 英语、阿拉伯语
联系方式： 电话：(+962) 64655043
传真：(+962) 64655043
邮箱：admin@ achrs. org achrs@ achrs. org21

网　　址： http://achrs. org

7. 阿拉伯档案协会（AAI）

机构名称： Arab Archives Institute（AAI）

研究领域： 人权

成立时间： 1981 年

工作语言： 英语、阿拉伯语

联系方式： 邮箱：saeda@ nol. com. jo

网　　址： http：//www. alarcheef. com/

8. 阿拉伯安全研究院

机构名称： Arab Institute for Security Studies

研究领域： 国际安全和核武器

成立时间： 1995 年

工作语言： 英语、阿拉伯语

联系方式： 地址：University of Jordan, Amman

电话：(+962) 65818062

传真：(+962) 795569317

邮箱：info@ acsis. org

网　　址： http：//www. acsis. org

9. 阿拉伯思想论坛（ATF）

机构名称： Arab Thought Forum（ATF）

研究领域： 统一、安全、社会和经济发展、人权自由

成立时间： 1981 年

智库类型： 政府组织

机构领导： Elsadig Bakheet Elfaqih

elfaqih@ atf. org. jo

工作语言： 英语、阿拉伯语

联系方式： 地址：P. O. Box：1541 Amman 11941 Jordan

电话：(+962) 65333617

传真：(+962) 65331197

网　　址： http：//www. atf. org. jo

10. 阿拉伯妇女媒体中心（AWMC）

机构名称： Arab Women Media Center（AWMC）

研究领域：　阿拉伯妇女、媒体
成立时间：　1999年12月5日
机构领导：　Mahasen Al Emam
工作语言：　英语、阿拉伯语
联系方式：　地址：mahasen1@ ayamm. org
　　　　　　电话：（+962）64648889
　　　　　　手机：（+962）77730747
网　　址：　www. ayamm. org

11. 战略研究中心（CSS）

机构名称：　Center for Strategic Studies（CSS）
研究领域：　政治与社会因素、安全和经济
成立时间：　1984年
智库类型：　政府组织
机构领导：　Musa Shteiwi
工作语言：　英语、阿拉伯语
联系方式：　地址：University of Jordan Amman 11942, Jordan
　　　　　　手机：（+962）65300100
　　　　　　传真：（+962）65355515
网　　址：　http://www. jcss. org

12. 难民迁移研究中心

机构名称：　Center for Refugees and Displaces Studies
工作语言：　阿拉伯语
联系方式：　地址：约旦哈希姆大学
　　　　　　邮箱：sccs@ hu. edu. jo
网　　址：　http://www. hu. edu. jo

13. 宪章战略研究中心

机构名称：　Charter Center for Strategic Studies
成立时间：　2010年
工作语言：　阿拉伯语

联系方式： 邮箱：info@ mqcsr. org

网　　址： http：// www. mqcsr. org

14. 公民社会发展中心

机构名称： Civil Society Development Center

成立时间： 2010 年

工作语言： 英语、阿拉伯语

联系方式： 地址：Jordan University of Science and Technology，Irbid
邮箱：mohammadqasem9@ hotmail. com

网　　址： www. just. edu. jo

15. Daem Observatory 咨询与培训

机构名称： Daem Observatory for Consultation and Training

研究领域： 移民问题

成立时间： 2010 年

智库类型： 非政府组织

机构领导： Linda Al – Kalash

工作语言： 英语、阿拉伯语

联系方式： 地址：WasfiAlTal St. Building no. 80，5th floor，office 501，P. O. Box 1555 Amman 11118 Jordan
电话/传真：（ +962）65671729
邮箱：info@ tamkeen – jo. org

网　　址： http：//www. tamkeen – jo. org

16. FACT 国际研究与调查中心

机构名称： FACT International Center for Studies and Research

成立时间： 2010 年

智库类型： 非政府组织

工作语言： 阿拉伯语

联系方式： 邮箱：info@ factjo. com

网　　址： http：//www. factjo. com

17. 弗里德里希·艾伯特基金会

机构名称： Friedrich – Ebert – Stiftung
研究领域： 民主和政治参与、社会正义、生态保护、妇女权利和性别平等
成立时间： 1986 年
智库类型： 国际组织分支机构
机构领导： Anja Wehler – Schöck
工作语言： 德语、英语、阿拉伯语
联系方式： 地址：Friedrich – Ebert – Stiftung Jordan &Iraq PO Box 941876 Amman 11194 Jordan
电话：（+962）65680810
传真：（+962）65696478
网　　址： www. fes – jordan. org
www. facebook. com/FESAmmanOffice

18. 身份中心

机构名称： Identity Center
研究领域： 政治和社会经济、青少年、议会事务与选举、公民权利和政治权利，社会和经济权利
成立时间： 2009 年
智库类型： 非政府组织
机构领导： Mohammed Hussainy mhussainy@ identity – center. org
工作语言： 英语、阿拉伯语
联系方式： 地址：No. 6 Issam Al Ajlouni Street Shmeisani PO Box 5650 11953 Amman Jordan
电话：（+962）65655856
传真：（+962）65655926
邮箱：info@ identity – center. org
网　　址： http：//identity – center. org/

19. 信息研究中心（侯赛因国王基金会）

机构名称： Information and Research Center, King Hussein Foundation
研究领域： 司法、社会凝聚力、社区发展
成立时间： 1996 年
智库类型： 非政府组织
机构领导： Dr. Aida Essaid
工作语言： 英语、阿拉伯语
联系方式： 地址：17 Fares Al Khoury St. AL Shmeisani
电话：（+962）65606056
邮箱：info@irckhf.org.jo
网　　址： http://www.irckhf.org.jo

20. 伊斯兰世界研究中心

机构名称： Islamic World Studies Center
工作语言： 英语、阿拉伯语
联系方式： 地址：Al al-Bayt University, P.O. BOX 130040, Mafraq 25113
电话：（+962）6297000
邮箱：info@aabu.edu.jo
网　　址： http://www.aabu.edu.jo

21. 约旦中心社会研究

机构名称： Jordan Center for Social Research
研究领域： 妇女/性别、贫困和社会政策
成立时间： 1998 年
智库类型： 非政府组织
工作语言： 英语、阿拉伯语
联系方式： 地址：B.O. Box 13375 Amman 11942 Jordan
电话：（+962）65666122
传真：（+962）65666123 info@jcsr-jordan.org
网　　址： http://jcsr-jordan.org

22. 约旦外交协会

机构名称： Jordan Institute of Diplomacy

研究领域： 约旦外交

成立时间： 1994 年

工作语言： 英语、阿拉伯语

联系方式： 地址：P. O. Box 850746 Amman 11185

电话：(+962) 65934400

传真：(+962) 65934408

网　　址： http://www.id.gov.jo

23. 约旦公民教育中心研究所

机构名称： Jordanian Center for Civic Education Studies (JCCES)

研究领域： 文化、青年、教育

成立时间： 2003 年

智库类型： 非政府组织

工作语言： 英语、阿拉伯语

联系方式： 地址：Paris Street Building No. 25 Ali Abdel Hadi Complex, 3rd floor, Swifieh, Amman

电话：(+962) 65818294

传真：(+962) 65818293

邮箱：info@jcces.org

网　　址： http://jcces.org/

24. 中东研究中心

机构名称： Middle East Studies Center (MESC)

研究领域： 政治、社会、媒体

智库类型： 非政府组织

机构领导： Jawad Al – Hamad

工作语言： 英语、阿拉伯语

联系方式： 地址：P. O. Box: 20543 Amman. 11118 Jordan

电话：(+962) 64613451 (+962) 64613452 (+962)

796659766

邮箱：mesc@ mesc. com. jo

网　　址： http：//www. mesc. com. jo

25. 凤凰经济与信息研究中心

机构名称： Phenix Center for Economics and Informatics Studies

研究领域： 国家经济、社会问题

成立时间： 2003 年

智库类型： 非政府组织

工作语言： 英语、阿拉伯语

联系方式： 邮箱：info@ phenixcenter. org

网　　址： http：//www. phenixcenter. net

26. 拉尼娅王后约旦研究和社区服务中心

机构名称： Queen Rania Center for Jordanian Studies and Community Service

研究领域： 社区问题

成立时间： 2006 年

智库类型： 非政府组织

工作语言： 英语、阿拉伯语

联系方式： 地址：耶尔穆克大学

电话：（ +962）27211111 转 6351 or 6350

传真：（ +962）27211164

邮箱：qr_cen@ yu. ed. jo

网　　址： http：//www. qrc. yu. edu. jo

27. 难民问题研究中心

机构名称： Research Centre for Refugee Studies（RCRS）

研究领域： 难民问题

智库类型： 非政府组织

工作语言： 英语、阿拉伯语

联系方式： 电话：（ +962）65627887

传真：（+962）65627889

邮箱：info@refugeecentre.org

网　　址：http://www.refugeescenter.com/

28. 英国皇家跨信仰研究学会

机构名称：Royal Institute for Inter-Faith Studies（RIIFS）

研究领域：文化和宗教

成立时间：1994年

智库类型：非政府组织

机构领导：Kamel Abu Jaber

工作语言：英语、阿拉伯语

联系方式：地址：Amman - Jubeiha Near Al - Manhal Schools Imran bin Hattan Street, Building #1

电话：（+962）65164141

邮箱：riifs@riifs.org

网　　址：http://www.riifs.org

29. 政治研究学术中心

机构名称：The Academy Center for Political Studies

联系方式：电话：（+962）65519307

邮箱：info@acps.edu.jo

网　　址：http://acps.edu.jo

30. 妇女研究中心

机构名称：The Center for Women's Studies

研究领域：妇女问题

成立时间：2006年

智库类型：政府组织

机构领导：Ghaidaa Khazna Katbi

工作语言：英语、阿拉伯语

联系方式：地址：约旦大学

电话：（+962）65355000

　　　　　　　　传　真：（+962）65300437

　　　　　　　　邮箱：wsc. director@ ju. edu. jo wsc. admin@ ju. edu. jo

网　　　址：　http：//centers. ju. edu. jo/en/wsc/Home. aspx

31. 约旦宗教共存研究中心

机构名称：　The Jordan Interfaith Coexistence Research Center

研究领域：　民主和人权，宗教信仰自由

智库类型：　政府组织

机构领导：　Nabil D. Haddad

工作语言：　英语、阿拉伯语

联系方式：　地址：P. O. Box：811633，Amman 11181

　　　　　　　　电话：（+962）64623057

　　　　　　　　传真：（+962）64629011

　　　　　　　　邮箱：frnabil@ gmail. com Info@ coexistencejordan. org

网　　　址：　http：//www. coexistencejordan. org/

32. 土地改革和农村发展近东地区中心

机构名称：　The Regional Centre on Agrarian Reform and Rural Development for the Near East（CARDNE）

研究领域：　农业和农村发展

成立时间：　1983 年

智库类型：　非政府组织

机构领导：　Ghaleb Tuffaha

工作语言：　英语、阿拉伯语

联系方式：　地址：P. O. Box 851840，Amman 11185 Jordan

　　　　　　　　电话：（+962）65924348 或（+962）65934708

　　　　　　　　邮箱：cardne@ cardne. org

网　　　址：　http：//www. cardne. org

33. 皇家伊斯兰战略研究中心

机构名称：　The Royal Islamic Strategic Studies Center

研究领域：　伊斯兰世界

智库类型： 非政府组织

机构领导： Aftab Ahmed

工作语言： 英语、阿拉伯语

联系方式： 邮箱：opinion@ rissc. jo

网　　址： http://www. rissc. jo

34. 托利亚中心

机构名称： Thoria Center

研究领域： 民主改革、地方法规

成立时间： 2010年

智库类型： 非政府组织

机构领导： Muhammad Al – Jiribia

工作语言： 英语、阿拉伯语

联系方式： 电话：(+962) 5694936

传真：(+962) 5694937 P. O：Amman – 5674 Tall Alali 11953 jordan

邮箱：thoriacenter@ gmail. com

网　　址： http://www. thoriacenter. org/

35. 公民社会研究视觉研究所

机构名称： Vision Institute for Civil Society Studies (VICSS)

研究领域： 公民社会、地方治理、公司治理

成立时间： 2010年

智库类型： 非政府组织

机构领导： May Al – Taher

工作语言： 英语、阿拉伯语

联系方式： 地址：39 Mecca Str. 2nd floor, Amman, Jordan.

电话：(+962) 6553332

传真：(+962) 65520026

手机：(+962) 795606010 P. O. Box 17395 Amman 11195

邮箱：info@ vicss. org. jo

网　　址：　http：//www.vicss.org.jo

六、科威特

1. 阿拉伯规划协会
机构名称：　Arab Planning Institute（API）
研究领域：　开发管理问题、行业的发展问题、社会发展问题
成立时间：　1996 年
智库类型：　非政府组织
机构领导：　Ali Abdel Gadir Ali
工作语言：　英语、阿拉伯语
联系方式：　地址：P. O. Box 5834 Safat 13059 State of Kuwait
　　　　　　电话：（+965）24843130 Ext. 124（Director）
　　　　　　传真：（+965）24842935
　　　　　　邮箱：api@api.org.kw
网　　址：　http：//www.arab-api.org

2. 战略和未来的研究中心
机构名称：　Center for Strategic and Future Studies（CSFS）
研究领域：　国家政治及其前景
成立时间：　2000 年
智库类型：　政府组织
工作语言：　英语、阿拉伯语
联系方式：　地址：科威特大学
网　　址：　http：//www.kuniv.edu/ku/Centers/CenterforStrategic&FutureStudies/index.htm

3. 科威特研究和调查中心
机构名称：　Center for Research and Studies on Kuwait（CRSK）
研究领域：　科威特文明和遗产
智库类型：　非政府组织

工作语言： 英语、阿拉伯语
联系方式： 地址：P. O. Box：65131，Al - Mansuria35652，Kuwait
电话：(+965) 225740801/2/3
传真：(+965) 22574078
邮箱：crsk@ crsk. edu. kw
网　　址： http：//www. crsk. edu. kw/

4. 阿拉伯国民经济和社会发展基金会

机构名称： The Arab Fund for Economic and Social Development (The Arab Fund)
成立时间： 1974 年
智库类型： 政府组织
机构领导： Abdulatif Y. Al - Hamad
工作语言： 英语、阿拉伯语
联系方式： 地址：P. O. Box 21923 SAFAT 13080 Kuwait
主席：H. E. Mr. Abdulatif Yousef Al - Hamad
电话：(+965) 24959000
传真：(+965) 24815750/60/70
邮箱：HQ@ ARABFUND. ORG
网　　址： http：//www. arabfund. org

七、黎巴嫩

1. 阿巴德性别平等资源中心

机构名称： ABAAD - Resource Center for Gender Equality (ABAAD)
研究领域： 性别平等、妇女、和平与安全
成立时间： 2011 年
智库类型： 非营利性、无教派公民社会组织
机构领导： Ghida Anani
工作语言： 英语、阿拉伯语、法语

联系方式： 地址：Furn Chebbak, Sector 5, 51 Bustani Street, Najjar Bldg., Ground Floor, P. O. Box: 50 – 048 Beirut –

电话：(+961) 70283820

传真：(+961) 71283820

邮箱：ghida. anani@ abaadmena. org

网　　址： http://www. abaadmena. org

2. 宰同研究与咨询中心

机构名称： Al – Zaytouna Centre for Studies & Consultations

研究领域： 阿拉伯 – 伊斯兰世界

成立时间： 2004 年

智库类型： 非政府组织

机构领导： Mohsen Moh'd Saleh

工作语言： 英语、阿拉伯语

联系方式： 地址：P. O. Box 14 – 5034 Beirut – Lebanon

电话：(+961) 1803644

传真：(+961) 1803643

邮箱：info@ alzaytouna. net

网　　址： http://www. alzaytouna. net

3. 美国贝鲁特大学

机构名称： American University of Beirut

工作语言： 英语、阿拉伯语

联系方式： 地址：P. O. Box 11 – 0236 / (Department) Riad El – Solh/ Beirut 1107 2020 Lebanon Beirut

电话：(+961) 1340460 / 350000

网　　址： http://www. aub. edu. lb

4. 阿拉伯研究和政策研究中心（多哈）贝鲁特办事处

机构名称： Arab Center for Research and Policy Studies (Doha) Beirut Office

研究领域： 政治学、经济与发展、区域研究、媒体研究、战略研究

机构领导： Azmi Bishara
工作语言： 英语、阿拉伯语
联系方式： 地址：Building 174, Mar Maroun Street, Saifi DistrictBoulevard General Fouad Chehab Beirut, Lebanon PO Box: 11 -4965 Postal code: 2028 5601
手机：（+961）1991837/8/9
邮箱：beirutoffice@ dohainstitute. org
网　　址： http://english. dohainstitute. org/

5. 阿拉伯发展网络

机构名称： Arab Network for Development
研究领域： 社会与经济改革
成立时间： 1997 年
智库类型： 非政府组织
机构领导： Ziad Abd AlSamad
工作语言： 英语、阿拉伯语
联系方式： 地址：P. O. Box: 5792/14, Mazraa: 1105 -2070 Beirut, Lebanon
电话：（+961）1319366
传真：（+961）1815636
网　　址： http://www. annd. org

6. 阿拉伯思想基金

机构名称： Arab Thought Foundation
研究领域： 科学、医学、经济、工商管理、大众传媒和文学
智库类型： 非政府组织
机构领导： Ziad Abd AlSamad
工作语言： 英语、阿拉伯语
联系方式： 电话：（+961）1997100
传真：（+961）1997100
邮箱：info@ arabthought. org

网　　　址： http：//www.arabthought.org

7. 超越改革和发展中心

机构名称： Beyond Reform and Development

研究领域： 公共政策、全球治理、地方治理、公民参与和民主决策、政治发展

成立时间： 2010 年

智库类型： 非政府组织

机构领导： Gilbert Doumit – Managing Partner

工作语言： 英语、阿拉伯语、法语

联系方式： 地址：Marwa Abou Dayya maboudayya@beyondrd.com

网　　　址： www.beyondrd.com

8. 卡内基中东中心

机构名称： Carnegie Middle East Center

研究领域： 国际政治、社会发展、和平与安全

成立时间： 1994 年

智库类型： 国际组织分支机构

机构领导： Paul Salem

工作语言： 英语、阿拉伯语、法语

联系方式： 地址：Emir Bechir Street, Lazarieh Center, Building No. 2026 1210 Fifth Floor / Tarek Zeidan, Director of Communications

邮箱：tzeidan@carnegie – mec.org

网　　　址： http：//carnegie – mec.org

9. 战略研究和文献研究中心

机构名称： Center for Strategic Studies Research and Documentation （CSSRD）

成立时间： 1990 年

智库类型： 非政府组织

工作语言： 阿拉伯语

联系方式： 地址：Bir Hassan – Embassies St, P.O. Box：113 – 5668

电话：（+961）1820920 - 835584 - 820913

传真：（+961）1835495

邮箱：cssrd@ dm. net. lb

网　　址： http：//www. cssrd. org. lb

10. 阿拉伯统一研究中心

机构名称： Centre for Arab Unity Studies（CAUS）

研究领域： 阿拉伯世界和中东

成立时间： 1976 年

智库类型： 非政府组织

机构领导： Khair Eddin Hasseb

工作语言： 英语、阿拉伯语

联系方式： 地址：Beit Al - Nahda" Bldg. Basra Street - Hamra P. O. Box：113 - 6001 Hamra Beirut 2034 2407 - Lebanon

电话：（+961）1750084

传真：（+961）1750088

邮箱：info@ caus. org. lb

网　　址： http：//www. caus. org. lb

11. 黎巴嫩研究中心

机构名称： Centre for Lebanese Studies（CLS）

联系方式： 地址：Centre for Lebanese Studies 4th Floor, Domtex Building Hamra Street, Beirut, Lebanon PO box：5562

电话：（+961）1741684

网　　址： http：//lebanesestudies. com

12. 国际人学中心

机构名称： Centre International des Sciences de l' Homme（CISH）

联系方式： 地址：ICHS - International Center for Human Sciences Old City of Jbeil - Saint John Street Byblos, Lebanon PO Box 225 Lebanon

电话：（+961）9545401

传真：（+961）9545402

邮箱：cish@ cish – byblos. org

网　　址：　http：//www. cish – byblos. org

13. 国家科学研究中心

机构名称：　Centre National de la Recherche Scientifique（CNRS）

联系方式：　地址：National Council for Scientific Research, CNRS ｜ 59, Zahia Salmane street, Jnah ｜ P. O. Box 11 – 8281, Beirut

电话：（+961）1850125

传真：（+961）1822639

网　　址：　http：//www. cnrs. edu. lb

14. 公共空间倡议知识共享和建立共识

机构名称：　Common Space Initiative for Shared Knowledge and Consensus Building

研究领域：　民族问题、不同群体之间的利益

智库类型：　非政府组织

联系方式：　地址：ssicurazione Generale Building, 2nd floor Nejmeh Square, Beirut Central District

电话：（+961）1980274

传真：（+961）1980275

邮箱：commonspace@ commonspaceinitiative. org

网　　址：　http：//www. cnrs. edu. lb

15. 咨询与调查研究院

机构名称：　Consultation and Research Institute（CRI）

智库类型：　非政府组织

联系方式：　地址：Facing Carlton hotel, Raoucheh P. O. Box：5216/13, Beirut

手机：（+961）18011088

传真：（+961）1792058

网　　　址： http：//crilebanon.com

16. 西亚经济委员会

机构名称： Economic Commission for Western Asia（ECWA）

智库类型： 国际组织分支机构

联系方式： 地址：UN - ESCWA P. O. Box 11 - 8575，Riad el - Solh Square，Beirut

电话：（+961）1981301

传真：（+961）1981510

邮箱：escwa@ un. org

网　　　址： http：//www. escwa. un. org

17. 海因里希·伯尔基金会

机构名称： Heinrich Böll Foundation

研究领域： 经济治理、国际冲突

成立时间： 2004 年

智库类型： 国际组织分支机构

机构领导： Bente Scheller

工作语言： 英语、阿拉伯语

联系方式： 地址：266 Rue Gouraud，Gemmayzeh，Beirut Portal Address：175 510，Mar Mikhael，Beirut

电话：（+961）1562926

传真：（+961）1562978

邮箱：info@ lb. boell. org

网　　　址： www. lb. boll. org

18. 移民研究研究院（黎巴嫩美国大学）

机构名称： Institute for Migration Studies（IMS），Lebanese American University

研究领域： 黎巴嫩和阿拉伯国家移民、跨国关系

成立时间： 2007 年

智库类型： 非政府组织

机构领导： Paul Tabar

工作语言： 英语、阿拉伯语

联系方式： 地址：Lebanese American University P. O. Box：13 - 5053

电话：(+961) 1786456 - 1200

传真：(+961) 1867 098

邮箱：ptabar@ lau. edu. lb

网　　址： http：//sas. lau. edu. lb/institutes/ims/

19. 巴勒斯坦研究学院

机构名称： Institute for Palestine Studies (IPS)

研究领域： 巴勒斯坦问题、阿拉伯 - 以色列争端

成立时间： 1963 年

智库类型： 非政府组织

机构领导： Gen. Dir. Mahmoud Soueid Dir. Mona Nsouli

工作语言： 英语、阿拉伯语和法语

联系方式： 地址：Anis Nsouli Street - Verdun, Beirut P. O. Box 11 - 7164 Postal Code 1107 2230

电话：(+961) 1868387

传真：(+961) 1814193

邮箱：ipsbrt@ palestine - studies. org

网　　址： http：//www. palestine - studies. org

20. 伊萨姆法公共政策和国际事务研究所（IFI）

机构名称： Issam Fares Institute for Public Policy and International Affairs (IFI)

研究领域： 公共政策和国际关系

成立时间： 2006 年

机构领导： Rami G. Khouri

工作语言： 英语

联系方式： 地址：American University of Beirut, Rayan El - Amine

邮箱：ifi@ aub. edu. lb

网　　　址： http：//www. aub. edu. lb/ifi/Pages/index. aspx

21. 黎巴嫩教育研究协会

机构名称： Lebanese Association for Educational Studies（LAES）

研究领域： 国民教育

成立时间： 1995 年

智库类型： 非政府组织

机构领导： Diane Nauffal

工作语言： 英语、阿拉伯语和法语

联系方式： 地址：Minaa el Hosson, Amir Omar Street, Tasbahji & HawootBldg, 2nd floor, apartment no：20. P. O. Box：113/5492, Beirut

电话：（+961）1369345

传真：（+961）1370345

邮箱：laes@ cyberia. net. lb

网　　　址： http：//www. laes. org

22. 黎巴嫩妇女研究协会

机构名称： Lebanese Association of Women Researchers

工作语言： 英语、阿拉伯语

联系方式： 地址：Toufic Tabbara Center, Second Floor Toufic Tabbara Street, Zarif – Beirut – Lebanon P. O. Box：113 – 5375

邮箱：info@ bahithat. org

网　　　址： http：//www. bahithat. org

23. 黎巴嫩政策研究中心

机构名称： Lebanese Center for Policy Studies（LCPS）

研究领域： 农业、工业、贸易、宗派主义、地方分权、政党、公共管理

成立时间： 1989 年

智库类型： 非政府组织

机构领导： Sami Atallah

工作语言： 英语、阿拉伯语和法语
联系方式： 地址：Sadat Tower Tenth floor / P. O. Box 55 – 215 Leon Street / Ras Beirut
电话：(+961) 1799301
传真：(+961) 1799302
邮箱：info@ lcps – lebanon. org
网　　址： http：//www. bahithat. org

24. 黎巴嫩发展网络 – 迦太基研究中心和信息

机构名称： Lebanese Development Network（LDN） – Carthage Center for Research and Information（CCRI）
研究领域： 社会经济学事务研究、历史文化、政治发展、移民
成立时间： 2010 年
智库类型： 非政府组织
机构领导： Amin Nehme
工作语言： 英语、阿拉伯语和法语
联系方式： 地址：P. O. Box 60 – 374 Jal El Dib, Lebanon
电话：(+961) 4716433 或 (+961) 70298698
邮箱：info@ carthagecenter. org anehme@ ldn – lb. org
网　　址： http：//www. ldn – lb. org

25. 黎巴嫩经济协会

机构名称： Lebanese Economic Association（LEA）
研究领域： 国家经济问题
智库类型： 非政府组织
机构领导： Jad Chaaban
工作语言： 英语
联系方式： 地址：P. O. Box 60 – 374 Jal El Dib, Lebanon
电话：(+961) 4716433 或 (+961) 70298698
邮箱：info@ carthagecenter. org anehme@ ldn – lb. org
网　　址： http：//leb – econ. org www. facebook. com/joinlea

26. 黎巴嫩移民研究中心

机构名称： Lebanese Emigration Research Center (LERC)
研究领域： 移民问题
成立时间： 2003 年
智库类型： 非政府组织
机构领导： Guita Hourani
工作语言： 英语、阿拉伯语
联系方式： 地址：LERC Notre Dame University P. O. Box 72 Zouk Mikhayel
电话：(+961) 9208992
邮箱：ghourani@ndu.edu.lb lerc@ndu.edu.lb
网　　址： www.ndu.edu.lb/lerc

27. UMAM 档案与研究

机构名称： UMAM Documentation and Research (UMAM D&R)
研究领域： 暴力和敌意文化
成立时间： 2004 年
智库类型： 非政府组织
机构领导： Lokaman Slim
工作语言： 英语、阿拉伯语
联系方式： 地址：Slim Residence Haret Hreik, Beirut
电话：(+961) 70273881
手机：(+961) 70054871
邮箱：info@umam-dr.org
网　　址： http://www.umam-dr.org

28. 阿拉伯世界妇女研究

机构名称： Women's Studies in the Arab World (WSAW)
研究领域： 妇女问题
工作语言： 英语、阿拉伯语
联系方式： 地址：P. O. Box 13-5053 Chouran, Beirut：1102 2801

电话：(+961) 1867618 or 867619

传真：(+961) 1791645

邮箱：iwsaw@ lau. edu. lb

网　　址：http：//www. umam – dr. org

29. 青年经济论坛

机构名称：　Youth Economic Forum

研究领域：　社会经济、政策分析

成立时间：　2007 年

机构领导：　Karim El – Mufti

工作语言：　英语、阿拉伯语

联系方式：　地址：6th Floor, Al Labban Bldg. , Badaro, Beirut, Lebanon

电话：(+961) 171276740

邮箱：yefevent@ gmail. com

网　　址　www. yef – lb. org

八、利比亚

1. 利比亚经济发展与进步智囊团（LEAD）

机构名称：　Libyan Economic Advancement and Development Think Tank（LEADTT）

研究领域：　经济发展

成立时间：　2012 年

智库类型：　非政府组织

工作语言：　英语

联系方式：　地址：Gergaresh, opposite the HQ of Libya's Maritime Company 4th Floor, Tripoli

电话：(+218) 919741981

邮箱：info@ leadlibya. org

网　　址：　http：//www.leadlibya.org/

2. 利比亚战略研究和政策制定集团

机构名称：　Libyan Group of Rational Strategic Studies and Policy Formulation（LGRSSPF）

研究领域：　国家战略和政策制订

成立时间：　2014 年

智库类型：　非政府组织

机构领导：　Milad Elharathi

工作语言：　英语

联系方式：　电话：（+218）927276524

　　　　　　邮箱：milad.moftah@yahoo.com

网　　址：　http：//www.linkedin.com/pub/dr-milad-elharathi/7a/379/49a/

3. 利比亚政策研究院

机构名称：　Libyan Policy Institute（LPI）

研究领域：　社会转型

智库类型：　非政府组织

机构领导：　Milad Elharathi

工作语言：　英语

网　　址：　Facebook：https：//www.facebook.com/LPI.libya

九、摩洛哥

1. 非洲培训和研究中心

机构名称：　African Training and Research Centre in Administration for Development（ATRCAD）

研究领域：　公共管理和政策、社会和经济发展

成立时间：　1964 年

智库类型：　国际组织分支机构

机构领导： Simon Mamosi

工作语言： 英语、法语

联系方式： 地址：Bd. Mohammed V, Pavilion International P. O. Box 310 Tangier 90001 Morocco

电话：(+212) 539322707

传真：(+212) 539325785

邮件：cafrad@ cafrad. org

网　　址： http://www. cafrad. org

2. 阿玛迪斯研究所

机构名称： AMADEUS Institute

研究领域： 社会阶层、经济增长、区域一体化、南北合作、可持续发展、公民社会

成立时间： 2008 年

智库类型： 非政府组织

机构领导： Brahim Fassi Fehri

工作语言： 英语、阿拉伯语、法语

联系方式： 地址：12 avenue Michlifane, Rabat Agdal

电话：(+212) 5377170828

传真：(+212) 537571123

邮箱：contact@ amadeusonline. org

网　　址： http://www. amadeusonline. org/en/institut – amadeus

3. 摩洛哥发展协会

机构名称： Association Marocaine pour le Recherche Developpement (R&d Maroc)

智库类型： 非政府组织

机构领导： Brahim Fassi Fehri

工作语言： 法语、阿拉伯语

联系方式： 地址：Place du 16 novembre, Immeuble Habous, 51A, Casablanca

　　　　　　　　电话：(+212) 522224466
　　　　　　　　传真：(+212) 522225559
　　　　　　　　邮箱：rdmaroc@ rdmaroc. com
网　　　址：　http：//www. rdmaroc. com/

4. 地方发展合作研究中心
机构名称：　Centre d Etudes Cooperatives pour le Developpement Local
研究领域：　人权、性别
成立时间：　1998 年
智库类型：　非政府组织
工作语言：　阿拉伯语、法语和西班牙语
联系方式：　地址：Rue Khalid Ibn Aloualid, No. 153, Nador
　　　　　　　　电话：056320583
　　　　　　　　传真：056320583
　　　　　　　　邮箱：cecodel@ cecodel. org
网　　　址：　http：//www. cecodel. net/

5. 社会科学研究中心
机构名称：　Centre d' Etudes et de Recherches en Sciences Sociales
　　　　　　　（CERSS）
研究领域：　政治学、社会发展、经济、文化、宗教
成立时间：　1993 年
智库类型：　非政府组织
机构领导：　Abdallah Saaf
工作语言：　法语、阿拉伯语
联系方式：　地址：University Mohamed V Boulevard des Nations – Unies
　　　　　　　　B. P 721 Agdal Rabat 10000
　　　　　　　　电话：(+212) 37661754
　　　　　　　　传真：(+212) 661914683
　　　　　　　　邮箱：bdallahsaaf@ yahoo. fr
　　　　　　　　saafhak@ gmail. com

网　　　址： http：//www.cerss-ma.org/new

6. 社会、经济与管理研究中心

机构名称： Centre d'Etudes Sociales, Economiques et Managériales (CESEM)

研究领域： 社会经济、管理

机构领导： Abdallah Saaf

联系方式： 地址：2, rue Jaafar Essadik Agdal – Rabat

电话：(+212) 537673746

传真：(+212) 537670422

邮箱：cesem@hem.ac.ma

网　　　址： http：//www.cesem.ma

7. 非洲与地中海研究中心

机构名称： Centre de Recherche sur l'Afrique et la Mediterranee (CERAM)

研究领域： 政治理论、两性平等、非洲国际事务

成立时间： 2011 年

智库类型： 非政府组织

工作语言： 法语

联系方式： 地址：Centre de Recherche sur l? Afrique et la Méditerranée Avenue Ben Abdellah Regragui Madinat al – Irfane BP 6283 10112 Rabat

电话：(+212) 537276143

邮件：eram@egerabat.com loubna.elkhloui@egerabat.com

网　　　址： http：//www.ceram-ege.com

8. 人类发展应用研究中心

机构名称： Centre de Recherches et d'Etudes Appliquées en Développement Humain (CREADH)

研究领域： 社会科学与人文

成立时间： 2005 年

智库类型： 非政府组织
机构领导： Larabi Jaidi
网　　址： http://www.creadh.ma

9. 摩洛哥战略研究中心

机构名称： Centre Marocain d'Etudes Strategiques（CMES）
工作语言： 阿拉伯语、法语和英语
联系方式： 地址：Angle Avenue Allal Ben Abdellah et Rue Al Kahira Immeuble 2, 3ème étage Hassan 10000 Rabat
电话：（+212）537707388
传真：（+212）537707388
网　　址： http://www.cmes-maroc.com

10. 摩洛哥现状研究中心

机构名称： Centre Marocain de Conjoncture（CMC）
研究领域： 社会发展、经济改革
联系方式： 地址：3, rue Bab El Mansour, No.9 Casablanca
电话：（+212）522395072
传真：（+212）522395061
邮箱：lecmc@iam.net.ma
网　　址： www.conjoncture.ma

11. 阿卜杜勒·拉希姆·布阿比德基金会

机构名称： Fondation Abderrahim Bouabid（FAB）
研究领域： 摩洛哥经济、地方治理、区域化、公共政策评估
智库类型： 非政府组织
机构领导： Anas Chaoui El Faiz
工作语言： 阿拉伯语、法语
联系方式： 地址：121 rue de la Palestine, Bettana 11040 – Salé – Maroc
电话：（+212）537843313
传真：（+212）537880235
邮箱：info@fab.ma

网　　址：　http：//www.fab.ma

12. 阿卜杜勒·阿齐兹国王伊斯兰研究和人文科学基金会

机构名称：　Fondation du Roi Abdul Aziz Al Saoud pour les Etudes Islamiques et les Sciences Humaines

研究领域：　社会科学和人文关怀

成立时间：　1985年

智库类型：　非政府组织

联系方式：　地址：Rue du Corail, Ain Diab, Casablanca 20050, B. P. 12585

　　　　　　电话：（+212）0522391027

　　　　　　传真：（+212）0522391031

　　　　　　邮箱：webmaster@ fondation.org.ma

网　　址：　http：//www.fondation.org.ma

13. 亚历山大研究所

机构名称：　Hypatia of Alexandria Institute for Reflexion and Studies（IHARE）

研究领域：　阿拉伯思想及其行为

成立时间：　2011年

智库类型：　非政府组织

机构领导：　Hind Arroub

工作语言：　英语

联系方式：　邮箱：contact@ ihare.net

　　　　　　hindarroub@ ihare.netm

网　　址：　http：//www.ihare.net

14. 摩洛哥国际关系学院学报（IMRI）

机构名称：　Institut Marocain Des Relations Internationales（IMRI）

研究领域：　国际关系

成立时间：　2003年

智库类型：　非政府组织

工作语言：　阿拉伯语、法语

联系方式： 地址：219, Avenue des FAR – Casablanca 20000
电话：(+212) 522446447
传真：(+212) 522446449
邮箱：imri@ menara. ma

网　　址： http://www. imri. ma

15. 英国皇家战略研究所

机构名称： Institut Royal des Etudes Strategiques (IRES)
研究领域： 社会运动、青年问题、气候变化、全球竞争力
成立时间： 2007 年
智库类型： 政府组织
机构领导： Mohammed Tawfik Mouline
工作语言： 阿拉伯语、法语、英语
联系方式： 地址：Azzaitoune Avenue, Hay Riad Rabat 10100, Maroc
电话：(+212) 537718383
Fax：(+212) 537713799
邮箱：contact@ ires. ma

网　　址： http://www. ires. ma/en/ires/ires – brief

16. 摩洛哥跨学科战略与国际问题研究中心

机构名称： Moroccan Center for Interdisciplinary Strategic and International Studies
研究领域： 文化、教育、培训和医疗等领域的可持续发展、跨文化对话
成立时间： 2007 年
智库类型： 非政府组织
机构领导： Abdelhak Azzouzi
工作语言： 阿拉伯语、法语
联系方式： 地址：CMIESI, B. P 86 22 – Atlas – 30 001 Fès – Maroc
电话：(+212) 535748672

网　　址： http://www. cmiesi. ma/acmiesi/fr

17. 国家人类发展天文台

机构名称： Observatoire National du Développement Humain（ONDH）

研究领域： 公共服务、地方治理

成立时间： 2006 年

智库类型： 政府组织

机构领导： Rachid Benmokhtar Benabdellah

工作语言： 阿拉伯语、法语

联系方式： 地址：Angle Avenue Allal El Fassi et Avenue des FAR BP. 6836 Hay Riyad – Rabat

电话：（+202）25375769

传真：（+202）25375656

邮箱：ondh@ondh.org.ma akabli@ondh.org.ma

网　　址： http://www.ondh.ma

18. 摩洛哥青年政策制定研究所

机构名称： The Moroccan Institute for Youth Policy Making

研究领域： 政治、经济、公民社会、外交政策

成立时间： 2012 年

智库类型： 非政府组织

工作语言： 英语

联系方式： 邮箱：thinktankmorocco@gmail.com

网　　址： https://www.facebook.com/MoroccanInstituteForYouthPolicyMaking/info

十、巴勒斯坦

1. 穆斯塔克巴战略与政策研究基金会

机构名称： Al – Mustakbal Foundation For Strategic and Policy Studies

研究领域： 法律、公共管理、司法权力、社会发展、经济政策改革

成立时间： 2003 年

智库类型： 非政府组织
工作语言： 英语、阿拉伯语
联系方式： 地址：Al – Mustakbal Foundation for Strategic and Policy Studies Awwad Centre, 53 Irsal Street, 3th Floor Ramallah, West Bank, Palestine
电话：(+970) 222961733
传真：(+970) 222960244
邮箱：info@ almustakbal. org
网　址： http://www. almustakbal. org

2. 阿尔法国际

机构名称： Alpha Internacional
研究领域： 卫生、教育、人权、市场调研、项目评估和选举投票
成立时间： 2001 年
智库类型： 非政府组织
机构领导： Jamal Hasan
工作语言： 英语、阿拉伯语
网　址： http://www. alpha. ps

3. 耶路撒冷应用研究所

机构名称： Applied Research Institute Jerusalem (ARIJ)
研究领域： 巴勒斯坦领土上的自然资源
智库类型： 非政府组织
机构领导： Jad Elias Isaac
工作语言： 英语
联系方式： 地址：Karkafeh St. Bethlehem, West Bank
邮箱：pmaster@ arij. org
电话：(+972) 22741889
网　址： http://www. arij. org

4. 阿拉伯思想论坛

机构名称： Arab Thought Forum (ATF)

研究领域： 民主转型、经济发展、巴勒斯坦问题、公民权利

成立时间： 1977 年

智库类型： 非政府组织

机构领导： Abdel Rahman Abu Arafeh Abed@ multaqa. org

工作语言： 英语、阿拉伯语

联系方式： 地址：9 Beit Hanineh, Main Street, Jerusalem. P. O. Box 19012

电话：(+972) 26289126

传真：(+972) 26264338

传真：08 -2820328

邮箱：info@ multaqa. org

网　　址： http：//www. multaqa. org

5. 阿拉伯研究与发展世界

机构名称： Arab World for Research and Development (AWRD)

研究领域： 经济改革、社会发展

智库类型： 非政府组织

机构领导： Nader Foqahaa

工作语言： 英语、阿拉伯语

联系方式： 地址：9 Al - Masayef. , Kamal Nasser St. , Building 43. P. O. Box：2238, Ramallah - Palestine

电话：(+972) 22950957/8

邮箱：awrad@ awrad. org

网　　址： http：//www. awrad. org

6. 巴迪尔巴勒斯坦人居住和难民权利资源中心

机构名称： BADIL Resource Center for Palestinian Residency & Refugee Rights

研究领域： 巴勒斯坦难民、国际人道法、国际人权法

成立时间： 1998 年

智库类型： 非政府组织

工作语言： 英语、阿拉伯语
联系方式： 地址：9 Karkafa St. (down from Bethlehem Hotel) PO Box 728 Bethlehem, West Bank Palestine
电话：(+970) 22777086
电话：(+970) 22747346
邮箱：manar@ badil. org
网　　址： http://www. badil. org

7. 比散发展与研究中心
机构名称： Bisan Center for Research and Development
智库类型： 非政府组织
机构领导： Nadia Habash
工作语言： 英语、阿拉伯语
联系方式： 地址：9 Alnahdah Building 3rd Floor (Above Bravo Supermarket) Alnahdah Street Ramallah, Al Masyoun P. O. Box: 725 Ramallah Ramallah – Palestine
手机：(+970) 22987839/8/7
传真：(+970) 22987835
邮箱：bisanrd@ palnet. com
网　　址： http://en. bisan. org

8. 自由国防部和公民权利中心
机构名称： Center for Defense of Liberties and Civil Rights "Hurryyat"
研究领域： 法律与社会公正
成立时间： 1992 年
智库类型： 非政府组织
机构领导： Helmi Al – araj
工作语言： 英语、阿拉伯语
联系方式： 地址：Ramllah Suzan zarour
邮箱：suzan@ hurryyat. net
网　　址： http://www. hurryyat. net

9. 民主及社区发展中心

机构名称： Center for Democracy & Community Development

研究领域： 和平理论

成立时间： 1997 年

智库类型： 非政府组织

机构领导： Walid Salem

工作语言： 英语、阿拉伯语

联系方式： 地址：14 Ibn Batuta St. KamalBldg. 2nd Flr. Jesuralem

电话：(+972) 02 - 6281151

传真：(+972) 02 - 6283351

邮箱：cd@ cd - cd. org

网　　址： http://www. cd - cd. org

10. 耶路撒冷研究中心

机构名称： Center for Jerusalem Studies

研究领域： 巴勒斯坦事务

成立时间： 1998 年

机构领导： Huda al Imam

工作语言： 英语、阿拉伯语

联系方式： 地址：14 at Al - QudsUniversity Khan Tankaz, Suq Al - Qattanin, The Old City P. O Box 51000 Jerusalem

电话：(+972) 02 - 6287517

传真：(+972) 02 - 6284920

邮箱：huda@ planet. edu

网　　址： http://www. jerusalem - studies. alquds. edu/

11. 耶路撒冷研究所

机构名称： The Institute of Jerusalem Studies (IJS)

研究领域： 巴勒斯坦研究

智库类型： 国际组织分支机构

机构领导： Hikmat Hilal

工作语言： 英语、阿拉伯语
联系方式： 地址：Jerusalem 19 Emile Habibi Street，4th flr. Al – Masion，Ramallah P. O. Box Ramallah 487
邮箱：jqf@ palestine – studies. org

网　　址： http：//www. jerusalemquarterly. org/

12. 比尔宰特大学法律学院

机构名称： Institute of Law – Bir Zeit University
研究领域： 人权和良治、法律与社会、法律与经济、宪法学
成立时间： 1993 年
智库类型： 非政府组织
机构领导： Jamil Salem
工作语言： 英语、阿拉伯语
联系方式： 地址：Birzeit University P. O. Box 14，Birzeit West Bank，Palestine
电话：(+970) 2982009
传真：(+970) 2982137
邮箱：iol. programs@ birzeit. edu

网　　址： http：//lawcenter. birzeit. edu

13. 以色列—巴勒斯坦研究和信息中心

机构名称： Israel Palestine Center for Research and Information
研究领域： 巴以冲突
成立时间： 1998 年
智库类型： 非政府组织
机构领导： Co – Director, Israeli Dan Goldenblatt
工作语言： 英语、阿拉伯语
联系方式： 地址：Tantur, PO Box 11091, Jerusalem 91110
电话：(+972) 26769460
传真：(+972) 26768011
邮箱：ipcri@ ipcri. org

网　　　址： http：//ipcri.org

14. 社区和农村发展

机构名称： Juhoud for Community and Rural Development

研究领域： 农业与环境、经济发展

成立时间： 2003年

智库类型： 非政府组织

机构领导： Taghreed Naser

工作语言： 英语、阿拉伯语

联系方式： 邮箱：ssalameh@juhoud.org

15. 马安网络

机构名称： Ma'an Network

研究领域： 善治、人权和性别平等

成立时间： 2004年

智库类型： 非政府组织

机构领导： Raed Othman

工作语言： 英语、阿拉伯语

联系方式： 地址：Al – Majd Building, 4th floor Al – Karkafeh Street, Bethlehem West Bank, Palestine

电话：(+972) 22760085

传真：(+972) 22760088

邮箱：news@maannews.net

网　　　址： http：//www.maannet.org

16. 穆瓦廷巴勒斯坦民主研究所的研究

机构名称： Muwatin, The Palestinian Institute for the Study of Democracy

研究领域： 民主问题

成立时间： 1992年

智库类型： 非政府组织

机构领导： George Giacaman

工作语言： 英语、阿拉伯语

联系方式： 地址：Ramallah – Birzeit Road，Radio Str.，PO Box 1845
电话：（+972）2951108 或 2960375/6
邮箱：muwatin@ muwatin. org

网　　址： http：//www. muwatin. org

17. 近东咨询处

机构名称： Near East Consulting
研究领域： 社会、政治和宗教问题
成立时间： 2005 年
智库类型： 非政府组织
机构领导： Jamil Rabah
工作语言： 英语、阿拉伯语
网　　址： http：//www. neareastconsulting. com

18. 巴勒斯坦经济政策研究所

机构名称： Palestine Economic Policy Research Institute
研究领域： 宏观经济和贸易政策、中小企业政策、货币政策和财政政策
成立时间： 1994 年
智库类型： 非政府组织
机构领导： Samir Abdullah
工作语言： 英语、阿拉伯语
联系方式： Al Masyoun – Muin Bessieso St，P. O. Box 19111 Ramallah
电话：（+970）22987052
传真：（+970）22987055
邮箱：info@ mas. ps
网　　址： http：//www. mas. ps

19. 巴勒斯坦国际研究学会

机构名称： Palestinian Academic Society for the Study of International Affairs（PASSIA）
研究领域： 巴勒斯坦问题、政治伊斯兰和宗教研究

成立时间： 1987 年
智库类型： 非政府组织
机构领导： Mahdi Habdul – Hadi
工作语言： 英语、阿拉伯语、法语
联系方式： 地址：18，Hatem Al – Ta'i Street – Wadi Al – Joz P. O. Box 19545，Jerusalem / Al – Quds

电话：（+972）26264426 或 6286566

传真：（+972）26282819

邮箱：passia@ passia. org

网　　址： http：//www. passia. org

20. 巴勒斯坦政策和调查研究中心

机构名称： Palestinian Center for Policy and Survey Research（PCPSR）
研究领域： 巴勒斯坦问题、战略分析和外交政策、民意测验和调查研究
成立时间： 2000 年
智库类型： 非政府组织
机构领导： Khalil Shikaki
工作语言： 英语、阿拉伯语
联系方式： 地址：Off Irsal street，P. O. Box 76，Ramallah

电话：（+972）22964933

传真：（+972）22964934

邮箱：pcpsr@ pcpsr. org

网　　址： http：//www. pcpsr. org/

21. 巴勒斯坦公共意见中心

机构名称： Palestinian Center for Public Opinion（PCPO）
研究领域： 公共民意调查
成立时间： 1994 年
智库类型： 非政府组织
机构领导： Nabil Kukali

工作语言： 英语、阿拉伯语
联系方式： 地址：P. O. Box 15，Beit Sahour – Palestine Almarj/Aldir St. 30
邮箱：dr. kukali@ pcpo. org
电话：（ +972）22774846
手机：（ +972）22772687
网　　址： http：//www. pcpo. org

22. 巴勒斯坦战略研究中心

机构名称： Palestinian Center for Strategic Studies（PCSS）
研究领域： 安全部门改革、妇女权益和领导力、民间监督机制
成立时间： 2008 年
智库类型： 非政府组织
机构领导： Muhmmad Al – Masri
工作语言： 英语、阿拉伯语
联系方式： 邮箱：info@ pcrss. org
网　　址： http：//www. pcrss. org

23. 拉马拉人权研究中心

机构名称： Ramallah Center for Human Rights Studies（RCHRS）
研究领域： 人权、民主、平等和宽容
成立时间： 2001 年
智库类型： 非政府组织
机构领导： Iyad Barghouti
工作语言： 英语、阿拉伯语
网　　址： http：//www. rchrs. org

24."夏姆斯"人权与民主媒体中心

机构名称： Human Rights & Democracy Media Center "SHAMS"
研究领域： 人权和民主
成立时间： 2004 年
智库类型： 非政府组织

工作语言： 英语、阿拉伯语
联系方式： 地址：Ramallah, Palestine, AL‐Masuon, Sendian3 Building 1st Floor, Luis Favro St., P. O. Box 429
电话：(+972) 22985254
传真：(+972) 22985255
邮箱：info@ shams‐pal. org
网　　址： http：//www. shams‐pal. org

十一、卡塔尔

1. 布鲁金斯学会多哈中心

机构名称： Brookings Doha Center (BDC)
研究领域： 中东地区的社会经济、地缘政治、与美国的关系
智库类型： 国际组织分支机构
机构领导： Shadi Hamid
工作语言： 英语、阿拉伯语
联系方式： 地址：Saha 43, Bldg. 63, West Bay Doha, Qatar P. O. Box 22694
电话：(+974) 44227800
传真：(+974) 44227801
邮箱：dohacenter@ brookings. edu
网　　址： http：//www. brookings. edu/about/centers/doha

2. 国际与区域研究中心

机构名称： Center for International and Regional Studies (CIRS)
研究领域： 海湾地区国际关系、海湾国家的政治经济学、海湾移民和劳工
成立时间： 2011 年
智库类型： 政府组织
机构领导： Mehran Kamrava

工作语言： 英语、阿拉伯语
联系方式： 地址：Georgetown University School of Foreign Service in Qatar P. O. Box 23689 Qatar Foundation
电话：(+974) 44578400
传真：(+974) 44578401
邮箱：CirsResearch@ georgetown. edu
网　　址： http：//cirs. georgetown. edu

3. 多哈研究所
机构名称： Doha Institute
研究领域： 政治与公共管理、社会学、媒体、环境和自然资源、教育
成立时间： 2011 年
智库类型： 非政府组织
机构领导： Azmi Bishara
工作语言： 英语、阿拉伯语
联系方式： 地址：P. O. Box 10277, Street No. 826, Zone 66, Doha
电话：(+974) 44199777
传真：(+974) 44831651
邮箱：office@ dohainstitute. org
网　　址： http：//cirs. georgetown. edu

4. 发展规划总秘书处
机构名称： General Secretariat for Development Planning (GSDP)
研究领域： 经济发展、机构发展、社会发展、信息技术
成立时间： 2006 年
智库类型： 非政府组织
机构领导： Sheikh Hamad Bin Jabor Al Thani
工作语言： 英语、阿拉伯语
联系方式： 地址：P. O. Box No. 1855 Doha
电话：(+974) 4958888
邮箱：webmaster@ gsdp. gov. qa

网　　　址： http://www.gsdp.gov.qa

5. 卡塔尔基金

机构名称： Qatar Foundation（QF）

研究领域： 卫生、能源、环境、信息通信技术

成立时间： 1995年

智库类型： 政府组织

机构领导： Mohammad Fathy Saoud

工作语言： 英语、阿拉伯语

联系方式： P. O. Box：5825 Doha

电话：（+974）44540000

传真：（+974）44806117

邮箱：info@qf.org.qa

网　　　址： http://www.qf.org.qa

6. 兰德—卡塔尔政策研究院

机构名称： RAND – Qatar Policy Institute（RQPI）

研究领域： 国际事务、法律业务、国家安全

成立时间： 2003年

智库类型： 国际组织分支机构

机构领导： Obaid Younossi

工作语言： 英语、阿拉伯语

联系方式： 地址：12th Floor. Tornado Tower, Westbay, Doha

电话：（+974）44542500

传真：（+974）44542509

网　　　址： http://www.rand.org/qatar.html

十二、叙利亚

1. 建设和平与民主中心

机构名称： Building Peace and Democracy Center

研究领域： 人权与国际法、民主与发展

成立时间： 2011 年

智库类型： 非政府组织

机构领导： Mouna Ghanem

工作语言： 英语、阿拉伯语

联系方式： https：//www.facebook.com/Bridge.Thinktank

网　　址： 电话：（+963）112772334

手机：（+963）955711122

邮　箱： bridge.syr@gmail.com https：//www.facebook.com/Bridge.Thinktank

2. 叙利亚政治和战略研究中心

机构名称： Syrian Center for Political and Strategic Studies（SCPSS）

研究领域： 国家政治和战略，经济事务

成立时间： 2008 年

智库类型： 非政府组织

机构领导： Osama Kadi

工作语言： 英语、阿拉伯语

联系方式： 电话 UAE：（+971）553281220

电话 USA：（+120）28281228

邮箱：info@scpss.org osama.kadi@scpss.org

网　　址： http：//www.scpss.org https：//www.facebook.com/SCPSS

3. 叙利亚经济特别工作组

机构名称： Syrian Economic Task Force（SETF）

研究领域： 叙利亚经济

成立时间： 2012 年

智库类型： 政府组织

机构领导： Osama Kadi

工作语言： 英语、阿拉伯语

联系方式： 电话：（+971）553281220

邮箱：okadi@ syrianeconomic. org

网　　址：http：//www. syrianeconomic. org

十三、突尼斯

1. 阿拉伯商业领导学院

机构名称：Arab Institute of Business Leaders

研究领域：商业

成立时间：1984 年

工作语言：法语

联系方式：地址：Bvd. principal rue du lac Turkana，1053 Les berges du lac，TUNIS

电话：(+216) 71962331

传真：(+216) 71962516

邮箱：infos@ iace. org. tn

网　　址：http：//www. iace. tn

2. 阿拉伯人权学院

机构名称：Arab Institute for Human Rights

研究领域：人权、阿拉伯民间社会组织、机构改革、媒体改革

成立时间：1989 年

智库类型：非政府组织

机构领导：Abdel Basset Ben Hassan

工作语言：英语、阿拉伯语

联系方式：地址：No. 54，avenue Al Khalij Al Arabi – El Menzah 8，Tunis 2037

电话：(+216) 71703905

邮箱：b. hassen@ aihr – iadh. org

网　　址：http：//www. aihr – iadh. org

3. 研究发展与民主协会

机构名称： Association de Recherche Democratie et Developpement

机构领导： Hafedh Zaafrane

工作语言： 阿拉伯语

联系方式： 邮箱：hafedh@zaafrane.com

4. 国际研究协会

机构名称： Association des Etudes Internationales（AEI）

研究领域： 国际事务

工作语言： 英语、阿拉伯语

联系方式： 地址：Rue J. J. Rousseau immeuble Babel Montplaisir B. P156 Tunis

电话：（+216）71901683

传真：（+216）71906793

邮箱：aeitunis@topnet.tn 或 aeitunis@planet.tn

网　　址： http://www.aei-tn.org/tn

5. 阿拉伯经济与社会发展研究协会

机构名称： Association of Arab Institutes and Centers for Economic and Social Development Research

研究领域： 经济与社会发展

成立时间： 1973 年

工作语言： 阿拉伯语

联系方式： 地址：c/o I. E. Q. 27 rue du Liban Tunis Belvedere

电话：（+216）71802044

传真：（+216）71787034

邮箱：aicardes.ieq@aicardes.org

网　　址： http://www.aicardes.org.tn

6. 突尼斯妇女研究发展协会

机构名称： Association of Tunisian Women for Research on Development

研究领域： 妇女问题

工作语言： 阿拉伯语

网　　址： http://www.aicardes.org.tn

7. 新共和"努尔"协会

机构名称： Association Nouvelle République " Nour"

机构领导： Maher Kallel

工作语言： 阿拉伯语

联系方式： 邮箱：maher.kallel@gmail.com

8. 经济与社会研究中心

机构名称： Centre d'Etudes et de Recherches Economiques et Sociales （CERES）

研究领域： 经济、社会和人文科学

成立时间： 1962 年

智库类型： 政府组织

工作语言： 英语、阿拉伯语和法语

联系方式： 地址：23 rue d'Espagne 1000 Tunis – Tunisie

电话：（+216）71322994

传真：（+216）71326770

网　　址： http://www.ceres.rnrt.tn

9. 马格里布和地中海国际问题研究中心

机构名称： Centre d'études internationales du Maghreb et de la Méditerranée

研究领域： 区域研究

联系方式： 电话：（+216）796443/789440

传真：（+216）791954

10. 伊斯兰教和民主研究中心

机构名称： Center for the Study of Islam and Democracy（CSID）

研究领域： 伊斯兰教、民主政治

机构领导： Radwan Masmoudi

工作语言： 阿拉伯语

联系方式： 邮箱：masmoudi@islam–democracy.org

11. 阿拉伯妇女培训和研究中心

机构名称： Center of Arab Women for Training and Research (CAWTR)

研究领域： 妇女培训、人权问题

成立时间： 1993 年

智库类型： 区域组织

机构领导： Soukaina Bouraoui

工作语言： 英语、阿拉伯语和法语

联系方式： 地址：P. O. Box No. 105 1003 Cité El Khadra Tunis – Tunisia
电话：(+216) 71773511
传真：(+216) 71773611 或 71780002
邮箱：cawtar@ cawtar. org

网　　址： htpp://www. cawtar. org

12. 信息、培训、研究和文献中心协会 (IFEDA)

机构名称： Information, Training, Studies and Documentation for Associations Center (IFEDA)

研究领域： 社会经济与文化、公民社会和可持续发展

成立时间： 2000 年

智库类型： 政府组织

机构领导： Ridha Kazdaghli

工作语言： 英语、法语、阿拉伯语

联系方式： 邮箱：No. 66 Avenue Moaouia ibn abi Sofiane, Menzah7, Tunis – Tunisia
电话：(+216) 71233122
邮箱：info@ ifeda. org. tn

网　　址： www. ifeda. org. tn

13. 当代马格里布研究院

机构名称： Institut de Recherche sur le Maghreb Contemporain (IRMC)

智库类型： 政府组织

机构领导： Ridha Kazdaghli
工作语言： 法语
联系方式： 地址：No. 20, rue Mohamed Ali Tahar Mutuelleville 1002 Tunis
电话：(+216) 71796722
传真：(+216) 71797376
网　　址： http://www.irmcmaghreb.org

14. 国立文化资产研究所（INP）

机构名称： Institut National du Patrimoine (INP)
研究领域： 文化研究
智库类型： 政府组织
工作语言： 法语、阿拉伯语
联系方式： 地址：No. 4, place du château 1008 Tunis
电话：(+216) 71561622,
传真：(+216) 71562452
网　　址： http://www.inp.rnrt.tn

15. 国立劳动和社会研究所

机构名称： Institut National du Travail et des Etudes Sociales (INTES)
研究领域： 社会学、劳动力研究
智库类型： 政府组织
工作语言： 法语
联系方式： 地址：No. 44 rue de l'artisanat Charguia 2
电话：(+216) 70837208 或 70837003
传真：(+216) 7083542 或 70837208
邮箱：intes@intes.rnu.tn
网　　址： http://www.intes.rnu.tn

16. 突尼斯竞争力与定量研究所

机构名称： Tunisian Institute of Competitiveness and Quantitative Studies
研究领域： 国家经济

智库类型： 政府组织
工作语言： 英语、法语、阿拉伯语
联系方式： 地址：No. 27, rue du Liban Street – Tunis – Belvedere 1002, Tunisia
电话：(+216) 71802044
传真：(+216) 71787034
邮箱：ieq@ mdci. gov. tn
网　　址： http://www.ieq.nat.tn/

17. 突尼斯战略研究所

机构名称： Institut Tunisien des Etudes Stratégiques (ITES)
研究领域： 社会公正、公民自由、民主与治理
成立时间： 1993 年
智库类型： 政府组织
机构领导： Tarek Kahlaoui
工作语言： 法语、阿拉伯语
联系方式： 地址：Dar El Hana 1, 150 Avenue Habib Bourguiba, Carthage – Amilcar 2016 – Tunis
电话：(+216) 71727127
传真：(+216) 71727371
邮箱：ites@ ites. nat. tn
网　　址： http://www.strategie.tn/index.php/fr

18. 卡瓦克比民主过渡中心

机构名称： Kawakibi Democracy Transition Center
研究领域： 民主转型
智库类型： 非政府组织
机构领导： Tarek Kahlaoui
工作语言： 英语、阿拉伯语
联系方式： 邮箱：amine. ghali@ yahoo. com
网　　址： http://www.kawakibi.org

19. 科研和信息基金会

机构名称： La Fondation Temimi pour la Recherche Scientifique et l'Information

研究领域： 科技、信息技术

智库类型： 非政府组织

工作语言： 法语、阿拉伯语

网　　址： http://www.temimi.refer.org

20. 区域发展协调委员会

机构名称： Regional Coordinating Committee Development Associations (RCCDA)

研究领域： 区域研究

智库类型： 非政府组织

工作语言： 阿拉伯语

联系方式： 邮箱：info@iccda.net

网　　址： http://www.iccda.net

21. 妇女问题文献和信息中心（CREDIF）

机构名称： The Center for Research, Studies, Documentation and Information on Women (CREDIF)

研究领域： 妇女问题

成立时间： 1990年

智库类型： 政府组织

机构领导： Dalenda Largeche

工作语言： 英语、法语、阿拉伯语

联系方式： 地址：Avenue du Roi Abdulaziz Al – Saoud – Rue Farhat Ben Afia Manar 2 Tunisia 2092

电话：(+216) 71885322

传真：(+216) 71874394

网　　址： http://www.credif.org.tn

十四、阿联酋

1. 迪拜经济委员会

机构名称： Dubai Economic Council（DEC）

研究领域： 妇女知识生产、创业发展、人力资本开发

成立时间： 2005 年

智库类型： 政府组织

机构领导： Sheikh Ahmed bin Mohammed bin Rashid Al Maktoum

工作语言： 英语、阿拉伯语

联系方式： 地址：P. O. Box：214444 Building No. 7 Dubai

电话：（+971）43299999

传真：（+971）43687777

邮箱：info@ mbrfoundation. ae

网　　址： http：//www. credif. org. tn

2. 迪拜政府学院

机构名称： Dubai School of Government（DSG）

研究领域： 公共管理和治理、性别与公共政策、经济发展

成立时间： 1994 年

智库类型： 政府组织

机构领导： Ali Sebaa AlMarri

工作语言： 英语、阿拉伯语

联系方式： 地址：13th Floor, Convention Tower, Dubai World Trade Center, Dubai P. O. Box 72229

电话：（+971）43293290

传真：（+971）43293291

邮箱：info@ dsg. ac. ae

网　　址： http：//www. dsg. ae

3. 阿联酋战略研究中心和研究所

机构名称：	Emirates Center for Strategic Studies and Research (ECSSR)
研究领域：	政治、经济、社会、信息、军事和战略研究
成立时间：	1994 年
智库类型：	政府组织
机构领导：	Jamal Sanad Al – Suwaidi
工作语言：	英语、阿拉伯语
联系方式：	地址：Abu Dhabi, The United Arab Emirates. P. O. Box 4567
	电话：(+971) 24044440
	传真：(+971) 24044442
	邮箱：diroffice@ecssr.ac.ae
网　　址：	http://www.ecssr.ac.ae

4. 海湾研究中心

机构名称：	Gulf Research Center (GRC)
研究领域：	政治制度、外交关系、经济问题、社会问题、国防和安全
成立时间：	2006 年
智库类型：	非政府组织
机构领导：	Mustafa Alani
工作语言：	英语、阿拉伯语
联系方式：	地址：187 Oud Metha Tower, 11th Floor, 303 Sheikh Rashid Road, P. O. Box: 80758, Dubai
	电话：(+971) 4324 7770
	传真：(+971) 4324 7771
	邮箱：info@grc.ae
网　　址：	http://www.grc.ae

5. 中东青年倡议

机构名称：	Middle East Youth Initiative (MEYI)

研究领域：　青年问题
成立时间：　2006 年
智库类型：　政府组织
机构领导：　Mustafa Alani
工作语言：　英语、阿拉伯语
网　　址：　http：//www.shababinclusion.org

十五、也门

1. 阿巴德研究中心

机构名称：　Abaad Studies & Research Center
研究领域：　也门及其地区和国际环境
成立时间：　2010 年
智库类型：　非政府组织
机构领导：　Abdulsalam Mohamed
工作语言：　英语、阿拉伯语
联系方式：　电话：（+967）737887778
网　　址：　http：//www.abaadstudies.org

2. 经济与社会发展研究中心

机构名称：　Economic & Social Development Researches Center（ESDRC）
研究领域：　经济与社会
成立时间：　2011 年
智库类型：　非政府组织
机构领导：　Adnan Alsanoy
工作语言：　英语、阿拉伯语
联系方式：　电话：（+967）777109620
网　　址：　http：//www.ESDRYemen.org

3. 经济媒体研究中心

机构名称： Studies & Economic Media Center (SEMC)

研究领域： 经济系统

成立时间： 2008 年

智库类型： 非政府组织

机构领导： Mustafa Nassr

工作语言： 英语、阿拉伯语

联系方式： 电话：(+967) 771402508

邮箱：economicmedia@gmail.com

网　　址： http://www.economicmedia.net

4. 塔伊兹研究和调查中心

机构名称： Taiz Center for Studies and Researches (TCSR)

研究领域： 也门政治、经济、社会和文化

成立时间： 2010 年

智库类型： 非政府组织

机构领导： Nabeel Mohammed Ahmed Alselwi

工作语言： 英语、阿拉伯语

联系方式： 电话：(+967) 77746487

传真：(+967) 777207041

邮箱：alselwi.nabeel@yahoo.com

网　　址： http://www.economicmedia.net

5. 塔姆金发展基金会

机构名称： Tamkeen Development Foundation (TDF)

研究领域： 民主与民主改革、人权和发展

成立时间： 2009 年

智库类型： 非政府组织

机构领导： Murad Algharati

工作语言： 英语、阿拉伯语

联系方式： 电话：(+967) 770655775

邮箱：mgharati@gmail.com

网　　址：http://www.tdhrf.org

6. 透明度研究与调查中心

机构名称：Transparency Center for Studies and Research

研究领域：社会组织的发展和透明度

成立时间：2009 年

智库类型：非政府组织

机构领导：Elham Abdul Wahab

工作语言：阿拉伯语

联系方式：Elham Abdul Wahab or Mohammed Al – Wozaze

网　　址：http://transparency.org

7. 统一战略研究中心

机构名称：Unity Center For Strategic Studies

研究领域：社会、经济、政治领域

成立时间：2008 年

智库类型：非政府组织

机构领导：Abdulwahab M. Alrawhani

工作语言：英语、阿拉伯语

网　　址：http://www.wahdaacss.org

8. 也门投票中心

机构名称：Yemen Polling Center（YPC）

研究领域：公众态度调查、深度访谈、市场调研

成立时间：2004 年

智库类型：非政府组织

机构领导：Hafez Albukari

工作语言：英语、阿拉伯语

联系方式：地址：5th Floor, Qatar National Bank Building, Alzubairi St., P.O Box: 5782, Sanaa, Yemen

电话：(+967) 71505647

传真：(+967) 71505648
邮箱：contact@yemenpolling.org
网　　址：http://www.yemenpolling.org

参考文献

一、中文文献

（一）专著

陈振明：《政策科学》，北京：中国人民大学出版社，2003年版。

丁煌：《政策执行阻滞机制及其防治对策》，北京：人民出版社，2002年版。

冯并：《"一带一路"：全球发展的中国逻辑》，北京：中国民主法制出版社，2015年版。

国家发展改革委等：《推动共建"丝绸之路经济带"和"21世纪海上丝绸之路"的愿景与行动》，北京：人民出版社，2015年版。

李建军、崔树义：《世界各国智库研究》，北京：人民出版社，2010年版。

李向阳：《"一带一路"——定位内涵及需要优先处理的关系》，北京：社会科学文献出版社，2015年版。

李扬：《"金砖四国"与国际转型：BRICs智库巴西峰会的思考》，北京：社会科学文献出版社，2011年版。

李意：《爱德华·萨义德与中东政治》，上海：上海人民出版社，2015年版。

李意：《当代中东国家政治合法性中的宗教因素》，北京：世界知识出版社，2017年版。

刘欣路：《中阿关系发展中的中国软实力研究》，北京：光明日报出版社，2014年版。

马丽蓉等：《丝路学研究：基于中国人文外交的阐释框架》，北京：时事出版社，2014年版。

马明良：《伊斯兰文明与中华文明的交往历程和前景》，北京：中国社会科学出版社，2006年版。

冉戎、吴颖：《公共关系学》，重庆：重庆大学出版社，2012年版。

邵培仁：《政治传播学》，南京：江苏人民出版社，1991年版。

王辉耀、苗绿：《大国智库》，北京：人民出版社，2014年版。

王骚：《政策原理与政策分析》，天津：天津大学出版社，2003年版。

王义桅：《"一带一路"：机遇与挑战》北京：人民出版社，2015年版。

习近平：《习近平谈治国理政》，北京：外文出版社，2014年版。

习近平：《习近平谈治国理政（第二卷）》，北京：外文出版社，2017年版。

姚匡乙、马丽蓉：《丝路新篇——"中阿合作论坛"十周年论文集》，北京：世界知识出版社，2014年版。

俞可平：《西方政治分析新方法论》，北京：人民出版社，1989年版。

张岱年、方克立：《中国文化概论》，北京：北京师范大学出版社，2004年版。

张国庆：《公共政策分析》，上海：复旦大学出版社，2004年版。

邹磊：《中国"一带一路"战略的政治经济学》，上海：上海人民出版社，2015年版。

［波兰］彼得·什托姆普卡：《信任——一种社会学理论》，程胜利译，北京：中华书局2005年版。

［法］伊夫·夏尔·扎尔卡：《权力的形式：从马基雅维利到福柯的政治哲学研究》，刘铭等译，福州：福建教育出版社，2014年版。

［美］阿尔温·托夫勒：《预测与前提——托夫勒未来对话录》，栗旺、胜德、徐复译，北京：国际文化出版公司1984年版。

［美］布赖恩·琼斯：《再思民主政治中的决策制定：注意力、选择和

公共政策》，李丹阳译，北京：北京大学出版社，2009 年版。

［美］戴维·伊斯顿：《政治生活的系统分析》，王浦劬译，北京：华夏出版社，1999 年版。

［美］加布里埃尔·A. 阿尔蒙德、小 G·宾厄姆·鲍威尔：《比较政治学：体系、过程和政策》，曹沛霖等译，上海：上海译文出版社，1987 年版。

［美］加布里埃尔·阿尔蒙德：《发展中地区的政治》，任晓晋等译，上海：上海人民出版社，2012 年版。

［美］萨巴蒂尔：《政策过程理论》，彭宗超译，北京：生活·读书·新知三联书店 2004 年版。

［美］爱德华·萨义德：《东方学》，王宇根译，北京：三联书店 1999 年版。

［美］斯图亚特·霍尔、保罗·杜盖伊：《文化身份问题研究》，庞璃译，开封：河南大学出版社，2010 年版。

［美］托马斯·戴伊：《理解公共政策》，谢明译，北京：中国人民大学出版社，2011 年版。

［美］威廉·F. 韦斯特：《控制官僚制度制约的理论与实践》，张定淮、白锐译，重庆：重庆出版社，2001 年。

［美］詹姆斯·C. 斯科特：《国家的视角：那些试图改善人类状况的项目是如何失败的》，北京：社会科学文献出版社，2004 年版。

［约旦］萨米尔·艾哈迈德：《文明的追随——中国的崛起与阿拉伯人的未来》，刘欣路、吴晓琴译，北京：北京师范大学出版社，2014 年版。

（二）期刊论文

巴殿君、朱振恺：《论"一带一路"战略内涵、风险及前景——以国际关系为视角》，《湖北社会科学》，2015 第 10 期。

蔡进：《"一带一路"与国家供应链发展战略》，《中国流通经济》，2016 年第 1 期。

代金平、殷乾亮：《宗教政治组织合法化、政党化现象分析》，《当代世界》，2009 年第 8 期。

丁工：《"一带一路"上中等强国的独特作用》，《理论视野》，2017 年第 10 期。

丁工：《中东变局与土耳其崛起的前景当代世界与社会主义》，《外交评论》，2013 年第 6 期。

丁俊：《当代伊斯兰"中间主义"思潮述评》，《阿拉伯世界》，2003 年第 2 期。

冯武勇、樊宇、王宗凯：《"一带一路"当梦想照进现实》，《大陆桥视野》，2016 年第 3 期。

高程：《从中国经济外交转型的视角看"一带一路"的战略性》，《国际观察》，2015 年第 4 期。

高飞：《公共外交的界定、形成条件及其作用》，《外交评论》，2005 年第 3 期。

高尚涛：《阿拉伯利益相关者与中国"一带一路"建设》，《国际关系研究》，2016 年第 6 期。

公丕萍等：《中国与"一带一路"沿线国家贸易的商品格局》，《地理科学进展》，2015 年第 5 期。

韩光明：《公共外交与民间外交的特点分析》，《公共外交季刊》，2013 年第 1 期。

金家厚：《政府智库与民间智库的合作与交流》，《重庆社会科学》，2012 年第 7 期。

靳永翥、刘强强：《政策问题源流论：一个发生学的建构逻辑》，《中国行政管理》，2016 年第 8 期。

李伟：《智库如何做好公共政策评估》，《新经济导刊》，2015 年第 9 期。

李伟建：《中国在中东：话语与现实》，《西亚非洲》，2017 年第 5 期。

李向阳：《构建"一带一路"需要优先处理的关系》，《国际经济评论》，2015 年第 1 期。

李意：《科威特阿拉伯经济发展基金会对非洲国家援助研究》，《阿拉伯世界研究》，2017 年第 4 期。

李意：《丝路人文外交中的阿拉伯国家智库研究》，《宗教与美国社会》，2015 年第 12 期。

李意：《政治专家对小布什中东政策的影响》，《西亚非洲》，2007 年第 2 期。

李意：《中东国家政治转型期的不稳定因素分析》，《现代国际关系》，2011 年第 4 期。

李意：《阿拉伯国家智库：发展态势与特点》，《西亚非洲》，2016 年第 4 期。

刘德斌：《公共外交时代》，《吉林大学社会科学学报》，2015 年第 3 期。

刘静：《精简务实扩容升级铸造中阿合作战略平台》，《新商务周刊》，2015 年第 5 期。

刘伟：《宁夏中阿文化交流的成果与机遇》，《中国穆斯林》，2014 年第 1 期。

刘潇潇：《我国官方智库的发展及改革思路》，《中国社会科学评价》，2015 年第 4 期。

刘欣路：《中国对阿拉伯国家的公共外交：使命与挑战》，《当代世界》，2013 年第 3 期。

龙方成：《朝核问题中的美国"二轨外交"》，《亚非纵横》，2008 年第 5 期。

马苏德·达希尔：《"中阿合作论坛"与国际、地区变革》，陈越洋译，《阿拉伯世界研究》，2014 年第 4 期。

孟昭毅：《马格里布文化板块多重性解读》，《北方工业大学学报》，2015 年第 2 期。

闵捷、马云蔚：《中国对阿拉伯世界人文外交的历史回顾及现实挑战》，《阿拉伯世界研究》，2011 年第 6 期。

明浩：《"一带一路"与"人类命运共同体"》，《中央民族大学学报》（哲学社会科学版）2015 年第 6 期。

李伟、姚庐清:《"一带一路"发展中的民族交流与核心价值认同》,《齐鲁学刊》,2016年第1期。

钱晶晶:《论新型智库对外传播特性的具体表征》,《全球传媒学刊》,2016年第3期。

申现杰、肖金成:《国际区域经济合作新形势与我国"一带一路"合作战略》,《宏观经济研究》,2014年第11期。

史献芝:《政治沟通理论视域中民间智库的功能探析——以温州民间智库为例》,《江西理工大学学报》,2016年第4期。

苏娟:《"一带一路"倡议与中国文化安全刍议》,《当代世界》,2017年第9期。

孙靓莹、邱昌情:《"一带一路"建设背景下的南南合作:路径与前景》,《广西社会科学》,2016年第2期。

檀有志:《国际话语权竞争:中国公共外交的顶层设计》,《教学与研究》,2013年第4期。

唐亮:《多伊奇的政治沟通理论》,《政治学研究》,1985年第2期。

唐朱昌:《"一带一路"的定位、风险与合作》,《社会观察》,2015年第6期。

陶飞亚:《美国"思想库"里的社科专家》,《学习时报》,2004年3月25日。

汪廷炯:《论思想库》,《中国软科学》,1997年第2期。

王健:《中国智库发展与中阿智库合作》,《宁夏社会科学》,2015年第6期。

王莉丽:《论美国智库舆论影响力的形成机制》,《国外社会科学》,2014年第3期。

王莉丽:《中国智库建设与公共外交拓展》,《公共外交季刊》,2013年冬季号。

王林聪:《智库建设与中阿"一带一路"共建》,《宁夏社会科学》,2015第6期。

王锁劳:《第一期中国—阿拉伯语国家经济管理官员研修班记实》,

《阿拉伯世界研究》，2001 年第 3 期。

王文：《公共外交上策：影响他国智库——以二十国智库会议为例》，《公共外交季刊》，2013 年冬季号。

魏志荣：《"政治沟通"理论发展的三个阶段》，《深圳大学学报（人文社会科学版）》，2012 年第 6 期。

吴合文：《中国特色高校智库运行的政策定位》，《高教探索》，2017 年第 7 期。

吴思科：《阿拉伯国家参建"一带一路"》，《中国经济报告》，2015 年第 5 期。

吴思科：《西亚北非变局为中国公共外交带来新机遇》，《公共外交季刊》，2012 年夏季号。

吴思科：《智库在中阿产能合作中发挥引领作用》，《宁夏社会科学》，2015 年第 6 期。

吴贤军：《国际话语权视域下的"一带一路"战略实现路径研究》，《中国报道》，2015 年第 8 期。

吴云贵：《"一带一路"战略构想中的宗教文化因素》，《世界宗教文化》，2017 年第 1 期。

熊亮：《公共外交：发展中阿关系的战略选择》，《世界知识》，2014 年第 11 期。

徐颖：《智库交流提速：中美关系'新桥梁'》，《瞭望东方周刊》，2017 年第 44 期。

薛力：《中国"一带一路"战略面对的外交风险》，《国际经济评论》，2015 年第 2 期。

薛庆国：《"一带一路"倡议在阿拉伯世界的传播：舆情、实践与建议》，《西亚非洲》，2015 年第 6 期。

杨光：《中阿关系与中阿智库建设》，《宁夏社会科学》，2015 年第 6 期。

姚匡乙：《"中阿合作论坛"十年回顾与展望》，《阿拉伯世界研究》，2014 年第 5 期。

余泳：《中国对阿拉伯国家的公共外交：实践与评估》，《辽宁大学学报》（哲学社会科学版），2014年第3期。

翟崑：《"一带一路"建设的战略思考》，《国际观察》，2015年第4期。

张弛：《"一带一路"战略视角下构建中阿公共外交体系初探》，《回族研究》，2015年第2期。

张传鹤：《赢取国际话语权工作的基本规律》，《理论学刊》，2017年第5期。

张春：《思想库与小布什政府的外交政策》，《国际论坛》，2005年第3期。

张春：《中国智库开展公共外交的四策》，《公共外交季刊》，2013年冬季号。

张良强、童正容：《海峡两岸科技智库交流与合作现状及对策研究》，《科学管理研究》，2016年第1期。

赵国忠：《塔伊夫协议签订后的黎巴嫩局势》，《西亚非洲》，1990年第2期。

赵可金：《人文外交：全球化时代的新外交形态》，《外交评论》，2011年第6期。

赵明昊：《引智、借力与谋势：中国外交的"战略转进"与智库对外传播》，《对外传播》，2013年第10期。

郑华：《新公共外交内涵对中国公共外交的启示》，《世界经济与政治》，2011年第4期。

郑振宇：《公共决策成本及其控制机制构建》，《四川行政学院学报》，2005年第2期。

周舟：《对外传播中的战略叙事》，《对外传播》，2016年第6期。

朱威烈：《理解与尊重：关于构建我国对中东研究话语体系的思考》，《西亚非洲》，2007年第12期。

竺彩华：《世界经济发展新态势与"一带一路"建设》，《太平洋学报》，2017年第5期。

（三）报纸文献

陈璐：《卡塔尔埃米尔文化顾问库瓦里谈中阿文明对话》，《中国文化报》，2016年10月17日。

复旦大学国际问题研究院：《人文外交战略、制度与实践》，《光明日报》，2015年1月7日。

郭可：《"讲好中国故事"传播中国声音》，《文汇报》，2013年9月25日。

韩万渠：《第三方评估——智库建设的增长点》，《中国社会科学报》，2017年3月6日。

何亚非：《中国智库要多方位为外交服务》，《环球时报》，2016年11月2日。

李松：《中国智库的"成长逻辑"》，《国际先驱导报》，2015年3月18日。

李颖科：《积极参与国际智库平台对话创新"一带一路"人文交流机制》，《中国社会科学报》，2017年6月29日。

陆培法：《"一带一路"促民心相通》，《人民日报（海外版）》，2017年5月12日。

穆虹：《推进"一带一路"建设》，《人民日报》，2015年12月11日。

宁骚：《政策实验与中国的制度优势》，《学习时报》，2014年2月17日。

邱海峰：《中国—阿拉伯"一带一路"建设大有"钱途"》，《人民日报（海外版）》，2017年6月3日。

唐宇文：《实现智库研究与政府决策有效对接》，《中国社会科学报》，2014年4月11日。

王莉丽：《从"智库公共外交"看智库多元功能》，《中国社会科学报》，2014年4月11日。

王伟光：《建设中国特色的哲学社会科学话语体系》，《中国社会科学报》，2013年12月20日。

习近平：《共同开创中阿关系的美好未来》，《人民日报》，2016年1月22日。

薛庆国：《对阿拉伯世界讲述"一带一路"需精细化传播》，《光明日报》，2015年7月21日。

杨洁篪：《奥运后的中国外交》，《学习时报》，2008年10月6日。

杨洁篪：《推动构建"人类命运共同体"》，《人民日报》，2017年11月19日。

岳亮：《构建中国特色话语体系三要素》，《学习时报》，2016年8月8日。

张春海、毛莉：《中国智库迎来发展新机遇》，《中国社会科学报》，2014年10月31日。

（四）网络文献

陈淋：《2017中阿经贸文化交流峰会在成都举行》，四川新闻网，http://scnews.newssc.org/system/20170401/000765675.html。

陈耀：《"一带一路"战略的核心内涵与推进思想》，人民网－理论频道，http://theory.people.com.cn/n/2015/0128/c83853-26465206.html。

侯湘：《中国智库发布〈中国国家形象全球调查报告2013〉》，长大导航，http://www.chddh.com/xindetihui/20180302/1850681.html。

纪明葵：《打造中阿利益共同体和命运共同体》，中国网，http://opinion.china.com.cn/opinion_11_100811.html。

姜泓冰：《摩洛哥王国皇家战略研究院院长为上海领导讲学》，搜狐新闻，http://news.sohu.com/20120309/n337266740.shtml。

蒋少清：《约旦前首相期待进一步加强扩大阿中合作交流》，中新网，http://www.chinanews.com/gj/2014/06-03/6236001.shtml。

林晓蔚：《"一带一路"为阿拉伯区域发展注入新动力》，人民网，http://world.people.com.cn/n1/2017/0404/c1002-29187414.html。

刘丹阳：《"一带一路"建设携手打造智力丝绸之路》，中国发展网，http://www.chinadevelopment.com.cn/fgw/2017/05/1140544.shtml。

刘锴、马迪：《"一带一路"建设是突尼斯的机遇》，环球网，http：//world.huanqiu.com/hot/2017-07/10953006.html。

毛莉：《中非智库"结对子"开创"融智"新举措》，中国社会科学在线，http：//news.hexun.com/2013-10-23/158995503.html。

纪明葵：《打造中阿利益共同体和命运共同体》，中国网，http：//opinion.china.com.cn/opinion_11_100811.html。

张国祚：《实施"一带一路"倡议需文化先行》，中国社会科学网，http：//www.cssn.cn/djch/djch_djchhg/yidaiyilu/201606/t20160624_3084194_1.shtml。

莫佳庆：《中国和平崛起不只是中国的责任》，环球网，http：//opinion.huanqiu.com/1152/2012-09/3108976.html。

钱彤：《习近平主持加强互联互通伙伴关系对话会并发表重要讲话》，人民网，http：//politics.people.com.cn/n/2014/1108/c1024-25997235.html。

尚军：《债务危机阴影笼罩欧盟经济，经济复苏遭重创》，新华网，http：//finance.qq.com/a/20100618/005310.htm。

宋方灿、欧阳开宇：《中非合作论坛机制建设不断完善，论坛旗帜效应更加凸显》，中国网，http：//www.chinanews.com/gj/2015/12-03/7654964.shtml。

孙健：《中阿面向未来　充满期望》，人民网，http：//world.people.com.cn/GB/18015702.html。

陶飞亚：《美国"思想库"里的社科专家》，http：//french.hanban.edu.cn/chinese/zhuanti/xxsb/545697.htm。

田飞：《防务智库：谈兵论战的"外脑"》，中国国防报军事特刊，http：//www.360doc.com/content/16/0511/03/32452152_558108364.shtml。

王高飞、梁生文：《"金砖国家"智库国际研讨会举行　聚焦全球治理新未来》，国际在线，http：//world.huanqiu.com/hot/2017-06/10893303.html。

王晶、翟转丽：《阿拉伯媒体人眼中的2016"一带一路"媒体合作论坛》，人民网，http：//business.sohu.com/20160802/n462230439.shtml。

王琳：《全球权威智库排行发布　中国智库数量位居世界第二》，中国网，

http：//www.china.com.cn/opinion/think/2017 - 01/25/content_40177788.htm。

王琳：《中东智库的现实特征与研究热点简析》，中国网，http：//www.china.com.cn/opinion/think/2016 - 06/29/content_38773802.htm。

王南：《纪念毛主席发表非洲研究指示50周年学术研讨会举行》，人民网，http：//news.cntv.cn/20110428/103018.shtml。

王文：《中国智库何惧跨国交流》，观察者，http：//www.guancha.cn/wang - wen/2014_03_28_217597.shtml。

王鑫昕、陈凯欣：《"一带一路"高校智库论坛在成都举行》，中青在线，https：//news.cyol.com/content/2017 - 10/29/content_16632663.htm。

王雪：《"中国与中东热点问题"研讨会在埃及举行》，东方网，http：//news.eastday.com/w/20161102/u1ai9881450.html。

王毅：《"一带一路"强调"共商共建共享"的平等互利方式》，http：//www.gtobal.com/info/detail - 828625 - p1.html。

王泳桓：《海湾阿拉伯国家对"一带一路"倡议有何顾虑》，澎湃新闻网，http：//news.163.com/14/1024/06/A9A7S96800014SEH.html。

伍亚飞：《阿拉伯国家是共建"一带一路"重要伙伴》，环球网，http：//opinion.huanqiu.com/opinion_world/2016 - 01/8409945.html。

习近平：《携手共创丝绸之路新辉煌——习近平主席在乌兹别克斯坦最高会议立法院的演讲》，新华社，http：//www.fmprc.gov.cn/web/ziliao_674904/zyjh_674906/t1374569.shtml。

肖中仁：《中国已经成为阿拉伯国家第二大贸易伙伴》，国际在线，http：//gb.cri.cn/42071/2015/08/18/8011s5070709.htm。

辛闻：《发展中阿经贸合作是"一带一路"重要组成部分》，中国网，http：//news.china.com.cn/2015 - 08/17/content_36325953.htm。

姚玮洁：《习近平的"一带一路"足迹》，人民网，http：//cpc.people.com.cn/xuexi/n1/2016/0906/c385474 - 28694919.html。

叶欣华、董丽微：《伊方将积极参与"一带一路"建设》，国际在线，http：//gb.cri.cn/42071/2015/06/26/7211s5010855.htm。

曾虎：《埃及赞赏中国全球治理方案 期待学习中国成功经验》，人民网，http：//world. people. com. cn/n1/2016/0902/c1002 - 28685755. html。

曾书柔、王晶：《阿拉伯国家媒体人士聚焦中共十九大》，网易新闻，http：//news. 163. com/17/1018/14/D11OFRMP00018AOQ. html。

曾书柔：《阿拉伯国家媒体人看"一带一路"媒体合作论坛》，人民网http：//media. people. com. cn/n1/2017/0920/c414317 - 29546618. html。

张建平：《"一带一路"是中国首次成功倡议的新兴国际区域经济合作平台》，光明网，http：//www. scio. gov. cn/ztk/wh/slxy/31215/Document/1433907/1433907. htm。

张亮：《专家建议丰富投资主体促进中阿基础设施建设合作》，新华网，http：//news. sohu. com/20130919/n386888322. shtml。

张林：《中国与全球化智库（CCG），智库建设的样板》，中国网，http：//www. china. com. cn/opinion/think/2014 - 11/05/content_33969966. htm。

赵可金：《建设高校智库，完善"第五职能"》，中国网，http：//www. china. com. cn/opinion/think/2017 - 04/06/content_40567221. htm。

赵银平：《"一带一路"：习近平打开的"筑梦空间"》，新华网，http：//www. xinhuanet. com/politics/2016 - 09/21/c - 1119594710. htm。

郑凯伦：《穆罕默德·法拉哈特："一带一路"天生具有互利共赢的特征》，中国金融信息网，http：//finance. jrj. com. cn/2017/05/03162422421023. shtml。

周一菲：《浅谈民间智库的发展》，中国论文网，http：//www. xzbu. com/3/view - 6812449. htm。

朱光耀：《全球经济面临着2008年以来最严峻复杂的局面》，环球网，http：//finance. huanqiu. com/roll/2015 - 12/8121399. html。

朱威烈：《深化人文交流 夯实中阿战略合作底蕴》，人民网，http：//world. people. com. cn/GB/57507/11534706. html。

二、英文文献

（一）BOOKS

Abdelhak Bassou, *Situation in the Sahel after Military Intervention*, Rabat: Royal Institute for Strategic Studies, 2010.

B. C. Hemmessy, *Pulicoipion*, Belmout: Wadsworth Publishing Company, 1970.

Charles K. Webster, *The Art and Practice of Diplomacy*, New York: Barnes & Noble inc., 1962.

Dan D. Nimmo and Keith R. Sanders, *Handbook of Political Communication*, Califonia: Sage Publications, 1981.

Dorte Verner, *Economics of Climate Change in the Arab World Case Studies from Syria*, Tunis: Association of Arab Institutes and Centers for Economic and Social Development Research, 2013.

Emma Murphy, *Economic and Political Change in Tunisia from Bourguiba to Ben Ali*, Tunis: Association of Arab Institutes and Centers for Economic and Social Development Research, 1999.

Harold D. Lasswell, *Propaganda Technique in World War I*, Cambridge, Massachusetts and London: The M. I. T. Press, 1927.

Hugh Miles, *Al Jazeera*, Abacus, 2006.

J. Michael Waller ed., *The Public Diplomacy Reader*, Washington D. C.: The Institute of World Politics Press, 2007.

James Stanyer, *Modern Political Communicaiton*, Cambridge: Policy Press, 2007.

Jiri Schneider, *Globalization and Think Tanks: Security Policy Networks*, Istanbul: SAREM International Seminar, 2003.

Karl Wolfgang Deutsch, *The Nerves of Government: Models of Political Communication and Control*, Illinois: Free of Glencoe, 1966.

Khalid Chegraoui, *Current Situation in Centrafrican Republic*, Rabat: Royal Institute for Strategic Studies, 2008.

Lucian Pye, *Communication and Political Development*, Princeton University Press, 1963.

Marc Lynch, *Voices of the New Arab Public: Iraq, Al-Jazeera, and Middle East Politics Today*, New York: Columbia University Press, 2006.

Mohammed Tawfik, *Sub-Saharan Foreign Policy in Morocco*, Rabat: Royal Institute for Strategic Studies, 2015.

Nader Hashemi & Danny Postel, *The Syria Dilemma*, Cambridge: The MIT Press, 2014.

Paul G. Lauren, *Diplomats and Bureaucrats: The First Institutional Responses to Twentieth Century Diplomacy in France and Germany*, Stanford: Hoover Institution Press, 1976.

Radwan Ziadeh, *Power and Policy in Syria: Intelligence Services, Foreign Relations and Democracy in the Modern Middle East*, I. B. Tauris, 2012.

Samira Atallah, *Euro-mediterranean Partnership: Fiscal Challenges and Opportunities*, Beirut: Lebanese Center for Policy Studies, 2000.

Steven H. Chaffee, *Political Communication: Issues and Strategies for Research*, Beverly Hills: Sage Publication, 1975.

(二) **ARTICLES**

Ahmad Rwaidy, *Main Remarks on The Amended Palestinian Elections Law*, Jerusalem: The Arab Thought Forum, 2005.

Alexander Abdennur, *The Arab Mind: An Ontology of Abstraction and Concreteness*, Beirut: Centre for Arab Unity Studies, 2017.

Andrew Chadwick, "Internet Politics: States, Citizens, and New Communication Technologies," *Governance*, Vol. 85, No. 4, 2007.

Diana Stone, "Recycling Bins, Garbage Cans or Think-tanks? Three Myths Regarding Policy Analysis Institutes", *Public Administration*, Vol. 85, No. 20, 2007.

Eswar Prasad, "Implications of the Global Financial Crisis on International Trade and Investment Regimes," *American Society of International Law*, 2010.

Farid El-Khazen, "Political Parties in Postwar Lebanon: Parties in Search of Partisans," *The Middle East*, Vol. 57, No. 4, 2005.

Hashim Hassan Hussein Al – Shahwan, "Arab Research Centers: Procedures In Developing Them Towards Making Political Decision," *Regional Studies*, No. 10, 2008.

Ibrahim Khalil Al-Alaff, "The Importance of Arab Think Tanks: Regional Studies Center at Mosul University, Iraq As a Case Study," *Regional Studies*, No. 22, 2011.

Ibrahim Sirkeci, *Pluralistic Political System: Opportunities and Obstacles*, Jerusalem: The Arab Thought Forum, 2010.

Iman Ahmad Rajab, *Arab Regional Order in the Post-American Occupation of Iraq*, Beirut: Centre for Arab Unity Studies, 2010.

IntissarKherigi, "Public Policy Making in Tunisia: The Contribution of Policy Research Institutes," *Middle East Law and Governance*, Vol. 7, No. 1, 2015.

Jad Chaaban, "Youth and Development in the Arab Countries: The Need for a Different Approach," *Middle Eastern Studies*, Vol. 45, No. 1, 2009.

Joseph S. Nye, "The Pros and Cons of Citizen Diplomacy," *The New York Times*, October 4, 2010.

Kenneth E. Boulding, "National Images and International Systems," *Journal of Conflict Resolution*, Vol. 3, No. 2, 1959.

Klotz R, "The Politics of Internet Communication," *Journalism & Mass Communication Quarterly*, Vol. 81, No. 2, 2004.

KW Deutsch, "The Nerves of Government: Models of Political Communication and Control," *American Political Science Association*, Vol. 58, No. 3, 1966.

Mustafa Khalifa, "Can the World Afford to Condone the 'Divided States of Syria'?" The International Spectator, Volume 49, Issue 3, 2014.

Paola Caridi, *Hamas: From Resistance to Government?* Jerusalem: PASSIA

Publications, 2010.

Paul Evans, "Building Security: The Council for Security Cooperation in the Asia Pacific," *The Pacific Review*, Vol. 7, No. 2, 1994.

Rima Khalaf, *Arab Integration*, Beirut: Centre for Arab Unity Studies, 2015.

Robert E Hunter, "Think Tanks: Helping to Shape US Foreign and Security," *US Foreign Policy Agenda*, Mar/Apr, 2000.

Samira Atallah, "Law and Politics of 'Safe Zones' and Forced Return to Syria: Refugee Politics in Lebanon", *Policy Paper of Lebanese Center for Policy Studies*, January 12, 2018.

Ziad Majed, "The Future of the Mediterranean-Which Way for Europe and North Africa?" *Europe in Dialogue*, Issue 1, 2011.

三、阿文文献

［阿联酋］阿卜杜·哈立德·阿卜杜拉：《海湾地区秩序》（阿拉伯文），迪拜：海湾研究中心，2013年版。

［阿联酋］阿卜杜拉·巴布德：《欧盟与海合会的关系：跨区域合作研究》（阿拉伯文），迪拜：海湾研究中心，2013年版。

［阿联酋］阿卜杜勒·萨格尔：《沙特统治家族面临的主要问题》（阿拉伯文），迪拜：海湾研究中心，2015年版。

［阿联酋］阿布·巴克尔·巴格达：《印度与海湾：接下来会发生什么？》（阿拉伯文），迪拜：海湾研究中心，2010年版。

［阿联酋］阿里·拉希德·努艾米：《劳动力流动：可持续发展的推动者》（阿拉伯文），阿布扎比：阿联酋战略研究中心，2013年版。

［阿联酋］阿联酋战略研究中心：《阿联酋信息技术与教育的未来》（阿拉伯文），阿布扎比：阿联酋战略研究中心，2013年版。

［阿联酋］阿联酋战略研究中心：《石油时代的新挑战》（阿拉伯文），阿布扎比：阿联酋战略研究中心，2011年版。

［阿联酋］阿联酋战略研究中心：《伊斯兰与西方世界：一次文明的对

话》（阿拉伯文），阿布扎比：阿联酋战略研究中心，2013年版。

［阿联酋］安娜·埃查克：《海湾国家和阿拉伯暴动》（阿拉伯文），迪拜：海湾研究中心，2013年版。

［阿联酋］哈利德·纳吉布：《阿拉伯半岛和海湾国家的地区安全和防御（1973—2004年）》（阿拉伯文），迪拜：海湾研究中心，2006年版。

［阿联酋］海湾研究中心：《海湾地区：经济发展和多样性》（阿拉伯文），迪拜：海湾研究中心，2014年版。

［阿联酋］海湾研究中心：《绿湾报告》（阿拉伯文），迪拜：海湾研究中心，2011年版。

［阿联酋］贾马尔·萨纳德·阿勒萨瓦伊迪：《从部落到脸书：社交网络转型的作用》（阿拉伯文），阿布扎比：阿联酋战略研究中心，2014年版。

［阿联酋］兰吉特·谷南吉：《海湾合作委员会—印度关系》（阿拉伯文），迪拜：海湾研究中心，2015年版。

［阿联酋］曼·杰瑞迪·巴彻拉瑞：《海湾合作委员会国家的可再生能源：资源、潜力和前景》（阿拉伯文），迪拜：海湾研究中心，2013年版。

［阿联酋］米斯巴尔研究中心：《埃及穆斯林兄弟会的统治及其评价》（阿拉伯文），迪拜：米斯巴尔研究中心，2014年版。

［阿联酋］米斯巴尔研究中心：《巴尔干半岛地区的伊斯兰教和穆斯林》（阿拉伯文），迪拜：米斯巴尔研究中心，2015年版。

［阿联酋］米斯巴尔研究中心：《沙特统治家族面临的主要问题》（阿拉伯文），迪拜：米斯巴尔研究中心，2014年版。

［阿联酋］米斯巴尔研究中心：《土耳其正义与发展党的外交政策》（阿拉伯文），迪拜：米斯巴尔研究中心，2014年版。

［阿联酋］穆斯塔法·阿拉尼：《海湾和拉丁美洲：期望和挑战的评估》（阿拉伯文），迪拜：海湾研究中心，2012年版。

［阿联酋］易安·泰勒：《中国在非洲的石油外交》（阿拉伯文），阿布扎比：阿联酋战略研究中心，2007年版。

［埃及］阿卜杜·拉赫曼·穆罕默德：《塞西执政以来埃及经济改革研

究》（阿拉伯文），多哈：埃及经济研究中心，2016年版。

［埃及］艾哈迈德·班：《埃及恐怖袭击的新特点》（阿拉伯文），开罗：金字塔政治与战略研究中心，2014年版。

［埃及］艾哈迈德·加拉尔：《埃及经济发展现状研究》（阿拉伯文），开罗：埃及经济研究中心，2013年版。

［埃及］哈立德·瓦利德·马哈茂德：《智库在阿拉伯世界的角色——当下之现实与实现更大影响力之条件（阿拉伯文），多哈：阿拉伯政策研究中心，2013年版。

［埃及］哈桑·阿卜·塔里布：《中国"一带一路"与埃及的发展道路》（阿拉伯文），开罗：金字塔政治与战略研究中心，2016年版。

［埃及］汉娜·希尔丁：《国际援助对埃及经济的影响》（阿拉伯文），开罗：埃及经济研究中心，2014年版。

［埃及］穆罕默德·卡迪瑞·赛义德：《埃及政府的振兴计划》（阿拉伯文），开罗：金字塔政治与战略研究中心，2015年版。

［埃及］欧姆尼亚·海勒米：《恐怖活动对埃及经济重振的影响》（阿拉伯文），开罗：埃及经济研究中心，2016年版。

［埃及］萨拉·纳赛尔：《从〈投资保障和鼓励法〉到新〈投资法〉》，（阿拉伯文），开罗：埃及经济研究中心，2017年版。

［埃及］伊曼·拉贾布：《智库：中东政策制定过程中影响力上升的行为体》（阿拉伯文），开罗：金字塔政治和战略研究中心，2015年版。

［卡塔尔］哈利德·瓦利德·马哈穆德：《阿拉伯国家研究中心的作用》（阿拉伯文），多哈：阿拉伯政策研究中心，2013年版。

［卡塔尔］贾马尔·阿布杜勒：《卡塔尔的对外政策1995—2013：杠杆策略》（阿拉伯文），多哈：半岛研究中心，2014年版。

［黎巴嫩］阿卜杜拉·卡拉姆：《回归政党？阿拉伯世界政党政治逻辑与政治转型》，贝鲁特：黎巴嫩政策研究中心，2013年版。

［黎巴嫩］阿拉伯统一研究中心课题组：《阿中关系》（阿拉伯文），贝鲁特：阿拉伯统一研究中心，2017年版。

［黎巴嫩］法迪·阿里·马基：《关贸总协定和世贸组织之间：黎巴嫩

的最后期限》（阿拉伯文），贝鲁特：黎巴嫩政策研究中心，2009年版。

［黎巴嫩］法里德·哈赞：《黎巴嫩政党：民主的界限》，贝鲁特：黎巴嫩政策研究中心，2010年版。

［黎巴嫩］法若斯·艾比·萨卜：《严格审查有关民族和睦的文件》（阿拉伯文），贝鲁特：黎巴嫩政策研究中心，2012年版。

［黎巴嫩］哈利德·瓦利德·马哈穆德：《阿拉伯国家智库的作用》（阿拉伯文），贝鲁特：阿拉伯政策研究中心，2003年版。

［黎巴嫩］穆罕默德·海尔米：《阿拉伯统一：这可能吗?》，《当代阿拉伯事务》（阿拉伯文），2008年第3期。

［黎巴嫩］萨米·曼苏尔：《黎巴嫩司法人员面临的挑战与展望》，贝鲁特：黎巴嫩政策研究中心，2013年版。

［黎巴嫩］萨米尔·阿塔拉：《黎巴嫩经济预算和社会发展》（阿拉伯文），贝鲁特：黎巴嫩政策研究中心，2007年版。

［利比亚］阿纳斯·戈迈迪：《八面玲珑的退役将军哈夫塔尔》（阿拉伯文），的黎波里：萨迪克研究所，2014年版。

［利比亚］奥萨马·布里：《利比亚的安全局势》（阿拉伯文），的黎波里：萨迪克研究所，2013年版。

［利比亚］吉奥杰·马里亚尼：《武装组织对利比亚安全的影响》（阿拉伯文），的黎波里：萨迪克研究所，2013年版。

［利比亚］穆罕默德·德巴什：《北约对利比亚的军事行动分析》（阿拉伯文），的黎波里：萨迪克研究所，2012年版。

［毛里塔尼亚］苏卜希·瓦莱德·瓦达迪：《毛里塔尼亚的文化外交》（阿拉伯文），努瓦克肖特：毛里塔尼亚战略研究中心，2013年版。

［毛里塔尼亚］伊德里萨·瓦力：《毛里塔尼亚荒漠化问题及其对策》（阿拉伯文），努瓦克肖特：毛里塔尼亚战略研究中心，2013年版。

［苏丹］艾哈迈德·埃米勒：《南苏丹共和国部族问题的现状与前景》（阿拉伯文），喀土穆：拉卡伊兹研究中心，2015年版。

［苏丹］哈利德·侯赛因·穆哈迈德：《南苏丹共和国面临的挑战》（阿拉伯文），喀土穆：苏丹战略研究中心，2015年版。

［苏丹］哈桑·穆罕默德：《南苏丹公投之观察》（阿拉伯文），喀土穆：苏丹战略研究中心，2012年版。

［苏丹］侯赛因·易卜拉欣·凯尔舒姆：《达尔富尔问题及外国干涉的影响》（阿拉伯文），喀土穆：拉卡伊兹研究中心，2010年版。

［苏丹］卡米勒·穆斯塔法·艾敏：《苏丹经济现状及其转型》（阿拉伯文），喀土穆：拉卡伊兹研究中心，2015年版。

［苏丹］苏瓦勒·马尤姆：《中国和南苏丹的合作领域》（阿拉伯文），喀土穆：苏丹战略研究中心，2016年版。

［伊拉克］穆拉德·阿巴迪：《霍尔木兹海峡的政治复杂性及其危机》（阿拉伯文），卡尔巴拉：幼发拉底河发展与战略研究中心，2018年版。

［伊拉克］纳吉布·朱布里：《对"一带一路"倡议的积极评价》（阿拉伯文），卡尔巴拉：幼发拉底河发展与战略研究中心，2018年版。

［伊拉克］阿萨姆·哈基姆：《伊拉克议会选举后的外交新动向》，卡尔巴拉：幼发拉底河发展与战略研究中心，2018年版。

［伊拉克］侯赛因·杰布里：《中国继续参与伊拉克经济重建》，卡尔巴拉：幼发拉底河发展与战略研究中心，2017年版。